诞生

——共和国孕育的十个月

董伟　著

人民东方出版传媒
東方出版社

图书在版编目（CIP）数据

诞生：共和国孕育的十个月 / 董伟著 . —北京：东方出版社，2019.6
ISBN 978-7-5207-1011-4

Ⅰ . ①诞… Ⅱ . ①董… Ⅲ . ①中国共产党—党史— 1949 —通俗读物
Ⅳ . ① D232-49

中国版本图书馆 CIP 数据核字（2019）第 076470 号

诞生：共和国孕育的十个月
(DANSHENG:GONGHEGUO YUNYU DE SHIGEYUE)

作　　者：董　伟
责任编辑：张凌云
出　　版：东方出版社
发　　行：人民东方出版传媒有限公司
地　　址：北京市朝阳区西坝河北里 51 号
邮　　编：100028
印　　刷：三河市金泰源印务有限公司
版　　次：2019 年 6 月第 1 版
印　　次：2019 年 6 月第 1 次印刷
开　　本：710 毫米 × 1000 毫米　1/16
印　　张：31.25
字　　数：423 千字
书　　号：ISBN 978-7-5207-1011-4
定　　价：69.80 元
发行电话：（010）85924663　85924644　85924641

如有印装质量问题，请拨打电话：（010）64023113

目录

引 子

一个梦，做了一百年，并且噩梦连连、痛苦血腥。这个梦，就是中国人民的共和梦！共和梦是人民的梦！

帝国梦可是在中国有2000多年了，但那是帝王之梦。公元前221年，秦始皇统一中国，建立了中国历史上第一个帝国，虽然时间不过15年，但是皇权至高无上的权威太诱人，引得中国社会2000多年来只为这一个目的杀杀烧烧，千万冤魂白骨成就了一个又一个集权的皇帝。

1916年，袁世凯的垮台才算彻底终结了皇帝制度。在中国的土地上，这种专制的帝国前后历时2137年。

帝国之下，国家是谁的？2000多年来，中国人被封建思想不断洗脑，认为国家是皇帝的，“普天之下，莫非王土；率土之滨，莫非王臣”。而皇帝是“君权天授”“天子受命于天”。

100多年前，国家是谁的，百姓似乎不太关心，只要能够安居乐业，帝国和集权也可以受到拥戴，拥戴和歌颂那个体恤百姓并勤政的皇帝，虽然天下都是他家的。

可是到了1840年，2000多年的帝国体制受到致命挑战，新兴的资本主义国家携工业革命生产的先进武器，以区区几千人马和几艘军舰，就可以轻易打开帝国的大门，并让帝国俯首称臣、丧失主权，让国家和民族陷入巨大的灾难之中。皇帝的颜面没有了，百姓的生活也困顿了，无奈之下，从皇帝到臣子，从知识分子到平头百姓，都在思考和寻求中国的出路。

皇帝不想放权太多，臣子们还想救亡图存。于是，向西方的老师们学习，想出了一条“君主立宪”的道路，并演绎出“戊戌六君子”菜市口被砍头的悲剧。

戊戌变法，又称百日维新、维新变法、维新运动。中日甲午战争后，帝国主义掀起了瓜分中国的狂潮，纷纷在各地开设租界，抢夺资源。为了救亡图存和维护大清的江山，以康有为、梁启超为代表的改良派（又称维新派）发动了具有爱国救亡意义的维新变法运动，他们幻想在不触动封建主义经济基础和不推翻封建统治的前提下，实行变法维新，通过改良主义道路来达到参与政权和进行一些社会改革的目的，取得日本明治维新那样的效果，使中国走上资本主义道路。

戊戌变法从1898年6月11日开始实施，其主要内容有改革政府机构，裁撤冗官，任用维新人士；鼓励私人兴办工矿企业；开办新式学堂吸引人才，翻译西方书籍，传播新思想；创办报刊，开放言论；训练新式陆军海军。同时规定，科举考试废除八股文，取消多余的衙门和无用的官职。但因变法损害到以慈禧太后为首的守旧派（顽固派）的利益而遭到强烈抵制与反对。1898年9月21日，慈禧太后等发动戊戌政变，光绪帝被囚，康有为、梁启超分别逃往法国、日本，谭嗣同等戊戌六君子被杀，历时103天的变法失败。

虽然康有为和梁启超在宣传变法的时候提出了仿效日本，实行君主立宪，但在真正实施变法的时候，为了争取光绪帝的支持，也是因为光绪帝态度的变化，没有提出君主立宪。但是，戊戌变法作为中国近代史上一次重要的政治改革，也是一次思想启蒙运动，促进了思想解放，对社会进步和思想文化的发展，还是起到了重要的推动作用。

最重要的历史作用是皇帝的君权开始动摇了！

人们开始思考制度层面的问题，共和思想有了萌芽的土壤！

帝制的基础是君权，共和的基础是民权。

以孙中山、宋教仁为首的革命派，也可以称作共和派，开始要从制度上彻底解决中国的问题。

共和制与君主制是完全对立的。它最主要的原则是国家元首和权力机关必须定期选举产生，而非由一家一族之世袭。“共和国”一词英文为republic，其核心则是public，有公共、公开、公用、公立、公众、向所有人开放等意义。具体到政治制度，则意味着国家权力是天下之公器，治理国家是民众共同之事业。因此，政治权力必须由所有社会成员共同分享，并对全社会平等开放。国家，再也不是皇帝个人的了。孙中山先生有一个概括：“世界潮流，由神权流到君权，由君权流到民权；现在到了民权，便没有办法可以反抗。”

以往的改朝换代，帝国制度毫发未损，明朝灭亡了，清王朝的帝制还可以继续延续二三百年。但是，这一次，在孙中山等革命派的推动下，清王朝的君权或者说是 2000 多年的封建帝制走向终结，已是不可阻挡的历史潮流。

1911 年 10 月 10 日，武昌，辛亥革命爆发。武昌起义的第一枪，已经是以孙中山为首的革命党人的第 11 次起义。经过几十年的各种思想启蒙和革命军的前 10 次起义，清王朝的帝制已经失去了执政的根基，变得摇摇欲坠，只是历史选择哪根稻草压倒它而已。

起义当天有一个细节很能说明问题。武昌首义的那天傍晚，工程营的队官罗子清和熊秉坤曾经有过一次谈话。罗子清说今天外边的风声很是不好，问熊是否知道。熊回答“听说三十标今晚要起事”。罗子清问起事者是否“孙党”（革命党），熊秉坤答：“现在各会党都信服孙文，信服他就是孙党。”而且，熊秉坤还告诉罗子清，如今民智日开，大家都痛恨专制，拥护共和。这次八镇一起，各省就会响应，所以一定能成。罗子清听罢竟说：“秉坤，今晚我有事，不在营内，你们好好维持吧。”说完便溜之大吉，实际上是自动交出了兵权。事后，他向上峰汇报说：“军队已怀二心，即未尽变，亦似全信邪说，不肯相抗。”虽说是推脱责任，但也说出了一个事实，那就是大清已“民心尽失”。

起义军喊得最多的口号就是：“为了共和！”

辛亥革命的胜利，对近代中国确实意义重大，可以说出很多条，但是，最重要的一点是推翻了清王朝及中国实行了 2000 多年的封建皇权制度，让共和思想深入人心。所以，才会有孙中山的“二次革命”，才会有袁世凯的恢复帝制不得人心，并且在人人诛之中抑郁而死。

辛亥革命胜利了，但是，革命果实昙花一现，理想的共和国并没有建立起来，反而演变成更加混乱的军阀割据。现在来看很清晰了：就是作为领导阶级的民族资产阶级还不成熟，革命党还没有科学的理论指导，还没有一支纪律严明的革命军队。

1919 年 10 月 10 日，辛亥革命 8 周年，孙中山在上海法租界将中华革命党改组为中国国民党，并公布规约。1924 年 1 月，中国国民党在广州举行第一次全国代表大会，宣布党内改组完成。在“一大”宣言中，孙中山把他多年来对人民民主的追求凝聚成一段著名的文字：“近世各国所谓民权制度，往往为资产阶级所专有，适成为压迫平民之工具。若国民党之民权主义，则为一般平民所共有，非少数者所得而私也。”思想已经足够先进，但可悲的是，国民党内部混进了太多的没有理想而只想捞取个人利益的人，国民党最终还是走向了独裁。

有人说，在国民党内部真正懂得共和精髓并身体力行的人是宋教仁。为了共和，他联合五党组成国民党，竞选议席；为了共和，他坚持政党内阁，拒绝接受袁世凯的任命；为了共和，他与过去的政敌梁启超相约“你上台，我愿在野相助，我执政，请你善意监督”。最后，为了共和，他献出了年仅 32 岁的生命。可惜，当时的中国、当时的国民党只有一个宋教仁，而后是段祺瑞、张勋、曹锟、吴佩孚、张作霖等一个个大军阀，直至蒋介石的独裁统治。

20 世纪 20 年代的中国，重归统一，成了时代的第一要求；铲除军阀，则成了革命的首要任务。这个时候，中国最先进的政党——中国共产党已经诞生，但是非常弱小，只有各种革命力量的联合，才可能成就一些事情，实现一些目标。1924 年，中国共产党和中国国民党达成协议，建立国共合作统一战线。1926 年 7 月 9 日，国民革命军 8 个军 30 万人，兵分三路，从广东正式出师北伐，在不到半年的时间里，就打败了吴佩孚、孙传芳，占领了长江流域和黄河流域部分地区。革命的曙光已经显现，中国人民第一次看到统一的希望。可是，作为国民革命军总司令的蒋介石，是一个彻头彻尾的投机分子，他要的是蒋家王朝，而不是共和国。他背叛了革命，撕毁了统一战线，疯狂屠杀中国共产党人，最后彻底葬送了大革命！

北伐战争的结果，是“民国”变成了“党国”，变成了“蒋家王朝”。1927 年，蒋介石宣布进入“民国建国三阶段”（军政、训政、宪政）的第二阶段，即“训政时期”。1928 年，国民党通过《训政纲领》，明确规定中华民国于训政期间，由中国国民党全国代表大会代表国民大会行使政权。全国代表大会闭会期间，则由国民党中央执行委员会（中执会）行使。1931 年，国民会议又通过《训政时期约法》再肯定了由国民党“代行”中央统治权的体制，并明确规定国民政府的主席由国民党中执会选任，五院院长亦然（后改为由国府主席提请中执会选任）。民国成了“法定”的党国。

实际上，“训政时期”的民国不仅是“党国”，而且是“军国”。因为当时中国国民政府的一切，都要受到军委会的钳制。1937 年，国民政府根据国民党中央执行委员会（中执会）的决定，宣布由军事委员会（军委会）委员长行使陆海空最高统帅之权，同时还授予军委会对党政军统一指挥。于是，军委会就不但管军（军事），还管政（行政），管党（党务），成为凌驾于一切之上的最高权力机构。关键是，我们知道，这个军委会的委员长，一直就是蒋介石，所谓的“蒋委员长”，也就成了中国现代史上众所周知的独裁的代名词。

国民党已经没有了共和的理想，还成了实现共和道路上最大的绊脚石。中国人的百年共和梦，也就历史地落在了中国共产党的身上。

1921 年 7 月 23 日，中国共产党第一次全国代表大会在上海法租界召开，出席代表 13 人。后因法租界搜查人员介入，转至浙江嘉兴的一艘船（红船）上继续进行，最终圆满落幕。中共一大宣布中国共产党成立，中国革命有了新的方向和领导力量。

中共一大没有制定党章，只有一个党纲，主要内容是确定党的名称是中国共产党，党的性质是无产阶级政党，党的奋斗目标是以无产阶级革命军队推翻资产阶级的政权，消灭资本家私有制，由劳动阶级重建国家，直至消灭社会的阶级区分。1922 年 7 月 16 日至 23 日在上海英租界召开的中共二大，制定了中国共产党的第一个党章，第一次提出中国共产党的最低革命纲领，即彻底地反对帝国主义和反对封建主义的民主革命纲领，目标是消除内乱，打倒军阀，建设国内和平；推翻国际帝国主义的压迫，达到中华民族完全独立；统一中国为真正的民主共和国。

共和国的大旗，历史地扛到了中国共产党的肩上。

在血腥的镇压下，在四面白色恐怖的环境中，中国共产党开始了民主共和国的实验。

1931 年 11 月 7 日至 20 日，中华苏维埃第一次全国代表大会在瑞金召开，出席大会的各界代表有 610 人。大会通过了《中华苏维埃共和国宪法大纲》以及《中华苏维埃共和国土地法》《中华苏维埃共和国劳动法》等法律文件。大会选举产生了毛泽东、项英、张国焘、周恩来、朱德等 63 人组成的中央执行委员会，作为全国代表大会闭会期间的最高权力机关。12 月 1 日，中央执行委员会发布第一号《布告》，庄严宣布中华苏维埃共和国成立。

这是中国第一个由无产阶级领导的模拟共和国的《宪法大纲》，除了规定共和国的平民性质、共和国的基本任务外，对民生问题做了比较细致的约定：制定劳动法，宣布八小时工作制，规定最低限度的工资标准；创立社会保险制度与国家的失业津贴；保证工农劳苦民众有言论、出版、集会、结社的自由；保证工农劳苦民众有真正的信教自由，实行绝对政教分离原则；保证彻底地 实行妇女解放，承认婚姻自由，实行各种保护妇女的办法；保证工农劳苦民众有受教育的权利，施行完全免费的普及教育；等等。这些内容，已经可以看出中国共产党要建立的民主共和国的雏形。

在战争的环境下，这个实验性质的共和国还不是一个完整意义上的国家，根本无法完成《宪法大纲》规定的任务，更多的带有军事斗争的痕迹，一切任务要服务于反“围剿”斗争。但是，正如毛泽东在中华苏维埃共和国成立时所说：“党开辟了人民政权的道路，因此也就学会了治国安民的艺术。党创造了坚强的武装部队，因此也就学会了战争的艺术。”新生的人民政权，在与国民党残酷镇压的激烈较量中，创造性地领导各苏区特别是中央苏区的政治、经济、军事、文化、教育、卫生、体育等各项事业，积累了宝贵的治党、治国、治军经验。

随着第五次反“围剿”的失败，这个共和国变成了“马背上的共和国”，跟着红军爬雪山、过草地，走到哪里，哪里就变成中华苏维埃共和国驻该地的办事处。1937 年 9 月 6 日，随着国共合作局面的形成，中华苏维埃共和国中央政府西北办事处更名为中华民国陕甘宁边区政府，至此，历时 5 年零 10 个月的中华苏维埃共和国完成了光荣的历史使命。

在抗日根据地，中国共产党建立了新型的“三三制”抗日民主政权。这个政权在本质上与苏维埃政权并无区别，都是中国共产党领导的革命政权。但是，从阶级内容到组织形式又有了自己的独到之处。它不同于工农民主专政，更不同于国民党的大地主大资产阶级专政，它是中国共产党领导的各抗日阶级和阶层的联合专政，是民族统一战线性质的政权，具有更广泛的阶级基础。

首先，它实行了参议会制度。各级参议会拥有极大的权力，包括创制权、复决权、选举权、罢免权、监督权和弹劾权，是抗日根据地真正有职有权的最高权力机关，保证了民主政治的实施。它的选举办法是真正体现选民意志的，即“普遍、直接、平等、无记名投票的原则”。参加选举的选民一般达到选民总数的 75% 至 80%，有的甚至 90% 以上[①]。选民可以直接对政府工作提出问题、批评和建议，政府要虚心听取选民意见。

---

① 杨火林：《建国之初：1949—1954 年的中国政治体制》，东方出版中心 2011 年第 1 版，第 11 页。

其次，它建立的是“三三制”政权。所谓“三三制”，就是在各级抗日民主政权包括参议会和政府组成人员的分配上，共产党员（代表无产阶级和贫农）、非党的左派进步分子（代表小资产阶级）、不左不右的中间分子（代表中等资产阶级和开明绅士）各占三分之一。“三三制”政权有两个特点：“一个就是共产党员不一定要在数量上占多数，而争取其他民主人士与我们合作。第二个特点就是要各方协商，一致协议，取得共同纲领，作为施政的方针。”①

第三，它探索了新型党政关系。1942年9月1日，中共中央政治局通过的《关于统一抗日根据地党的领导及调整各组织间关系的决定》指出：“党是无产阶级的先锋队和无产阶级组织的最高形式，它应该领导一切其他组织，如军队、政府与民众团体。根据地领导的统一与一元化，应当表现在每个根据地有一个统一的领导一切的党的委员会（中央局、分局、区党委、地委），因此，确定中央代表机关（中央局、分局）及各级党委（区党委、地委）为各地区的最高领导机关，统一各地区的党政军民工作的领导。”② 同时，又强调，不是一党专政、党委包办。党对抗日民主政权的领导是原则的、政策的和大政方针的领导，而不是直接命令的方式。“党对参议会及政府工作的领导，只能经过自己的党员和党团，党委及党的机关无权直接命令参议会及政府机关。”③

毛泽东的名篇《为人民服务》，提到一位叫李鼎铭的开明绅士，说：“‘精兵简政’这一条意见，就是党外人士李鼎铭先生提出来的；他提得好，对人民有好处，我们就采用了。”这位李鼎铭先生就是“三三制”政权的代表人物，他出身农家，曾从事教育事业10余年，并开办医馆治病救人，很受当地百

① 《周恩来选集》上卷，中央文献出版社1998年版，第253页。

② 中共中央档案馆编：《中共中央文件选集》第13册，中共中央党校出版社1991年版，第427页。

③ 同上书，第431页。

姓赞誉。1941 年夏，他以无党派人士身份，先后当选米脂县参议会议长、陕甘宁边区参议会副议长、边区政府副主席。他的关于“精兵简政”的议案，就是在参议会上提出的，并获得毛泽东的支持和称赞。而且，这个议案不但在陕甘宁边区实行，还推广到敌后各个抗日根据地，对度过抗日战争最困难的时期起到了很大的作用。

“三三制”政权是新民主主义革命时期历史最久、形式最完备、经验最丰富的政权，也是最有共和国雏形的政权，因此对新中国政治体制的影响也就最大。正是基于对“三三制”政权的经验总结，毛泽东在中共七大上提出了战后新民主主义国家制度——联合政府的全面纲领，指出以陕甘宁边区为代表的抗日民主政权是今后民主中国的模型。

抗战胜利后，有一个争取和平民主时期。中国共产党和爱好和平的力量确实想通过联合政府的形式实现国内和平，建设民主国家。1945 年 12 月 16 日，周恩来率中共代表团抵达重庆，准备出席政治协商会议，会议的中心议题是关于政治民主化和军队国家化的问题。着重点是解决国民党一党专政和蒋介石的个人独裁，并参照欧美资本主义国家，设计了议会制和内阁制。但是，享受惯了专制独裁的蒋介石是不能容忍分权的，和平很快被打破，中国又陷入国民党强加在中国人民身上的血腥内战。

在解放战争时期，特别是人民解放军实施战略反攻以后，胜利的天平倒向共产党。于是，中国共产党更加从容地进行未来共和国政权的探索。在新老解放区，逐步建立了各级人民代表会议制度，新解放区城市实行带有过渡性质的军事管制制度，少数民族地区开始实行民族自治制度。

在农村，贫农团和农会逐渐向人民代表会议过渡。土改完成后，普遍成立了区、乡（或村）人民代表会议作为正式的权力机关，并由它选出政府委员，组成区、乡人民政府，实行“议行合一”制度。此后，贫农团和农会变成了群众组织。在新解放的城市，一般都设立军事管制委员会，作为临时性、过渡性的人民政权形式。在解放了的内蒙古自治区，1947 年 5 月，成立了内蒙古自治政府，开始探索中国特色的民族区域自治制度。

从 1935 年 12 月至 1949 年 6 月，毛泽东在《中国革命和中国共产党》《新民主主义论》《论联合政府》《在中国共产党七届二中全会上的报告》《论人民民主专政》等一系列文章中，开始从理论上论述中国共产党革命的目的和要建立的国家形态。他提出了“新民主主义社会”“新民主主义国家”“新民主主义政权”“新民主主义制度”“新民主主义共和国”等概念，并从政治、经济、文化等各方面勾画了新民主主义社会的蓝图，对新民主主义国家的国体和政体完成了理论思考和设计。

时间到了 1948 年，胜利可以按天来计算了，于是，就有了著名的“五一口号”。

关于“五一口号”，还有一个小故事。4 月下旬，中共中央前委的周恩来、任弼时，与工委的刘少奇、朱德在西柏坡办公，毛泽东在几十公里外的城南庄办公，新华社在太行山深处涉县的东西戌村。五一节快到了，时任新华社社长的廖承志给中央发了个电报，请示有什么重要新闻要发布，但是电报口吻有点幽默：“五一节快到了，中央有什么屁要放？”

周恩来看了看电报，笑道：“这个小廖，吊儿郎当的！”战争残酷，环境恶劣，电报语言却如此诙谐，只能说是当时的上下级关系宽松和谐。

4 月 30 日，中央书记处在城南庄召开会议，廖承志的电报惹得大家哄堂大笑。在笑声中，会议首先讨论“五一口号”。大家一致认为，“五一口号”不是宣传口号，是行动口号。

5 月 1 日在《晋察冀日报》见报的“五一口号”一共有 23 个口号，第一个口号是“今年的‘五一’劳动节，是中国人民走向胜利的日子。向中国人民的解放者中国人民解放军全体将士致敬！庆祝各路人民解放军的伟大胜利！”最后一个口号是“中华民族解放万岁！”这些口号和以前的口号比变化很大，确实行动性更强。尤其是第五个口号，像一声惊雷，震动了中华大地。

有关部门起草的“五一口号”，第五条的原稿是：“工人阶级是中国人民革命的领导者，解放区的工人阶级是新中国的主人翁，更加积极地行动起来，更早地实现中国革命的最后胜利！”

毛泽东将其改为：“各民主党派、各人民团体及社会贤达，迅速召开政治协商会议，讨论并实现召集人民代表大会，成立民主联合政府！”

要成立新的政府了！要替代蒋家王朝的独裁统治了！最令人振奋的是，新的政府是民主的，是联合的；新的国家是一个中国人民梦想了百年的共和国。

为了阐释和落实“五一口号”的第五条，毛泽东于4月27日给刘仁写了一封信，5月1日给中共沪局港分局发去秘密指示。这两份文件主要表达了：一、中共邀请各民主党派及重要人民团体的代表来解放区主要讨论两个问题，一个是关于召开人民代表大会并成立民主联合政府问题；一个是关于在反对美国帝国主义侵略及蒋介石卖国政府的斗争中加强各民主党派各人民团体的合作及纲领政策问题。中共认为时机已经成熟，想要征求各民主党派的意见。二、会议的名称拟称为政治协商会议。会议的参加者是一切民主党派及重要人民团体。会议的决议必须参加会议的每一单位自愿同意，不得强制。三、开会地点拟在哈尔滨。开会日期拟在今年秋季。会议拟由国民党革命委员会、民主同盟及中共联名发起。而且，还开出了一个29人的名单，李济深、冯玉祥、何香凝、柳亚子、郭沫若、吴晗等都在名单中。①

召开政治协商会议，成立新的民主联合政府，确实是民心所向，一呼百应。

1948年5月5日，各民主党派与民主人士李济深等12人响应中共“五一口号”，致毛泽东电与向全国的通电，同时发表。此前一天，陈嘉庚代表新加坡华侨致电毛泽东响应。

5月份，马来西亚、暹罗、法国、加拿大、古巴等地的华侨团体纷纷致

① 中共中央文献研究室编：《中华人民共和国开国文选》，中央文献出版社1999年10月第1版，第133—136页。

电响应“五一口号”。

5月7日，台湾民主自治同盟发布《告台湾同胞书》。

5月，中国民主促进会、三民主义同志联合会、中国国民党民主促进会分别发布宣言。

6月9日，中国致公党发布宣言。

6月14日，中国民主同盟发布致全国各民主党派、各人民团体、各报馆暨全国同胞书。

6月25日，中国国民党革命委员会发表声明。

6月，在港的人民团体也积极响应中共的“五一口号”，留港妇女界何香凝、刘王立明等232人宣言，6月4日，在港各界民主人士冯裕芳、柳亚子、沈雁冰等125人声明……

7月7日，郭沫若给香港南方学院的大学生们演讲，激情澎湃：“新政协，是民主协商的论坛；新政协，是萌生人民政府的园地，那里寄托着全国人民的希望！同学们，北方，有中国共产党领导的解放区，那里没有法西斯细菌的位置，那里人人平等、人人自由……

“新中国在东方喷薄欲出了，建设新中国的神圣职责，落在年轻人的肩上。同学们！希望你们爱祖国，爱学习，学知识，练本领，为伟大的祖国贡献力量。”

“冬天来了，难道春天还会远吗？”郭沫若号召：“让我们北上，让我们北上，让我们加入新政协的队伍，迎接新中国的春天的来临吧！”①

北上，北上，民主人士的北上，成了1948年后几个月中国大地一道独特的风景。

---

① 转引自郝在今：《协商共和：1948—1949中国党派政治日志》，中国华侨出版社2009年1月第2版，第32页。

在毛泽东的心里，建立新的共和国的时间表也随着解放军在战场上的不断胜利而改变。

1947 年，中国人民解放军由战略防御转为战略反攻。在杨家沟召开的“十二月会议”上，毛泽东作主题报告《目前形势和我们的任务》，他认为中国历史已经到了一个转折点，既是蒋介石统治由发展到消灭的转折点，也是帝国主义在中国统治由发展到消灭的转折点。

1948 年 3 月 20 日，毛泽东在《关于情况的通报》中宣布：“五年左右的时间（从 1946 年 7 月算起）消灭国民党全军的可能性是存在的。”即 1951 年解放全国大陆。

1948 年 9 月，中共中央在西柏坡召开撤出延安以来的第一次政治局会议。9 月会议坚持 5 年打败国民党的时间表，决定“准备在 1949 年召集中国一切民主党派、人民团体和无党派爱国人士的代表们开会，成立中华人民共和国临时中央政府”。这次会议，还在政治上第一次提出用“人民民主专政”的概念取代原来的“工农民主专政”，将新政权的阶级性解释为“无产阶级领导的以工农联盟为基础的人民民主专政”，不仅仅是工农，还有资产阶级民主分子参加，要打倒的是帝国主义、封建主义、官僚资本主义。这个思想，后来被形象地概括为“四个阶级联合”“推翻三座大山”。

1948 年 11 月 14 日，仅仅两个月后，毛泽东第一次修改了他的时间表。这一天，毛泽东为新华社起草的评论《中国军事形势的重大变化》，写道：“这样，就使我们原来预计的战争进程，大为缩短。原来预计，从一九四六年七月起，大约需要五年左右的时间，便可能从根本上打倒国民党反动政府。现在看来，只需从现在起，再有一年左右的时间，就可能将国民党反动政府从根本上打倒了。”

毛泽东修改胜利的时间表，从现有文献看，应该基于三个方面的考虑：一、辽沈战役胜利结束，歼灭敌人 47.2 万人，与国民党集团进行大兵团决战，已经信心满满。东北解放区成了巩固的战略大后方，并且有强大的工业基础。东北野战军兵种齐全，成为解放全中国的强大机动力量。二、1947年3月底，毛泽东刚刚渡过黄河，在黄河边回望延安，对杨尚昆说了一段话："同蒋介石的这场战争可能要打六十个月。六十个月者，五年也。这六十个月又分成两个三十个月：前三十个月是我们'上坡'，'到顶'，也就是说，战争打到了我们占优势。后三十个月，叫做'传檄而定'，那时候我们是'下坡'，有的时候根本不用打仗了，喊一声敌人就投降了。"现在，就是"传檄而定"的下坡了。三、就是民心所向。为了响应"五一口号"，胡愈之、沈兹九夫妇从新加坡到香港，又于夏天到达大连，见到大连党组织负责人李一氓。胡愈之从一个文化人的角度谈了自己的想法，他认为：夺取全国胜利，用不了毛泽东说的两年。除了军事形势之外，还有一个人心向背的问题。国民党不仅军事崩溃，而且经济崩溃、人心崩溃，现在，国民党区的人民希望解放军胜利都等不及了。他的这个见解，中共旅大区党委报告给了毛泽东和党中央。

有了这个改过的时间表，1948年过得更快了。战场上，解放军势如破竹；在民间，民主人士以各种方式奔向解放区，准备参加政协会议。可以说，无论是陆上，还是海上，民主人士们不是已经到达解放区，就是在赶往解放区的路上。

1948年的最后一天，在东海上航行的一艘苏联货轮"阿尔丹"号上，乘客们正进行一场特殊的欢庆新年到来的聚餐。原来，这些神秘的乘客是中共秘密组织的从香港前往解放区参加新政协会议的民主人士。他们是1948年12月26日从香港出发的，为了庆祝新年，大家一起包饺子，还拿出了各自携带的鱼子、腊鸡、牛肉、水果等，所有民主人士都非常兴奋，共话未来。茅盾准备了一个大笔记本，请大家题字和签名。李济深即兴写下一首诗："同舟共济，一心一意，为了一件大事！一件为着参与共同建立一个独立、民主、和平、统一、康乐的新中国的大事！同舟共济，恭喜恭喜，一心一意，来做一件大事。前进！前进！努力！努力！”朱蕴山在途中吟诗多首，其中有“神州解放从今始，风雨难忘共一舟”等意味深长的佳句。[①]

1948 年的最后一天，在思想上忠于蒋介石的胡适，与傅斯年在长江边饮酒唱和，一起背诵陶渊明的《拟古》诗第九首：种桑长江边，三年望当采。枝条始欲茂，忽值山河改。柯叶自摧折，根株浮沧海。春蚕既无食，寒衣欲谁待。本不植高原，今日复何悔。两个人都禁不住潸然泪下。

他们俩人的泪是感慨“忽值山河改”，而中国的普通百姓和民主人士期盼的，就是“山河改”，就是即将诞生的新中国。

即将到来的 1949 年丰富而多彩。而本书只是围绕主题，重点叙述共和国孕育的 10 个月，围绕着这个崭新的胚胎是怎样发育、成型，进而呼之欲出，完成了共和国的设计和定型，实现了中华民族和中国人民百年共和国的梦想。

时间的指针，即将转向 1949 年——

① 纪亚光、秦立海、裴苹：《战后中国政党与政治研究》，天津人民出版社 2009 年版，第 328 页。

第一章

一月。共和国孕育的第一个月，似乎都是围绕着新的共和国的首都进行：从第一天凌晨毛泽东思考怎样和平解放北平，到最后一天解放军进入北平城。这是历史的巧合，也是历史的安排。在元旦这一天，蒋介石发表了求和的“新年文告”，首次无奈地放下身段。毛泽东则在“新年献词”中霸气地宣布：“将革命进行到底！”这个月，中共还有一个重要文件发布了，那就是《中共中央关于外交工作的指示》。这一天，这个月，决定了整个1949年的走向。

一月

1. 1949 年 1 月 1 日，凌晨二时，毛泽东还在为北平的解放殚精竭虑。

1 月 1 日，成立了中国人民解放军北平军事管制委员会，叶剑英任主任。

1949 年 1 月贯穿大半个月的事件是平津战役，也就是给新的共和国解决首都问题的战役。

2. 1 月 5 日，新华社发表系列评论，第一篇是《评战犯求和》，其他的评论是《四分五裂的反动派为什么还要空喊"全面和平"？》《国民党反动派由"呼吁和平"变为呼吁战争》《评国民党对战争责任问题的几种答案》《南京政府向何处去？》等。第一篇是毛泽东撰写的。

3. 1 月 6 日至 8 日，中共中央在西柏坡召开政治局会议，在开幕和闭幕时，毛泽东发表了两次讲话，主要内容最后形成《目前形势和党在一九四九年的任务》的决议。

1 月 6 日，中国民主政团同盟主席张澜在上海接受记者采访，发表谈话，指出蒋介石并非真是要和平，有可能是缓兵之计，还是要继续打下去。

4. 1 月 10 日，淮海战役结束。

战役的第一阶段（1948 年 11 月 6 日至 22 日），歼灭黄百韬兵团，攻占宿县，孤立了徐州。

战役第二阶段（1948 年 11 月 23 日至 12 月 15 日），歼灭黄维兵团，合围杜聿明集团。

战役第三阶段（1948 年 12 月 16 日至 1949 年 1 月 10 日），全歼杜聿明集团。

1 月 10 日，中共中央即向各中央局、中央分局、工委、军分委、总前委、各前委发出召开七届二中全会的指示。

5. 1 月 14 日，毛泽东发表了《中共中央毛泽东主席关于时局的声明》，在陈述了蒋介石集团发动内战、破坏和平的种种罪行后，提出了八项和平条件，以回应蒋介石的五项求和主张。

6. 1 月 16 日，毛泽东再次为中央军委起草了一份关于保护北平文化古迹的电报。

7. 1 月 19 日，中国共产党发布《中共中央关于外交工作的指示》。1 月 25 日又发了一个《中共中央关于外交工作方针的补充指示》，尤其对世界上最强大的美国，也很强硬。

8. 1 月 21 日，蒋介石宣布下野。

1 月 21 日，傅作义接受解放军提出的和平条件，双方签订《关于和平解放北平问题的协议》。

9. 1 月 22 日，已在解放区的各民主党派、各人民团体的代表人物及无党派人士李济深、沈钧儒、谭平山、郭沫若等 55 人联合发表声明，拥护毛泽东提出的"八项条件"。

10. 1 月 31 日，傅作义部主力全部移出北平，人民解放军开始入城接防。

米高扬作为苏共中央代表，于 1 月 31 日下午来到了西柏坡，2 月 8 日凌晨离开西柏坡。整整 7 天多的时间，都是在和中共中央五大书记谈话，一半的时间是毛泽东主谈。

1949年1月1日。

凌晨2时，56岁的毛泽东还没有休息，还在为北平的解放殚精竭虑。

关于同傅作义谈判问题，毛泽东为中共中央军委起草复林彪电，指出："新保安、张家口之敌被歼以后，傅作义及其在北平直系部属之地位已经起了变化，只有在此时，才能真正谈得上我们和傅作义拉拢并使傅部为我所用。因此，你们应认真进行傅作义的工作。你们应通过北平市党委将下列各点直接告诉傅作义：（甲）目前不要发通电。此电一发，他即没有合法地位了，他本人和他的部属都可能受到蒋系的压迫，甚至被解决。（乙）傅氏反共甚久，我方不能不将他和刘峙、白崇禧、阎锡山、胡宗南等一同列为战犯，我们这样一宣布，傅在蒋介石及蒋系军队面前的地位立即加强了，傅可借此做文章，表示只有坚决打下去，除此之外再无出路；但在实际上，则和我们谈好，里应外合，和平地解放北平，或经过不很激烈的战斗解放北平。傅氏立此一大功劳，我们就有理由赦免其战犯罪，并保存其部属。（丙）傅致毛主席电，毛主席已经收到。毛主席认为傅氏在该电中所取态度不实际，应照上述甲、乙两项办法进行方合实际，方能为我方所接受。（丁）我们希望傅氏派一个有地位的能负责的代表协同崔先生（时任北平平明日报社社长）及张东荪先生一道秘密出城谈判。（戊）傅氏此次不去南京是对的，今后亦不应去南京，否则有被蒋介石扣留的危险。"[①]

新的一年，以毛泽东思考如何和平解放北平——这个未来新的共和国的首都开始了。

字里行间，全是对傅作义及其部属的考虑、安排。如果回顾一下傅作义及其部属在解放战争初期的张狂、嚣张和反动，就可以看到中国共产党人和毛泽东的胸怀。

---

① 中共中央文献研究室编：《毛泽东年谱：一八九三——一九四九》下卷，中央文献出版社2013年12月第1版，第430页。

1946年6月，国民党撕毁《停战协议》《政协决议》，向解放区发起全面进攻。9月，在大同、集宁战役中，解放军虽然歼灭国民党军1.2万人，但由于指挥失误，战役失败，大同未攻下，集宁又失守。取胜的十二战区长官傅作义十分得意，发表了一封《致毛泽东的公开电》，口气嚣张地说：

被击溃被歼灭的不是国军，而是你们自夸所谓参加二万五千里长征的贺龙所部、聂荣臻所部，以及张宗逊、陈正湘、姚喆等的全部主力。

…………

你们在溃退途中，因恐怖国军追击，竟至拼命奔逃，口鼻冒血，倒身路边者比比皆是，这是一幅何等悲惨的画面，我不禁要问是谁杀死了他们。

……在夜阑人静时，你应受到责备，受到全国人民的惩罚。

据说毛泽东读罢此信，只说了8个字："不报此仇，誓不为人。"

朱德也将此信发华北解放军全体将士人手一份，以激励将士牢记大同、集宁之辱。

10月11日，傅作义攻占了解放区重镇张家口，震动了国内外。梁漱溟听闻此讯，发出了一声叹息，他感慨地说：一觉醒来，和平已经死了。此时的傅作义又得意扬扬地写了一封侮辱性的《上毛泽东书》，声言如果共产党打胜了，他甘为毛泽东执鞭。

可是，时间表是按照毛泽东走的。

仅仅两年多，形势便急转直下。这时的毛泽东已经不计较傅作义了，而是作为一代伟人，为傅作义设身处地安排设计，为保护好历史文化名城，又是未来的首都——北平而夜不能寐。

元旦，天一见亮，人们会在报纸上见到两篇文章：一篇是蒋介石的“新年文告”，一篇是毛泽东的“新年献词”。这两篇文章似乎就是中国1949年的路线图，已经预示着1949年的中国道路之方向。

蒋介石从1940年起，每年元旦会发表一篇《告全国全军同胞书》的文告，说明对这一年的期望。这原本是例行的工作，但是，在1949年即将到来的国内外时局下，这次的元旦文告的内容格外引人关注。《申报》就提前预告，说蒋氏将在文告宣示重大决策，“说明政府企求和平之一贯主张，并指出症结所在，借以澄清时局，安定人心”。[①]

蒋介石似乎预料到这是他在中国大陆执政的最后一份“新年文告”，尤其要宣布他本人下野和求和的意愿，所以格外重视。在初稿完成后，于12月30日召集陈立夫等会商修正内容，31日，又做了最后的修订，至下午6时定稿后，再送党内重要人士作最后确定。与会者意见不一，其中关键在于文稿中“个人进退出处，无所萦怀，而取决于公民之公意”之语。虽然大家介意这句话，并要求删改，但蒋介石执意要留，还发泄说：“诸位不要我下野，但是尽做令我下野的事。”说罢，以手击桌，拂袖而去。并在日记中记道：“以今日大难，不在敌寇之共匪，而乃在内奸之桂逆也，故此文用意，对桂多于对共——讨论至十一时半散会，余告其决心发表，非此不可之意。”[②]

蒋介石的“新年文告”里最重要的一段：“今日时局为和为战，人民为祸为福，其关键不在政府，亦非我同胞对政府片面的希望所能达成。须知这问题的决定全在共党，国家能否转危为安，人民能否转祸为福，乃在于共党一转念之间。——只要共党一有和平诚意，能作确切表示，政府必开诚相见，愿与商讨停止战事、恢复和平的具体办法；只要议和无害于国家的独立完

---

①《申报》，1948年12月31日第1版。

② 蒋介石日记，民国三十七年十二月三十一日。

整，而有助于人民的休养生息；只要神圣的宪法不由我而违反，民主宪政不因此而破坏，中华民国的国体能够确保，中华民国的法统不致中断；军队有确实的保障，人民能够维持其自由的生活方式与目前最低生活水平，则我个人更无复他求。中正毕生革命，早置生死于度外，只望和平果能实现，则个人的进退出处，绝不萦怀，而一惟国民的公意是从。如果共党始终坚持武装叛乱到底，并无和平诚意，则政府亦唯有尽其卫国救民的职责，自不能不与共党周旋到底。”

1948 年 1 月 1 日，蒋介石的《新年文告》还在说：“消灭匪军有形力量，终可在一年内完成。至于各地散匪，须待有形的匪军消灭之后，再加上一年或二年的时间，方能彻底肃清。”① 时隔一年，1949 年的这个“新年文告”，语气确实与蒋介石以前的居高临下、盛气凌人有了很大不同，甚至让一些人有耳目一新之感。不再骂共产党为“匪”了，主动求和了，甚至还要根据民意决定自己的去留。当时的浙江大学校长竺可桢在日记中写道：“今日元旦，见报载蒋总统之文告，谓共产党苟有诚意，中央政府愿意和平。渠之个人进退，可以不计云。此与过去之戡乱到底口吻不相同。一般老百姓莫不希望和平，故闻者莫不喜形于色。”

美国大使司徒雷登初对文告印象不错，不骂“共匪”了，主动求和了，承担过错了，还表示可以隐退，似乎和平真的有了一线曙光。但很快，司徒雷登就发现问题很多：第一，文告的语气还是一个最高统治者对叛逆分子的居高临下，完全忽视国民党军事、经济全面崩溃的现实。第二，文告中的五个“只要”，分明是五项和谈条件，没有任何让步的姿态和条件，这样的和谈根本没有可能。第三，蒋介石还在继续推卸责任：“国家能否转危为安，人民能否转祸为福，乃在于共党一转念之间。”司徒雷登最后得出的结论是：

---

① 转引自蒋永敬、刘维开：《蒋介石与国共和战》，山西人民出版社 2013 年 5 月第 1 版，第 168 页。

"共党之反应甚易揣度，其态度必然为不妥协者。"

司徒雷登猜得很准。但是他有些绝望地说："我能做什么呢？只能是一遍遍地表示空洞的同情。"①

国民党区的出报条件好，应该先看到蒋介石的"新年文告"。天大亮了，充满油墨香的《人民日报》出现在广大读者的眼前，头版头条就是毛泽东的"新年献词"——《将革命进行到底》。

文章首先对解放战争进行了回顾：战争的第一年（一九四六年七月至一九四七年六月）表现为国民党的进攻和人民解放军的防御，采取的是以歼灭国民党有生力量为主而不是以保守地方为主的正确的战略方针。每个月平均歼灭国民党正规军的数目约为八个旅（等于现在的师），迫使国民党放弃其全面进攻计划，转为重点进攻山东和陕北。战争在第二年（一九四七年七月至一九四八年六月）发生了一个根本的变化，人民解放军开始转入战略反攻，并把战线伸到了长江和渭水以北的国民党统治区，我们熟知的"千里挺进大别山"，就是揭开了大反攻的序幕。到了毛泽东写这篇檄文时，"东北的敌人已经完全消灭，华北的敌人即将完全消灭，华东和中原的敌人只剩下少数。——因为这样，中国人民解放战争在全国范围内的胜利，现在在全世界的舆论界，包括一切帝国主义的报纸，都完全没有争论了。"

毛泽东就像预测到蒋介石要在其"新年文告"中抛出假和平的帽子，企图蒙蔽国人，延缓其覆灭的进程，于是，给读者讲了一个外国人也听得懂的《伊索寓言》里的故事："一个农夫在冬天看见一条蛇冻僵着。他很可怜它，便拿来放在自己的胸口上。那蛇受了暖气就苏醒了，等到恢复了它的天性，便把它的恩人咬了一口，使他受了致命的伤。农夫临死的时候说：我怜惜恶人，应该受到这个恶报！"毛泽东提出，中国人民绝不怜惜像蛇一样的敌

---

① 司徒雷登：《原来他乡是故乡》，凤凰出版传媒股份有限公司 2014 年 10 月第 1 版，第 191 页。

人，决不能让革命半途而废，必须“将革命进行到底”！这也是文章的第二层意思。毛泽东说：将革命进行到底，“那就是用革命的办法，坚决、彻底、干净、全部地消灭一切反动势力，不动摇地坚持打倒帝国主义，打倒封建主义，打倒官僚资本主义，在全国范围内推翻国民党的反动统治，在全国范围内建立无产阶级领导的以工农联盟为主体的人民民主专政的共和国”。

文章的最后，为 1949 年画了一张路线图[①]：

> 一九四九年中国人民解放军将向长江以南进军，将要获得比一九四八年更加伟大的胜利。
>
> 一九四九年我们在经济战线上将要获得比一九四八年更加伟大的成就。我们的农业生产和工业生产将要比过去提高一步，铁路公路交通将要全部恢复。人民解放军主力兵团的作战将要摆脱现在还存在的某些游击性，进入更高程度的正规化。
>
> 一九四九年将要召集没有反动分子参加的以完成人民革命任务为目标的政治协商会议，宣告中华人民共和国的成立，并组成共和国的中央政府。这个政府将是一个在中国共产党领导之下的、有各民主党派各人民团体的适当的代表人物参加的民主联合政府。

两篇调性完全不同的新年献词（文告），加上毛泽东画出的这张明确的路线图，已经把 1949 年中国政治的走向明确标注出来了。而且，毫无悬念。

中华人民共和国，这个中国人民梦想了百年的人民的共和国，从 1949 年的第一天就种下了胚胎，而且，毛泽东预言，这个胚胎会孕育顺利，必将在 1949 年的某一天诞生！

---

① 中共中央文献研究室编：《中华人民共和国开国文选》，中央文献出版社 1999 年 10 月第 1 版，第 105 页。

这天的《人民日报》一版，为了配合毛泽东《将革命进行到底》的新年献词，还刊登了一封中共中央祝贺华北前线我军伟大胜利的电报，电文如下：

林彪、罗荣桓、聂荣臻、薄一波诸同志及东北人民解放军、华北人民解放军全体同志：我强大的东北人民解放军在占领沈阳完成解放东北全境的伟大任务以后，迅即向华北前进，与华北人民解放军会合在一起，以出敌意外的手段，逐一分割和包围傅作义系统全部敌军，并在短时间内歼灭了敌正规军十四个整师，解放了山海关、秦皇岛、滦县、唐山、芦台、军粮城、古北口、密云、怀柔、顺义、通县、张家口、张北、万全、怀安、宣化、涿鹿、新保安、怀来、南口、昌平、门头沟、南苑、丰台、宛平、长辛店、良乡、房山、涿县、大兴、廊坊、武清、安次、静海等名城、重镇、县及广大乡村，使北平、天津、塘沽三处的敌军陷入我军的重围之中，如不投降，即将全部被我歼灭。凡此伟大战绩，深堪庆贺。希望你们继续努力，为全歼匪军解放平津而战！

中国共产党中央委员会

一九四八年十二月三十日

1月1日，这一天还成立了中国人民解放军北平军事管制委员会，叶剑英任主任。军管会发布的第一号布告指出：为保障全体人民生命财产，维护社会安宁，确立革命秩序，着令在城郊东至通州，西至门头沟，南至黄村，西南至长辛店，北至沙河的辖区内，实行军事管制。同日，成立了北平市人民政府，叶剑英任市长，徐冰任副市长。

在毛泽东的心中，北平已经属于人民的了。

打扫房间，战略决战，全歼华北的国民党主力兵团，最终解放北平，成为1949年1月的主要任务。

为了细化毛泽东在“新年献词”中勾画的1949年解放和建国的路线图，1月6日至8日，中共中央在西柏坡召开政治局会议，在开幕和闭幕时，毛泽东发表了两次讲话，主要内容最后形成《目前形势和党在一九四九年的任务》的决议。这个决议将党在1949年的主要任务细化为17条[①]，远远超过“新年献词”中的三个段落。这17条字数不少，但还是有必要抄录下来，读者可以清晰地看到我们党是怎么样孕育崭新的共和国的。

乙、党在一九四九年的任务：

（一）一九四九年夏、秋、冬三季，我们应当争取占领湘、鄂、赣、苏、皖、浙、闽、陕、甘等九省的大部，其中有些省则是全部。

（二）一九四九年夏、秋、冬三季需要随军使用的五万三千个干部，必须及时地增调和训练好。

（三）一九四九年必须使各野战军进一步地正规化，这主要地是加强炮兵和工兵，使用铁路、公路和水路的近代运输工具，加强军队的组织性和纪律性，坚决地克服现在还是相当严重地存在于军队中的某些无纪律的状态，并加强司令部的工作。

（四）一九四九年及一九五〇年我们应当争取组成一支能够使用的空军及一支保卫沿海沿江的海军，这种可能性是存在的。

（五）一九四九年必须使全区的农业生产和工业生产比较一九四八年确实地提高一步。我们区域的主要的铁路和公路均应修复和使用。我们区域的经济工作和财政工作，应在可能和必需的基础之上更具计划性和统一性，以免浪费人力物力，障碍生产的提高

① 中共中央文献研究室编：《中华人民共和国开国文选》，中央文献出版社1999年10月第1版，第110—113页。

和对前线的支援工作。

（六）一九四九年必须使人民解放军的后方勤务工作的组织性和效率在可能和必需的基础上加强起来，以便有效地支援人民解放军向南方各省的大进军。这些工作，包括军火工业的适当的生产计划，军火以外各项军需工业的调整或建立，军械制度的确立，各种供给标准的统一规定，卫生和通讯器材的统一分配，运输和仓库的前后分工以及后方勤务组织与系统的确定等项。

（七）一九四九年必须使人民解放军的政治工作，在军委政治部领导下，做出关于“新式整军运动”“党委制”“革命军人委员会”“连队支部工作”等项的总结，并制成条例或章程，以便普及全军，成为定制。

（八）一九四九年在各主要解放区内的土地改革工作和整党工作，必须是围绕着生产运动，利用群众的闲暇时间，一部分一部分地去解决那些为数不多的尚未完成的分配土地或调剂土地的工作和整党的工作。在各主要解放区内建立各级人民代表会议，并选举各级人民政府委员会。在各主要解放区内健全党委制，召开党的各级代表大会及代表会议。在中原解放区是实行减租减息、发动群众的工作。在长江以南诸省，在三年至五年内，不是分配土地的问题，而是减租减息、发动群众的问题，必须在减租减息、发动群众以后方能谈得上分配土地。

（九）一九四九年的干部教育计划，即在干部训练学校中及在在职干部中进行学习马恩列斯的理论及中国革命各项具体政策的计划，必须适合目前革命形势和革命任务的需要。

（十）一九四九年的国民教育计划（大学教育，各种专科教育，中学教育，小学教育和成人补习教育）必须适合当前革命形势和革命任务的需要。通讯社和报纸的工作亦是如此。文学和艺术工作亦是如此。

（十一）一九四九年的职工会工作、青年团工作和妇女工作，均应比一九四八年有更好的成绩。一九四九年的上半年应当完成全国青年代表大会和妇女代表大会的工作。

（十二）一九四九年必须召集没有反动派代表参加的以完成中国人民革命任务为目标的各民主党派各人民团体的政治协商会议，宣告中华人民民主共和国的成立，组成共和国的中央政府，并通过共同纲领。

（十三）平津、淮海、太原、大同诸役以后，几个大的野战军必须修整至少两个月，完成渡江南进的诸项准备工作。然后，有步骤地稳健地向南方进军。

（十四）关于在全党全军各级领导机关内，开展反对某些严重地存在着的无纪律无政府状态的斗争，必须按照中央规定，于一九四九年三月底以前办理完毕。军队团委以上地方县委以上关于此事的决议，必须于四月份交来中央。有特殊原因要求推迟者，亦须于四月办理完毕，五月交来中央。

（十五）在一切新占领区域必须谨慎地发展党的组织。对于上层知识分子入党尤须采取严格地审查的方针，在大城市内尤其要注意这一点，宁少勿滥。

（十六）在一切解放区必须加强保卫工作，坚决地和一切暗藏的或公开的反革命分子作斗争。

（十七）北平解放后，必须召集第七届第二次中央全体会议。这个会议的任务是：1. 分析目前形势和规定党的任务；2. 通过准备提交政治协商会议的共同纲领的草案；3. 通过组成中央政府的主要成分的草案；4. 批准军事计划；5. 决定经济建设方针；6. 决定外交政策；7. 其他事项。

1949 年，只需按照这个路线图走即可，时间表就在毛泽东的手里。

淮海战役是1月10日结束的。说到了辽沈战役和淮海战役，就不能不提到济南战役。

进入到1948年的下半年，人民解放军不在乎一城一地的得失，在大范围的机动运动中歼灭大量国民党军的主力，已经取得全国战场的主动权。但是，其间打的大多是运动战。由于国民党反动武装的主力都被压缩在几个大城市中，转入被动的战略防御，因此，在我军的战略决战的部署中，攻克大城市，打大规模的城市攻坚战，就摆在了统帅和将领们面前。

说起打攻坚战，本应该东北野战军最有条件，兵肥马壮，兵种齐全，特别是攻城不可或缺的重炮，就有660门。但是，林彪经过两次四平保卫和攻坚的失利，心理留下阴影。先是不同意毛泽东南下北宁线、关闭东北大门的战略设想，主张打长春，拖住东北境内的国民党军。毛泽东后来改变初衷同意了林彪的战役构想，也许是想打下长春也可以给解放军的城市攻坚开个好头。因为，当时的人民解放军就需要这样一个大城市的攻坚战来树立信心，好进入到战略决战更高的层面。可是，在初期攻城没有奏效并出现一些伤亡后，或许是四平战役的阴影的作用，林彪攻占长春的信心出现动摇，改变了对长春的战略。5月29日，林彪等人致电军委，提出改硬攻长春为长困久围。6月25日，对长春的“长久围困”正式开始。

大城市的攻坚战是必须打的。在林彪放弃了硬攻长春之后，毛泽东将攻克大城市的战略意图转向了各方面条件都不如东北野战军的华东野战军，转向了更能领会其战略构想的粟裕（时任华东野战军代理司令员和代理政治委员），也物色了攻城前线指挥员——少林寺出身的铁血将军许世友（时任华东野战军山东兵团司令员），攻坚的城市选在了济南。这个在人民解放军战史上的标志性战役，就这样从东北野战军转到了华东野战军身上。

当时，山东大部分已经被解放军占领，唯有济南等少数几个城市被国民党军控制，成为阻碍我华东野战军南下作战的极大障碍。济南西临运河，北倚黄河，南靠泰山，地势险要，易守难攻。到1949年9月，国民党守军司令王耀武以日伪工事为基础大举扩建加固，已经拥有160余个永久性、半永久性碉堡组成的支撑点式主阵地，纵深达10余公里。王耀武声称市区可以固守一个月。

但是，黄埔军校出身的王耀武也明白，孤城难守。他专程去南京面见蒋介石，建议放弃济南。美国驻华军事顾问团团长巴达维也建议国民党军撤出济南。但是，蒋介石认为济南地位重要，甚至可以等同京、津、徐的战略地位，不但不同意放弃，还制订了《济南会战计划》，想用固守打援的方式寻求与华东野战军主力决战。

有意思的是，华东野战军最终的战役计划和蒋介石的作战计划异曲同工，也是要攻济打援，攻打并重，寻求决战。唯一不同的是一个守，一个攻，但都想在济南打一场大仗。1948年7月16日，一天之内，毛泽东给粟裕、许世友、谭震林等连发5封电报，都是和攻济作战有关，可见心情之急迫。

当时，双方投入的兵力：华东野战军攻城集团14万人，打援集团18万人；王耀武集团守城11万人，外围增援集团17万人。可见双方的决心都很大，都想在济南一赌输赢。

攻城作战也很有创意。王耀武把守城主力分成东、西两个守备区，他判断解放军的主攻方向应该在西面，在解放军攻城之前，就把预备队的两个旅西调充实西部守备区。按照预定计划，华东野战军由西部兵团担任主攻任务，东部兵团担任助攻。但是，在下达战役命令的时候，一切都变了，许世友、聂凤智等人临时把东部兵团的“助攻”也改成了“主攻”，济南攻城战就演变成了双主攻的模式，把王耀武打得措手不及，摸不清头脑，也乱了阵脚。原以为至少能坚守半个月的济南东部屏障茂岭山、砚池山等阵地，一夜之间就丢掉了。

从9月16日到22日，济南的外围据点基本清除，逼近内城城垣。王耀武不甘心失败，调整部属，想凭借城内工事继续坚持。不料就在国民党军东调西遣、混乱不堪之际，华东野战军攻城集团未经休整再次展开强大进攻。

只用一天的时间，就拿下了济南城，守敌全部被歼。济南战役一共 8 天时间，共歼敌 10 万余人，守军司令王耀武被俘。我军伤亡 2.6 万人。

攻克 10 万余敌人据守的大城市，对人民解放军来说是第一次，也就成为解放战争的一个突破口或转折点。正像战役后新华社社论《庆祝济南解放的伟大胜利》中指出的那样，济南的迅速攻克“证明人民解放军强大的攻击能力，已经是国民党军队无法抵御的了，任何国民党城市已无法逃脱人民解放军的攻击了”。攻下济南，毛泽东关于辽沈战役先打锦州，关门打狗的想法更有信心，更加坚定。从济南攻下的第二天开始，一直到总攻锦州前一天，毛泽东一共给林彪发了 8 封电报，指导打下了又一个守敌 10 余万人的锦州。拿下锦州后，辽沈战役也就按照毛泽东的意愿，顺理成章地胜利了。

国际社会评论如潮，口吻比新华社更加直接和大胆。美国人惊呼：“济南的强攻战，显示共军已不再惧怕直接攻击政府据有的阵地了”，“共军已变得强大到足可攻击并可能攻克长江以北任何城市”。美联社甚至引用中国问题分析专家们的话，把解放军攻克济南称作是“动摇蒋介石政权根基”的军事胜利。日本《朝日新闻》发表评论说：“济南陷落于人民解放军后，中国的内战进入了一个极重要的新阶段。”该报甚至预言：由中国共产党领导的全国政府不久将告成立。[①]

济南战役胜利的第二天，9 月 25 日，毛泽东就粟裕提出的举行淮海战役的建议，为中央军委起草复电：“敬七时电（粟裕关于建议举行淮海战役的电报）悉。望你们召集许、谭、王及其他可能到会之干部，开一次讨论行动的会议，以最后斟酌的意见电告我们审查。”本日晚七时，毛泽东又为中央军委起草致饶漱石、粟裕并告许世友、谭震林、王建安、刘伯承、陈毅、李达电，指出：“我们认为举行淮海战役，甚为必要。目前不需要大休整，待淮

---

① 转引自《党史纵横》2012 年第 1 期，赵延垒。

海战役后再进行一次休整。淮海战役可于十月十号左右开始行动。”[①]

解放战争史上最大一场战役——淮海战役拉开了序幕。

粟裕最初的“淮海战役”设想后被称为“小淮海战役”，他在 9 月 24 日给中央军委的电报中建议：“立即进行淮海战役，即第一步以苏北兵团攻占淮安、淮阴、宝应、高邮，主力位于宿迁至运河车站沿线两岸打援；第二步攻占海州、连云港。”毛泽东第二天就回电同意，但要求进一步讨论。因为在毛泽东的心里，还盘算着更大的“淮海战役”，所以，他一再给华东野战军电报，几次要求推迟战役开始的时间。

蒋介石集团也在制订“徐蚌会战”的作战计划。蒋介石认为，“守江必守淮”，失去淮河流域，长江防线就会全部坦露出来，就没有了战略回旋余地。所以，他宁可选择决战，也不会放弃。蒋介石的这个心理被毛泽东捕捉到，也很好地利用了。毛泽东分析：“国民党全军除后方部队外，分为徐州、沈阳、北平、汉口、西安、太原六大集团，以徐州、沈阳两个最大的集团为主干，沈阳集团也已被我解决，徐州集团如能被我大部解决，国民党即已失去主力。”[②] 所以，毛泽东在与华东野战军领导的电文来往中，战役设想不断成熟，最后形成的方案基本框架是这样的：第一步作战，应以歼灭黄百韬兵团于新安、运河一线为目标；第二步作战，歼灭两淮、高、宝地区之敌集团；第三步作战，歼灭海州、连云港、灌云地区之敌集团；第四步作战，在淮河流域徐蚌地区歼灭国民党主力。

可以看出，毛泽东提出的是战略性的决战意义的目标，他把粟裕提出的攻城略地的计划变成引诱敌人主力的诱饵，吸引国民党军聚集在中原地区的

---

① 中共中央文献研究室编：《毛泽东年谱：一八九三——一九四九》下卷，中央文献出版社 2013 年 12 月第 1 版，第 348—349 页。

② 同上书，第 389 页。

几大兵团，把淮海战役演绎成一场国共军事力量的总决战。

随着战役越打越大，投入的兵力越来越多，毛泽东决定成立“淮海战役总前委”，协调整个战役，任命邓小平为总前委书记。毛泽东对前线官兵说：“此战胜利，不但长江以北局面大定，即全国局面亦可基本上解决。”“故望你们精心组织这一伟大的战役。”“你们就有可能取得这一具有全国意义的伟大战役的胜利。”①

毛泽东第一次用“伟大”来形容一个战役！

淮海战役的简要经过：

战役的第一阶段（11 月 6 日至 22 日），歼灭黄百韬兵团，攻占宿县，孤立了徐州。6 日晚，华东野战军按照预定计划向新安镇地区黄百韬兵团发起进攻，揭开了战役序幕。7 日晨，黄百韬兵团奉命沿陇海铁路西撤，华东野战军前堵后追，迅速将其包围在碾庄圩地区。8 日，中共地下党员、国民党军第 3 绥靖区副司令何基沣、张克侠率部 2.3 万人，在贾汪、台儿庄地区起义，为华东野战军迅速截住黄百韬兵团与阻击徐州增援之敌创造了条件。毛泽东说，何张起义是淮海战役的第一个大胜利。经过激烈战斗，至 22 日，全歼黄百韬兵团，击毙了兵团司令官黄百韬，如期取得了淮海战役第一阶段的胜利。与此同时，中原野战军举行徐蚌线作战，于 11 月 16 日攻克战略枢纽宿县，孤立了徐州；将由平汉路东援的黄维兵团阻止在宿县西南南坪集地区。这样，就把刘峙集团分割在徐州、蚌埠与宿县西南三个互不相连的地区，为后面两个阶段的各个歼灭创造了极为有利的条件。

战役第二阶段（11 月 23 日至 12 月 15 日），歼灭黄维兵团，合围杜聿明集团。刚刚成立 7 天的总前委，根据战场上的新态势和华东野战军、中原野战军的战斗情况，提出第二阶段以歼灭由平汉路远道赶来增援而孤军突出

① 中共中央文献研究室编：《毛泽东年谱：一八九三——一九四九》下卷，中央文献出版社 2013 年 12 月第 1 版，第 379、393、401 页。

的黄维兵团为战役目标。毛泽东同意了这个方案，并嘱咐总前委："情况紧急时机，一切由刘陈邓临机处置，不要请示。"黄维兵团是国民党军的精锐主力之一，蒋介石是真的舍不得丢弃，为了保存实力，最后，他居然决定放弃徐州，命令杜聿明率邱清泉、李弥、孙元良 3 个兵团经萧县、永城公路撤退，解救黄维兵团，然后一同撤至淮河以南。杜聿明集团撤离徐州后，即被华东野战军缠住，于 12 月 4 日将其合围在陈官庄、青龙集、李石林一带，随后歼灭了企图突围的孙元良兵团。这样，国民党军两个战斗力特别强的主力兵团，分别被华东野战军和中原野战军包进了口袋。蒋介石还在陆续增兵，为了保持主动，决定先吃掉黄维兵团。从 12 月 12 日至 15 日，激战 3 天，就吃掉该兵团的 10 余万人，生俘兵团司令官黄维。

战役第三阶段（12 月 16 日至翌年 1 月 10 日），全歼杜聿明集团。扎紧了口袋里的杜聿明集团，全军覆没只是时间问题。这时，平津战役已经开始，为了保证全歼傅作义集团，毛泽东先是不让动太原，怕惊走傅作义集团；后又让淮海战役第三阶段慢慢打，以免蒋介石迅速策动傅作义集团南下。所以，一段时间内，停止了对杜聿明集团的军事进攻，大力开展政治攻势。当华北战场完成了对傅作义集团的分割包围后，1949 年 1 月 6 日，华东野战军对拒绝投降的杜聿明集团发起了总攻，至 1 月 10 日，全歼邱清泉、李弥两个兵团，击毙了邱清泉，活捉了杜聿明。淮海战役结束，共歼敌 55.5 万人。

淮海战役胜利后，斯大林听说后也非常赞叹，觉得用 60 万人打 80 万人，在一个广阔的平原地区，机械化水平远远低于对手，非常了不得。他在笔记本上写道："奇迹，真是奇迹！"

战场上的态势完全变了。一个没有了主力的军队和政府，还有什么资格来谈"求和"的条件？针对蒋介石 1 月 1 日"新年文告"里的"求和"声音，快半个月了也没有共产党的回音，蒋介石在猜，各界都在猜，共产党会以什么条件、什么方式来回应蒋介石的"求和"声音。

在 1 月 10 日淮海战役胜利结束之后，1 月 14 日，整个社会终于等来了毛泽东的声音、共产党的态度。这一天，毛泽东发表了《中共中央毛泽东主席关于时局的声明》，在陈述了蒋介石集团发动内战、破坏和平的种种罪行后，提出了八项和平条件，以回应蒋介石的五项求和主张。

毛泽东说：虽然中国人民解放军具有充足的力量和充足的理由，确有把握，在不要很久的时间之内，全部地消灭国民党反动政府的残余军事力量；但是，为了迅速结束战争，实现真正的和平，减少人民的痛苦，中国共产党愿意和南京国民党反动政府及其他任何国民党地方政府和军事集团，在下列条件的基础之上进行和平谈判。这些条件是“（一）惩办战争罪犯；（二）废除伪宪法；（三）废除伪法统；（四）依据民主原则改编一切反动军队；（五）没收官僚资本；（六）改革土地制度；（七）废除卖国条约；（八）召开没有反动分子参加的政治协商会议，成立民主联合政府，接收南京国民党反动政府及其所属各级政府的一切权力”。

毛泽东接着说：“中国共产党认为，上述各项条件反映了全国人民的公意，只有在上述各项条件之下所建立的和平，才是真正的、民主的和平。如果南京国民党反动政府中的人们，愿意实现真正的、民主的和平，而不是虚伪的、反动的和平，那么，他们就应当放弃其反动的条件，承认中国共产党提出的八个条件，以为双方从事和平谈判的基础。否则，就证明他们的所谓和平，不过是一个骗局。我们希望全国人民、各民主党派、各人民团体，大家起来争取真正的、民主的和平，反对虚伪的、反动的和平。南京国民党政府系统中的爱国人士，亦应当赞助这样的和平建议。中国人民解放军全体指挥员、战斗员同志注意：在南京国民党反动政府接受并实现真正的、民主的和平以前，你们丝毫也不应当松懈你们的战斗努力。对于任何敢于反抗的反动派，必须坚决、彻底、干净、全部地歼灭之。”①

---

①《毛泽东选集》第四卷，人民出版社 1991 年 6 月第 2 版，第 1389 页。

其实，在毛泽东宣布和平谈判的八项条件之前，中国共产党和各民主党派、各人民团体已经有了一定的舆论铺垫。

1月5日，新华社发表系列评论，第一篇是《评战犯求和》，其他的评论是《四分五裂的反动派为什么还要空喊“全面和平”？》《国民党反动派由“呼吁和平”变为呼吁战争》《评国民党对战争责任问题的几种答案》《南京政府向何处去？》等。因为第一篇是毛泽东写的，语气辛辣，赏读过瘾。

对蒋介石在《新年文告》中提出的五项和谈条件，毛泽东认为是“蒋介石供认了匪帮们的整个计划”。他逐条进行了批驳。摘录两条进行赏读：

> “神圣的宪法不由我而违反，民主宪政不因此而破坏，中华民国的国体能够确保，中华民国的法统不致中断”——确保中国反动阶级和反动政府的统治地位，确保这个阶级和这个政府的“法统不致中断”。这个“法统”是万万“中断”不得的，倘若“中断”了，那是很危险的，整个买办地主阶级将被消灭，国民党匪帮将告灭亡，一切大中小战争罪犯将被捉拿治罪。
>
> “军队有确实的保障”——这是买办地主阶级的命根，虽然已被可恶的人民解放军歼灭了几百万，但是现在还剩下一百几十万，务须“保障”而且“确实”。倘若“保障”而不“确实”，买办地主阶级就没有了本钱，“法统”还是要“中断”，国民党匪帮还是要灭亡，一切大中小战犯还是要被捉拿治罪。大观园里贾宝玉的命根是系在颈上的一块石头，国民党的命根是它的军队，怎么好说不“保障”，或者虽有“保障”而不“确实”呢？

还有最有意思的，毛泽东开始调侃：“上述一切，还没有包括一月一日战犯求和声明中的一切宝贝。还有另一个宝贝，这就是蒋介石在其新年致词中所说的‘京沪决战’。哪里有这种‘决战’的力量呢？蒋介石说‘要知道政府今天在军事、政治、经济无论哪一方面的力量，都要超过共党几倍乃至几十倍’。哎呀呀，这么大的力量怎么会不叫人们吓得要死呢？姑且把政治、经济两方面的力量放在一边不去说它们，单就‘军事力量’一方面来说，人民解放军现在有三百多万人，‘超过’这个数目一倍就是六百多万人，十倍就是三千多万人，‘几十倍’是多少呢？姑且算作二十倍吧，就有六千多万人，无怪乎蒋总统要说‘有决胜的把握’了。为什么求和呢？完全不是不能打，拿六千多万人压下去，世界上还有什么共产党或者什么别的党可以侥幸存在的呢？当然一概成了粉末。由此可见，求和绝不是为了别的，完全是‘为民请命’。”讽刺得太过瘾了！

语气一定是实力的表现。解放战争初期，蒋介石一方面全面进攻解放区，一方面想压迫共产党屈服。1946 年 8 月 6 日，美国新任驻华大使司徒雷登向周恩来转达蒋介石提出的五项条件，表示中共军队只有接受五项条件才能进行政治谈判。这五项条件是（一）苏北中共军队应撤至陇海铁路以北；（二）中共军队应自胶济铁路撤退；（三）中共军队应自承德及热河省承德以南的地区内撤出；（四）中共军队应退入东北的两个半省内（新黑龙江、嫩江和兴安省）；（五）中共军队应撤离在山西和山东两省内于 6 月 7 日以后攻占的地区。并称：五项条件要在一个月至六个星期内实行，否则停战和改组政府都无从谈起。这种实际上要求中国共产党屈膝投降的条件，理所当然地遭到中共代表团的拒绝。

才刚刚过去 2 年 5 个月的时间，说话的语气和谈判条件就完全调过儿了。

其间，国内各种民主力量也纷纷发声。

1 月 6 日，中国民主政团同盟主席张澜在上海接受记者采访，发表谈话，指出蒋介石并非真是要和平，有可能是缓兵之计，还是要继续打下去。张澜说：“谁都要和平，这是很明白的，但是蒋介石曾经破坏了结束内战的机会。他又说和平是人人所愿望的，但据我看，和平的希望不大，因为显然蒋介石不愿意和谈。特别是蒋介石所提出的两个条件，不仅中共，就是全国人民也不能接受。这两个条件就是关于保持法统和保障国民党军队这两点。这两个条件是人民所不愿接受的。而且在文告的末段，蒋强调如有必要，他将继续作战。这表示他并不真正要和平。”①

1月7日，在李家庄的符定一、周建人、韩兆鹗、翦伯赞、刘清扬、楚图南、田汉、胡愈之等人联名致电在哈尔滨的李济深、沈钧儒、章伯钧、马叙伦、王绍鏊、陈其尤、彭泽民、沙千里等人，认为民主人士在当前必须认清三点：

一、养痈遗患，芟恶务尽，时至今日，革命必须贯彻到底，断不能重蹈辛亥革命与北伐战争之覆辙。

二、薰莸不同器，汉贼不两立。人民民主专政，决不容纳反动分子……务使人民阵线内部既无反动派立足之余地，亦无中间路线可言。

三、经纬万端，实有赖于群策群力，有赖于中国共产党的继续领导与团结所有忠于人民革命事业之党派团体及民主人士一致行动，通力合作，方可完成人民革命之大业。并提议：倘荷赞许，尚祈诸公率先发起，联衔向国外发表严正声明。

大家一致的声音是不相信蒋介石的求和文告！不希望给反动派喘息的机会！

于是，毛泽东提出和平谈判的“八项条件”后，全国人民的声音形成了一边倒：中国国民党革命委员会、中国民主同盟、中国民主促进会、民主救国会、中国农工民主党、中国国民党民主促进会、三民主义同志联合会、九三学社、中国致公党、台湾民主自治同盟、上海人民团体联合会等民主党派和团体，香港、海外各界民主人士以及清华大学、燕京大学的教授们，纷纷发表声明，响应毛泽东的“八项和平条件”。最有代表性的是，1949年1月22日，已在解放区的各民主党派、各人民团体的代表人物及无党派人士

---

①《张澜文集》，四川教育出版社1991年版，第353页。

李济深、沈钧儒、谭平山、郭沫若等55人联合发表声明，拥护毛泽东提出的“八项条件”。声明说：“八项条件，正是对蒋介石所提出的无耻要求的无情反击，我们是彻底支持的。毫无疑问，全国人民的公意是在这儿反映出来了。我们希望全国人民，全民族统一战线上的战友，务必一致团结，采取必要的行动，坚决执行人民的公意，而使这八项条件迅速地全部实现。”

在共产党毫不留情的揭露下，在全国人民的清醒反对下，蒋介石只有乞求国际支持最后一条路了。

1月12日，美国国务院以备忘录形式答复。备忘录回顾了美国调停中国内战的历史，强调美国不得不退出调停是因为国共谈判破裂，最后说：“由美国政府做调人，于事已形无补。”

斯大林则把南京的备忘录转给毛泽东征询意见。在美国答复后，1月17日，苏联书面答复：“苏联政府一贯遵循不干涉别国内政的原则，不认为承担备忘录中所谈的调解是适当的，因为使中国恢复成为一个民主和爱好和平的国家是中国人民自己的事。”①

一切退路都没有了，蒋介石于1月21日宣布下野。

蒋介石的下野虽然有其政治上的以退为进的考虑，是化解其不可逆转的政治危机的一种手腕，但是，也可以说是各方力量逼迫的结果。

首先是美国这个后台老板觉得他不中用了。从1948年5月至10月，美国驻华大使司徒雷登多次向美国国务院报告他对蒋政权的看法。他说：“现政府已无力阻止共产主义之传播，除非或有一受爱戴之领袖（此似无可能），能号召民群，并恢复军队作战之意志，不能希望蒋委员长能充当此种领袖。因蒋氏似不能改变，且各方面证明彼必继续个人统治，此种个人统治的结

① 郝在今：《协商共和：1948—1949中国党派政治日志》，中国华侨出版社2009年1月第2版，第141页。

果，乃造成现阶段之悲惨局面。”[①]

对取代蒋介石后可能出现的情况，司徒雷登做了若干设想，并向国务卿马歇尔提了出来：

一、倘国民政府由于屡次之军事失败，被迫迁至中国其他地区，美国是否对之仍然承认，并予以支持？

二、是否建议委员长退休，让位于李宗仁，或其他较有希望组成一非共产之共和政府与较有能效与共党作战之政治领袖？

三、是否赞同委员长退休，让位于其他与国军及非共产政党相处甚好而又能使内战停止之领袖？

四、若取后一步骤，美国是否将承认与支持由于军事结束，为力求中国统一而与共产党合作而成立之联合政府？

五、美国对此种政府，可否予以事实上之承认，同时暂停任何经济合作总署或其他的支持？[②]

司徒雷登的疑问主要是对蒋介石的失望，美国这种“换马”的意向，给了蒋介石很大的压力，特别是维持内战的美国军援的要求也被拒绝了，蒋介石只有暂时下台“以时间换空间”一条路了。

在国民党内部，要蒋介石下台的呼声也越来越大。

李宗仁当选副总统后，在就职典礼上，蒋介石就给了李宗仁一个难堪。蒋介石身穿长袍马褂，李宗仁没有接到任何着装的通知，穿着一身军装来了，结果，站在蒋介石的身后，特别像一个侍卫。

后来，更是被蒋介石晾在一边。李宗仁自己回忆说：“我在副总统任内几个月，真是生平难得的清闲日子。有关军国大事的重要会议，蒋先生照例不要我参加。招待国际友人的重要宴会，蒋先生也不邀请我陪客。只有几次

① 《中美关系资料汇编》第一辑，世界知识出版社 1957 年版，第 878 页。
② 转引自程思远：《政坛回忆》，广西人民出版社 1983 年版，第 187 页。

总统招待国内元老的餐会，我偶尔被邀作陪罢了。我平生原不喜酬酢，蒋先生既不来邀我，我也落得清闲。”[①]

但是，以李宗仁、白崇禧为代表的桂系军队，可是三大战役结束后国民党军最大的军事集团了。他们的倒蒋举动，更直接地导致蒋介石的下台。

1948 年 12 月 25 日，中国共产党公布第一批战犯名单，蒋介石居首，李宗仁次之，白崇禧第三。30 日，白崇禧发出“亥全电”，敦促蒋介石：“无论战和，必须速谋决定，时不我与，恳请趁早英断。”[②]李宗仁随后宣布和平主张，提出五项要求：“（一）蒋总统下野；（二）释放政治犯；（三）言论集会自由；（四）两军各自撤退三十里；（五）划上海市为自由市，政府撤退驻军，并任命各党派人士组织上海市联合政府，政府与共产党代表在上海举行和谈。”拥李的人还公开主张：“总统下野后，由李副总统继任大任。”[③]

其间，南京甘介侯、湖南程潜、河南张轸均通电提出敦促蒋介石下野，以利和谈。白崇禧还邀请湘、鄂、赣、豫、桂五省参议会会长赴武汉，以“五省和平促进联合会”的名义，通电要求蒋介石“对个人进退问题作一明快决定，免误和平谈判”。[④]

特别是毛泽东发表《关于时局的声明》，提出和平谈判 8 项条件后，蒋介石已经没有任何退路。1 月 19 日下午，蒋介石约了张治中、张群、吴忠信、邵力子、吴铁城、陈立夫去谈话，上来就说：“我是决定下野的了，现在有两个案子请大家研究：一个是请李德邻出来和谈，谈妥了我再下野；一个是我现在就下野，一切由李德邻主持。”半天没有人敢说话，蒋介石就一个一个地问，吴铁城说：“这问题是不是应该召集中常委来讨论一下？”蒋介石愤然地说：“不必，我现在不是被共产党打倒的，是被国民党打倒的！我再不愿

---

①《李宗仁回忆录》下，广西人民出版社 1980 年版，第 894—895 页。

② 程思远：《李宗仁先生晚年》，文史资料出版社 1980 年版，第 22 页。

③ 同上书，第 26 页。

④《武汉文史资料》第 2 辑，第 67 页。

意进中央党部的大门了！”最后他说：“好了，我决心采用第二案，下野的文告应该怎样说，大家去研究，不过主要意思要包含‘我既不能贯彻戡乱的主张，又何忍再为和平的障碍’这一点。”[①]

1月21日上午，国民党中央常务委员会召开临时会议，百余名国民党党、政、军要员云集总统府，会场上一片死寂，气氛极为凝重。蒋介石语调低沉地发表离职讲话，他先分析了形势，认为国民党“在军事、政治、财政、外交皆陷入绝境，人民所受痛苦亦已达到顶点之时，我有意息兵言和，无奈中共一意孤行到底”。所以，他决定：“在目前情况下我个人非引退不可，让德邻兄依法执行总统职权，与中共进行和谈。我于5年内绝不干预政治，但愿从旁协助，希望各同志同心合力支持德邻，挽救党国危机。”当蒋介石说这番话时，席中就有人黯然落泪，等蒋说完时，谷正纲、陈庆云、何浩若、洪友兰、张道藩等不禁失声痛哭起来。CC派分子、社会部长谷正纲忽然站起来疾呼：“总裁不应退休，应继续领导，和共产党作战到底。”蒋介石摇摇头：“不可能了，我决心已下。”说着，蒋介石拿出一张拟好的文稿，对李宗仁说：“我今天就离开南京，你立刻就职视事。这是我替你拟好的文告，你来签个字吧。”在四周一片呜咽声中，李宗仁在文告上签了字。为了文告上的几个表述，李宗仁和蒋介石计较了几次，但还是拧不过蒋介石的权威和狡猾，只好当上了“跛脚”的总统，开始收拾蒋家王朝的烂摊子。

当天下午，蒋介石在南京卫戍司令张耀明等部分党政高级人员陪同下，前往东郊拜谒了中山陵。蒋介石在陵前对随从作了临别训话：“今天我们在军事上虽然失败了，但是只要我们知耻，发愤图强，前途还是大有可为的。因为我们还有长江以南广大地区，比在黄埔时的基础好得多。希望大家发扬革命精神，团结起来，一定可以转败为胜。”[②] 蒋介石在拜谒中山陵之后，原

① 张治中：《我与共产党》，文史资料出版社1980年版，第120页。

② 覃异之：《回忆南京解放前夕二三事》，《江苏文史资料》第30辑，第159页。

定从明故宫机场起飞，突然下令改从大校场起飞。4 点 10 分，“美龄”号座机升空，蒋介石命驾驶员绕空两周，向中山陵和南京作最后一别。从此，他再也没有来过南京。

第二天，国民党中央社播发了蒋介石的下野文告，内称：

> 中正自元旦发表文告，倡导和平以来，全国同声响应，一致拥护，因之期待共党表示和平之诚意者，亦愈为殷切。乃时逾数旬，战事仍然未止，中正由衷循省，既不能贯彻戡乱之政策，以达奠定和平之目的，曷如身先引退，以冀感动共党，解救人民倒悬于万一。爰特依据《中华民国宪法》第四十九条“总统因故不能视事时，由副总统代行其职权”之规定，于本月二十一日起交由李副总统代行总统职权，务望全国军民暨各级政府共矢精诚，同心一德，翊赞李代总统，一致协力，促成永久和平——假令共党果能由此觉悟，罢战言和，拯救人民于水火，保持国家之元气，使领土主权，克臻完整，历史文化与社会秩序，不受摧残，人民生活与自由权利，确有保障，在此原则下，以致和平之功，此固中正馨香祝祷以求者也。①

蒋介石下野了。从 1 月 1 日元旦文告的“祈和”，到 1 月 21 日的下野，只有 20 天的时间，下野的速度也如国民党军队的“兵败如山倒”，但这一切都挽救不了蒋家王朝的覆灭了。

李宗仁的使命是和谈，目的是与共产党划江而治。当然，在 1949 年的形势下，这些都是痴心妄想了。李宗仁也是想尽办法，调动了一切可以调动的人，共产党也是给了李宗仁许多次机会。但是，李宗仁代表的是不肯放弃政权的国民党集团，所以，和谈一直拖到渡江战役的打响。这部分将在第四

---

① 转引自林桶法：《1949 大撤退》，九州出版社 2011 年版，第 52—53 页。

章叙述。

在1月份，中国共产党还有一个重要文件发布了，那就是1949年1月19日发布的《中共中央关于外交工作的指示》。

半个中国打下来了，手中的大城市多了，各种外交问题也随之多了起来。特别是1949年的建国目标确立后，作为国家主权象征的外交工作，也就提上议事议程。于是，就有了这份文件。

这份文件，确立了新中国基本的外交原则，制定了15项具体政策，还设计了城市和区域级别的涉外工作部门。首先，文件开宗明义："目前我们与任何外国尚无正式的国家的外交关系。许多帝国主义国家的政府，尤其是美帝国主义政府，是帮助国民党反动政府反对中国人民解放事业的。因此，我们不能承认这些国家现在派在中国的代表为正式的外交人员，实为理所当然。我们采取这种态度，可使我们在外交上立于主动地位，不受过去任何屈辱的外交传统所束缚。在原则上，帝国主义在华的特权必须取消，中华民族的独立解放必须实现，这种立场是坚定不移的。但是在执行的步骤上，则应按问题的性质及情况，分别处理。凡问题对于中国人民有利而又可能解决者，应提出解决。其尚不可能解决者，则应暂缓解决。凡问题对于中国人民无害或无大害者，即使易于解决，也不必忙于去解决。凡问题尚未研究清楚或解决的时机尚未成熟者，更不可急于去解决。总之，在外交工作方面，我们对于原则性与灵活性应掌握得很恰当，方能站稳立场，灵活机动。"上述这些表述，就是新中国成立前后中国共产党外交工作的基本原则和策略方法。

关于具体的外交政策，文件起草时写了13条，对外资、外贸、海关税收、外国雇员、外国人入境、外国侨民的管理、外国人在中国办的医院和学校等，都制定了具体的政策，尤其是对外国办的报纸、刊物、通讯社及外国记者，要求："已出版之外国报纸、刊物，暂置不理，但须令其送全年报刊呈请登记。经过一个时期调查，交得中央批准后，一般的不予登记，停止出版。特殊的，或暂不干预，或转为华人出面办理。外国通讯社一律不准发稿，更不得私设收发电台。塔斯社，电通社，应另订合同，由新华社代收代发。外国记者凡未经许可入境，或留在被解放城市者，概不承认其为新闻记者，不给以任何采访和发报之权，只予以外国侨民待遇。”①

毛泽东于 1 月 19 日修改文件时，给“具体政策”这一部分增加了关键的两条，就是第 1 条和第 15 条。“（1）外交关系。凡属被国民党政府所承认的资本主义国家的大使馆、公使馆、领事馆及其所属的外交机关和外交人员，在人民共和国和这些国家建立正式外交关系以前，我们一概不予承认，只把他们当作外国侨民待遇，但应予以切实保护。对于这些国家的武官，应与外交人员同样看待。但对美国武官，因其直接援助国民党打内战，则应派兵监视，不得给以自由。对于苏联及新民主国家的使领馆及其所属的外交机关和人员，因为他们的外交政策是与资本主义国家的外交政策在根本上不同的，故我们对待他们的态度亦应根本上不同于资本主义国家。但因人民国家，现在和他们尚和其他外国一样，没有建立正式外交关系。故我们现在和他们的在华外交机关之间，亦只作非正式的外交来往，其所属武官同。”“（15）最后，也是最重要的一项，不允许任何外国及联合国干涉中国内政。因为中国是独立国家，中国境内之事，应由中国人民及人民的政府自己解决。如有外国人提到外国政府调解中国内战等事，应完全拒绝之。”②

这个文件的第三部分是讲“外事组织”，要求已经解放的城市和地区，凡有侨民居住的，在政府设立外国侨民事务处，在城市公安局内设立外国侨民管理科，政府管他们经营的事务，如工厂、银行、学校、医院、报纸等，公

① 中共中央文献研究室编：《中华人民共和国开国文选》，中央文献出版社 1999 年 10 月第 1 版，第 637 页—639 页。

② 中共中央文献研究室编：《毛泽东年谱：一八九三——一九四九》下卷，中央文献出版社 2013 年 12 月第 1 版，第 441 页。

安局专管外国侨民的居住、往来与职业的登记、询问和检查及护照之签发，取得经验，指导各地。有侨民百人以上的城市，特别是哈尔滨、沈阳、北平、天津、济南五个城市的负责人选，须报告中央批准。可见当时外交工作的规格之高。

强国才有外交，弱国无外交。这个文件的内容，是新的共和国的外交政策基础和准则，绝对是百年来中国最扬眉吐气的外交文件，最自主独立的外交文件。在1月25日又发了一个《中共中央关于外交工作方针的补充指示》，尤其对世界上最强大的美国，也很强硬："只有对北平美国武官处，因其助蒋内战，必须在派兵监视时，询其有无电台联络；如有，令其交出封存；如无，令其具结证明。将来如被我发现其保有秘密电台，更可从严惩处。"[①] 一个敢对美国说"不"的伟大的共和国的雏形已经显现。

1949年1月，这个文件发布前后，中国共产党的一些外交实践，已经有了独立自主的大国外交的模样。对美国的态度在文件中已经很鲜明，就是对中国共产党已经决定"一边倒"的对象——苏联，也是在尊重之下有自己独立的决策。当时，国民党政府希望美国、苏联等调停中国内战，斯大林表现得比较含糊，在征求中国共产党意见时还替毛泽东起草了一份给国民党蒋介石的复电。可是，这时的中国共产党确实不是1945年的中国共产党了，毛泽东也是底气十足。他在12日给斯大林的回电中明确表示不同意莫斯科的建议，并且也像斯大林一样，代苏联政府起草了一份给南京政府的照会："我们认为，苏联政府对于南京政府建议苏联在停止中国内战方面进行调停一事发出的照会，似应作如下答复：苏联政府无论过去和现在一直希望看到一个和平、民主和统一的中国，但是通过什么途径使中国达到和平、民主和统一，这是中国人民自己的事。苏联政府基于不干涉别国内部事务的原则，

① 中共中央文献研究室编：《中华人民共和国开国文选》，中央文献出版社1999年10月第1版，第643页。

认为参加中国内战双方的调停工作是不能接受的。”[①] 这样的语气，现在读起来是那么的熟悉。

据毛泽东的翻译师哲回忆，到了 1957 年，毛泽东还念念不忘 1949 年的事情，他说：1949 年，我们眼看就要过长江的时候，还有人阻止，说千万不能过长江，过了，就会引起美国出兵，中国就可能出现南北朝。我们没有听他们的，我们过了长江，美国并没有出兵，中国也没有出现南北朝。如果我们听了他的话，中国倒是真正可能出现南北朝。后来我会见了阻止我们过江的人，他的第一句话就说：“胜利者是不应该受责备的。”[②]

1949 年 1 月贯穿大半个月的事件是平津战役，也就是给新的共和国解决首都问题的战役。平津战役的胜利，不单是解放了北平，使新中国早早有了首都。而且还衍生出解决残余国民党军队的三种模式：天津模式、北平模式和绥远模式。

三大战役都是战略决战，因此一定要把敌方主力留住。如果平津的傅作义部跑掉了，就是拿下了北平，也会迟滞全国解放的步伐。毛泽东的设想是既要解放北平，也要全部解决傅作义集团。

所以，辽沈战役一结束，毛泽东否定了东北野战军休整两个月的计划，要求部队尽快入关。当时毛泽东有三个步骤：一是缓打太原，怕吓走傅作义；二是淮海战役第三阶段围而缓打，不要刺激蒋介石下决心让傅作义南逃；三是华北野战军迅速包围张家口、新保安之敌，拴住傅作义；再有就是东北野战军迅速入关，切断平、津联系，并拿下塘沽，阻止敌人海上逃走。这样，傅作义集团就会成为三个孤立的部分，等着解放军看心情收官。

---

① 尼·特·费德林等著：《毛泽东与斯大林、赫鲁晓夫交往录》，彭卓吾译，东方出版社 2004 年版，第 60 页。

② 师哲回忆，李海文整理：《在历史巨人身边——师哲回忆录》，中央文献出版社 1991 年版，第 370—371 页。

1948年11月6日，毛泽东就致电林彪等，要求："东北野战军主力早日入关，在包围塘沽、唐山的姿态下进行休整。"林彪复电说了很多理由，甚至连冬装未发都说了。但是，战争进程发展太快，如果傅作义集团南撤成功，一定会延长解放战争进程的。所以，毛泽东理解东北野战军的所有难处，也不得不下决心尽快执行平津战役作战计划。11月18日，电令林彪、罗荣桓、刘亚楼："望你们立即令各纵队以一二天时间完成出发准备，于21日或22日全军或至少八个纵队取捷径以最快速度行进，突然包围唐山、塘沽、天津三处敌人，不使逃跑，并争取使中央军不战投降。"[①] 11月20日，毛泽东又给他们3人电报，嘱其行动一定要秘密："部队行动须十分荫（隐）蔽，蒋、傅对我军积极性总是估计不足的，他们尚未料到你们主力会马上入关。""请东北局及林、罗、谭令新华社及东北各广播电台在今后两星期内，多发沈阳、新民、营口、锦州各地我主力部队庆功祝捷练兵开会的消息，以迷惑敌人。"[②]

于是，在林彪、罗荣桓等离开沈阳的第二天，沈阳市民从刚刚出版、尚有油墨味道的《沈阳日报》第一版上，看到了一则新华社播发的消息：林彪、罗荣桓在沈阳参加庆功祝捷大会。消息旁边还刊登了一幅林、罗在大会现场的照片，林彪神情肃穆，罗荣桓面带微笑，轻松自如。看到特务们传来的情报，蒋介石、傅作义判断：东北野战军还在关外。

实际上，按照中央军委和毛泽东的指示，东北野战军从23日起就开始入关。10个步兵纵队和特种兵纵队70余万人，1000门火炮，100辆坦克，130辆装甲车，10万匹战马和随军15万民工，白天夜里，都是车轮滚滚、浩浩荡荡，当时的三纵副政委刘西元回忆说："夕阳西下，晚霞如火。我和

---

① 中共中央文献研究室编：《毛泽东年谱：一八九三——一九四九》下卷，人民出版社、中央文献出版社1993年版，第393页。

② 《毛泽东文集》第五卷，人民出版社1996年版，第199页。

纵队几位领导同志站在大路旁，深情地注视着眼前那动人的场面。只见通往关内的一条条山路上，到处是满载物资的汽车、马车，威风凛凛的火炮，全副武装、步履矫健的战士，赶着大车、挑着担子的民工，一眼望不到头。那川流不息的行军队伍，似滚滚铁流向前奔腾。”①

戴狗皮帽子的东北野战军进关了！当蒋介石和傅作义确定这个消息时，华北战场上的力量对比已经发生了根本性变化。

1948 年 12 月 11 日，毛泽东又为中央军委给林彪、罗荣桓等起草了一份很长的电报，这封电报后来被收入《毛泽东选集》第四卷，起了一个名字："关于平津战役的作战方针"，战役设想更加成熟，最后连战役的攻击次序都做了安排："攻击次序大约是第一塘芦区，第二新保安，第三唐山区，第四天津、张家口两区，最后北平区。"②

战役的次序最终和毛泽东沙盘上演绎的基本一致。

第一场大战就是要吃掉傅作义的心头肉——第 35 军。这个军是傅作义最嫡系的部队，全军总兵力 2 万余人，全部是美式装备，全军都是机械化。傅作义一向把它作为手中的王牌，哪里有紧急情况就把它调到哪里，因此该军官兵十分傲慢，自诩"所向无敌"。为了让傅作义失去抵抗和谈判的资本，毛泽东几次紧急电令杨得志、罗瑞卿华北第二兵团，必须用双腿跑过汽车轮子，把第 35 军围歼在新保安。围住第 35 军后，毛泽东要求暂时不打，"需待东北主力入关，确实完成对平津两地的包围之后"，才可以歼灭。但战士们的求战情绪极高，都想报 1946 年的张家口战役之仇，通往兵团的电话线，几乎都被请战的声音占满了。12 月 22 日 7 时 10 分，杨得志下达总攻命令，当天就解决了傅作义的精锐第 35 军，歼敌 1.92 万人，军长郭景云朝自己的

① 转引自刘统：《中国的 1948 年——两种命运的决战》，生活·读书·新知三联书店 2006 年版，第 536 页。

②《毛泽东选集》第四卷，人民出版社 1991 年 6 月第 2 版，第 1366 页。

太阳穴开了一枪自杀了。

当年红军长征时曾指挥强渡大渡河的杨得志，激动地对罗瑞卿说："打掉35军，我有点13年前渡过大渡河的感觉。"他接着回忆说："新保安这一仗，10个小时歼灭傅作义35军的1.9万余人。战斗的规模和战绩，不论是同歼敌47万余人的辽沈战役相比，还是与淮海战役相比，实在是一个小仗。但是，毛主席对这个小仗在解放战争时期三个决定性大战的最后一战——平津战役中的作用和意义都估价不小……平津战役中，毛主席为中央军委起草了许多电报。在我看到的90份电报中，有55份是直接或间接发给我们兵团的；这55份电报中，大部分又是与新保安作战相关的。毛主席为新保安之战的胜利，倾注了大量心血。"①

第35军被全歼，傅作义的心态发生了很大变化，他开始考虑自己的出路，也开始试探着要与中共进行谈判了。和平解放北平之路，从这里开始了。

为了给新中国保留一个完整的首都，为了让这个世界文化古城的文物不被破坏，中国共产党和毛泽东动了很多脑筋，有时不惜影响局部战场态势。举两个例子。一个是1948年12月13日，已经抵进北平近郊的东北野战军某团正在万寿山和圆明园遗址之间构筑简易工事，突然遭到国民党军队的猛烈炮击。炮弹在一些古建筑附近炸开，威胁到这些建筑的安全。前线司令部得知这一情况后，为了避免学校和文物古迹遭受炮火毁坏，命部队避开圆明园古迹和清华、燕京学校区，另找抵达城边的道路。另一个是13日当晚，解放军太原前线首长徐向前等将截获的阎锡山北平办事处给阎的一份秘密情报上报中央军委。这份电报称："今（元）午北平外围情况急转直下，傅军主力集结，调集城郊。清河、南口镇即有激战，清华大学落有炮弹，人心恐慌，空气极度紧张。"毛泽东看了这份情报后，时隔一天，就以军委名义急电

① 转引自马长林：《1949年百年瞬间》，东方出版中心2015年8月第1版，第120—121页。

包围北平的林彪、罗荣桓、刘亚楼和第 13 兵团司令员程子华、参谋长黄志勇："请你们通知部队注意保护清华、燕京等学校及名胜古迹等。"[①]

东北野战军前线部队坚决执行毛泽东同志的指示，开到西郊的部队，马上就把颐和园、香山、八大处等风景区和清华、燕京大学等文化设施保护起来。在一些地方还贴出布告，明令广大群众对学校和名胜古迹严加保护，不准滋扰。

毛泽东和周恩来还考虑，征求专家的意见，以便更精准地保护文物古迹。他们以中央的名义，电令北平地下党组织做好这项工作。北平地下党组织迅速行动，经过精心安排，协助东北野战军前线的两名干部潜入城内。18 日深夜，在清华大学张奚若教授的帮助下，两名前线的干部来到建筑学家梁思成的家里，请梁先生在一张军用地图上标出北平城区重要古建筑和文化古迹的位置，画出禁止炮击的地区，以备万一同傅作义的和平谈判失败，不得已而攻城时，尽可能保护文物建筑免遭破坏。梁思成听了来人讲明意图后，对共产党如此重视保护古代建筑，十分钦佩。他来不及多想，立即动笔在那张军用地图上开始标注城区古代建筑的位置。梁思成标注得很细，用了几天时间才画完。他还拿出他带领学生收集古建筑文献时记载的《全国建筑文物简目》，把它们一并交给了那两位解放军军官，还给他们两位作了详细的讲解。林彪得到这些材料后，立即让参谋将此图复制一份，原图送给了毛泽东，另一份留在他的司令部。

毛泽东得到这份由梁思成标画的地图和《全国建筑文物简目》后，对梁思成能为解放军绘制此图，十分赞赏，也非常重视这张地图。他于 1949 年 1 月 16 日再次为中央军委起草了一份关于保护北平文化古迹的电报："此次攻城，必须做出精密计划，力求避免破坏故宫、大学及其他著名而有重大价值

---

① 中共中央文献研究室编：《毛泽东年谱：一八九三——一九四九》下卷，中央文献出版社 2013 年 12 月第 1 版，第 421 页。

的文化古迹。你们务必使各纵（队）首长明了，并确守这一点……即便占领北平延长许多时间，也要耐心地这样做。”此电报特别提到要保护故宫，还要求：哪些地方可以攻击，哪些地方不能攻击，要绘图立说，人手一份，当作一项纪律去执行。之后，毛泽东还向平津前线指挥部下达命令：“把这幅图，交给围城部队。一定要他们注意保护这些重要的文化古迹。部队在进行攻击练习时，一定要对目标计算精确！”①

部队甚至为了保护文化古迹已经做好付出重大牺牲的准备。

中国共产党和傅作义的谈判一直在进行，党还动员了社会各界力量影响傅作义早做决断，甚至他的女儿——共产党员傅冬菊也被北平地下党派到她父亲身边做工作。

因为手中还有天津这张牌，傅作义一直在讨价还价，惹得毛泽东非常不高兴，他最后决定打下天津，断绝傅作义最后的一点念想。1 月 12 日，毛泽东为中央军委起草给林彪、聂荣臻的电报，明确指示：“围城已近一个月，谈判如此之久，始终不着边际。自己提出离城改编，现又借词推脱，企图拖延时间，实则别有阴谋，加重平、津人民的痛苦。傅如有诚意，应令天津守军于十三日全部开出城，听候处理。守军应负责移交一切公共财产、案卷、武器弹药、被服，不得有任何破坏损失。守军出城，只能携带随身枪弹物品。一切改编细目待出城后再说。否则我军将于十四日攻击天津。”还判断：“估计天津守军十三日必不会按照我们所说的时间、条件出城，你们应准备于十四日攻击天津。”②

傅作义认为固若金汤的天津，不到 29 个小时就被拿下。1 月 14 日下午，

① 转引自完颜亮编著：《开国大事件》，当代中国出版社 2013 年 6 月第 1 版，第 57 页。

② 中共中央文献研究室编：《毛泽东年谱：一八九三——一九四九》下卷，中央文献出版社 2013 年 12 月第 1 版，第 435 页。

他的谈判代表邓宝珊和周北峰一行四人来到平津前线司令部，准备还做些讨价还价。可是，一见面，聂荣臻就不容置疑地对周北峰说："周先生，我们前次说得很清楚，14 日午夜是答复的最后期限，现在只剩下几个小时了，我们已下达了进攻天津的命令了。这次谈判就不包括天津了，你们有什么意见？"

毛泽东给傅作义留下的思考时间是 1 月 17 日凌晨 1 时至 21 日午夜 12 时。如果傅作义不接受共产党的和平条件，解放军将实施攻城。此时，傅作义只有一条路可以走了，那就是按照毛泽东指引的和平解放之路。

蒋介石也一直在争取傅作义，几次派人去做傅作义的工作。看到大势已去，蒋介石 1 月 17 日晚给傅作义发了一封电报，大意是相处多年，彼此相知，你现在厄于形势，自有主张，无可奈何。我今只求一件事，于 18 日起派飞机到北平运走第 13 军少校以上军官和必要的武器。傅作义接电后，一面复电蒋介石照办，一面发电通知平津前线指挥部炮击天坛机场，阻止蒋军飞机着陆。18 日那天，飞机果然来了，城外解放军的炮击也开始了，猛烈的炮火使蒋军飞机不敢降落，如此几日，蒋介石无奈放弃了空运走其精锐嫡系的想法。话说回来，如果放他们走了，傅作义的谈判筹码和戴罪立功的功劳就会减少许多。这一点，傅作义是看得清楚的。

1 月 21 日，傅作义接受解放军提出的和平条件，双方签订《关于和平解放北平问题的协议》。1 月 22 日，傅作义通过国民党中央社和华北"剿总"的机关报《平明日报》，正式公布了北平和平解放实施协议的条文。

1 月 31 日，傅作义部主力全部移出北平，人民解放军开始入城接防。中午 12 点，东北野战军第四纵队政委莫文骅将军带着一支解放军队伍，臂上戴着"平警"字样的袖章，在一辆敞篷汽车引导下，由白石桥方向向西直门走来。中国人民解放军的军旗，开始在北平各处随风飘扬。

北平，终于回到人民的手中。北平，从这一天起，开始了作为新中国首都的建设。

1949 年的 1 月，从 1 日凌晨毛泽东思考怎么和平解放开始，到 31 日中国人民解放军全面接收北平结束。共和国的孕育就是这么奇妙，首都在第一个月就解决了！

第二章

二月。毛泽东以学生的姿态向苏联党的代表米高扬阐述关于新的共和国的理念。华北《人民日报》搬进了北平城，并出版了北平版，新的首都已经有了新的模样。中国人民解放军从“播种机”变成了“工作队”，开始为接收城市储备干部。国共和谈的序幕在本月拉开。根据地的政权建设已经看出新国家的雏形。

二月

1. 2月1日，米高扬与周恩来和朱德的会谈中，讨论了中国人民解放军最迫切需要解决的问题。

2. 2月2日，米高扬同朱德和任弼时的会谈中，谈到中国工业发展的问题以及中苏之间的合作问题。

1月31日下午，代行党中央机关报职能的华北《人民日报》来到了北平，并于2月2日出版了《人民日报》北平版。

3. 2月3日，米高扬在同刘少奇的会谈中，重点谈了如何对待民族资产阶级的问题。

2月3日，大年初六，解放军的大部队正式进城。

4. 2月4日，对南京卖国政府释放日本侵华战犯冈村宁次，中共中央发表严正声明，责令追回冈村宁次等战犯，移交人民解放军。

5. 2月6日下午2时，由张治中、吴裕后等组成的所谓“南京人民和平代表团”一行16人乘飞机抵达北平西苑机场，由此拉开了北平和谈的序幕。

6. 2月9日的总前委商丘会议上，第一次对渡江作战的时间、部署等问题进行了具体、深入而全面的研究，于当天向中共中央进行了汇报，并就相关事项进行了请示。这次会议的召开，标志着渡江战役由战略谋划进入战术部署阶段。

7. 2月11日，中共中央又发出关于七届二中全会具体时间的安排的通知。

8. 2月12日，北平各界还举行了20万人的盛大集会和游行，庆祝管理城市的权力回到了人民的手中。

2月12日，《人民日报》报道，华北人民政府又颁布了《华北区革命工作人员伤亡褒恤条例》。

9. 2月14日下午4时30分，由颜惠庆、章士钊、邵力子、江庸4位七旬老翁组成的“上海和平代表团”，在黄启汉的陪同下，从青岛飞抵北平。他们受“代总统”李宗仁的委托，以私人资格来北平，与中共商讨国事。

10. 2月24日，毛泽东在西柏坡接见了颜惠庆、邵力子、章士钊、江庸一行。毛泽东明确表示，可以与南京李宗仁政府进行和平谈判，但必须“速战速决”，一切以八项条件为基础，不得借谈判拖延时间，谋划别的什么。

还是在 1947 年，毛泽东就有了访问苏联的想法，都已经谈到苏联派飞机来哈尔滨接的程度。后来，被斯大林以毛泽东的离开对作战不利等理由推掉了。到了 1948 年 4 月，随着华北大部和东北的即将解放，毛泽东访问苏联的心情愈加迫切起来。之前，毛泽东通过其他渠道报告过中国解放战争的进程，还专门写过一封信给斯大林，甚至谈到建立新中国问题和未来的国际支持问题，希望斯大林同志了解情况。1948 年 4 月 26 日，毛泽东在城南庄致电斯大林说："我决定提早动身赴苏联。拟于月初从河北省石家庄北 100 公里处阜平县出发，在军队掩护下过平张铁路……可能于 6 月初或中旬到达哈尔滨。然后从哈尔滨到贵国……我将就政治、军事、经济和其他重要问题同苏联共产党中央委员会的同志们商谈和请教……此外，如果可能，我还想往东欧和东南欧国家一行，考察人民阵线工作和其他工作形式。"

3 天后，斯大林回电同意毛泽东的请求，关于随从人员和随身的苏联医生，也同意毛泽东的安排。最后说："同意在哈尔滨留一部电台。其他一切面议。"①

为了护送毛泽东的行动，部队都进行了调动。当时负责这一工作的杨成武回忆：他接到命令赶到城南庄后，"毛主席听完了我的汇报，向我谈了当前的大好形势……提出了新的具体任务，让我负责，选一个我熟悉的、战斗力最强的师，由我带着，准备护送他到东北去……聂司令员、赵参谋长和我连夜商量，挑选执行这项特殊任务的部队，决定调战斗力很强的第二纵队第四旅前往。挑选这支部队护送毛主席，我们是放心的。

"接着，我们又研究了行动路线，选择了过平绥铁路的地点。

"第二天吃过早饭，我们又到毛主席那里，报告了我们昨夜研究的情况。毛主席表示同意，又问他还有什么指示，他说没有了，我们这才离开

① 尼·特·费德林等著：《毛泽东与斯大林、赫鲁晓夫交往录》，彭卓吾译，东方出版社 2004 年版，第 8—9 页。

了城南庄。”①

可是，过了十几天后，任务撤销了，斯大林又找到一个借口把毛泽东的行程推到了 11 月底。当时，中国共产党确实有许多问题要请教老大哥，所以，毛泽东心情不悦但也忍了。1948 年 9 月中共中央政治局会议后，毛泽东又致电斯大林，提出访苏要求，按照新约定的时间，在 11 月底动身。但是，这时毛泽东已经下决心与国民党军主力决战，三大战役拉开了序幕，毛泽东想把动身的时间延后到 12 月底。这一次，又被斯大林找借口拒绝了。

据苏联党派给毛泽东的保健医生安・雅・奥尔洛夫 1948 年 8 月 28 日发往莫斯科的电报中说：他最近同毛泽东有过一次谈话，谈话中毛泽东谈到他想同斯大林讨论的一些问题，并希望苏联党在尽可能的范围内给予帮助。毛泽东打算在莫斯科谈的问题如下：

1. 关于同一些小的民主党派（和民主人士）的关系。关于召开政治协商会议。

2. 关于联合东方各种革命力量和关于东方各共产党（及其他政党）之间的关系。

3. 关于同美国和蒋介石进行斗争的战略计划。

4. 关于恢复和建立中国的工业，其中包括（尤其是）军事工业、采矿工业，恢复和建筑交通道路——铁路和公路。在那里要把我们（中国共产党）需要的东西都讲出来。

5. 关于价值 3000 万美元的白银贷款。

6. 关于同英国和法国建立外交关系方面的策略（路线）。

7. 一系列其他重要方面问题。

毛泽东在对上述一切加以总结时着重指出：“应当就我们的政治方针与

① 杨成武：《战华北》，人民出版社 1986 年版，第 118—119 页。

苏联完全一致方面达成协议。”①

1949 年 1 月 10 日，斯大林回电说：在目前局势下我们认为您应当把您的访问再后延一段时间，因为您现在到莫斯科来，会被敌人利用来指责中国共产党是莫斯科的代理人，这无论对中共还是对苏联，都没有好处。14 日，斯大林再次来电提出：“我们还是主张您暂时推迟对莫斯科的访问，因为目前很需要您在中国。如果您愿意，我们可以立即派一位负责的政治局委员到您那里去，到哈尔滨或另一个地方，就我们感兴趣的问题举行会谈。”

此时，担心中苏关系被西方误解和利用是一个方面，淮海战役的巨大胜利也使斯大林看到了中共的力量和胜利的曙光。于是，酝酿很久的毛泽东访苏没有成行，米高扬作为苏共中央代表，于 1 月 31 日下午来到了西柏坡，2 月 8 日凌晨离开西柏坡。整整 7 天多的时间，都是在和中共中央五大书记谈话，一半的时间是毛泽东主谈。

本来，米高扬遵照斯大林的指示就带着耳朵来，听听中国党和毛泽东同志的想法和主张，以及对未来的安排。由于现在这方面的材料很少，文字量最多的是米高扬 1960 年 9 月 22 日呈交给苏共中央主席团的一份报告，而这时两党的关系已经紧张，米高扬在报告中靠自己的回忆谈了许多他给中国共产党的建议，显然是不真实的。但是，我们起码可以从中看到，这 7 天多，毛泽东和其他几位中共领袖都跟他谈了什么。

1 月 31 日晚上就进行了第一次谈话，主要是毛泽东介绍解放战争进程和中国共产党历史。这部分内容没有涉及米高扬所谓的提建议，应该是真实的。毛泽东介绍说：“为了在南京和上海地区一定取得胜利，就需要把林彪的精锐部队从北平地区调往中国南部和西部，使国民党没有可能从那里把增援部队调到南京、上海一带。北平地区的形势是复杂的，要在这里巩固下

① 尼·特·费德林等著：《毛泽东与斯大林、赫鲁晓夫交往录》，彭卓吾译，东方出版社 2004 年 1 月第 1 版，第 11—12 页。

来，还需要一些时间。”

在同一次谈话中毛泽东着重指出[①]：

共产党人是从对最坏情况的估计出发来制订自己的计划的。他们准备在稍事休整和训练之后用武力夺取这些城市（即南京和上海——米高扬）。北平事态的和平结局缩短了这些部队为进攻而休整和备战的时间。不仅这些部队为进攻而休整需要时间，而且为了如下情况也需要时间，这就是：

（1）为了消化和教育最近加入人民解放军的几十万被俘的国民党军队；

（2）为了整饬后方和恢复供给前线给养的被破坏的铁路；

（3）为了把枪支弹药从目前的制造地集中起来（因为这方面的储备很少），问题的复杂在于需要为美式、日式、捷克式和苏式的武器准备弹药；

（4）为了培训管理上海和南京地区的干部也需要时间，因为不能完全依赖地方干部……

（5）为了对南京和上海地区进行经济管理作准备也需要时间。那里粮食很少，需要储备粮食。我们还来不及为这些地区印发货币……

这些讲 1949 年解放战争进程和时间安排的内容应该是可信的。

第一次谈话，毛泽东重点还介绍了中国共产党的历史。米高扬回忆说：“头两天，毛泽东让我了解一下中国革命的历史和中国共产党内曾发生过的

---

① 尼·特·费德林等著：《毛泽东与斯大林、赫鲁晓夫交往录》，彭卓吾译，东方出版社 2004 年 1 月第 1 版，第 37—38 页。

党派斗争。稍后，在接着几次的会见中，他又谈到了中共历史上的这些问题，他谈了很多，谈到由于共产国际支持的王明的活动，他曾经多么困难地同‘左倾’和右倾进行斗争，党怎样被打败，军队怎样被击溃，后来怎样改正了错误，派别分子们怎样消灭中国共产党的干部，以及他本人差点丧了命，他曾经被逮捕，被开除党，别人曾想把他杀害。但是自从王明和李立三被揭露时起，据毛泽东说，他同自己的同志们合作得很好，结束了对党的干部的杀害。他过去和现在一直主张在党内要容忍。他认为，不应当由于意见分歧而把人开除出中央，不应当进行迫害。

“毛泽东说，就拿王明来说，他起过很坏的作用，但是还是把他留在了中央。他被安排在中央，虽然实际上他什么工作也没有做。毛泽东很详细地谈了王明的错误，看来他是想检查一下我们将怎样对待王明，我们是否打算依靠王明或者是否听王明的意见。我知道毛泽东和王明之间存在着意见分歧，我不主张谈论王明。还是在莫斯科的时候就已经决定，我不同王明见面，在同毛泽东的几次会谈中，王明一次也没有露面，他也不打算见我。”①

为了让党员干部提高马克思主义理论水平，提高对左右倾主义的鉴别能力，特别是中国革命即将取得胜利夺取全国政权的前夕，党员干部教育也成为毛泽东特别关心的问题。米高扬在1960年9月22日给苏共中央的报告中写道：“毛泽东说，1936年时中国共产党在苏区曾经表现出了教条主义（应该说的是30年代中共在根据地的政策——原书引），就是照搬苏联的方法，这在当时导致了严重的失败。

“接着毛泽东声称，中国共产党的重大任务之一就是用马克思主义教育干部。过去他们曾认为，干部应当阅读马克思主义的所有著作。现在确信这是不可能的，因为干部既要学习那么多著作，同时又要进行大量的实际工

---

① 尼·特·费德林等著:《毛泽东与斯大林、赫鲁晓夫交往录》，彭卓吾译，东方出版社2004年1月第1版，第21—22页。

作。因此他们决定，12 本马克思主义的著作是干部必读的著作。他列举了这些著作（《宣言》《从空想到科学》《国家与革命》《列宁主义问题》及其他一些著作），但是对于中国人写的马克思主义著作，他一本也没有提到。”

为什么要这样做？“毛泽东回答说，……他不能把自己与马克思、恩格斯、列宁、斯大林并列。”“此外，他本人还向各地发出一封措辞严厉的电报，禁止把他的名字与马克思、恩格斯、列宁、斯大林的名字并列，当然关于这一点他不得不同自己最亲密的同志们进行争论。”①

在谈到如何管理城市和如何对待外国资本、民族资产阶级方面，毛泽东和其他中共领导人谈了中国共产党自己的认识，也真诚地学习老大哥的经验。毛泽东说，在近 20 年的中国革命中，中国共产党基本活动在农村，手里没有大城市，像解放战争初期我党控制的张家口市以及后来依靠苏联红军在东北接收的哈尔滨市，是中国共产党仅有的城市工作探索和经验。毛泽东明确表示：“中国有 9000 万农户，3.6 亿农民……他们是工人阶级的同盟军。领导权属于无产阶级。”其他的领导人还谈到：刚刚接收城市时，曾把没收的商业企业交给工人掌管，结果他们把这些企业里的产品分光、卖掉，再把厂房抢光。所以，在城市中如何加强对工人、青年和妇女的工作，如何管理城市，希望苏共给予指导。②

2 月 3 日在同刘少奇的会谈中，重点谈了如何对待民族资产阶级的问题。米高扬关于这次会谈发给莫斯科的电报中说：“刘少奇声称，他们将以没收官僚资本的名义来没收买办资产阶级的企业。至于民族资产阶级的私人企业，一两年之后在实行国有化计划时才能提出他们的命运问题。”对此，米高扬说：“对民族资产阶级采取谨慎的政策是正确的。暂时不应当谈要把他们

---

① 尼·特·费德林等著：《毛泽东与斯大林、赫鲁晓夫交往录》，彭卓吾译，东方出版社 2004 年 1 月第 1 版，第 30—31 页。

② 同上书，第 48、51 页。

的企业收归国有。最好是对他们加以仔细观察，然后当政权巩固下来时，再提出对待他们的问题……”

在同一次会谈中刘少奇说：“我们政策的基本问题是中国向何处去的问题。对中国来说，最复杂的问题是小商品生产者的问题：他们是否走合作化的道路，也就是说，他们是走社会主义道路，还是走资本主义道路那样的问题。刘少奇强调说，我们要牢记列宁的指示：小资产阶级经济是产生资本主义的根源……

“我们的目标是通过加强计划经济逐步向社会主义过渡。向社会主义过渡将具有时间的长期性和斗争的残酷性。我们现在也面临着列宁当时提出的‘谁战胜谁’的问题。

“我们估计，要对我国经济中的资本主义成分展开全面进攻，还得等待10—15年，然后我们才能着手将工商业企业转到国家手中，从而加速中国迈向社会主义的进程。”

刘少奇说：“我们认为，只有在为农业奠定了工业基础的情况下，才可以考虑把农业转上社会主义轨道。”

刘少奇在讲评党内对中共政策的总前途存在着各种倾向时说：“第一，党内有些人认为，应当尽一切可能来发展资本主义和依靠资本主义。实质上这意味着向资本主义成分让步，向资本主义投降。这些人想把中国变成一个通常的资产阶级的资本主义国家，也就是要恢复半封建的和资产阶级制度。第二，党内有些人存在着‘左倾’思想，他们要冒险主义地急着建立社会主义。这种倾向表现在有些人在制订一种毫无根据的计划而不考虑我们的可能。其结果，这种倾向必将给工农联盟带来危害。刘少奇说，必须坚决反对这些倾向，在这方面我们请苏联方面给我们出些主意。”①

---

① 尼·特·费德林等著：《毛泽东与斯大林、赫鲁晓夫交往录》，彭卓吾译，东方出版社2004年1月第1版，第49—50页。

他们还谈了苏联援助的问题以及建立新中国后互派大使等问题。

在2月1日与周恩来和朱德的会谈中，讨论了中国人民解放军最迫切需要解决的问题。米高扬在关于这次会谈发给莫斯科的电报中写道："周恩来说，我们感到非常缺乏反坦克炮，这种炮我们一共只有150门，因此我们想请苏联给我们一些反坦克炮。我们的坦克也不好，现有的坦克主要是一些轻型坦克，最重的坦克才15吨。在徐州附近我们夺取了70辆坦克，但多数被打得破败不堪。我们原料不够，所以想从苏联得到一些错弟尔（一种炸药）来制造弹药。我们还想请苏联给我们派一些专家和提供一些设备来制造武器，还请给我们派来一些顾问帮助我们建立军队、创办军事院校，建立兵器工业和组织后勤工作。接着周恩来说，他们想从我们这里得到一些钢轨、汽油、近5000辆汽车以及其他很多机器和物资。对此我回答说，对所有这些请求，应当向我国政府提出申请。"

在2月2日同朱德和任弼时的会谈中，谈到中国工业发展的问题以及中苏之间的合作问题。任弼时说，请苏联给我们提供不少于500名各种国民经济问题的专家。2月3日，刘少奇也谈到这个问题，他说：

要在解放了的中国建立工业基础，没有苏联和人民民主国家的帮助，是不可思议的。这种帮助对我们来说应当起决定性的作用。我们认为这种帮助可以采取下面一些形式：

（1）传授对经济进行社会主义改造的经验；

（2）供给我们有关的书面材料，给我们派来各经济部门的顾问和技术人员；

（3）向我们提供资金。

……因此我们想早一点知道苏联帮助我们可能达到的程度，以便在制订我们的国民经济计划时对此有所预见。

在最后的两天会谈中，毛泽东表态："在此之前我们从苏联所得到的武器是无偿的。但是我们知道，为制造这些武器苏联工人是付出了劳动的，他们应当得到报酬。"毛泽东说，中国在经济落后的情况下，过渡时期也将是很长的。毛泽东提出："为了缩短过渡时期，我们需要经济援助。我们认为从苏联和新民主国家那里获得这种援助是可能的。我们需要为期 3 年（1949—1951 年）、为数 3 亿美元的贷款，每年本息为 1 亿美元。我们希望贷款中包括部分设备、石油和其他物品以及为维持人民币坚挺所需的银子。"他表示：这笔贷款将来中国要连本带息一起偿还。①

毛泽东建议派王稼祥作为驻莫斯科的大使。毛泽东在评价王稼祥时说："他过去曾同王明那伙人搅在一起犯过错误。"毛泽东指出："1937 年时王稼祥去过莫斯科，7 月他带着共产国际的指示回到了我们这里，这些指示符合我们的政治路线，帮助我们纠正了自己的错误。"米高扬回答说："我们对未来的驻莫斯科大使的人选问题没有异议。"②

毛泽东还谈到新疆和蒙古问题。米高扬在给苏共中央的报告中说："关于新疆，这个问题也很重要。毛泽东怀疑我们对新疆有什么打算。他说在新疆的伊犁一带存在着独立运动，它不服从乌鲁木齐的政府，那里也有共产党。毛泽东说，当他 1945 年在重庆与白崇禧见面时，白崇禧转告他，说在伊犁一带，当地的起义者拥有苏联制造的大炮、坦克和飞机。

"我对他明确地声明，我们不赞成新疆各民族的独立运动，尤其是我们对新疆没有任何领土野心，我们认为新疆是中国的一部分，也应当是中国的一部分。

"关于蒙古，毛泽东主动地问道：我们怎样对待外蒙和内蒙的合并问题

① 尼·特·费德林等著：《毛泽东与斯大林、赫鲁晓夫交往录》，彭卓吾译，东方出版社 2004 年 1 月第 1 版，第 42—44、52 页。

② 同上书，第 39—40 页。

呢？……毛泽东说，他认为外蒙和内蒙能够合并，归入中国版图。对此我向他声明，这是不可能的，因为蒙古人民共和国早已独立。在战胜日本之后，中国已经承认了外蒙的独立。”①

为了这个问题，斯大林还专门发来电报谈蒙古问题，因为蒋介石政府已经承认外蒙独立，所以这个话题没有结果。但是，涉及这么敏感的主权领土问题，也可以看出，毛泽东等中共领导人已经开始站在国家领导人的层面思考问题了。

在会谈中，有两个基本属于外交智慧的问题，也过了一下招。

一个是：1949 年 1 月 18 日，国民党政府外交部通知所有外国使馆和使团，说 1 月 21 日中国政府将由南京迁往广州，建议他们一起迁往那里。在所有外交代表机关的首脑中，只有苏联大使接受了这个建议。苏联使馆的大部分工作人员都同大使一起迁到了广州。而工作人员最多的是美国使馆，可大使司徒雷登和其他工作人员一直待在南京，司徒雷登到 1949 年 8 月南京解放 4 个月后才离开。这件事使一般人会感觉莫斯科方面对蒋介石政府有特殊好感，因此让毛泽东等中共领导人不解。所以在 2 月 1 日会谈中，周恩来请米高扬对这一行为的动机作出说明。米高扬当时给斯大林的汇报电报中写道：“我解释说，这是合理的，因为在中国当时只有一个政府，我们只能向这个政府派驻大使。大使把使馆的一部分人留在南京，他本人同中国政府一起迁往广东，这是很自然的。实际上这样做不仅不会为我们的共同事业带来损害，反而将对它有所帮助。”据当时苏联大使馆工作人员回忆，莫斯科方面也是让他们这样回答外界质疑的，但是，“我们知道人们对这样的回答是认为很没有说服力的，但是我们必须执行莫斯科的指示”。

另一个是：蒋介石发出祈求和谈的“新年文告”后，希望美、苏、英、

① 尼·特·费德林等著：《毛泽东与斯大林、赫鲁晓夫交往录》，彭卓吾译，东方出版社 2004 年 1 月第 1 版，第 26 页。

法等国调停中国内战。苏联方面认为，蒋介石提出的调停建议是曾经得到美国政府代表同意的，但是，美、英等国却在苏联之前通知国民党政府，不参与调停中国内战。苏联则表态在后，觉得自己很尴尬。在这个过程中，毛泽东和斯大林往返很多份电报，毛泽东力劝斯大林不要对蒋介石政府抱有幻想，其和谈呼声是为了积蓄军事力量组织反攻，至少是阻止人民解放军打过长江去。毛泽东的态度就是“将革命进行到底！”

上次会谈周恩来质问米高扬才过 1 天，也就是 2 月 3 日，米高扬就提出：莫斯科怀疑，这是由于斯大林和毛泽东之间进行的电报通信这一情报被泄露出去而造成的。“因此必须认真地对待保密问题，必须了解一下，看中共的周围人中是否有多嘴的人把这个情报泄露给美国人。”米高扬在给莫斯科的电报中说：“毛泽东完全否认这种可能性，因为如他指出的，这样重大的问题，尤其是和莫斯科通信这样重大的问题，只有出席会谈的几位中央委员、一位翻译师哲，还有捷列宾同志才知道。这些人是完全可靠的。他对他们是不怀疑的。”①

7 天多的时间，谈了大量和建立新中国有关的问题。当然，也包括这两个有趣的问题。

米高扬最后给莫斯科的电报，有一段总结性的语言，虽然有毛泽东反感的高高在上、自以为是，但是，他电报中提到的问题应该是都涉猎到了，也可以看出，这次谈的内容大多是和新中国有关的问题。米高扬说：“必须指出，我与之会谈的政治局的委员们在一般政治问题、党务问题、农民问题和整个经济问题方面，都是十分内行的，而且对解决这些问题都很自信。不过他们在生产业务问题方面知识很贫乏。他们对工业、运输和银行的概念也很模糊。例如，他们没有得到同国民党的战争结束后没收了哪些日本

---

① 尼·特·费德林等著：《毛泽东与斯大林、赫鲁晓夫交往录》，彭卓吾译，东方出版社 2004 年 1 月第 1 版，第 34—35 页。

财产的任何资料，他们不知道在中国究竟有哪些最重要的外国企业以及这些企业属于哪个国家。他们也没有外国银行在中国进行活动的情报……他们还不知道哪些企业属于他们想加以没收的官僚资本，其中有多少在解放区和处于何种状况……他们所有的经济计划都是空泛的，而没有企图将那些在解放区的受他们控制的企业加以具体化。他们处在穷乡僻壤，脱离实际……在会谈过程中了解到，他们对于准备作为国家的经济支柱的将其掌握在手中的部门（大银行、大工业及其他）没有具体的计划。”①

米高扬的话很实在，有些情况也是准确的。这一方面是因为中国共产党长期的工作重心在农村，还有一个主要原因就是解放战争的胜利来得太快了！一切的一切，都在匆忙中准备，都在匆忙中进行。

2月一开始，中国国内形势复杂多变，但是，在河北省平山县西柏坡这个小山村里，毛泽东和中共领导人却显得很安静，他们与世界上最大的共产党和社会主义国家的代表谈了许多中国革命前途的重大问题，以及新的国家怎样建立等问题。保密工作做得非常好，无人知道米高扬的到来，更无人知晓他们的谈话内容。

2月的北平，虽然解放的时间很短，但已经很有首都的气象了，最主要的一个象征性事件是代行党中央机关报职能的华北《人民日报》来到了北平，并出版了《人民日报》北平版。

《人民日报》成为党中央机关报是有一个过程的。

此前的党中央机关报是在延安出版的《解放日报》。1947年3月，国民党军队重点进攻陕北解放区，胡宗南几十万大军压境，中共中央被迫撤出延安，《解放日报》于3月27日停刊。之后，党中央机关报出现了一年

① 尼·特·费德林等著：《毛泽东与斯大林、赫鲁晓夫交往录》，彭卓吾译，东方出版社2004年1月第1版，第52—53页。

多的空白。

1948 年 2 月，刘少奇提出合并晋察冀和晋冀鲁豫解放区为一个大解放区的建议，该建议得到毛泽东的支持：“成立华北局机构，成立大党校、大军校、大党报诸问题。”这里说的“大党报”，就是能够指导全党和全国工作的中央机关报。[①] 3月7日，毛泽东在给中央工委的电报中还专门谈到“大党报”，他说：“华北局成立后，大党报应如延安《解放日报》那样，是同时代表中央和华北局的报纸，由中央负责，集中新华社（范长江、廖承志两部分）、《人民日报》（指晋冀鲁豫中央局机关报）、《晋察冀日报》在一起，有充分条件办一个较好的报纸。其名称似宜恢复《解放日报》。”[②]

5 月 20 日，新成立的华北局举行第一次会议，刘少奇在会上讲道：“毛主席提出把战争引向蒋管区，建立华北局同这个部署有关系。今后华北的方针是建设，它的工作带有全国意义。除非世界形势大变，美国进来，石家庄被占（这是不可能的），华北要长期建设，要搞规划，逐步走向正规化。”[③] 会议还研究了几个“大”字头单位的领导人选。决定刘澜涛任党校校长，叶剑英任军校校长兼政委，萧克任副校长，朱良才任副政委兼政治部主任。张磐石任新的“大党报”社长。吴玉章任华北大学校长，范文澜、成仿吾任副校长。[④]

6 月 8 日，华北局第 4 次常委会，再次确认两报合并后的“大党报”定名为《人民日报》，会议还谈论了创刊号社论的内容，并商定请毛主席题写新的报头。

毛泽东一连写了 4 个“人民日报”，对比较满意的字，他还在一旁做了

---

① 中共河北省委党史研究室编著：《中共中央移驻西柏坡前后》，中共党史出版社 1998 年版，第 418 页。

② 中共中央文献研究室编：《刘少奇年谱》下卷，中央文献出版社 1996 年版，第 137 页。

③ 金冲及主编：《刘少奇传》下卷，中央文献出版社 1998 年版，第 608 页。

④ 薄一波：《七十年奋斗与思考》上卷，中共党史出版社 1996 年版，第 492—493 页。

圈点。人民日报的美编用圈点的字设计出新的报头，后又根据毛泽东修改意见做了微调，最终确定了“大党报”的新报头——人民日报。

1948 年 6 月 15 日，华北《人民日报》创刊。这一天，就成了《人民日报》的生日。

创刊号上的社论《华北解放区当前的任务——代创刊词》，在结尾处激情澎湃地写道：“虽然我们还处在中国革命战争的最紧张的关头，但是伟大的新民主主义的国家建设工作，就已经在我们这里部分地开始了。庆祝两大解放区的合并及华北解放区的成立！新民主主义的国家建设工作万岁！”

变身为中共中央机关报，《人民日报》就成为中国革命和建设的记录者，成为中国政治和经济的晴雨表。

当时的副总编辑安岗有一段回忆很说明问题：有一天，他接到胡乔木亲自打来的电话，要他到中共中央所在地西柏坡去一趟。胡乔木对安岗说，今天要你来，是要你认识一下我们党的领导同志，今后你就要同他们多打交道了，所以要熟悉他们。胡乔木强调说，现在办的《人民日报》，在我们进了城以后，就是中共中央机关报。

到西柏坡的第二天，赶上中央领导同志们开会，中午时分，胡乔木将安岗引到餐厅。这时，中央领导同志进来了，第一个进来的是刘少奇副主席，胡乔木立即向刘少奇介绍了安岗。刘少奇说，新闻工作者光有文化不行，还要在各种斗争的考验中去锻炼成长。现在，你们的任务更大了，你们要准备办全国的报纸，要做很好的准备。

在西柏坡餐厅吃饭的时候，安岗见到了许多中共领导人，许多人都是头一次见面，其中包括周恩来。刘少奇、周恩来等人在饭桌上讨论说，进了北平，全国解放以后我们将采取什么样的政策来把中国的事情办好。周恩来谈到了“国家资本主义”，谈到了列宁和俄国的情况。这些，安岗都听得很清楚，他回忆说：“从饭桌的谈话中间使我感觉到当时的党中央有很浓厚的理论空气，他们谈论的是解放大城市以后，我们的政策的理论依据。这一点对我来说是一个刺激，我当时就想到我们的思想还是停留在实际工作和具体问题上，没有在政策上、理论上、观念上研究些新的问题，以适应北平解放的新形势。少奇同志提醒我们要早做准备，准备什么，我从这里找到点答案。”

安岗的感触是，去了一趟西柏坡，像换了个人，再回里庄（《人民日报》编辑部驻地）的时候，就觉得自己不能再像在晋冀鲁豫那样，经常将主要精力去研究驻地附近几个自然村庄的“三查三整”问题，或是一个基层的问题。今后，《人民日报》的主持者要研究如何对待资本家和工商业的政策问题、市场问题，以及大城市的各种经济问题了。总之，要站在更高的层面上看中国。[①]

大党报人也开始有了国家的概念，离新的共和国真的很近了。

第一批进入北平的是东北野战军第四纵队，进城的时间是 1949 年 1 月 31 日的中午。当天下午，负责接收国民党《华北日报》和中央社北平分社的《人民日报》的队伍也进城了，他们还负责创办《人民日报》北平版。后来担任《人民日报》总编辑的李庄回忆[②]：

> 下午，时候到了。一群新闻兵，三部大卡车，从青龙桥直奔西直门。城门洞开，但沙包、拒马还未完全拆除。岗兵有解放军战士，望着我们微笑，这好理解，自家人来了；还佩戴国民党帽徽的蒋傅军岗兵也望着我们微笑，这很自然，他们新生之后，看我们也是亲人。在我们之前，解放军先开进一个师，其中包括第四野战军通令嘉奖的“塔山英雄团”“秋毫无犯团”。成批进城的“地方干部”

① 转引自钱江：《人民日报的诞生》，人民日报出版社 2018 年 6 月第 1 版，第 53—54 页。
② 李庄：《难得清醒》，人民日报出版社 1999 年版，第 138—139 页。

中，我们是第一批。……

北平最早接管的是两个新闻单位。2 月 1 日，北平原有的报纸、通讯社，除国民党党报《华北日报》和党办通讯社中央社外，照常出版、发稿。几家报纸刊出这样的标题：《接管正式开始：范长江接管〈华北日报〉，李庄接管中央社北平分社》。

范长江首先来到《华北日报》的印刷车间，当场宣布：所有工人从现在起全部参加《人民日报》工作，各就各位照常工作，为在北平出版《人民日报》而努力。

出了印刷厂，范长江来到《华北日报》编辑部，宣布奉北平军管会的命令，接管《华北日报》，从现在起，原编辑部人员一律停止工作，听候安排处理。

随着范长江一声号令，《人民日报》工作人员进入各自预定的岗位，编辑人员即开始编报，准备次日出版《人民日报·北平版》创刊号。[①]

由于刚刚接管北平，市委领导千头万绪，眼前排着的都是大事，根本没有时间审稿。本来要早晨出报的，结果等到 2 月 2 日的傍晚，审完的大样才拿回报社，立即下厂开印。

迎着晚霞，《人民日报·北平版》创刊号终于和读者见面了，首印 5 万份。

创刊号的头条是毛泽东 1 月 14 日发表的《关于时局的声明》，其中包括"八项和平条件"。根据中央指示，全文刊登了 1948 年 12 月 25 日《中共权威人士评战争犯罪》一文，加注说明其中杜聿明已被俘，傅作义已因率部接受改编、和平解决北平问题可望将功折罪。同时还发表了 55 位爱国民主人士对时局的意见，这是他们在响应毛泽东提出的"八项和平条件"。

创刊号还发表了平津前线司令部的布告。这是一份安民布告，宣布约法

① 转引自钱江：《人民日报的诞生》，人民日报出版社 2018 年 6 月第 1 版，第 214—215 页。

八章：保护城市全体人民的生命财产；保护民族工商业；没收官僚资本；保护学校、医院、文化教育机关、体育场所及其他一切公共建筑，任何人不得破坏；除首要战犯及罪大恶极的反革命分子外，凡属国民党市县各级政府机关的官员、警察、保甲，凡不抵抗不搞阴谋破坏者，一律不俘虏或逮捕，其中有一技之长而无反动行为及严重恶劣者，民主政府准予分别录用；警告游匪应投诚报到，交出武器，不追究，反之逮捕究查，窝藏不报者受处分；保护外侨生命财产之安全，外侨须遵守法令，不得进行间谍活动；市民、各界人士共同维护全城秩序，免遭破坏，有功者奖，阴谋破坏者罚。布告申明："本军纪律严明，公买公卖，不取民间一针一线。"

创刊号刊登了社论：《为建设人民民主的新北平而奋斗——代发刊词》，社论高度评价北平这样一个历史文化名城，讲述了北平的光荣历史和中国共产党的关系，讲到这一次的解放和以往历史上都不一样："这在北平的历史上是一个空前的革命，它和过去历次的改朝换代是完全不同的，它不同于任何反动的统治阶级内部的政权转移和争夺，它乃是一个根本变更政治制度与社会制度的革命。首先是摧毁了国民党的反动统治，把政权完全拿到了人民手里，这样，就解决了革命的根本问题。"

社论在结尾时寄语北平："在中国共产党、中国人民领袖毛主席所领导的新民主主义革命的旗帜下，我们正在推翻着一个旧社会，建设着一个新社会；正在推翻着一个旧中国，建设着一个新中国，我们已经推翻了一个旧北平，开始建设一个新北平。中国人民解放军平津前线司令员林彪将军、政治委员罗荣桓将军所宣布的约法八章应为政府与人民所共同遵守，不得违背。新的北平，这一座光荣的人民的城市，现在宣告它的伟大的诞生，我们愿与北平二百余万人民在一起，向着毛主席所指示的方向，动员我们的一切力量，共同为建设新民主主义的北平而奋斗。"

创刊号还发表了不久前解放军平津前线司令部以林彪、罗荣桓两位将军的名义给傅作义将军的一封信，这封信实际上是毛泽东亲笔写的。结果，引出一段有趣的故事。

这是一封讨傅檄文，文章很长，语气很重。开始就指斥傅作义执行南京国民党政府“剿匪戡乱”之伪令，率所部向解放区和人民解放军发动残酷进攻。军行所至，屠杀人民，奸淫妇女，焚烧村庄，掠夺财物，无所不用其极，还指斥傅作义指示陈长捷命令天津守军抵抗到底，等等。文章最后发出通牒：“如果贵将军及贵属竟敢悍然不顾本军的提议，敢以此文化古城及二百万市民生命财产为牺牲，坚决抵抗到底，则本军为挽救此古城免受贵将军及贵属毁灭起见，将实行攻城……破城之日，贵将军及贵属诸反动首领，必将从严惩办，决不恕宽，勿谓言之不预也。”

傅作义看到报纸后，非常气愤，非常痛苦，也非常无助。2 月 3 日也就是第二天，傅作义给林彪、罗荣桓、聂荣臻写了一封情绪激动的信，表示对报纸发表公开通牒的不满，因为这时，他已经放下武器，交出了北平城。他不理解为什么中共还要这样做？他在信中写道，北平之不抵抗，不是为了保全个人生命财产的打算，而是为了避免人民的损失。既然共产党如此认为，那么，他愿意按“战犯罪”接受人民的惩处，要求毛泽东马上给他指定好监狱，他要去主动投案自首，承受惩处。

其实，这封信是毛泽东 1 月 15 日写的，目的是“敦促傅作义尽快接受和平解决北平问题的条件”。当时，傅作义还幻想天津能坚持很久，没想到第二天就抵挡不住了。没有了天津，傅作义少了最大的筹码，态度上也发生了转变。所以，此电还没发出，毛泽东接着又续写了一下电报内容：“上电及致傅通牒写好后，接到转来傅致邓（宝珊）、周（北峰）各电及攻克天津电，证明傅作义业已动摇，但还有许多反动观点及妄想。例如傅作义十四日还在指挥陈长捷夺回突破口，施用炸药抵抗，而在十五日十五时致邓宝珊电内又谓在此时期再有一人一物之伤亡损坏，为国家为人民均所不应。不说他自己下令停战，而说要我方停战。北平城内成立联合机构一点，似乎仍有和我方分享政权之意。因此仍须将致傅通牒交与傅方代表。你们并应对邓、周表示，在傅方没有事实表现之前，我方对傅氏答应的话仍取怀疑态度。”[①]

傅作义的谈判代表邓宝珊看到林彪交给他的通牒后，觉得语气太严厉，怕影响已经取得的谈判结果。于是，他跟林彪建议，暂不交给傅作义这封通牒一样的信件。林彪当时同意了，并报告给了中央军委：“因此次与邓宝珊谈话态度和气氛与通牒的口气大不协调，我们曾对是否递出通牒踌躇，但最后考虑，因时间所限，乃机械地递出。我们后告苏静（我方谈判代表）可在入城途中，以个人谈话方式，要邓考虑对事态发展之有利方法，是否可先与傅谈，如一切顺利解决，则不交通牒，如谈无效再交出。”

几经拖延，过了 10 天还没有交给傅作义。1 月 25 日，中央军委又来电催问此事，林彪知道事情重大，毛泽东一定有自己的战略考虑，于是就对苏静说：“你可以问一问邓宝珊，若是没有交，务于今明两天，你与他一起去交给傅作义。”苏静立即乘车去东四孙家坑 51 号邓的住处，稍事寒暄后便问道：“邓先生，请你转给傅先生的那封信交了没有？”邓宝珊说：“没有。”苏静说：“没有交，我们俩现在就去交吧！”于是苏、邓二人乘车来到中南海居仁堂。他们的到来，受到傅作义热情的接待。傅作义自然要与苏静多谈些话，邓便到傅的书房，将信交给了傅冬菊，让她转交给傅作义。傅冬菊打开一看，也感到措辞生硬，怕父亲接受不了，把本已做好的事情弄僵，就压了下来。所以直到 2 月 2 日《人民日报・北平版》公开发表，傅作义才看到这封信。

北平已经和平解放，傅作义已经撤出北平，为什么毛泽东还要公开发表这份通牒？原来在傅作义的部队出城后，傅作义与南京的联系并未中断，东单的机场也没有关闭。傅作义还多次向陶铸表示，愿意作为促成中共与南京李宗仁、白崇禧和平谈判的桥梁。因此毛泽东认为，此时傅作义虽然在军事

① 中共中央文献研究室编：《毛泽东年谱：一八九三——一九四九》下卷，人民出版社、中央文献出版社 1993 年版，第 437 页。

上已接受了出城改编的方式，然在政治上他还在搞他自己的政治活动："傅与李、白拉紧，想把南京一些人弄进来，以壮声势，并扩大自己的政治影响，最近并用推迟我之进城时间，对部队发两个月的饷，对被拆毁房户进行赔偿救济，并利用报纸大肆宣传他之和平保全北平的功绩，并誉之为万众生佛。总之，他极力收买人心，制造政治资本，想在联合政府中能插一脚（其亲信已有此表示）。"① 因此，毛泽东选择在傅作义的部队出城后公开发表这封信，就是为了进一步攻破傅作义的政治立场，老老实实接受其部队的改编，不要再有其他政治幻想，真心实意地跟着共产党走。

傅作义的情绪这样大是林彪等没有想到的，加上这时傅作义的部队还在其控制之下，还没有进行改编，所以，林彪他们感到事关重大，马上进行了研究并给中央发了电报，提出要和傅作义进行一次谈话，做一些解释，并把谈话大纲报告给了中共中央。毛泽东当天（2月3日）就复电同意谈话大纲，但强调："对傅态度如新华社公开所表示者，他过去做的是错的，此次做的是对的。他的战犯罪我们已经公开宣布赦免，断不会再有不利于他的行动。他不应当搞什么中间路线，应和我们靠拢，不要发表不三不四的通电，应发表站在人民方面即我们方面说话的通电。如果他暂时不愿意发这样的通电，也可以，等一等想一想再讲。以上态度应向傅本人及傅左右公开明确反复说明，特别是对邓宝珊、周北峰、王克俊、阎又文诸人你们要多做工作。目前留傅住北平（城内或城外）对改编傅部和争取太原、武汉、南京、上海的局部和平解决都有必要，目前不要让他飞到绥远去，将来他去绥远或他处都是可以的。入城后，请林彪和傅、邓见面扯开谈一次。"②

进城后，2月8日，林彪、聂荣臻等在北京饭店宴请傅作义、邓宝珊，

---

①《北平和平解放前后》，北京出版社1988年版，第141页。

② 中共中央文献研究室编：《毛泽东年谱：一八九三——一九四九》下卷，中央文献出版社2013年12月第1版，第451页。

就《人民日报》公开发表那封信进行了坦诚的交谈。林彪说："前几天，《人民日报》全文发表了致将军的'书面通牒'，引起了将军的强烈不满和对未来前途的顾虑。我党所以这样做，是对将军的过去做个总结，对将军执行南京反动政府的伪令做个总结，以便向全国人民做个交代，也同时为将军开始今后的新生活做个起点。这次北平获得和平解放，将军做得是对的，是有功绩的。所以将军的战犯罪应该赦免，也已公开宣布赦免，今后断然不会再有不利于将军的行为。今后，如果将军愿意在我党中央的领导下，为人民做些工作，我们是衷心欢迎的。我党中央初步确定，在召开全国政协时，邀请将军参加，并拟请将军参加中央政府工作。"林彪的这番话彻底打消了傅作义的顾虑，使他的心情豁然开朗起来。傅作义表示："过去心中矛盾很大，主观上有心替人民做事，实际上反而替有钱人做了保镖，深感参加内战是错误的。解放军占领沈阳后，我认为仗是不能再打了，中国今后当以共产党为领导。我过去对共产党关于民主的主张缺乏了解，今后愿为人民服务，要怎么做，就怎么做。对部队改编和政权接收，中共和解放军领导认为怎么办好，就怎么办，不要多有顾虑。"①

但是，傅作义还想见毛泽东一面，这样才会更加踏实。经过叶剑英请示，党中央同意，2 月 22 日，傅作义、邓宝珊和傅的机要秘书阎又文（中共地下党员）随"上海人民和平代表团"一起从北平出发来到了西柏坡。

和毛泽东一见面，傅作义立即大步迎上前，紧紧握住毛泽东的手说："我有罪！我有罪！"毛泽东笑着说："不，你有功，你为人民做了一件大好事。"当天晚上，毛泽东、周恩来到住处看望傅作义、邓宝珊，毛泽东握住傅作义的手愉快又风趣地说："过去我们在战场上见面，清清楚楚；今天我们是姑舅亲戚，难舍难分。蒋介石一辈子耍码头，最后还是你把他

① 转引自马长林：《1949 年——百年瞬间》，东方出版中心 2015 年 8 月第 1 版，第 152—153 页。

甩掉了。”

据毛泽东身边的警卫人员回忆，一天晚饭后，毛泽东和傅作义一块散步，毛泽东问：“宜生啊，全国马上就要解放了，你想干些什么工作哪？”傅作义说：“我想，我回部队恐怕不合适了，还是到黄河套一带去做点水利建设方面的工作吧。”毛泽东听了以后说：“你对水利工作感兴趣，这很好，只是黄河套太小了，将来你可以当水利部长嘛。”果然，在中华人民共和国中央人民政府成立后，傅作义被任命为中华人民共和国第一任水利部部长。

傅作义的心结解开了，才有了后来的解决国民党军队的绥远模式，这个模式，成为解放南中国的主要模式。

北平这个千年历史文化名城保护了下来，而且被解放区的晴朗天空映照着，一天一个变化，越来越有新首都的模样。

解放军的大部队正式进城是2月3日，大年初六。

天刚蒙蒙亮，参加人民解放军入城仪式的部队就起床了，检查、发动车辆和坦克，列队整理军容。北京的市民们也不顾天气寒冷，成群结队来到前门广场，欢迎子弟兵进城。

上午9时许，林彪、罗荣桓、聂荣臻、叶剑英、彭真、刘仁、刘亚楼等以及北平联合办事处的傅作义方面代表，登上前门箭楼，检阅入城部队。10时，4颗信号弹升上天空，庄严隆重的入城仪式正式开始。入城部队以三辆装甲车和载有毛泽东、朱德肖像的彩车及军乐队为先导，由永定门出发。当装甲车队行进到前门时，欢迎的人群沸腾起来。“毛主席万岁”“共产党万岁”“解放军万岁”的欢呼声和飘动的彩旗、领袖肖像交织成欢乐的海洋。12时，人民解放军炮兵部队开过来了，欢迎的人群又沸腾起来，接着坦克部队、摩托车部队陆续经过欢乐的人群，群众的情绪越来越高，掌声和欢呼声经久不息。最后入城的是步兵，他们高举一面面英雄的战旗，胸前挂着一枚枚奖章，把无数赞赏的目光吸引到他们身上。

入城部队经过前门后，指挥部特意安排部队穿过东交民巷。

近半个世纪，东交民巷都是外国人控制的特区，中国军队和警察都无权进入。今天，人民解放军抬头挺胸浩浩荡荡走进来了，这大煞了帝国主义列强的威风，大涨了中国人民的志气。这也是在宣示：即将诞生的新的共和国是站立起来的共和国，是独立自主不惧帝国主义列强的共和国。

大部队入城的第二天，在原国民党北平市政府会议厅里，人民政府接管旧北平市政府的仪式在这里举行。

下午 3 点半，在激昂的军乐声中，北平市人民政府市长叶剑英、副市长徐冰，迈着稳健的步伐进入会议厅。原国民党北平市市长刘瑶章率领高级官员在门口两侧迎接。仪式开始后，刘瑶章捧着原北平市政府大印，交给叶剑英，并表示旧北平政府所有一切官员、职员，听候人民政府处理。叶剑英说："这次北平的解放，是人民的胜利，是一个革命，和以往统治阶级间政权的交替绝不相同。……解放区的政府是人民的政府。在人民政府里工作的人员，应该为人民服务，绝不能骑在人民头上，……过去反动政府的一切欺诈、压迫、剥削人民的作风，必须彻底扫除。"①

2 月 12 日，是元宵佳节。这一天，北平的大街小巷里家家户户都早早挂起了红灯笼，一派节日气氛。北平各界还举行了 20 万人的盛大集会和游行，庆祝管理城市的权力回到了人民的手中。

从上午 9 时起，参加庆祝集会的各界人群就开始分几路进入天安门广场，到中午 12 时，仅中华门一个路口签到的人流，就多达 11 万人。

天安门广场人山人海，彩旗招展，近百个秧歌队、军乐队、高跷队、旱船队、武术队和化妆宣传队载歌载舞，各显神通，把气氛一浪一浪推向高潮。这一盛大的场面，在古城的历史上都是空前的。

---

① 转引自陈虎：《解放日记——1949 年的故事》，当代中国出版社 2004 年 9 月第 1 版，第 29 页。

下午1时半，庆祝大会在雄壮的音乐和礼炮声中开始了。北平市军管委员会主任、市长叶剑英将军和清华大学教授张奚若先生以及工人、妇女、解放军和学生代表，先后发表热情洋溢的讲话。张奚若先生在讲话中感慨万千地说："解放军是人民的军队，共产党是替人民服务的政党，有了这样的政党和军队，这是我们的幸运，这是中华民族的幸运。"

工人代表李连山参加过1923年"二七"大罢工，他说："一切劳动生产者，要跟着毛主席走，多生产，支援解放军，打垮敌人！"

解放军代表姜世法表示说："人民解放军随时准备着，解放江南，解放全中国！"

游行开始了，乐队高奏《东方红》，成千上万的人跟着一起唱，表达他们对党的热爱，对毛主席的热爱。东西两路游行队伍，一路走一路唱，把歌声唱遍了全城。一个旧职员对身旁的人感慨地说："一个月前，这座古城还是苦城，如今她笑了！"

这座古城，确实变了！

2月3日，解放军大部队入城那天，特意从代表帝国主义特权的东交民巷穿过，已经是在宣示主权。

2月4日，对南京卖国政府释放日本侵华战犯冈村宁次，中共中央发表严正声明，责令追回冈村宁次等战犯，移交人民解放军。再一次宣示主权。

新华社陕北4日电文这样说："中国共产党中央委员会今日就南京国民党卖国政府释放日本侵华战犯冈村宁次返回日本，并遵循美国命令遣送已判罪之日本侵华战犯二百六十名一同返回日本一项严重问题发表声明如下：……中国共产党中央委员会认为：中国国民党卖国政府和美国麦克阿瑟总部在关于冈村宁次及其他二百六十名日本侵华战犯问题上所采取的旨在保护日本侵华势力再起的悖谬行动，是完全违反中国人民意志和中国人民所不能承认的。中国人民曾经不顾浩大牺牲，向日本侵略军队作战八年之久，对于应对日本侵略军队各种严重罪行负主要责任的冈村宁次及其他二百六十名战犯，决不能听任事实上已不能行使职权的中国国民党卖国政府和无权过问此项问题的麦克阿瑟总部狼狈为奸，纵其逃逸。中国共产党中央委员会声明：南京国民党卖国政府应即将冈村宁次及其他日本战犯追回移交于在中国抗日战争中起主要作用者和在现时中国国防上负实际责任者中国人民解放军总部。如果此项要求未获实现，则中国人民解放军保留对于追回冈村宁次予以重行审判，并追回被移交日本的其他二百六十名日本侵华战犯的完全的权利……中国共产党中央委员会认为：美国政府继续干涉中国内政的行为，以及不顾对日战争状态尚未结束而积极扶助日本侵华势力再起的行为，乃是对于远东和平的威胁。只有从各方面努力制止美国政府这些反动措施，才是符合于中国、美国、日本三国人民的共同利益的。”

新华社当日还发了一篇“冈村宁次染满中国人民鲜血，南京卖国贼们毫无心肝竟纵其逃逸”的电文，揭露冈村宁次所犯的罪行。电文说：“被南京国民党卖国政府奉麦克阿瑟与蒋介石之命宣判无罪并释放回国的日本首要侵华战犯冈村宁次，是中华民族的死敌之一。他的历史是和日本帝国主义近三十余年对于中国的侵略史分不开的。冈村在日本陆军大学毕业后的第一个职务，就是日本参谋本部中国班的班员，以后晋升为中国课课长。在第一次世界大战中，曾参加占领青岛。在一九二五年至一九二七年的中国现代第一次革命战争中，曾任孙传芳的军事顾问。一九二八年任步兵第六联队长，参加占领济南，是‘五三’惨案的刽子手之一。一九三二年‘一・二八’的侵华战争中，任上海日军副参谋长。后升任日本关东军副参谋长兼驻伪满大使馆武官，曾策划同年日寇进攻热河的战争。一九三三年代表日本政府与国民党卖国政府签订侵略冀东及长城以北的《塘沽协定》。一九三四年，升任日本参谋本部第二部长。一九三五年，协同华北日军司令梅津与何应钦签订侵略华北的《何梅协定》。一九三七年日本对中国举行大规模进攻后，任华北战地兵团长，曾率兵参与攻入徐州，并首先攻入汉口。一九四〇年七月升任日本华北派遣军总司令，直至一九四四年八月，在此期间，冈村达到了野蛮地残杀中国人民的顶点。最足以代表他的野蛮的就是他所发明的烧光、杀光、抢光的‘三光政策’。一九四四年八月调任日本华中、华南派遣军总司令，曾策划并指挥日军自河南攻入湖北、湖南、广东、广西直至贵州，造成六省人民生命财产的浩大损失。同年十一月，升任日本的中国派遣军总司令。一九四五年八月日本投降，冈村拒绝向中国人民解放军投降，并继续参加由美军和蒋介石所指挥的对于中国人民解放区的进攻。”

中国共产党的正义声音震动了全国。这是民族独立和民族自强的声音，是不畏列强的大国外交的声音。这个声音让全国人民振奋、自豪，有扬眉吐气的感觉，同时，也让国民党政府陷入执政危机，人民开始怀疑所谓政府的立场以及外交主权等问题。

第二天，毛泽东又起草了《中共发言人关于和平条件必须包括惩办日本战犯和国民党战犯的声明》，要求在“八项和谈条件”惩办战犯一条中加上“惩办日本战争罪犯”，因为“我们刚刚向你们提出抗议，要求你们重新监禁冈村宁次并准备交给人民解放军，你们又慌忙将他和其他二百六十名日本战犯一齐送往日本。国民党反动卖国政府的先生们，你们这件事做得太无道理了，太违反人民意志了。我们现在特地在你们的头衔上加上‘卖国’二字，你们应当承认了。你们的政府很久以来就是卖国政府，仅仅为了节省文字起见，有时我们省写了这两个字，现在不能省了。你们除去历次的卖国罪以外，现在又犯了一次卖国罪，而且这一次犯得很严重，和平谈判会议上必得谈这个问题。”①

这是一次成功的外交交锋，既揭露了卖国的国民党政府，也敲打了帝国主义列强，同时，又给“八项和谈条件”增加了砝码，使国民党政府无法再耍阴谋诡计。

---

①《毛泽东选集》第四卷，人民出版社 1991 年 6 月第 2 版，第 1402 页。

和平谈判是2月拉开序幕的，先是以民间的形式试探着进行的。

2月6日下午2时，由张治中、吴裕后等组成的所谓“南京人民和平代表团”一行16人乘飞机抵达北平西苑机场，由此拉开了北平和谈的序幕。

2月14日下午4时30分，由颜惠庆、章士钊、邵力子、江庸4位七旬老翁组成的“上海和平代表团”，在黄启汉的陪同下，从青岛飞抵北平。他们受“代总统”李宗仁的委托，以私人资格来北平，与中共商讨国事。

“南京人民和平代表团”返回南京后，当日向李宗仁汇报了在北平的经过，而后召开记者招待会。代表吴裕后发表了在北平的观感。他说：“中共进城后没有捕人，也没有清算斗争，即使是国民党人，放下武器就无碍了。物价也在回落，米由每石8000金圆券跌到了3000圆，银元、黄金、美钞都可以自由兑换。”

2月24日，毛泽东在西柏坡接见了颜惠庆、邵力子、章士钊、江庸一行。毛泽东明确表示，可以与南京李宗仁政府进行和平谈判，但必须“速战速决”，一切以八项条件为基础，不得借谈判拖延时间，谋划别的什么。

“四老”有一定民主情怀，支持李宗仁的和谈意愿，但是，他们并不了解李宗仁当时的真实想法。经过商谈，他们与中共达成八点秘密协定：（1）谈判以中共与南京各派同数代表为之，地点在石家庄或北平；（2）谈判方式绝对秘密并速议速决；（3）谈判以中共八条为基础；（4）协议发表后，南京政府团结力量与中共共同克服可能发生之困难；（5）迅速召集新政协成立民主联合政府；（6）南京政府参加新政协及联合政府之人选，由中共（包括民主人士）与南京政府商定之；（7）南方工商业按照原来环境，依据中共城市政策，充分保障实施；（8）有步骤地解决土地问题，一般先进行减租减息，后进行分配土地。

对有自己政治打算的李宗仁，在还没有到最后绝望的关头，“四老”的苦心只能是良好愿景，不可能实施。这样的试探性谈判一直拖到人民解放军渡江。

2月8日，毛泽东在给二野和三野的一封电报中，首次提出要“把军队变成工作队”。我们知道，自红军长征以来，毛泽东一直希望我们的军队是播种机，把红色的种子撒遍走过的土地。现在，光有这个作用不够了，他要求：“三月仍须整训，并须着重学习政策，准备接收并管理大城市。今后将一反过去二十年先乡村后城市的方式，而改变为先城市后乡村的方式。军队不但是一个战斗队，而且主要地是一个工作队。军队干部应当全体学会接收城市和管理城市，懂得在城市中善于对付帝国主义和国民党反动派，善于对付资产阶级，善于领导工人和组织工会，善于动员和组织青年，善于团结和训练新区的干部，善于管理工业和商业，善于管理学校、报纸、通讯社和广播电台，善于处理外交事务，善于处理各民主党派、人民团体的问题，善于调剂城市和乡村的关系，解决粮食、煤炭和其他必需品的问题，善于处理金融和财政问题。……如果我们现在还不提出此种任务，并下决心去做，我们就会犯极大的错误。我们现在正在准备五万三千个干部随军南下，但是这个数目很小。占领八九个省、占领几十个大城市所需要的工作干部，数量极大，这主要依靠军队本身解决。……上述方针，完全适用于第四野战军，请林彪、罗荣桓同志同样注意。”①

渡江战役以后，毛泽东预见到的这个问题，因为提前准备，各有预案，得到很好解决。后面的章节会有涉及。

华北政府作为探索新国家模式的解放区政府，关注的重点已经是政权的建立和管理，工作重心已经是经济建设为主。

从2月的《人民日报》截取几个华北人民政府发布的公告，就可以看到这个政府已经在关注国家层面的问题。

2月10日，《人民日报》刊登“华北政府通令保障国家资源，各地公营

---

①《毛泽东选集》第四卷，人民出版社1991年6月第1版，第1405—1407页。

大煤矿区禁止续开小窑挖煤”的公告。称：“据报，近来各公营煤矿区内私人开小窑者日有增加，此种无组织无计划之任意开采，对矿区破坏性极大。县区政府往往因不了解小窑破坏矿区之严重性，对此多漠不关心，甚且有奖励开采者，兹为保障国家资源，以利今后经济建设计，特决定所有现在各大矿区（井陉、阳泉、峰峰、焦作、白晋等各煤矿区）一律禁止续开小窑挖煤，过去所开小窑，亦应由当地政府会同该地公营煤矿公司加以管理，希即转饬遵行，并将执行情形报告本府。”

新中国成立几十年后，我们的政府还在治理小煤矿的问题，可见当时的华北人民政府确实在探索国家治理的问题了。

2 月 12 日，《人民日报》报道，华北人民政府又颁布了《华北区革命工作人员伤亡褒恤条例》，该条例共八条，主要内容如下：

> 第一条：凡本解放区之革命工作人员（以下简称革命人员，包括脱离生产之地方系统的干部警卫队员、公安队员及勤杂人员在内），其因革命伤亡者，均依本条例之规定享受褒恤。第二条：革命人员因参战或对敌斗争或被敌杀害（包括被俘不屈，被特务暗杀等）而致伤亡者，按下列规定给予抚恤：（一）光荣牺牲者给予烈士称号，其家属称烈属，发给其家属以“革命牺牲人员家属光荣纪念证”。棺葬费在平原地得在不超过小米五百市斤到六百市斤，在山区得在不超过小米四百市斤至五百市斤内实报实销。并得按下列规定发给其家属抚恤费（领取顺序与革命军人烈属同）：一、县长级及相当县长级以上之干部发给小米一千市斤。二、县科长、区长级及相当县科长、区长级以下之干部发给小米八百市斤。三、警卫队员、公安队员及勤杂人员发给小米六百市斤。（二）光荣负伤致成残废者，得按照《华北区荣誉军人优待抚恤条例》第三条之规定，评定残废等级，在职者发给“革命人员荣誉证”，退职者发给“荣誉

革命人员抚恤证”。并得援照《华北区荣誉军人优待抚恤条例》第六条之规定享受抚恤。第三条：革命人员因公负伤或积劳病故，按下列规定给予抚恤或优待：（一）因公牺牲者除棺葬费仍照本条例第二条之规定发给外，其家属抚恤费按以下数目发给：一、县长级以上干部小米七百五十市斤。二、县科长、区长级以下干部小米六百市斤。三、警卫队员、公安队员及勤杂人员小米四百五十市斤。（二）因公负伤致成残废者，亦得按《华北区荣誉军人优待抚恤条例》第三条之规定，评定残废等级，发给“革命人员优待证”。援照《华北区荣誉军人优待抚恤条例》第十七条之规定发给优待金。第四条：革命人员因参战或因公负伤得送公立医院免费治疗；不能送公立医院者，由所在机关（区级由县决定），视其伤势轻重，酌给小米三十市斤以上一百五十市斤以下之疗养费。疗养期间，生活费均照常发给。第五条：因参战或因公伤亡之革命人员，其事迹特别英烈足资楷模或斗争历史较长，有特殊功绩者，除分别依本条例第二、第三、第四条之规定抚恤外，并得酌量情形予以下列之奖励或褒扬：（一）传令嘉奖。（二）颁发奖状。（三）立传褒扬。第六条：革命人员的伤亡褒恤应由所在机关填具“革命人员伤亡报请褒恤表”，残废者并须附具医院之残废证明书，报请县级以上政府审核批准后，分别发给证书，进行抚恤优待（县级以下由县政府办理）。第七条：凡属于企业性质之机关工厂，其已有劳动保护之规定者即不得援用本条例。第八条：本条例自公布之日施行。前晋冀鲁豫边区政府、晋察冀边区行政委员会及所属各级政府所颁政民工作人员伤亡褒抚条例均即作废。

新政府开始优待为了新中国做出贡献的个人和家庭。

解放战争确实很特殊，也造成许多中国的家庭分裂：家庭成员中有的被抓壮丁参加了国民党军队，有的在人民解放军的队伍中。可是，家里已经没有男丁种地，在华北解放区，怎么解决这个问题？在《人民日报》的一封读者来信中，华北人民政府给予了解答："许氏他有两个儿子，大儿子在蒋匪军里，这是不光荣的，因它是反人民的，压迫人民的部队，村里应该好好的说服及动员他的家属，想各种办法，使他的大儿子赶快脱离蒋匪军，不要再给反动派当炮灰啦；他的二儿子参加解放军，这是光荣的，应该享受对军人家属的优待。但他家是如何享受代耕呢？那就只能对他二儿子所应分得的土地数给予代耕。如不享代耕家庭亦可维持生活者，不得享受代耕。军属家里有劳力而出外做买卖者，就应按他在外做买卖的收入和他家庭一切收入合计起来，看是不是能够维持生活，如能够的话，不得享受代耕。如生活确定难维持者，须经村民大会讨论，代耕其军人应得之土地数。军属家里有十八岁的青年，而体格尚未健全者，可按实际情况减低为半劳力，如生活难维持者，须经村民大会讨论解决之。总之：以减少群众负担，尽量组织军属生产自给，使军属能维持生活为原则。——华北人民政府民政部。"

二月，春天来了，一切都是新气象！

第三章

三月。七届二中全会是中国共产党进城前最重要的一次会议，提出党的工作重心开始由农村转向城市，为夺取最后的胜利奠定坚实的思想、理论和政策基础。这个月，中共中央进驻北平，开始在城市领导城市工作。

三月

1. 3月1日，中华全国学生代表大会在帅府园北平艺术专科学校隆重开幕，解放区和国民党统治区代表204人出席。

2. 3月5日，七届二中全会召开。毛泽东的报告分析了国内形势，指出党的工作重心由乡村转移到城市，这个报告为即将诞生的新中国设计了宏伟蓝图。毛泽东还宣布，即将成立的人民共和国“定都北平”！会议还通过了毛泽东起草的《关于军旗的决议》。

3. 3月8日，新华社发表评论，揭露国民党假和平真扩军的阴谋。

4. 3月12日，华北政府通令禁止用外文街牌，革除殖民地思想。

5. 3月13日晚，七届二中全会闭幕，毛泽东作了总结讲话。

6. 3月15日，华北政府颁布对外汇兑暂行办法，当日中国银行和交通银行就开始办理。19日又增加了13家银行。

7. 3月16日，华北政府发布公告，宣布开放对外贸易。

8. 3月17日，《人民日报》发表社论《把消费城市变成生产城市》，认为中心环节是迅速恢复和发展城市生产，把消费城市变成生产城市。

9. 3月23日，《人民日报》刊登了中共七届二中全会的闭幕消息，自此以后，中共每次召开全会都要发布公告。

3月23日，中央机关从西柏坡出发，进驻北平。

10. 3月24日，是中国妇女界的盛事，第一次全国妇女代表大会召开，出席大会代表500余人。

11. 3月25日下午5时，50门六零炮同时发射500枚照明弹，在隆隆的礼炮声中，阅兵开始。

12. 3月26日，中共中央通过广播电台通知南京政府，决定组成以周恩来为首席代表，林伯渠、林彪、叶剑英、李维汉为代表的中共和谈代表团。

13. 3月27日，上海的《申报》在第一版头条位置，刊登了4月1日将在北平开始和平谈判的消息，同时，还刊出一张《长江下游军事形势图》。

14. 3月31日，3月的最后一天，北京的西山热烈又庄严，中共中央领导人毛泽东、刘少奇、朱德、周恩来、任弼时、林伯渠、董必武等，集体接见并宴请第四野战军师以上干部。

3月的第一天是农历二月初二，俗称“龙抬头”的日子。青年是未来的希望，就像毛泽东后来说的像“早晨八九点钟的太阳，希望寄托在你们身上”。这一天，中华全国学生代表大会在帅府园北平艺术专科学校隆重开幕，解放区和国民党统治区代表204人出席。共产党赢得了青年，就会赢得未来。

北平是五四运动的发源地，有着光荣的革命传统，在新中国诞生的前夕，又一次成为学生运动的中心，也是历史的安排。

中共中央发来贺电说：“中国学生在中国近代革命史上有过光辉的贡献。中国学生和中国人民长期奋斗的第一目标，即推翻帝国主义、封建主义、官僚资本主义的反革命统治，正在接近于完全实现，中国学生已经有可能自由地与劳动人民相结合，自由地为人民共和国的伟大革命事业和建设事业服务了。”

作家刘白羽写了一篇由新华社播发的通讯，通讯语言火一样热烈，详细记述了大会的盛况：

3月1日，一群青年学生高举着鲜红大旗，唱着歌，自由、愉快地在北平街道上前进，走向帅府园北平艺术专科学校大礼堂。……正如一位学生所说：“我们过去所渴望的、追求的并且不惜以鲜血来争取的日子，终于来到了。”

……第六日，是大会隆重闭幕的一天。在这一个晴朗的上午，东北学生在大会上向毛主席、朱总司令献旗，献给毛主席的一面旗上写着：“我们永远当你的好学生。”献给朱总司令的一面上写着：“没有人民军队便没有人民的一切。”在隆重而庄严的乐声里面，由叶剑英将军代表授旗。最后由大会代表程挺致闭幕词，他坚决地宣布：“将一切决议带到全国每一个角落去，……全国同学紧密团结起来，在全国学联领导下，共同奋斗。”大会完成了自己的历史使命而在欢呼声中闭幕了。可是，胜利的欢悦的浪潮并未完结，象征着新中国青年前进中无限光明的一幕，火一样热情奔放的一幕，却在6日下午最后出现，那就是在北京大学民主广场上举行的盛大的营火晚会。

……就在这火堆旁，几十面红旗招展，锣鼓铿锵，无数年轻的歌声、腔手，跳起来、唱起来，火的北面是一队，火的南面又是一队，他们对着火笑，火对着他们笑。我知道，中国青年是永远像火一样热烈，火一样英勇，火一样光明。让我们记下营火晚会上的歌声吧！——“黑暗已消灭，红色的光在前头。”

3月，真是有朝气的开始。

3月份，和共和国关系最密切的也是最大的两件事，一个是七届二中全会的召开，一个是党中央进驻北平。

提出筹备召开中共七届二中全会是1948年的九月政治局会议。但当时，人民解放军虽然大大提高了攻坚作战的能力，但还没有攻克过敌人重兵设防的大城市，也没有同敌人几个兵团会战的成功战例，正如邓小平、刘少奇在会议发言中所说的：“真正的带决战性的攻坚这一关还没有过”，“大的会战，一次消灭其两三个兵团这一关也没有过”，因此，形势并不具备开中央全会的条件，大会只是提出要筹备。

1949年1月6日至8日，中共中央政治局又在西柏坡召开政治局会议。此时离上一次的政治局会议仅仅过去4个月，但是辽沈战役、淮海战役、平津战役三大战役基本结束，国民党军队的主力基本被歼灭，敌我力量对比已经发生根本性变化。毛泽东在会上给出这样的结论：“国民党政权已经基本上被我们打倒了。”他说：“中共二十八年，再加两年，完成全国革命任务，就是铲地基，花了三十年。但是起房子，这个任务要几十年功夫。高级干部要懂得，全国打开，事情方开始，那时会感觉比打仗还难。”[①] 这个时候，开中央全会安排建国问题已经成熟。

所以，在这个会上，对七届二中全会做了具体安排。会议结束后两天，1 月 10 日，也就是淮海战役结束那天，中共中央即向各中央局、中央分局、工委、军分委、总前委、各前委发出召开七届二中全会的指示。2 月 11 日，中共中央又发出关于七届二中全会具体时间的安排的通知，通知指出：“中央决定于三月一日起在原住地召开第二次中央全会，会期五天至七天。你们接电后，望即布置现在各中央局、中央分局，各前委工作的中央委员及候补中央委员除留必要的人主持工作外，均应尽可能地按时到达，并将到会的与留下主持工作的同志的名单，先行电告。”

同时，中央对应参加会议的人员和根据战争进程需要留守的人员做了考虑及安排：西北野战军因作战在即，彭德怀同志是否能到会请加考虑。向前同志病体如不便东行，可不来参加。郑位三、陈少敏两同志现在养病中，请东北局、华东局分别通知他们考虑是否能来，如不便远行亦可不来。现在港、沪的刘晓、刘长胜两同志因路远不可能参加。李井泉、陈丕显两同志不是中央委员，因为他们各担任一个方面的工作，故邀请他们参加此次会议。

2 月 18 日，周恩来为中共中央起草的给平津战役总前委、华北局和平津两市委的电报中又做了一个补充通知：中央决定罗荣桓、薄一波、彭真、叶剑英、黄克诚五同志不参加七届二中全会，留在原地主持工作，其他现在华北的中央委员、中央候补委员均于 2 月 28 日前赶来中央开会。

接到正式通知后，与会代表开始以各种方式赶往中共中央所在地——西柏坡。解放区的形势已经不同以往了，再也不是用两只脚和国民党军队的汽车轮子赛跑了。有的代表是坐火车到的石家庄，然后换乘汽车到西柏坡，有

① 中共中央文献研究室编：《毛泽东年谱：一八九三——一九四九》，中央文献出版社 2013 年 12 月第 1 版，第 432 页。

的是直接乘汽车来到西柏坡。因路途遥远，直到4日下午，会议代表才全部抵达西柏坡，所以，开会日期比原定时间推迟了几天。

鉴于西柏坡百里以外就有国民党军队，为保证中共七届二中全会的绝对安全，周恩来约方志纯汇报他所负责的有关大会警卫工作的准备情况，并帮助完善部署。周恩来指出：要防敌袭击，“光有决心不够”，还“要有切实的措施和精确的计算”。不仅想到敌人从地上来，而且应想到敌人“如果空降部队，怎么办？”强调：“这次警卫任务很重要”，因此，“第一要绝对安全；第二要依靠群众；第三要保密，但又不要神秘”。[①]

为了西柏坡外围的安全，杨尚昆指示第十九兵团政委罗瑞卿，派一个团到西柏坡担任周边警卫任务。于是，第63军军长郑维山派第187师参谋长杨尚德于3月1日赶到西柏坡，杨尚昆和方志纯、中央警卫团团长刘辉山给杨尚德交代了具体任务：“中央在此开会，你们这个团和高炮营担任外围警戒，准备对付敌人的空降、空袭，防止敌人来轰炸和捣乱，一定要保证会议的安全。”他们当即商定保护会议的防空阵地设在东柏坡附近的山头上，在西柏坡四面山坡上均布置高射炮。这些高射炮都是东北野战军从敌人那里缴获的。

接受任务的时任四野高炮第2团第1营第1连连长田子华后来回忆说：“我们连的装备是全团最好的，有高射炮4门，高射机枪2挺，12辆车。”他记得，接到任务是1949年2月25日，从北平驻地出发的时间是3月1日。

经过两天的行军，他们连到达西柏坡，他们的阵地就设在西柏坡村：高射炮设在离开会地址150米到500米不等的山头上。“我们制定了作战方案，只要敌机进入射击范围，就立即开火，要在他们发动袭击之前将之击中。”

就在3月5日会议开幕当天，田子华和他的部队即遭遇了第一个来自空

① 中共中央文献研究室编：《周恩来年谱：一八九八——一九四九》，中央文献出版社、人民出版社1990年3月第1版，第815页。

中的不速之客。“上午9点左右，我通过望远镜发现正东方1万米距离有一架敌机，高度约为3000米。”田子华回忆，当时自己紧张到了极点。

“经判别，发现其是一架运输机，有可能是由青岛飞往太原，当它进入我们的射击范围时，火炮手已经做好了开火准备，瞄准镜也跟着它移动，只等我一声令下了。”

但田子华最终没有下令开火，因为他明白自己的任务是保卫中央的安全，敌机只是路过，有可能没有发现地面目标，轻易开火反而会暴露。

这样的虚惊在会议期间还有两次，都有惊无险。

这是历史性的会议！与会者都很清楚即将召开的会议的历史意义和历史作用。为了留下珍贵的史料，会议特意安排了晋察冀军区电影队的苏河清负责会议期间的摄影工作。他们接到任务后，用驴车拉着设备走了整整一天半才赶到西柏坡。当时使用的机器是一台法国手摇式摄影机，为了拍摄好这一历史盛况，他们想了很多办法，苏河清在后来的回忆文章中写道：[①]

> 1949年3月，晋察冀军区政治部电影队队长汪洋派我和韩建文、韩德富两位助手一起到西柏坡执行一次拍摄任务，但是并没有告诉我们是什么任务。我们整整走了一天半时间才来到西柏坡。当我们来到西柏坡后才被通知是为中国共产党七届二中全会会议拍摄。当时我们心里又激动又紧张，激动的是能亲眼看到毛主席他们，紧张的是怕完不成任务……
>
> 在当年拍摄过程中，我把摄影机器用三脚架固定在门口的位置，由于器材简陋，为了更好地完成拍摄任务，我和助手想尽了办法。几经实验才终于找到了最佳拍摄位置：在开会以前，我们从会

① 张志平:《感受西柏坡》，中央文献出版社2005年版，第205页。

场后门进去，藏在幕布后面，把三脚架稳固好后，把幕布拉了个口子，把机头刚好从口子探出去，来回摇着拍。由于当时屋里光线太暗，胶片感光慢，又把速度由24改为16，借用西窗射进来的太阳光进行拍摄。那时还有一个小花絮。当贺龙同志走过来时，可能只顾看摄像机，而忘记门在什么地方，走过了门口很远才返回来。

会场的布置，以及外地回中央开会的首长们的接待工作，由中央机关招待所所长陈心良负责。村子很小，所谓的机关"大院"更小，不少中央机关的工作人员把住房让了出来，但还是有一些代表住在了大院外边。陈心良回忆说："住房很紧张，一个房间里多半摆了几张床，参加会议的委员们大多住在后沟的招待所，那时的标准是，政治局委员一人一间，中央委员和候补委员两到三人一间。"

杨尚昆回忆说："二中全会的会务工作，恩来和弼时同志责成我具体负责。晚上，'大办公'结束后，我又来到恩来同志的住处，就会议筹备和后勤工作等请他指示，谈完已是凌晨2时了。第二天（2月12日），我约伍云甫、叶子龙、汪东兴共同商量，安排分工：住房和生活接待由伍云甫负责，机要文件的阅发由叶子龙负责，安全警戒由汪东兴安排。这时邓洁已到平津去调查情况，杨立三将去天津工作，李克农又抽去北平安排迁移问题，中央办公厅头绪繁多，实在感到人手不足。""3月1日，东北、华北的同志都已到达西柏坡，盛况空前。我到代表驻地去看望他们。从东北来的林伯渠、洛甫、稼祥和李富春等同志，从延安分手以来，我常常在新闻纪录片《民主东北》中看到他们，这次重新见面令人兴奋。大家谈到在辽沈战役打锦州时牺牲的朱瑞同志都很惆怅。"①

七届二中全会的会场安排在中央机关院内的一处食堂，这是中央工委到

①《杨尚昆回忆录》，中央文献出版社2001年版，第277—278页。

达西柏坡后修建的，面积不足 85 平方米。食堂的南半截是会场，北半截是会场服务、饮水和休息的地方。会场是陈心良主持布置的，十分简单。场内北墙上挂着一块绛紫色的幕布，挂着两面绣有“中国共产党”字样的党旗，党旗上方是毛泽东和朱德的两幅肖像。幕布的两侧悬挂着“我们永远作你的好学生”和“没有人民的军队，就没有人民的一切”两面锦旗。这两面锦旗是刚刚结束的中华学生代表大会上由东北学生赠送的。为烘托气氛，又在东西两侧窗户间的白墙上各悬挂了四面党旗。主席台上铺着一张毛毯，桌上放着笔架、蘸水笔，两侧是记录方桌。会场前面是两排双人沙发，后面是高低不一的长条靠背椅和木椅。南墙上挂有一张向大会作汇报的全国形势图，截止日期是 1949 年 3 月 4 日夜间 24 时。

3 月 5 日下午 3 时 30 分，七届二中全会召开，周恩来向全会报告了会议日程，到会与缺席人员：出席会议的有中央委员 34 人，候补委员 19 人，列席人员 11 人。因工作原因缺席者 20 人。

毛泽东接着宣布会议开始，并提议为中国革命牺牲的同志默哀三分钟。默哀结束，毛泽东开始作报告。这个报告为会议定了基调，也为即将诞生的新中国设计了宏伟蓝图。

《报告》首先分析了国内形势，认为：“辽沈、淮海、平津三战役以后，国民党军队的主力已被消灭。国民党的作战部队仅仅剩下一百多万人，分布在新疆到台湾的广大的地区内和漫长的战线上。今后解决这一百多万国民党军队的方式，不外天津、北平、绥远三种。”毛泽东接着详细解释了三种模式：

第一种，“用战斗去解决敌人，例如解决天津的敌人那样，仍然是我们首先必须注意和必须准备的。人民解放军的全体指挥员、战斗员，绝对不可以稍微松懈自己的战斗意志，任何松懈战斗意志的思想和轻敌的思想，都是错误的。”

第二种，“按照北平方式解决问题的可能性是增加了，这就是迫使敌军用和平方法，迅速地彻底地按照人民解放军的制度改编为人民解放军。用这种方法解决问题，对于反革命遗迹的迅速扫除和反革命政治影响的迅速肃清，比较用战争方法解决问题是要差一些的。但是，这种方法是在敌军主力被消灭以后必然地要出现的，是不可避免的；同时也是于我军于人民有利的，即是可以避免伤亡和破坏。因此，各野战军领导同志都应该注意和学会这样一种斗争方式。”

第三种，“绥远方式，是有意地保存一部分国民党军队，让它原封不动，或者大体上不动。就是说向这一部分军队作暂时的让步，以利于争取这部分军队在政治上站在我们方面，或者保持中立，以便我们集中力量首先解决国民党残余力量中的主要部分。在一个相当的时间之后（例如在几个月、半年，或者一年之后），再去按照人民解放军制度将这部分军队改编为人民解放军。这又是一种斗争方式。这种斗争方式对于反革命遗迹和反革命的政治影响，较之北平方式将要保留得较多些，保留的时间也将会较长些。但是这种反革命遗迹和反革命的政治影响，归根到底要被肃清，这是毫无疑问的。……他们中的许多人将被改造，他们中的一部分人将被淘汰，某些坚决反革命分子将受到镇压。”

对于即将举行的和平谈判，对于后几个月的工作安排，毛泽东是这样说的：“我们正在准备和南京反动政府进行谈判……蒋介石还有六十个师位于江南一带，他们仍在准备作战。我们的方针是不拒绝谈判，要求对方完全承认八条，不许讨价还价。其交换条件是不打桂系和其他国民党主和派，一年左右也不去改编他们的军队；南京政府中的一部分人员允许其加入政治协商会议和联合政府；对上海和南方资产阶级的某些利益允许给以保护。这个谈判是全面性的，如能成功，对于我们向南方进军和占领南方各大城市将要减少许多阻碍，是有很大利益的。不能成功，则待进军以后各地进行地方性的谈判。谈判的时间拟在三月下旬。我们希望四月或五月占领南京，然后在北平召集政治协商会议，成立联合政府。”

在北方，已经推翻了国民党的统治，建立了人民的统治，并且根本上解决了土地问题。因此，党在北方的中心任务“是动员一切力量恢复和发展生产事业，这是一切工作的重点所在。同时必须恢复和发展文化教育事业，肃清残余的反动力量，巩固整个北方，支援人民解放战争。”

在南方，“……现时还是被国民党统治的区域。在这里，党和人民解放军的任务是在城市和乡村中消灭国民党的反动武装力量，建立党的组织，建立政权，发动民众，建立工会、农会和其他民众团体，建立人民武装力量，肃清国民党残余势力，恢复和发展生产事业。在乡村中，则是有步骤地展开清剿土匪和反对恶霸即地主阶级当权派的斗争，完成减租减息的准备工作，以便在人民解放军到达那个地区大约一年或两年以后，就能实现减租减息的任务，造成分配土地的先决条件；同时必须注意尽可能地维持农业生产的现有水平不使降低。”

为了完成上述任务，完成解放全中国、管理全中国的任务，毛泽东要求：“在不要很久的时间之内，将要使人民解放军全部地转化为工作队，这种情况我们必须估计到。现在准备随军南下的五万三千个干部，对于不久将要被我们占领的极其广大的新地区来说，是很不够用的，我们必须准备把二百一十万野战军全部地转化为工作队。这样，干部就够用了，广大地区的工作就可以展开了。我们必须把二百一十万野战军看成一个巨大的干部学校。”

毛泽东宣布：即将成立的人民共和国“定都北平”！

北平，第一次被正式宣布为新中国的首都。

在毛泽东所作的《报告》中，还有最重要的一个内容，就是宣布中国共产党的工作重心“由乡村转移到城市”。以后“在南方各地，人民解放军将是先占城市，后占农村”。

毛泽东要求全党：“党和军队的工作重心必须放在城市，必须用极大的努力去学会管理城市和建设城市。必须学会在城市中向帝国主义者、国民党、资产阶级作政治斗争、经济斗争和文化斗争，并向帝国主义者作外交斗争。既要学会同他们作公开的斗争，又要学会同他们作隐蔽的斗争。如果我们不去注意这些问题，不去学会同这些人作这些斗争，并在斗争中取得胜利，我们就不能维持政权，我们就会站不住脚，我们就会失败。在拿枪的敌人被消灭以后，不拿枪的敌人依然存在，他们必然地要和我们作拼死的斗争，我们决不可以轻视这些敌人。如果我们现在不是这样地提出问题和认识问题，我们就要犯极大的错误。”

革命形势变化了，工作重心转移了，给我们党将带来巨大的理论挑战和实践挑战。

在城市斗争中，我们依靠谁呢？

毛泽东先分析了几种错误倾向：有些糊涂的同志认为不是依靠工人阶级，而是依靠贫民群众。有些更糊涂的同志认为是依靠资产阶级。在发展工业的方向上，有些糊涂的同志认为主要地不是帮助国营企业的发展，而是帮助私营企业的发展；或者反过来，认为只要注意国营企业就够了，私营企业是无足轻重的了。我们必须批判这些糊涂思想。工作重心转移到城市后的正确指导思想是：“我们必须全心全意地依靠工人阶级，团结其他劳动群众，争取知识分子，争取尽可能多的能够同我们合作的民族资产阶级分子及其代表人物站在我们方面，或者使他们保持中立，以便向帝国主义者、国民党、官僚资产阶级作坚决的斗争，一步一步地去战胜这些敌人。同时即开始着手我们的建设事业，一步一步地学会管理城市，恢复和发展城市中的生产事业。关于恢复和发展生产的问题，必须确定：第一是国营工业的生产，第二是私营工业的生产，第三是手工业生产。从我们接管城市的第一天起，我们的眼睛就要向着这个城市的生产事业的恢复和发展。务须避免盲目地乱抓乱碰，把中心任务忘记了，以至于占领一个城市好几个月，生产建设的工作还没有上轨道，甚至许多工作陷于停顿状态，引起工人失业，工人生活降低，不满意共产党。这种状态是完全不能容许的。为了这一点，我们的同志必须用极大的努力去学习生产的技术和管理生产的方法，必须去学习同生产有密切联系的商业工作、银行工作和其他工作。只有将城市的生产恢复起来和发展起来了，将消费的城市变成生产的城市了，人民政权才能巩固起来。城市中其他的工作，例如党的组织工作，政权机关的工作，工会的工作，其他各种民众团体的工作，文化教育方面的工作，肃反工作，通讯社报纸广播电台的工作，都是围绕着生产建设这一个中心工作并为这个中心工作服务的。”

毛泽东在《报告》中，对即将建成的新民主主义社会的经济构成进行了分析，并说“这也是在中国革命的时期内和在革命胜利以后一个相当长的时期内一切问题的基本出发点”。他强调：

对于这些问题的进一步的明确的认识和解决，是我党当前的重要任务。这就是说：

第一，中国已经有大约百分之十左右的现代性的工业经济，这是进步的，这是和古代不同的。由于这一点，中国已经有了新的阶级和新的政党——无产阶级和资产阶级，无产阶级政党和资产阶级政党。无产阶级及其政党，由于受到几重敌人的压迫，得到了锻炼，具有了领导中国人民革命的资格。谁要是忽视或轻视了这一点，谁就要犯右倾机会主义的错误。

第二，中国还有大约百分之九十左右的分散的、个体的农业经济和手工业经济，这是落后的，这是和古代没有多大区别的，我们还有百分之九十左右的经济生活停留在古代。……在今后一个相当长的时期内，我们的农业和手工业，就其基本形态来说，还将是分散的和个体的，即是说，同古代相近的。谁要是忽视或轻视了这一点，谁就要犯“左”倾机会主义的错误。

第三，中国的现代性工业的产值虽然还只占国民经济总产值的百分之十左右，但是它却极为集中，最大的和最主要的资本是集中在帝国主义者及其走狗中国官僚资产阶级的手里。没收这些资本归无产阶级领导的人民共和国所有，就使人民共和国掌握了国家的经济命脉，使国营经济成为整个国民经济的领导成分。这一部分经济，是社会主义性质的经济，不是资本主义性质的经济。谁要忽视或轻视了这一点，谁就要犯右倾机会主义的错误。

第四，中国的私人资本主义工业，占了现代性工业中的第二位，它是一个不可忽视的力量。……在革命胜利以后一个相当长的时期内，还需要尽可能地利用城乡私人资本主义的积极性，以利于国民经济的向前发展。……但是中国资本主义的存在和发展，不是如同资本主义国家那样不受限制任其泛滥的。它将从几个方面被限制——在活动范围方面，在税收政策方面，在市场价格方面，在劳动条件方面。……限制和反限制，将是新民主主义国家内部阶级斗争的主要形式。

第五，占国民经济总产值百分之九十的分散的、个体的农业经济和手工业经济，是可能和必须谨慎地、逐步地而又积极地引导它们向着现代化和集体化的方向发展的，任其自流的观点是错误的。……国营经济是社会主义性质的，合作社经济是半社会主义性质的，加上私人资本主义经济，加上个体经济，加上国家和私人合作的国家资本主义经济，这些就是人民共和国的几种主要的经济成分，这些就构成新民主主义的经济形态。

毛泽东说："中国革命在全国胜利，并且解决了土地问题以后，中国还存在着两种基本的矛盾。第一种是国内的，即工人阶级和资产阶级的矛盾。第二种是国外的，即中国和帝国主义国家的矛盾。……对内的节制资本和对外的统制贸易，是这个国家在经济斗争中的两个基本政策。”

毛泽东对未来新中国的经济发展充满信心：“中国经济建设的速度将不是很慢而可能是相当快的，中国的兴盛是可以计日程功的。”

毛泽东在《报告》中还阐述了即将成立的共和国的政权性质。因为3个月后，毛泽东发表了《论人民民主专政》一文，对这个问题做了专门的理论解答，所以，这个部分将在第七章会有详细记述。

“我们很快就要在全国胜利了。这个胜利将冲破帝国主义的东方战线，具有伟大的国际意义。”

“因为胜利，党内的骄傲情绪，以功臣自居的情绪，停顿起来不求进步的情绪，贪图享乐不愿再过艰苦生活的情绪，可能生长。因为胜利，人民感谢我们，资产阶级也会出来捧场。敌人的武力是不能征服我们的，这点已经得到证明了。资产阶级的捧场则可能征服我们队伍中的意志薄弱者。可能有这样一些共产党人，他们是不曾被拿枪的敌人征服过的，他们在这些敌人面前不愧英雄的称号；但是经不起人们用糖衣裹着的炮弹的攻击，他们在糖弹面前要打败仗。我们必须预防这种情况。”

“中国的革命是伟大的，但革命以后的路程更长，工作更伟大，更艰苦。这一点现在就必须向党内讲明白，务必使同志们继续地保持谦虚、谨慎、不骄、不躁的作风，务必使同志们继续地保持艰苦奋斗的作风。”

“我们有批评和自我批评这个马克思列宁主义的武器。我们能够去掉不良作风，保持优良作风。我们能够学会我们原来不懂的东西。我们不但善于破坏一个旧世界，我们还将善于建设一个新世界。中国人民不但可以不要向帝国主义者乞讨也能活下去，而且还将活得比帝国主义国家要好些。”①

---

①《毛泽东选集》第四卷，人民出版社1991年6月第2版，第1424—1439页。

毛泽东在七届二中全会上所作的报告，不但理论性很强，文字语气也非常热烈，名句频出。所以，写到这个部分，只有引用，不能发挥。所有的发挥都是多余的和苍白的。

会议期间，除了紧张的工作之外，会务组还给与会的代表们安排了丰富的业余生活。据杨尚昆日记记载："3 月 5 日，夜放电影苏联片《胜利国家的一日》《东北民主》第九集……3 月 13 日，晚八点半七届二中全会结束。饭后看平剧，唐佩文演《拷红》。"日记所提到的平剧，即京剧。前来慰问演出的是华北京剧团，团长是李和曾，副团长是阿甲。这个剧团是由冀南军区平剧团和延安平剧院合并而成，常在前方演出，深受军民喜爱。

据阎长林回忆，中共七届二中全会期间，戏是晚上七点半开演。主席执意要步行半个小时，到距西柏坡三里多路的东柏坡看戏。一进大礼堂，见人都坐满了，除了原有的长条椅子外，还增加了许多小凳子。明亮的电灯，照着一张张笑脸。毛泽东边走边说："这个礼堂比杨家岭的礼堂还好啊，杨家岭礼堂就没有电灯，这里的电灯这么亮。"当晚演出的是《坐楼杀惜》《王佐断臂》和《失空斩》，李和曾扮演诸葛亮等角色。演出期间毛泽东不断以掌击膝，嘴里也哼着唱词。

3 月 13 日晚，七届二中全会闭幕，毛泽东作了总结讲话。讲话总结了党的七大以来中央、地方和军队的工作及经验，阐述了关于马克思主义的普遍真理与中国革命的具体实践相结合，俄国十月革命和中国革命的关系，党委会的工作方法十二条等。总结共分 10 个部分：（1）对各战略区工作的基本估计；（2）党委会的工作方法；（3）马克思主义的普遍真理与中国革命的具体实践的统一；（4）关于十月革命和中国革命的关系；（5）"毕其功于一役"；（6）如何帮助王明同志改正错误；（7）关于工人罢工和依靠工人阶级问题；（8）中央政治局继续工作，这次全会不再增选；（9）人民代表会议制度和党的代表会议制度；（10）中央人民政府的主要人选。

毛泽东说：凡是自己没弄清楚或自己不懂的，都要先问下级。先做学生，然后再做先生；先向下面请教，然后再下命令。这不会影响自己的威信，而只会增加自己的威信。下面正确的意见，必须听，并且照它做。中央领导的正确，就是综合了各地供给的材料、报告和正确的意见。如果各地不来材料，不提意见，中央就很难正确地发号施令。毛泽东说：马克思主义的普遍真理与中国革命的具体实践的统一，这样提法较好，应该这样提，而不应该像王明同志的提法，说“毛泽东思想是马列主义在殖民地半殖民地的应用和发展”，这种提法不妥当。我们不要忙于想宽了，要先把中国的事情做好。现在，应该在全国和全世界很好地宣传马克思、恩格斯、列宁、斯大林的辩证唯物主义，关于党和国家的学说，政治经济学，等等。不要把毛泽东与马、恩、列、斯并列起来。根据过去的经验，要学习12本干部必读的书（中共七届二中全会决定干部必读的12本马列主义著作是《社会发展史》《政治经济学》《共产党宣言》《社会主义从空想到科学的发展》《帝国主义是资本主义的最高阶段》《国家与革命》《共产主义运动中的“左派”幼稚病》《论列宁主义基础》《联共党史》《列宁、斯大林论社会主义建设》《列宁、斯大林论中国》《思想方法论》），如果在三年之内，有三万人读完这12本书，有三千人读通这12本书，那就很好。关于十月革命同中国革命的关系，毛泽东说：十月革命是无产阶级革命时代人类第一个最伟大的胜利，第二次世界大战打倒德、意、日帝国主义是第二个最伟大的胜利，中国革命是第三个最伟大的胜利。历史的秩序也是如此。关于中国由新民主主义革命转变到社会主义革命的问题，毛泽东说：“毕其功于一役”，我是在流血的革命这一点上说的，就是说，流血的革命只有这一次，将来由新民主主义革命转变到社会主义革命那一次不用流血了，而可能和平解决。但这只是可能，将来是否不流血，还要看我们工作的努力。如果国家（主要的是人民解放军）和我们党腐化下去，无产阶级不能掌握住这个国家政权，那还是有问题的。[①]

毛泽东在七届二中全会闭幕时的讲话，其中关于党委会的工作方法这部分编入《毛泽东选集》。

要管理一个新的国家了，有些看似形式上的东西也要有仪式感。本次全会第一次播发新闻稿，是在10天后，与会的代表都疏散以后，3月23日，《人民日报》刊登了中共七届二中全会的闭幕消息。自此以后，中共每次召开全会都要发布公告。这篇新闻稿是胡乔木起草的，全文1500字，内中500来字是毛泽东审阅时加的，第一句的新闻导语就是毛泽东加的："中国共产党第七届第二次中央委员会全体会议在石家庄附近举行，会议经过八天，现已圆满结束……"结尾也是毛泽东加的："……中国经济建设的速度，将不是很慢而可能是相当快的，中国的兴盛是可以计日程功的。对于中国经济复兴的悲观论点，没有任何的依据。"

会议还通过了毛泽东起草的《关于军旗的决议》："中国人民解放军的军旗应为红地，加五角星，加'八一'二字。"

会议结束的次日，为迎接即将建立的新中国，中央专门召集了安排人事工作的会议，研究华东、山东、浙江、上海、东北等地的干部配备问题。会上决定：中共中央华东局由邓小平任第一书记、饶漱石任第二书记、陈毅任第三书记；中共上海市委由饶漱石任书记，陈毅任市长；刘伯承任南京市长兼市委书记；山东分局改为省委，由康生、张云逸等负责；浙江省委由谭震林、谭启龙负责；铁路部门党委书记由滕代远担任；高岗为东北局书记兼东北行政委员会主席与军区司令员兼政委，李富春为副书记兼东北行政委员会副主席。同时还决定了由西北、东北、华东、华北、中原抽调五万三千名干部到新区工作。

---

① 中共中央文献研究室编：《毛泽东年谱：一八九三——一九四九》下卷，中央文献出版社2013年12月第1版，第466—468页。

中国共产党回到城市了，这一步走了20多年，而且历尽艰辛。

是“十月革命”一声炮响，给中国送来了马克思主义。因为共产党是无产阶级政党，俄国的“十月革命”又是通过城市工人起义成功的。因此，中国共产党一成立，就向俄国学习，确定党的工作重心要立足于城市的工人运动。

1921年7月，中国共产党成立，在党的第一次代表大会上，还没有党章，只是制定了一个党纲，党纲确定了党的名称和奋斗目标，对党的基本任务是这样规定的：从事工人运动的各项活动，加强对工会和工人运动的研究和领导。一大还通过了《关于当前实际工作的决议》，确定党成立后的中心任务是组织工会和教育工人，领导工人运动，对党领导工人运动的任务、方针、政策和方法都提出了规定或要求。

1922年7月，党的二大制定了中国共产党的第一个党章，第一次提出了中国革命目标的“最高纲领”和“最低纲领”，第一次提出党的统一战线思想即民主联合战线思想，第一次公开发表《中国共产党第二次全国代表大会宣言》。会议还通过了《关于“工会运动与共产党”的决议案》，要求“党的一切活动都必须深入到广大的群众里面去”，用毛泽东的话说，就是用接近群众的方法，如在工人中办夜校、读书班，在学生中办刊物或组织社团，从中发现和培养积极分子，并逐步扩大成为建立工会、学生会的核心。

后来的几次党的代表大会，对中国革命的认识逐步深入，但是，党的工作重心一直是放在城市中的。

我们知道，在党内，毛泽东组织农民运动是有开拓性的。之前，按照党的要求，毛泽东组织工人运动也是在党内很有名的。在党的一大结束后，毛泽东就通过改组和指导湖南劳工会的活动，初步获得了领导工人运动的经验。他深知依靠和培养骨干、建立强有力的工会组织的重要性。于是，毛泽东指派党内干部，先后组建了粤汉铁路工人俱乐部、安源路矿工人俱乐部。从1922年下半年到1923年初，他先后领导发动了安源路矿、粤汉铁路等一系列的大罢工，掀起了湖南工人运动的高潮并“引起社会之注目”，同时也获得党内的高度评价。陈独秀在党的“三大”上总结“二大”以来各地区工作时，曾这样说：“就地区来说，我们可以说，上海的同志为党做的工作太少了。北京的同志由于不了解党组织，造成了很多困难。湖北的同志没有及时防止冲突，因而工人的力量未能增加。只有湖南的同志可以说工作得很好。”①

1923年的京汉铁路大罢工，是中国共产党领导的第一次工人运动高潮的顶点。

1924年1月，中国国民党第一次全国代表大会在广州举行，中国共产党党员以个人身份加入国民党，第一次国共合作正式形成。1924年至1927年，在国共两党的共同努力下，中国大地上爆发了轰轰烈烈的反对帝国主义、反对封建军阀的革命运动。这场革命运动席卷全国，规模之宏大，发动群众之广泛，影响之深远，在中国近代革命历史上是前所未有的。人们通常称它为“大革命”或“国民革命”。

1927年，蒋介石背叛革命，发动了四一二反革命政变，“宁可错杀一千，不可放过一个”，大肆屠杀共产党人，大革命失败。没有领导权也没有军队的共产党遭受巨大损失，被迫转入地下。正如毛泽东后来总结说：“这时的党终究还是幼年的党，是在统一战线、武装斗争和党的建设三个基本问题上都没有经验的党，是对于中国的历史状况和社会状况、中国革命的特点、中国革命的规律都懂得不多的党，是对于马克思列宁主义的理论和中国革命的实践还没有完整的、统一的了解的党。”②

为了审查和纠正党在大革命后期的严重错误，决定新的路线和政策，

① 转引自马萱：《中共二大与第一部〈中国共产党章程〉》，《中国档案报》2017年3月10日第2版。

② 毛泽东《〈共产党人〉发刊词》（1939年10月4日），《毛泽东选集》第二卷，人民出版社1991年版，第610页。

1927 年 8 月 7 日，中共中央在湖北汉口召开紧急会议（即八七会议）。毛泽东在发言中除了批评陈独秀的右倾错误外，还提出了两个非常重要的问题：一个是关于军事斗争；一个是关于农民土地问题。毛泽东的著名论断“须知政权是由枪杆子中取得的”就是在这次会议提出的。一般认为，八七会议的及时召开，并制定出进行革命斗争的正确方针，使全党没有为极其严重的白色恐怖而惊慌失措，重新鼓起同国民党反动派斗争的勇气，从而为挽救党和革命做出了巨大贡献。中国革命从此开始由大革命失败到土地革命战争兴起的历史性转变。

八七会议前后，武装反抗国民党反动派的斗争由此开始，各地纷纷举行武装起义，比较大的起义有南昌起义、湘赣边界秋收起义、广州起义。这些起义大多失败了，但是，经过这些起义，越来越多的革命者开始认识到，到农村中去，特别是到那些受过大革命风暴影响的农村中去，会有革命发展的广阔天地。以毛泽东为代表的一部分共产党人，开始深入农村，开展游击战争，筹建农村革命根据地。但是，一直到党的六大召开，党的工作重心实际上还是在城市。

党的“六大”是唯一一次在国外召开的代表大会。大会虽然肯定建立根据地和红军是决定革命高潮的“更大发展的基础”和“主要动力之一”，但并没有把中国经济、政治发展不平衡的问题同农民战争真正联系起来，正确认识农村斗争对中国革命的特殊意义，而是仍坚持城市中心论，把城市工人运动的兴起看作新的革命高潮到来的先决条件。因此，大会仍要求把党的工作重心放在城市。

为中国革命寻找正确的方向，并担负起领导责任，这一重任历史地落在了毛泽东的身上。

毛泽东写了一系列的文章，研究中国社会和中国革命的道路问题。比较著名的有《中国的红色政权为什么能够存在》《井冈山的斗争》《星星之火，可以燎原》《反对本本主义》等。1930 年 1 月，他在给红四军第一纵队司令员林彪的信中指出：那种“全国范围的、包括一切地方的、先争取群众后建立政权的理论，是与中国革命的实情不适合的”。他指出：中国是许多帝国主义国家互相争夺的半殖民地，由此就发生统治阶级内部长期混战的现象，有了红军和游击队的存在和发展的可能，有了在四周白色政权中小块红色区域存在和发展的可能；红军、游击队和红色区域（也就是在局部地区内的革命政权）的建立和发展，是半殖民地中国在无产阶级领导之下的农民斗争的最高形式和必然结果，并且是促进全国革命高潮的重要因素。中国革命必须采取“有根据地的，有计划地建设政权的，深入土地革命的，扩大人民武装的路线是经由乡赤卫队、区赤卫大队、县赤卫总队、地方红军直至正规红军这样一套办法的，政权发展是波浪式地向前扩大的，等等的政策”。他着重指明坚持农村根据地斗争的意义，认为“必须这样，才能树立全国革命群众的信仰，如苏联之于全世界然。必须这样，才能给反动统治阶级以甚大的困难，动摇其基础而促进其内部的瓦解。也必须这样，才能真正地创造红军，成为将来大革命的主要工具。总而言之，必须这样，才能促进革命的高潮”。这些论述，实际上提出了把党的工作重心由城市转移到农村，在农村地区开展游击战争，深入进行土地革命，建立和发展红色政权，待条件成熟时再夺取全国政权的关于中国革命新道路的思想。①

至此，中国共产党和人民军队彻底转入农村，开始了农村包围城市、武装夺取政权的革命道路。而且，在农村一待就是 20 多年。

城市工作重新进入党中央的视野，是在抗日战争的后期。

1944 年 6 月 5 日，毛泽东主持六届七中全会全体会议，会议讨论和通过了毛泽东起草的《中共中央关于城市工作的指示》。指示指出：“不占领大

① 中共中央党史研究室编：《中国共产党历史第一卷（1921—1949）》上册，中共党史出版社 2002 年 9 月第 1 版，第 296 页。

城市与交通要道，不能驱逐日寇出中国。”现在必须认识，从大城市与交通要道驱逐日军的任务，“有些只有依靠我党才能胜任，有些主要依靠我党才能胜任，依靠国民党是无望的”。因此各中央局、中央分局、各区党委“必须把城市工作与根据地工作作为自己同等重要的两大任务”，“必须把争取独占一切大中小城市与交通要道及准备群众武装起义这种工作，提到极重要地位”，“以期在今年下半年及明年上半年，就能收获显著成绩，准备配合世界大事变，在时机成熟时，夺取在有我强大军队与强大根据地附近的一切敌占城市与交通要道”。

会议决定成立城市工作委员会，彭真为主任，并建议七大的议程增加城市工作一项。[①] 同年 9 月 4 日，中共中央发出《关于建立城市工作部门的指示》，要求地委以上各级党委必须建立城市工作部，专门负责管理城市及交通要道工作。

1945 年 8 月 30 日，中共中央发出《关于加强军队纪律，坚决执行城市政策的指示》。指示规定，部队进入城镇以后，必须坚决执行城市政策，要保护工商业，保护城市居民，不准随便没收汉奸财产，不得破坏企业、学校、医院，等等。[②]

1948 年 6 月 10 日，中共中央批转了东北局关于保护新收复城市的指示，指示对城市工作应该注意的各项内容提出重要建议，并对收复城市过程中发生错误的原因进行了深刻分析。

首先，保护人民的城市。以前共产党的工作主要在农村，现在形势已经发生了根本变化，我们不仅占领了很多城市，而且这些城市已巩固地为人民所有。战争已是大规模的大兵团的集中作战，不仅要依靠广大的农村，而且

---

① 中共中央文献研究室编：《毛泽东年谱：一八九三——一九四九》中卷，中央文献出版社 2013 年 12 月第 1 版，第 518 页。

②《中国共产党编年史》(4)，山西人民出版社、中共党史出版社，第 1434 页。

要依靠城市。如果我们不改变过去的观点，还以旧的观点来看待城市，那就是错误的了。在内战时期、抗战时期，我们长期没有城市，感受没有城市的痛苦，现在我们有了城市，就应当爱护城市，发挥城市的作用，使城市生产更多的军需品和日用品来支援战争，来繁荣解放区的经济。现在的战争，没有城市的支援，没有铁路的运输，是不能取得最后胜利的。每个革命军人、地方党政人员、解放区人民，都应把城市看作是人民革命战争取得最后胜利不可少的力量，应该严格遵守党和政府的工商业政策、城市政策和法令，反对乱抓物资的本位主义，反对片面的所谓群众观点，防止破坏城市、破坏工商业。不但这样，某些城市即使在占领后也可能同敌人反复争夺，也不应加以破坏，因为那些城市迟早也是属于人民的。

其次，针对收复城市中发生错误的原因制定有效的保护措施。为使此后新收复的城市能够搞得更好些，使新收复的城市和工商业免于破坏，很快就能为战争、为人民服务，特决定：一、新占领城市实行短期的军事管制制度。在占领城市初期，必须由攻城部队最高指挥机关直接负责该城的军事管理，所有入城工作的地方党政机关及工作人员，一律听其指挥。二、新收复城市初期的军事管理机关及以后的市政府和市委，全权处理一切违反城市政策和法纪的事件和人犯，但他们必须与上级领导机关及东北行政委员会和东北局有密切联系，一切重大事件，必须事先向上级请示，事后作报告。①

1948 年 11 月 15 日，根据解放战争的胜利发展，许多大中小城市相继解放的形势，中共中央发出《关于军事管制问题》的指示，明确规定对城市实行军事管制的九项任务，即肃清反革命的一切残余势力；接收一切公共机关、产业和物资；恢复并维护社会秩序；收缴一切隐藏在民间的反动分子的武器及其他违禁品；解散一切反动党团组织；逮捕战争罪犯和罪大恶极的反革命分子；建立革命政权；建立可靠的群众组织；整理、建立党的组织。并

---

① 中央档案馆编：《中共中央文件集》(17)，中央党校出版社 1992 年版，第 209—215 页。

指出："必须在上述各项工作以及其他若干工作做好之后，才能依靠城市中的党和人民政府及群众团体进行统治，取消军事管制委员会。"

再以后，就是党的七届二中全会，实现了党的工作重心由农村到城市的战略转移。

在1949年以前，中国共产党已经取得了一些接收和管理城市的经验，主要是在最早解放的几个大城市获得的。代表性的是哈尔滨（1946年4月28日解放）、石家庄（1947年11月12日解放）、沈阳（1948年11月2日解放）。

哈尔滨市解放最早，在林彪的东北民主联军取得三下江南、四保临江和1947年夏季攻势的胜利后，哈尔滨的形势才转危为安，成为解放战争全面爆发后唯一没有被国民党军队占领过的大城市。管理大城市的实验也就从这里开始了。

还在占领哈尔滨市之前，陈云就要求攻击部队359旅："部队占领哈尔滨后，除了坚决打击日伪残余和国民党特务的破坏活动、维持社会秩序，保障水电供应，保卫城市的安定外，没有直接接管企业的任务。主要目的是避免混乱和大的波动。不要我们一进城，什么都想管，外行领导内行，把人家换下了，自己还管不好。哈尔滨有像老巴夺、秋林公司那样的大工厂、大商店，从生产到服务各行各业都有，粮、油、酒等样样具备。战争还在进行，要保护好城市的安全。"为了在进占哈尔滨市之前严整部队纪律，除要求加强三大纪律、八项注意的教育外，陈云同北满军区政治部主任钟赤兵还拟定入城纪律细则，要求各部队立即进行传达教育。他们还制定了具体的接收方法："各按系统，自上而下，原封不动，先接后分。"经陈云批准，哈尔滨市政府成立之初，任命了一批民主人士担任市政府的局长，还请了发电厂的主持人、自来水公司的工程师、消防队队长3位苏联侨民参加市政府的技术工作。陈云这些接收和管理大城市的做法及思想，是很有远见的，为他以后在管理上海的卓越表现打下一定基础。

为了建立巩固的东北根据地，为了解决资金、设备、技术力量和就业等一系列难题，彭真在 1946 年 8 月 16 日的东北各省联席会议上提出：在哈尔滨这样的大城市，必须坚决保护民族工商业资本，“中国今天不是资本主义多了，而是太少，因而今天对资本主义生产不是摧毁而是帮助与发展。”在处理劳资关系上提出，“一方面应使工人生活得到改善，另一方面要保证工商业应合法经营与有利可图。”在哈尔滨市工人训练班和工代会上，他还一再深入浅出地解释对资本主义工商业只能“吃蛋”、不能“吃鸡”的道理，以启发工人积极分子的阶级觉悟和政策水平。

为了总结城市工作的新经验，时任东北局城市工作部部长的王稼祥还起草了《城市工作大纲》，陈云称赞这个大纲“很有用处”。

哈尔滨市的稳定和发展，甚至进入毛泽东准备建立新中国的视野。1948 年的“五一口号”发布当天，毛泽东就致信在香港的民革中央主席李济深和在港主持盟务的民盟中央常委沈钧儒两位先生，明确提出新政治协商会议的地点，“提议在哈尔滨”。

石家庄解放后，作为中国共产党城市工作的试验田，正如刘少奇所说：“石家庄的问题，是党进入大城市遇到的新问题”，要“创造一套石家庄的东西”。所谓“石家庄的东西”，就是在接管城市、建设城市、改造城市中，摸索出一套有别于农村工作的城市工作基本方针和政策。

解放初期，石家庄繁华地段南大街的商号绝大多数停业了。为扭转混乱状况，使工商业尽快恢复，市政府做了大量工作，制定了一系列切实有效的措施。如宣传保护和发展工商业政策、调整税收、发放贷款，等等。很快，停业的商号相继开业。同时，下大力气扶持国营企业和公营企业，到 1948 年年底，在石家庄的废墟上，已是工厂林立，机器轰鸣。另外，政府在发展合作经济、帮助失业市民生产自救、解决城市就业、活跃城市经济方面也做了不懈努力。

1948 年 2 月 19 日，中央工委给中共中央一个报告《中央工委关于收复石家庄的城市工作经验》，主要说了四条：

第一，必须明确认识在收复石家庄过程中曾发生的错误的性质。“这是一种极左的无政府主义思想，与我们的主张和政策毫无共同之点。”这种情形，如不立即纠正，任其发展下去是极危险的。“当我们发现这种情形之后，我们立即加以批评，并无条件地加以制止。”

第二，我们曾向派入石家庄工作的干部和警卫部队宣布：石家庄不会再被蒋介石占去，石家庄是人民的石家庄，我们的工作应作长期打算，方针是建设，而不是破坏，一切到石家庄工作的干部和士兵，不准私自拿取一点东西，不准制新衣，不准大吃大喝，必须保持纯洁和艰苦的作风。如有人违反这些规定立即送出石家庄。并规定，所有缴获物资一律归公。

第三，市政府发出布告：除政府及公安局依法逮捕与没收财产外，禁止任何团体和个人没收财产及逮捕殴打任何人。同时政府委派人员组织了人民法院，接受人民控诉，为人民申冤报仇，惩治罪大恶极的汉奸恶霸。人民法院审判罪犯时，由有关部分人员选举陪审员，参加审判，群众旁听。所有逮捕、没收、赔偿及对罪犯的处分，均经人民法庭有秩序进行。

第四，市政府已召集过几次各界座谈会，宣布政策，准备聘请若干工农商学各界参议员，成立临时参议会，作为市政府咨询机关，并筹备选举正式市人民代表大会。[①]

这些总结就是中央工委探索的“石家庄经验”。

还有就是“沈阳经验”。

1948 年 10 月锦州解放后，中共中央把接管沈阳的工作提上议事日程。

① 中央档案馆编：《中共中央文件集》(17)，中央党校出版社 1992 年版，第 54—59 页。

10 月 27 日，东北局决定成立由陈云、伍修权、陶铸、张学思、朱其文等 11 人组成的沈阳特别市军事管制委员会，陈云为主任，伍修权为副主任，陶铸为市委书记，朱其文为市长。10 月 28 日军管会第一次会议上，陈云确定了接收原则，并提出军管会的“约法八章”布告。10 月 31 日，陈云在火车上召开第二次军管会议，再次宣布了接管沈阳的方针、方法、分工及注意事项，明确指出：沈阳是东北最大的城市和工业中心，沈阳接管工作做得好，可以有力地支援全国解放战争，为接管关内各大城市提供经验。后来创造的“沈阳经验”主要包括如下内容：

第一，“各按系统，自上而下，原封不动，先接后分”的接收方法。“各按系统”就是指军管会除市委外，下辖经济、财政、后勤、铁道、政务等 5 个处，以及市政府、公安局、办公室、卫戍司令部等单位，进行接收。“自上而下”指入城后即布告通知原有机关主管人负责办理移交手续，同时，从原有内线和下面群众中了解情况。“原封不动”指旧职员均按原职上班，工厂企业等只派去军事代表，政权部门只撤换领导。“先接后分”指权力集中在军管会，无条件执行，待全部接收完毕后，再统一分配工厂、房子等。接收证件统一由军管会发，由专人负责审查盖章，无证件不准接收。

第二，恢复秩序与重建需要解决几个关键问题。首先是恢复电力供应，否则秩序就无法控制。其次，要迅速解决金融物价问题。再次，对敌警察必须收缴枪支，让其徒手服务。复次，稳定人心，传布政策，办好宣传报纸。最后，工资问题需要妥善解决。妥善解决了约 15 万公教职职工的工资问题。所以，入城第四天，商店就开市营业，失业工人领到粮食和生活费，工人职员拿到当月工资。

第三，要保证接收得好，最重要的还必须保证入城部队和接管干部有良好的纪律教育。陈云多次批示入城部队与机关工作人员，必须严格遵守“三大纪律、八项注意”，遵守入城的“约法八章”，要求接管部队坚持接收原则，秉公办事，全力制止争房子、争汽车、争工厂等纠纷。在接管过程中不擅入民房，不拿群众一针一线。要求保护好公共建筑物和企业资产，不得随意迁运、拆卸、动用。要求入城部队不许自由外出，不许无故鸣枪，严禁进出烟馆、妓院、影院和剧场。成立执法监督队，对违反者即予扣押严惩。

第四，接收一个大城市，需要有充分准备和能胜任各方面工作的干部。为了能够顺利接管沈阳，陈云率领从东北各地抽调的4000名新老干部从哈尔滨出发，日夜兼程，乘火车经吉林市、梅河口，绕道四平市到达开原。在进驻沈阳途中，接管干部召开了5次会议，讨论接管政策和办法，使全体干部统一了思想，明确了接管城市的重要意义，树立了信心，确保了各项接管工作的顺利进行。

这3个城市的接收经验，对后来接收天津、北平、南京、上海等特大城市和国际大都市提供了可操作的经验，也是中国共产党工作重心转移到城市的信心所在。

工作重心转移到城市了，党中央也考虑搬家了。该进城了！

这不是一般的搬家，这是一次伟大的历史转折！毛泽东说："党中央进北平，这是一桩大事，政治意义十分重大，是在党和军队胜利的历史上最有意义的事情，一定要计划好。"

召开七届二中全会前一个月，党中央就已经开始做搬家的准备工作了。整个行动由周恩来总负责，中央五大书记之一的任弼时协助周恩来统筹，具体负责是中央办公厅主任杨尚昆。为此，还专门成立了中央转移委员会。

按照原定计划，中央社会部部长李克农先期到达北平，安排打前站的全部具体工作。这个时候，中共中央机关已经有了新代号——劳动大学，因此，李克农手下设立的3个临时处室都放在了劳动大学的名称下：一是在市内弓弦胡同的劳动大学筹备处，专门办理交涉和备置用具等。二是设在颐和园北边青龙桥的劳动大学收发处。名叫收发处，干的可不是收收发发的小事，而是专门调查社会情况和布置警卫的保卫机构，也办理中央机关来京人员的住宿介绍等具体事宜。三是设立在香山的劳动大学招待处，他们的主要任务也不仅仅是招待，更重要的是负责香山地区的房屋修理、布置和租借等。这三个办事处，要用不到两个月的时间完成中央机关在北平的安置工作，任务还是蛮艰巨的。

作为接应和地主的北平，也成立了以市长叶剑英为主任的组织委员会，委员会成员还有平津卫戍司令聂荣臻、北平警备司令员程子华、第四野战军参谋长刘亚楼，当然，还必须有中央社会部部长李克农。这个组织委员会是按照周恩来的指示成立的，他们对中共中央来北平的沿途警卫、对空警戒、阅兵以及城市庆祝活动等都做了极其严密的部署，每一个细小的环节都保证万无一失。

沿途的每一段都有具体而又细致的分工。

从唐县到涿县，由华北军区负责；涿县到长辛店，由四野的第 42 军负责；长辛店到西直门，由四野的第 41 军负责；西直门到香山，由李克农负责；对空警戒，包括西苑机场、香山等处的对空警戒，均由刘亚楼负责。

为了中央首长的安全和休息，叶剑英、聂荣臻和李克农联名将警戒方案报告给了中央，并建议中共中央从西柏坡到涿县后，改乘火车进入北平。周恩来请示了毛泽东后给北平市委复电："同意来电所提的各项布置，我们预定 24 日晚宿涿县，请派一负责干部到涿县等候我们。由涿县到北平的专车可做准备。是坐汽车还是坐火车，等我们到涿县后再做决定。请你们仍做两种情况的准备。"

3 月 22 日，中共中央动身的前一天，叶剑英和李克农就铁路布置致电周恩来、任弼时、杨尚昆并报中央："从涿县到北平清华园，共有 12 个站，约 60 余公里，两个小时内即可到达。现每站派负责人两名，一守电话，一盯道岔并监视车辆通过。在中央首长从涿县换乘火车进北平时，为保证安全，编为 3 个列车，每列车 8 个车皮。第一列车挂 8 个客车，载警卫部队和少数干部以及警卫人员为压道车，到西直门站下车，然后用卡车将他们送至香山。

第二列车挂 8 个卧车和一辆餐车，直开到清华园车站。第三列车挂 5 个客车和 3 个行李车，开到前门车站。”

在这个电报中，叶剑英和李克农强调如果要从长辛店乘汽车到西苑机场，必须从广安门穿经城里到西直门后才能到达飞机场，无好公路可走，拟以乘火车为妥。[①] 周恩来复电同意了这个方案。

3 月 23 日清晨，中央机关的人早早就起床忙乎了起来，整理文件、图书，装箱或打捆儿。借老乡的东西全部送还，坏了要赔偿新的。房漏的补房，窗坏的修窗。院子里扫干净，缸里挑满水。还成立了善后工作处，由秘书处长曾三、供给部长邓典负责，工作人员有苏培良、崔维德等几个人，一家家负责检查……要给西柏坡的老百姓留下永远美好的回忆。

在中共中央、中央军委机关动身前，毛泽东对机关干部和警卫部队讲话，说：“我们就要进京了，可不是李自成进北京。他们进北京就腐化了。我们共产党进北京，是要继续干革命，建设社会主义，一直到实现共产主义。”

这天，毛泽东和几大书记都心情舒畅，话题不断。周恩来对毛泽东说：“多休息一会儿好，乘长途汽车也是很累的。”毛泽东说：“今天是进京的日子，不睡觉也高兴啊。今天是进京‘赶考’嘛。进京‘赶考’去，精神不好怎么行呀？”周恩来笑着说：“我们应当都能考试及格，不要退回来。”毛泽东说：“退回来就是失败了。我们决不当李自成，我们都希望考个好成绩。”

在两年前的 3 月，党中央撤离延安的时候，只有两三辆吉普车和几匹马。在一年前的 3 月，党中央东渡黄河，离开了陕北，前往西柏坡，也还是那几辆吉普车和那几匹马。但是，到了 1949 年的 3 月，鸟枪换炮了，200 多辆大卡车浩浩荡荡，大白天就敢拉起一条长龙……因为，整个华北都是我

---

① 转引自舒云：《从西柏坡到中南海》，长征出版社 2011 年 6 月第 2 版，第 4—6 页。

们的了。

这些大卡车都是四野汽车团派来的。3 月 21 日，第四野战军保卫部的钱益民部长和作战科的尹健科长带着 200 多辆大卡车、20 辆中型和小型吉普车，分头从北平和天津驶进了西柏坡。这支刚参加完平津战役的汽车团，一路征尘又来接党中央进京了。在代号“劳动大学”的党中央机关全部到达北平的香山后，为了感谢帮助搬家的四野汽车团官兵，汪东兴受党中央和毛主席委托，对汽车团表达了敬意：“谢谢你们圆满地完成了为中央搬家的任务。中央刚搬到北平，没有什么招待你们的。给你们一人一元钱，这就算中央给你们的招待吧。”

钱不多，但荣誉是至高无上的！汽车团的每位官兵，都会记住自己曾经承担的历史使命，都会记住这个自己曾经参与过的光荣任务。

上午，200 多辆车的庞大车队，离开这个太行山麓的小山村，告别了这个指挥人民解放军打下半个中国的山村指挥部——西柏坡，向即将诞生的共和国的首都——北平进发。

毛泽东坐的是第二辆车，几个警卫战士和他一起。这是他在延安时坐的一辆美式吉普车，这辆车也是很有老资格的了——延安、西柏坡，一直到北平。

第一辆是前导车。

第三辆车还是一辆警卫车，紧跟在毛泽东的车后，一直保持着很近的距离。

离开西柏坡村子后，毛泽东就戴上眼镜、口罩，穿上雨衣全副武装坐在中吉普里。这不是怕老乡认出了，怕特务偷袭，解放区的安全是很有保证的，特别是经过周恩来的亲自安排后，沿途的安全保卫工作应该是万无一失的。主要是沿途都是土路，虽然和第一辆的警卫车拉开了距离，但前车扬起的尘土还是落到了后车上，所以，毛泽东的装扮看似神秘，实则是防灰挡土的。

刘少奇坐在第四辆车上，这车是车队中唯一的一辆小卧车。江青带着女儿李讷和王光美分别坐在两辆吉普车上。排在第六位的是周恩来和邓颖超的中吉普。往后是朱德一家，再往后是任弼时一家、陆定一一家、胡乔木一家，第十一辆车也就是最后一辆压阵的是叶子龙一家。

第二批出村的，是中央警卫处、中央机要室、解放军总部、军委一局、二局……这后面的车辆全是大卡车，长长的车队，浩浩荡荡，十分壮观，车队穿过石羊沟，沿郭苏河向上，朝着东北方向，曲曲弯弯开出太行山麓，穿过起伏的丘陵，开向新中国的既定首都——北平。

春日的阳光明媚，毛泽东的心情如同这春阳："哦，又是一个阳春三月。"

毛泽东问同车的警卫战士："你们记得这几次行动的时间吗？"

"记得呢。"

"说说看。"

"1947 年 3 月 18 日咱们撤离延安。"

"去年 3 月呢？"毛泽东又问。

"去年 3 月 22 日，咱们过了黄河。"

"今天是几号啊？"

"今天是 3 月 23 日。"

"对，跟去年只差了一天。"毛泽东说，"我们向北平前进。三年中三次大行动全在 3 月份。明年 3 月呢？"

"明年 3 月我们应该解放全中国了。"警卫战士肯定地说。

"对，等全国解放了，我们就不用再搬家了。"

一车人全笑了，连全神贯注开车的司机也笑了。

路上出了两起小事故，没有人员受伤。天黑之前，庞大的车队按计划宿营在唐县附近的淑闾村。毛泽东睡在村民李大明家用门板搭成的铺上。前半夜同村里的干部谈话，习惯性地进行基层调研。后半夜就坐在小凳子上，以门板当桌，写开了文章，直到天亮。

第二天（3月24日），据阎长林回忆：

汽车快到保定的时候，公路上的车辆和行人越来越多了。老百姓的穿着，比以前一段山区路上看到的也好多了。……有的人穿着新衣服，小姑娘和年轻妇女，还穿着花衣服。

离保定越来越近了，路也好走了。汽车的速度也越来越快了。大约离保定还有一二十里路途的时候，从车子里面望去，便可以看见保定城了。这时，后边汽车的喇叭响了，听见喇叭声，司机老周就把汽车停了下来。车子刚停下不多时，周副主席就走过来说："主席，前面就到保定城了，是不是停一停，扫扫身上的尘土，洗一洗脸？"

毛主席说："好吧，咱们休息休息。我们的汽车在前面开，我们占便宜了，尘土少些。要等一等后边的汽车，一块儿进保定城。"

这样，我们都下了车，打扫一下身上的尘土，洗了洗脸，在路边休息起来。休息了十几分钟，接着又出发了。

…………

因为车辆多，目标大，我们经过西门外一个广场的时候，有许多人朝着汽车跑来。有的人边跑边说："嘿，快跑！哪来的这么多的小汽车呀？"有的人说："这么多的小汽车，里头肯定有当大官的。"

为了安全起见，我便对司机说："开快点，不然老百姓会把车围住的。"见司机正要加快速度，毛主席说："不要开快了，应该慢点开。你们看，这里的人很多，开快车要出事的。万一伤着老百姓，那就不好了。他们想看就让他们看嘛。因为他们知道这是自己人坐的汽车嘛。如果这里开来的是日本人坐的汽车或国民党坐的汽车，老百姓不但不看，恐怕还会远远躲开的。"

说完，毛主席坐在车里，还不断地向围观的群众微笑着招手致意。

…………

汽车从广场开进保定西门，通过了一条东西大街和南北大街。当汽车经过这两条大街，看到商店都开门营业，人来人往都非常热闹的时候，毛主席说："好啊，好啊，市区没有大的破坏，恢复起来也很快。只要铁路一通，这里就会更加繁华了。"毛主席还说："保定地区还是老样子，二十多年来也没有什么太大的变化。再过二十年，保定一定会有个翻天覆地的变化。"

晚上，到达预定宿营地涿县。叶剑英和刘亚楼等带着专列从北平来到涿县迎接中央首长。毛泽东握着刘亚楼的手说："啊，十年未见的刘亚楼来接我们'进京赶考'喽。"刘亚楼愣住了，一时没有明白主席说"进京赶考"的意思。周恩来在旁边解释说："主席在离开西柏坡时说，我们进北平，是去接受考试，共产党要夺取全国政权，这是一种新的考验，我们不能学李自成。"刘亚楼恍然大悟："我们共产党一定能考出好成绩！"朱德说："要是考不好，就要退回延安去哟！"

3月25日早上，毛泽东、周恩来等中央首长一行按计划乘火车进入北平，在清华园站下的车。改乘汽车到颐和园休息，准备下午5点的阅兵式和各界群众的见面会。

平津前线司令部的领导和北平市委领导林彪、罗荣桓、叶剑英、聂荣臻等人，曾专门召开会议，除研究保卫工作和阅兵外，还研究了以什么样的形式欢迎党中央和毛泽东进入北平。当时，有人主张毛泽东进北平时，应该受到北平市民的夹道欢迎，以便向全中国、全世界宣传，扩大中国革命的影响。

报到中央那里，当时就被否决。周恩来电告："闻此地将举行庆祝大会，主席认为不妥，连北平也不要开庆祝大会。因以我党中央迁移名义，号召人民庆贺并不适当，望速停止北平及各地庆贺活动。"党中央认为：西苑机场阅兵就是最好的欢迎大会了。而且，这个欢迎大会不但是欢迎党中央，用叶剑英的话说：“这也算我们对各界的欢迎吧。”

没有彩旗，没有鲜花，没有夹道欢迎，毛泽东和党中央就这样静悄悄地来到了北平城。这就是中国共产党人的胸怀！

3 月 25 日下午，毛泽东等中央领导乘汽车前往西苑机场，汽车经过海淀镇、白石桥、紫竹院，于下午 4 时到达西苑机场。先期抵达北平的党政军领导迎上前去，工、农、青、妇各界代表满怀着喜悦和幸福之情迎接着自己的领袖。毛泽东、朱德、刘少奇、周恩来、任弼时走上前去与代表们一一握手。接着，毛泽东和他的战友们来到民主人士的队列之中，这里有 160 多位民主人士，和平起义的傅作义将军在其中，昨天刚刚赶到北平的黄炎培也在其中。毛泽东和这些中国共产党的老朋友们一一握手互致问候。

下午 5 时，50 门六零炮同时发射 500 枚照明弹，在隆隆的礼炮声中，阅兵开始。

毛泽东登上第一辆吉普车，朱德、刘少奇、周恩来、任弼时依次登车检阅部队。参加阅兵的还有林伯渠、彭真、林彪、贺龙、聂荣臻、叶剑英、王稼祥、李立三、滕代远等人。

受阅部队由第四野战军的 3 个步兵团、1 个摩托化团、2 个炮兵团、1 个坦克营组成。四野参谋长刘亚楼担任阅兵总指挥。受阅部队戎装整齐，精神百倍，一面面战旗迎风飘扬，成排的高射炮、榴弹炮，显示出人民解放军的强大力量。

毛泽东乘坐的吉普车行进到“塔山英雄团”时，刘亚楼向毛主席汇报了这个团在塔山保卫战中的英雄事迹，毛泽东向这些英雄的战士们致军礼表达敬意。

军乐队奏起“你是灯塔，照耀着黎明前的海洋”的乐曲，表达了广大战士和全国人民共同的心声。

阅兵完毕，中央首长在叶剑英的陪同下，乘车前往位于北平西郊、距离西直门20公里的香山居住，毛泽东住进了掩映在古树翠竹之间的香山双清别墅，直到9月21日搬到中南海。

《人民日报》第二天就刊发了消息《中共中央委员会人民解放军总部昨日迁来北平，毛主席、朱总司令西苑阅兵，各界代表及民主人士均往欢迎》，消息说："中国共产党中央委员会及中国人民解放军总部已于本日迁来北平工作。中国共产党中央委员会主席及中国人民革命军事委员会主席毛泽东、中国人民解放军总司令朱德、中共中央其他领袖刘少奇、周恩来、任弼时、林伯渠等，均于本日下午四时许到达北平。""今日下午到达北平的中国共产党领袖毛泽东、朱德、刘少奇、周恩来、任弼时、林伯渠等，受到在平的各界人民代表和民主人士的热烈欢迎。中国人民革命军事委员会主席毛泽东与中国人民解放军总司令朱德，举行了盛大的检阅式。中共各领袖及各界代表各民主党派领袖均参加检阅。"

《人民日报》当天还发表一篇通讯《"毛主席万岁"！欢迎毛主席、朱总司令特写》。通讯最后部分写道：

> 从井冈山起，毛主席艰辛地培植中国工农红军，这支人民军队和人民的敌人打了二十多年，百炼成钢，已经无敌于天下了。
>
> 阅兵完毕，毛主席一行和民主人士都下了汽车，机场上立刻出现了一个亲热、团结的场面。大家面向着太阳，以毛主席为中心，拍了一张照片。这是中国民主力量的大团结，全中国反对美帝国主义、反对封建主义、反对官僚资本主义的力量都涌向解放区，以空前的规模汇合起来了。

回到北平，毛泽东的心情一定是不平静的。

1915年，刚刚在长沙张贴"二十八划生征友启事"的毛泽东，写信给北京的师友黎锦熙："北京如冶炉，所过必化。弟闻人言，辄用心悸。来信言速归讲学，并言北京臭腐，不可久居，至今不见征轺之返；又闻将有所为，于此久居不去。窃大惑不可解，故不敢不言，望察焉，急归无恋也。”青年毛泽东对北京充满了疑问。

1918年，为筹划湖南学生赴法勤工俭学，毛泽东来到北平。这时他投入的“冶炉”，却是风起云涌的新文化运动。第二年，毛泽东因母病返回湖南。一个月后五四运动爆发，毛泽东发起并领导湖南的学生运动。

1919年年底，毛泽东又为驱逐湖南督军张敬尧事来到北平。在北平，毛泽东得以与李大钊频繁接触；在北平，毛泽东有机会阅读中文版马克思主义书籍。1920年5月，毛泽东从北平去上海，又接触到正在组织上海共产党早期组织的陈独秀。也许，毛泽东的共产主义信念，正式形成就在北平。

一晃30年，从一介书生，到带着即将执政的中国共产党和强大的人民解放军重新回到北京，毛泽东感慨最大的，应该是感慨自己和中国共产党找到了真理——马克思主义，从此，中国革命形势焕然一新！

毛泽东在民主人士的队伍里见到黄炎培时，一定想到了他和黄炎培两人著名的关于“历史周期律”的谈话。

1945年6月，黄炎培等6名国民参政员主动要求来到延安参观，在参观结束时，毛泽东宴请6位参政员，问黄炎培参观延安的感想。黄炎培表达了对延安社会状况和老百姓状态的良好印象，接着又坦率地说：“我生六十多年，耳闻的不说，所亲眼看到的，真所谓‘其兴也勃焉’，‘其亡也忽焉’。一人，一家，一团体，一地方，乃至一国，不少单位都没有跳出这周期律的支配力。大凡初时聚精会神，没有一事不用心，没有一人不卖力，也许那时艰难困苦，只有从万死中觅取一生。继而环境渐渐好转了，精神也就渐渐放下了。有的因为历史长久，自然地惰性发作，由少数演变为多数，到风气养成，虽有大力，无法扭转，并且无法补救。……一部历史‘政怠宦成’的也有，‘人亡政息’的也有，‘求荣取辱’的也有。总之没有能跳出这周期律。中共诸君从过去到现在，我略略了解了。就是希望找出一条新路，来跳出这周期律的支配。”

毛泽东听了这番话，回答说：“我们已经找到新路，我们能跳出这周期律。这条新路，就是民主。只有让人民来监督政府，政府才不敢松懈。只有人人起来负责，才不会人亡政息。”

民主，就是让中国共产党永葆青春活力的秘方。

3 月份还有许多和建立新中国有关联的事情发生：8 日，新华社发表评论，揭露国民党假和平真扩军的阴谋；12 日，华北政府通令禁止用外文街牌，革除殖民地思想；15 日，华北政府颁布对外汇兑暂行办法，当日中国银行和交通银行就开始办理，19 日又增加了 13 家银行；16 日，华北政府发布公告，宣布开放对外贸易；17 日，《人民日报》发表社论《把消费城市变成生产城市》，认为中心环节是迅速恢复和发展城市生产，把消费城市变成生产城市。

3 月 24 日，是中国妇女节的盛事，第一次全国妇女代表大会召开，出席大会代表 500 余人。毛泽东为大会题词：“为增加生产，为争取民主权力而斗争。”大会正式宣布成立中华全国民主妇女联合会。何香凝任名誉主席，蔡畅为主席，邓颖超、李德全、许广平任副主席。大会通过了《中国妇女运动当前的任务》《中华全国民主妇女联合会章程》。1957 年改称中华全国妇女联合会，简称“全国妇联”。

3 月 26 日，中共中央通过广播电台通知南京政府，决定组成以周恩来为首席代表，林伯渠、林彪、叶剑英、李维汉为代表的中共和谈代表团。于 4 月 1 日起，在北平与南京方面代表团举行谈判。中共中央在通知中，再次重申八项条件是和谈的基础。并强调指出：八项条件反映了全国人民的公意，只有在八项条件基础上建立的和平，才是真正的、民主的和平。

3 月 27 日，上海的《申报》在第一版头条位置，刊登了 4 月 1 日将在北平开始和平谈判的消息，同时，还刊出一张《长江下游军事形势图》。这样的版面设计让外行人都看得明白，版面语言告诉读者：在共产党大兵压境的状态下，败将求和，想以“和平”换一根救命稻草，岂不是玩笑?

将参加和谈的国民党政府代表章士钊这一天对记者说：前些天人民解放军“逼近江北桥头堡之战事，不至影响和谈之进行”。

而一位深知国民党政府不会接受八项条件的立法委员匿名嘲讽：“如果和谈的结果能达成和平，那将是两千年历史上的第一奇迹。”

3 月 31 日，3 月的最后一天，北京的西山热烈又庄严，中共中央领导人毛泽东、刘少奇、朱德、周恩来、任弼时、林伯渠、董必武等，集体接见并宴请第四野战军师以上干部。毛泽东主席在宴会上发表了激动人心的讲话，他说：“在两年半解放战争过程中，我们消灭了国民党的主要军事力量和一切精锐师团。国民党统治机构即将土崩瓦解，归于消灭。我们三路大军浩浩荡荡就要下江南了，声势大得很，气魄大得很！”他挥舞着手掌号召将士们：

“下江南去！我们一定要赢得全国的胜利！”

第四章

四月。第一天，以国民党政府和谈代表团到达北平开始的，但那一天还发生了震惊全国的南京“四一惨案”。企图“划江而治”的国民党是不可能接受八项条件的，结果只有“打过长江去，解放全中国”。这个月，渡江战役开始，人民解放军占领南京，国民党政府没有了首都，而北平却欣欣向荣。

四月

1. 4 月 1 日，国民党制造了震惊全国的南京“四一惨案”。

4 月 1 日，国民党政府和谈代表启程去北平参加谈判。

4 月 1 日，傅作义发表《和平通电》，谈了自己对国共两党的切身认识，以及对和平的真诚愿望。

2. 4 月 2 日，谈判以个别谈话开始，进行双方意见的交换和摸底。

3. 4 月 3 日，以中国共产党为首，联合各民主党派发表声明，反对《北大西洋公约》。这不仅是一次外交发声，关键是第一次公开表示在外交站位上，倒向苏联阵营。

4. 4 月 4 日，毛泽东亲自为新华社撰写了社论《南京政府向何处去？》，为国民党内各路人马指点迷津。

5. 4 月 5 日，新华社又发表一篇社论《要求南京政府向人民投降》。

6. 4 月 8 日，毛泽东在北京香山双清别墅接见了国民党和谈代表张治中。

7. 4 月 9 日，李宗仁紧急召集国民党军政要员，转达北平和谈代表传来的最新消息，会商北平和谈及长江江防问题。

8. 4 月 9 日，见了邵力子和章士钊后，10 日，还是在双清别墅，毛泽东接见了南京方面和谈代表刘斐、黄绍竑，这两位是李宗仁的亲信。

9. 4 月 12 日，何应钦给南京和谈代表团发电，转达国民党“和谈指导委员会”的决定，特别要求对中共“渡江问题应严加拒绝”。

10. 4 月 13 日，决定中国命运的北平和谈正式举行第一次全体会议，和谈进入正式谈判阶段。

11. 4 月 15 日晚上 7 时，中共代表团送来最后决定的《国内和平协定》，并定于晚上 9 时仍在勤政殿举行第二次正式会议。

12. 4 月 16 日上午，南京和谈代表团黄绍竑、屈武携带《国内和平协定》飞回南京，周恩来赶到机场送行。

13. 4 月 20 日，中共方面接到了李宗仁、何应钦代表南京政府发来的电报，拒绝签署《国内和平协定》。至此，国共北平和谈正式宣告破裂。

4 月 20 日，中集团军打响渡江战役第一枪，渡江战役开始了。

4 月 20 日，人民解放军在准备渡江时，遭到英国军舰炮击，我军坚决反击，击伤了英舰“紫石英”号。

14. 4 月 21 日，毛泽东为新华社撰写消息《大军卅万昨日渡过长江》，发表在第二天的《人民日报》第一版上。

15. 4 月 24 日，南京解放，国民党南京政府灭亡。

16. 4 月 25 日清晨，三野第 25 军某营营长和教导员带着几个战士，出于好奇进入了司徒雷登官邸，酿成一个不大不小的外交事件。

4月1日，国民党制造了一起震惊全国的“四一惨案”，这也就注定了国民党政府已经彻底失去人心，失去执政的群众基础。同时，也给北平和谈笼罩了一层阴云。

这一天，是国民党政府和谈代表启程去北平参加谈判的日子，南京的学生们决定在这一天举行大规模的示威游行，揭露国民党假和平、真内战的伎俩，督促国民党政府发表释放真正的和平诚意。上午8点，南京中央大学、金陵大学、政治大学、建国法商学院等11所大学的6000多名学生和教职员工，从有“红色堡垒”之称的中央大学操场出发，浩浩荡荡地向国民党总统府进发。游行队伍的四周，军警密布，如临大敌。学生们毫不畏惧，高呼“拥护中共八项和平条件”“反对假和平”等口号，继续前进。《团结就是力量》《你是个坏东西》的歌声响彻街巷。学生们的歌声和口号声及他们散发的传单，像火山熔岩，一路点燃起南京市民的爱国热情。

然而到了下午，国民党军警特务和国民党军官收容总队七大队的上百名暴徒，还有淮海战役被打败下来的散兵游勇，手持棍棒和拐杖等大打出手，突然袭击学生们。结果打死了2人，打伤上百名，制造了震惊全国的南京“四一惨案”。国民党政府谈判代表张治中等人目睹了这一幕，对学生们的爱国热情留下了很深的印象，同时也给北平之行带来了沉重的心理负担：似乎还未出征，道义先失。

许多年以后，张治中回想起这一幕的时候，仍旧为那些专制的棍棒和学生的鲜血叹息不已，他说：“那天，使我有一种预感，恐怕乃是最后一次国共谈判了……”

让张治中没有信心的还有来北平之前，国民党政界和军界给和平代表团定的种种规矩。这些规矩根本没有败将求和的意思，还幻想平等谈判，企图达到“划江而治”的目的。

南京政府是3月24日确定和谈代表名单的，接着在何应钦主持下，连续召开了4次会议，研究谈判方案，最后确定了一个最后退让的“原则性限度”的腹案，作为与中共谈判时的参考，内容如下：（一）双方既确认以和平商谈解决国是为全国人民之要求，则双方所应商谈者，端在国家元气之如何保存，人民痛苦之如何解除，国家政策之如何拟定及政治制度之如何建立，以谋长治久安，是以关于战争责任问题，不应再提。（二）同意重订宪法，此新宪法之起草，我方应有相当比例之人数参加。（三）关于法统问题，与前项有连带关系，可合并商讨。（四）双方军队应分期分年各就驻在区域自行整编，并应树立健全的军事制度，俾达成军队国家化之目的，至分期整编时双方应保留之军队数字，另作商讨。（五）“没收官僚资本”一节，原则同意，但须另行商定实施条例办理。（六）“改革土地制度”一节，原则同意，但须另行商定实施条例办理。（七）关于“废除卖国条约”一事，将来由政府根据国家独立自主之精神，平等互惠之原则，就过去对外签订之条约加以审查，如有损害国家领土主权者，应予修改或废止。（八）同意召开政治协商会议，并由该会产生联合政府，惟在该会议与联合政府中，我方与共方应以同等名额参加，其属于第三方人士之名额，亦于双方区域中各占其半。（九）代表团抵平后，即向中共提出双方应于正式商谈开始之前，就地停战，并参酌国防部所拟停战条件进行商谈。

而南京国防部给国民党谈判代表限定的最低限度之要求是（一）青岛及长江流域连接鄂西、陕西、绥远地区双方第一线部队，应即停止一切战斗行动，各守原防，停止前进，并不得向空隙发展。（二）共军立即解除对新乡、安阳、太原、大同、榆林之包围封锁，准许国民党军采购粮食及生活必需品。（三）国民党军海空军立即停止海上与空中之攻击行动，但空军之侦查及空中运输补给，海军之江海巡逻及对各海港之输送补给，不受限制。又国军为防卫长江及海上之袭击，如发现共军集结渡江材料及运兵船队时，得采取自卫行动。（四）双方立即停止一切敌意宣传。（五）双方对于间谍之防范及维持后方秩序之一切行动，不受限制。（六）为免除误会与冲突，除另有协议者外，双方第一线交通通信之恢复，应另行协议，在停战期间暂不开放。

（七）关于双方俘虏之交换，另行协议。[①]

虽然李宗仁口头上承诺以中共八项条件为和谈前提，但是，拿出这么多束缚国民党谈判代表的条件，谈判前景确实让张治中忧心忡忡。

4 月 1 日的下午 3 点，代表团乘坐的中央航空公司的“空中行宫”号到达北平的西苑机场，那一天，漫天都是呛人的黄沙，天色昏暗，是一个沙尘暴天气。太阳也病恹恹，毫无生气。机场上更是冷冷清清，没有几个人。前来迎接的为首的是中共代表团秘书长齐燕铭和北平市政府秘书长薛子正，正式谈判代表一个没来，与南京夹道欢迎，全体立法委员到明故宫机场送行的热烈气氛形成了鲜明对比。

到了驻地六国饭店，迎面而来的是“欢迎真和平，反对假和平”的大标语。张治中心中疑惑，共产党为什么给他们这样一个下马威？

当晚 6 时，周恩来、林伯渠、林彪、叶剑英、李维汉、聂荣臻等 6 位中共代表，在六国饭店设便宴款待南京代表团一行，气氛平淡。宴会后，周恩来、林伯渠邀张治中、邵力子谈话。周恩来脸一沉，直接质问张治中：为什么在离开南京前，专程前往溪口拜见蒋介石，这完全证明了蒋介石下野是假的，实际上他还在幕后操纵，表示中共方面不能接受“这种由蒋导演的假和平”。

张治中终于明白了北平遇冷的原因。他是 3 月 29 日飞到溪口的，30 日回的南京。同行的还有屈武。当他把和谈研究的大概情形报告了蒋，并把上述“腹案”给蒋看，蒋只说：“我没有什么意见。”“你这次负担的是一件最艰苦的任务，一切要当心！”30 日离开前又做最后一次谈话，蒋表示愿意和平，愿意终老还乡。张治中听了很高兴，说：“总裁的这话对和谈是很有帮助的，也可以消除党内的分裂。不知愿意在报端发表否？”蒋答：“你斟酌吧。”

张治中把他去溪口的理由跟周恩来做了解释，他说自己的用意是

---

①《张治中回忆录》，中国文史出版社 1993 年版，第 792—793 页。

（一）蒋虽退到溪口，但到底力量还在他手中，如果得不到他同意，即使商谈得到协议，也没用。这是一种现实的做法。（二）那时候，京沪的顽固分子气焰嚣张，常有对我不利的谣言，溪口之行，我认为对他们有一种镇压的作用。（三）蒋当时还是国民党的总裁，在党的体系上，代表们除了章士钊外，都是党员，应有向他请示的必要。（四）在礼貌上说，也有看蒋的理由。

可是，不管张治中怎么解释，周恩来都表示不能谅解。仍然认为："不管你怎样说，只能说明蒋介石还有实力，还在操纵指挥，说明你们不是真要和平。"①

在种种阴霾的笼罩下，北平和平谈判开始了。中国共产党在做最后一次和平努力。

4月2日，谈判是以个别谈话开始的，进行双方意见的交换和摸底。周恩来对张治中，叶剑英对黄绍竑，林伯渠、李维汉、聂荣臻、林彪分别对章士钊、邵力子、李蒸、刘斐。

而守候在南京总统府的李宗仁，却意外地收到了来自溪口的一份急电——蒋介石突然以国民党总裁的名义来电报称：和谈必先签订停战协定；共军何日渡江，则和谈何日停止。

国大代表发难，李宗仁没有理睬；中央执监委们发难，李宗仁也没有理睬。现在蒋介石出来发难了，他不敢不理睬，即致电张治中，申明要坚持先签订停战协定，再商谈和平条件的立场。这使谈判还没正式开始便陷入僵局。

当晚，周恩来在六国饭店接见黄启汉，气愤地指出："李宗仁不是公开宣布承认以毛主席提出的八项条件为谈判基础吗？现在，代表团来了，却又变了卦，你们代表团究竟是代表南京，还是代表溪口？这些问题不解决，和

① 余湛邦：《1949年国共北平谈判始末记》，《文史资料选辑》第67辑，第56—57页。

谈怎么进行呢？”周恩来同意黄启汉即返南京，向李宗仁问个明白。这使原定4月5日开始的正式谈判推迟了。[①]

在4月3日上午黄启汉离开之前，周恩来在六国饭店再次接见黄启汉，明确告诉他：经过辽沈、淮海、平津三大战役的较量，国民党军队的主力部队已经被歼灭殆尽。可以说，内战基本结束，剩下的不过是打扫战场而已。我们欢迎在八项条件基础上进行和谈，但南京政府却想对这八项条件讨价还价，这是我们不能容许的。周恩来要黄启汉回南京后转告李宗仁、白崇禧：解放军完全有足够的力量在全国范围内扫除和平的一切障碍。李、白不应该再对帝国主义存幻想，不应该再对蒋介石留恋或恐惧，应该团结一切可能团结的力量，坚决向人民靠拢，也只有这样，才是他们唯一的、光明的出路。周恩来还建议：考虑到李宗仁的安全，他可以调桂系的一个师进驻南京保护，万一受到蒋军攻击，只要守住一天，解放军就可以赶来支援。

当天下午6时，黄启汉一落地就直接去了南京傅厚岗69号李宗仁官邸，向他报告了和谈代表团到达北平后的情况和周恩来要他转达的意思。李宗仁听罢就叫人找他的秘书黄雪起草一封致毛泽东的电报，再次表示“诚恳求和”的态度，这就是后来发表的卯阳电。当晚，何应钦也见了黄启汉。第二天，黄启汉又被美国驻南京大使司徒雷登请到大使馆见面，言谈之中，可以看出，涉及国共命运的各路要人们都想通过黄启汉打探共产党方面的底牌。

是时候打破一些人的幻想了，也是必须要打破和谈的僵局了。4月4日，毛泽东亲自为新华社撰写了社论《南京政府向何处去？》，为国民党内各路人马指点迷津。他写道：“两条路摆在南京国民党政府及其军政要员的面前：一条是向蒋介石战犯集团及其主人美国帝国主义靠拢，这就是继续与人民为

---

① 转引自陈虎：《解放日记——1949年的故事》，当代中国出版社2004年9月第1版，第75页。

敌，而在人民解放战争中和蒋介石战犯集团同归于尽；一条是向人民靠拢，这就是与蒋介石战犯集团和美国帝国主义决裂，而在人民解放战争中立功赎罪，以求得人民的宽恕和谅解。第三条路是没有的。”

毛泽东宣布：“人民解放军就要向江南进军了。这不是拿空话吓你们，无论你们签订接受八项条件的协定也好，不签这个协定也好，人民解放军总是要前进的。……我们还是准备签订这个协定。南京政府及其代表团如果也愿意这样做，那么，就得在这几天下决心，一切幻想和一切空话都应当抛弃了。我们并不强迫你们下这个决心。南京政府及其代表团是否下这个决心，有你们自己的自由。就是说，你们或者听蒋介石和司徒雷登的话，并和他们永远站在一起，或者听我们的话，和我们站在一起，对于这二者的选择，有你们自己的自由。但是选择的时间没有很多了，人民解放军就要进军了，一点游移的余地也没有了。”①

4月5日，新华社又发表一篇社论《要求南京政府向人民投降》，更加尖锐地指出②：

他们甚至要求恢复一九四六年一月旧政治协商会议时代的地位，要求就地无条件停战，要求人民解放军不要到长江以南去解放二万万以上被压迫的同胞。总之，他们装得好像他们并不是一伙反动卖国的战争罪犯，装得好像他们并没有“最后失败”，而狂妄地要求与为独立、民主、和平而奋斗的中国革命人民及其领导者中国共产党分庭抗礼。这是一种极端荒谬、极端狂妄、极端反动的态度，是与立功自赎的态度完全不相容的。

反动卖国的战争罪犯与革命人民之间根本不允许讲什么平等。

①《毛泽东选集》第四卷，人民出版社1991年6月第2版，第1445—1447页。

②《人民日报》1949年4月6日第1版。

如果允许讲这种平等，就是背叛人民，就是抹杀是非，抹杀战争责任，就是鼓励反革命战争罪犯从新发动战争，就是使被战争罪犯们所屠杀的同胞和为自卫和解放而流血的先烈死不瞑目。

…………

愿意向人民和祖国立功自赎的国民党党政军人员们！最后的时机到了，赶快与那些反对向人民投降的反革命阴谋家分清界限吧！勇敢地承认自己的错误，跳出反革命立场，投降到人民方面来吧！这是实现真和平的道路，这是立功自赎的道路。

新华社连续的两篇评论，确实打破了很多人的幻想，明确告诉国民党内各派：惩办战犯和渡江是不可商量的，解放全中国已经是 1949 年的必然。但是，李宗仁还想试一试，示弱也好，用所谓“国家前途”的名义也好，就是想实现他的“划江而治”，保住他的“总统”地位和桂系实力。于是，他前几天让秘书写给毛泽东的电报，经再三斟酌，7 日晚发给了毛泽东，该电文说：“自宗仁主政以来，排除万难，决定谋和，悱恻之忱，谅贵党及各位民主人士所共谅察。今届和谈伊始，政府代表现已遵邀莅平，协议问题，亦已采纳贵方所提八条为基础。宗仁懔于战祸之惨酷，苍生之憔悴，更鉴于人类历史演成之错误，因以虑及和谈困难之焦点，愿乘己饥己溺之怀，更作进一步表示：凡所谓历史错误足以妨碍和平如何谓战犯也者，纵有汤镬之刑，宗仁一身欣然受之而不辞。至立国大计，决遵孙总理之不朽遗嘱，与贵党携手，并与各民主人士共负努力建设新中国之使命。况复世界风云日益诡谲，国共合作尤为迫切。如彼此同守此义，其他问题便可迎刃而解。宗仁何求，今日所冀，惟化干戈为玉帛，登斯民于衽席。耿耿此心，有如白水，特电布悃，诸希亮察。”

言辞恳切，似乎敢于担当，但是，却是回避问题实质，避实就虚，有和稀泥的嫌疑。最终还是想避开原则问题，好讨价还价。

毛泽东第二天就给李宗仁回了电报，再一次表达了中共的态度："中国共产党对时局主张，具见本年1月14日声明，贵方既然同意以八项条件为谈判基础，则根据八项原则以求具体实现，不难获得正确之解决。战犯问题，亦是如此。总以是否有利于中国人民解放事业之推进，是否有利于用和平方法解决国内问题为标准。在此标准下，我们准备采取宽大的政策，本日与张文白先生晤谈时，即曾以此意告之。为着中国人民的解放和中华民族的独立，为着早日结束战争，恢复和平，以利在全国范围内开始生产建设的伟大工作，使国家和人民稳步进入富强康乐之境，贵我双方亟宜早日成立和平协定。中国共产党甚愿与国内一切爱国分子携手合作，为此项伟大目标而奋斗。"①

毛泽东的回电似乎留了一点回旋余地，让南京政府代表团的人看到一线希望。但是，毛泽东清楚，百万大军陈兵长江北岸，时间拖得越久，士气、给养等都是问题，况且随着时间的拖延，长江水文情况会越来越不利于渡江部队。所以，毛泽东从他给李宗仁回电后，决定自己亲自出面，约谈南京政府的谈判代表，给他们划出底线。

4月8日，北京香山的双清别墅花香怡人，清风送爽，毛泽东在这里接见了张治中。1945年国共重庆谈判时，毛泽东就是住在张治中的家里，张治中无论是在警卫上，还是生活的安排上，对其都是无微不至的。所以，他们是老朋友见面。毛泽东微笑地握着张治中的手说：谢谢你，1945年到重庆时热情接待，家人怎么样？客套之后，毛泽东说："蒋介石让南京政府发出'和谈必先签订停战协定'，我看可以磋商；战犯在条约中不举其名，但要有追究责任的字样；改编军队可以缓议；人民解放军必须过江，时机在签字后实行；联合政府成立，须有相当时间，在此期间，南京政府可维持现状，免使社会秩序紊乱。总之，凡是有利于推进和平事业的意见，中共

①《张治中回忆录》下册，文史资料出版社1985年2月第1版，第799—800页。

都会尽量采纳。”

以上就是毛泽东给李宗仁电报中说的“我们准备采取宽大的政策，本日与张文白先生晤谈时，即曾以此意告之”。

中共方面忽然做出如此大的让步，使南京代表们对中共的和谈诚意深表感动。进而，毛泽东又进一步谈到对他的老朋友蒋介石的安排：“如果蒋介石愿意，我们欢迎他到北平居住；联合政府成立，他可以出任国家副主席……；孙中山先生的‘天下为公’仍然是我们的旗帜，在和平统一大业面前，任何个人之间的恩怨或政党之间的纷争都是可以化解和丢抛的。”①

中共方面的态度很快传到南京，4月9日，李宗仁便紧急召集国民党军政要员，转达北平和谈代表传来的最新消息，会商北平和谈及长江江防问题。这时，何应钦一封电报又从广州发给张治中，传达国民党中常委的决议：继续高唱什么如“中共在和谈进行期间渡江，则宣告和谈破裂”等老调，继续为和谈设置障碍。

一方面是毛泽东释放诚意，另一方面是国民党不谙时事、妄自尊大。张治中非常愤怒，9日直接给蒋介石写了一封长信，开诚布公地指出：“……默察大局前途，审慎判断，深觉吾人自身之政治经济腐败至于此极；尤其军队本身之内腐外溃，军心不固，士气不振，纪律不严，可谓已濒于总崩溃之前夕。同时在平十日以来所见所闻，共方蓬勃气象之盛，新兴力量之厚，莫不异口同声，无可否认。假如共方别无顾虑之因素，则殊无与我谈和之必要，而具有充分力量以彻底消灭我方。凡欲重振旗鼓为作最后之挣扎者，皆为缺乏自知、不合现实之一种幻想！”

张治中痛陈：“一年来国人怨声载道，对于钧座之信仰，可谓低落至无以复加。”他毫不掩饰地说，党政军一般干部，尤其黄埔系高级将领们，“皆

---

① 转引自陈虎：《解放日记——1949年的故事》，当代中国出版社2004年9月第1版，第80页。

谓今日之失败，乃由钧座领导错误所招致”。他规劝蒋介石“唯有断然暂时出国”，才可能使和谈有一线转机，并力陈蒋介石出国的六大好处。[①]

对于刚愎自用又独裁霸道的蒋介石，不到统治崩溃前夕，不到国民党危亡之际，是不敢有人这样谏言的。

此时的张治中，作为南京政府首席和谈代表，内心是想促成和谈的，以达到拯救国民党和国民党军队的目的。但是，他对蒋介石退位、求和的一切动机还是略知一二，对李宗仁想“划江而治”、保住桂系力量和自己既得的权力的幻想也是了解的，他曾说：“实在说，李的主和，虽然目的在倒蒋，要是不问动机如何，他到底是想和的；可惜溺于一派一系的私利和个人的权位，无定见，无担当，到了紧要关头，不能作出勇敢、果断的行动。”

这样的首席和谈代表，忠于职守，在代表南京政府谈判，但对于大势的判断，早已清晰。

在8日见了张治中，9日见了邵力子和章士钊后，10日，还是在双清别墅，毛泽东接见了南京方面和谈代表刘斐、黄绍竑，这两位是李宗仁的亲信，属于桂系的人，毛泽东谈得很深入。就在见面前，中共方面刚刚接到白崇禧发来的电报，称桂军撤离安庆暂有困难，请中共允许“暂留该地勿攻，敝方亦不出去，以待和平解决”。毛泽东答复刘斐、黄绍竑：同意白崇禧桂系军队暂不撤离安庆。

毛泽东借题发挥，尖锐指出李宗仁现在的处境，不要抱有幻想。他说：“李宗仁现在是六亲无靠哩！第一就是蒋介石靠不住；第二美帝国主义靠不住；第三蒋介石那些被打得残破不全的军队靠不住；第四桂系军队虽然还没有残破，但那点力量也靠不住；第五现在南京一些人士支持他是为了和谈，他不搞和谈，这些人士也靠不住；第六他不诚信和谈，共产党也靠不住。”毛泽东进而半是玩笑半认真地说，“我看六亲中靠得住的还是共产党，只要你

①《张治中回忆录》下册，文史资料出版社1985年2月第1版，第800—804页。

们真正和谈，我们共产党是说话算话的，是守信用的。”[1]

为了争取李宗仁，为了不战而胜使人民免遭战争涂炭，中共方面还通过其他途径向李宗仁、白崇禧表示，如果他们促成和谈成功，可以得到以下优惠：1. 李宗仁的政治地位暂时不动，联合政府成立前还当他的代总统；2. 桂系军队可以保留番号，等到以后再商谈解决办法；3. 国家统一问题的商谈，可以对等谈判，谈判地点在北平，双方取得一致后成立中央人民政府，南京政府的牌子就不要挂了；4. 将来和谈成功成立国防军时，可请白崇禧指挥30万军队，以尽其人才。李济深也转告李宗仁，如其当机立断，与蒋决裂，将来组成联合政府，毛泽东和其他民主党派负责人，都愿支持其担任联合政府副主席。就是在解放军决定渡江时，中共方面还希望李宗仁不要离开南京。[2]

然而，李宗仁抱着一己之利执迷不悟，没有听从共产党的和平召唤，没有抓住这转瞬即逝的历史机遇，仍然怀有侥幸心理，琢磨怎么样与共产党周旋。10日这一天，他召集国民党“和谈指导委员会”密会，仍然决定：（一）就地停战；（二）国共划江而治，对中共和平渡江占领南京、上海的要求坚决拒绝。12日，何应钦给南京和谈代表团发电，转达国民党“和谈指导委员会”的决定，特别要求对中共“渡江问题应严加拒绝”。

经过10多天的私下沟通交谈，4月13日，决定中国命运的北平和谈正式举行第一次全体会议，和谈进入正式谈判阶段。

据张治中回忆：

> 十三日早，中共首席代表周恩来交来《国内和平协定草案》一份，并通知当晚九时开始正式会议。

---

① 转引自《毛泽东传》，中央文献出版社1996年版，第919—920页。

② 转引自荣维本：《李宗仁评传》，人民出版社2017年3月第1版，第390页。

> 我马上召集各代表、顾问和秘书长加以研究。坦白地说，当时我一口气把它看完之后，我的第一个感觉是全篇充满了降书和罪状的语气，第二个感觉是："完了！和是不可能的！"实在说，这个草案在国民党顽固分子看来，不啻是"招降书""判决状"，和他们那种"划江而治""平等的和平"的主观幻想固然相差十万八千里，即就我想象中的条款来说，也实在觉得"苛刻"些。固然，和谈是以毛先生元月十四日所提的八项做基础，而且我事前也明知这次和谈成功的可能性太小，但是由于自己主观上对和平的痴心梦想所驱使，仍然期望"奇迹"一旦会出现。现在是完了，在我当时尚且认为"苛刻"些的条款，在国民党反动派又岂有接受的可能？不过，我仍然耐心地和大家逐条研究下去，并且考虑在今晚会议上应该采取的态度。
>
> 心情是沉重的，时间却如箭般飞逝，晚上九点我们就到了会场。
>
> 这是一栋宽敞、华贵而又幽静的封建遗物——中南海勤政殿。大厅中间横放着一张长条桌，两端分坐双方代表。条桌两端的后侧还各有三张小条桌，是双方列席和记录人员的座位。布置简朴，但空气则显得异常严肃。

会议没有固定程序，上来就是周恩来对《草案》做了一个说明。首先，周恩来先叙述了内战的历史责任，讲了很多细节，最后说："根据上述情况，我们不能不提出来，事实是很清楚的，战争的全部责任，应该由南京国民党政府担负。因为这是一个历史性的协定，是保证今后国内和平的一个文件，所以必须在条款的前文里明确这个责任。"

周恩来接着就毛泽东提出的八项条件，逐条进行了解读，讲了中国共产党的依据、考虑。周恩来的讲话很长，很有耐心，他最后说："我们相信当这个协定变成正式签订的文件时，对全国人民、对各民主党派、对一切民主力量，他们听到了，一定欢欣鼓舞。在正式谈判的第一天，希望我们的希望由于南京代表团的接受而变成现实。”

张治中也讲了很长的话，做了很多的解释和说明，替国民党尽量地开脱，替李宗仁尽量地争取利益。明明知道中共的谈判底线，也还是尽可能地提出了 40 余条修改意见。这些意见也只是尽到自己的谈判代表的责任而已，他在现场确切感知到，这是败军求和，不可能达到国民党的要求，他只是尽责而已。最后，他还是谈了自己的心里话，这些话应该不代表他的主人蒋介石和李宗仁，是他发自内心的。他说：“我今天在中共代表团诸位先生面前，不想说什么恭维的话，但我愿意唤起各位先生的注意，今后国家的责任，是落到了你们的肩膀上。国民党的政权当然是完了，今后的国民党或者再经过一番改造后，作为中共一个友党。目前则我们以至诚至敬之心，希望中共能从此领导国家，达到独立、自由和民主的目标，并建设国家，臻于富强康乐之境，就是我们代表团同人向中共代表团同人所想表示的一点小小意见和希望。”①

4 月 15 日，晚上 7 时，中共代表团送来最后决定的《国内和平协定》，并定于晚上 9 时仍在勤政殿举行第二次正式会议。这份文件吸收了张治中等人提出的 40 余条意见的一半多，是定稿，已经没有“草案”两个字。周恩来又作了长长的发言，但是，已经不谈条文的修改了，只谈国民党方面怎么样落实这个协议。

张治中对周恩来说：“所谓最后的文件，是不是解释为最后的通牒？是不是只许我们说一个对或者不对？”周恩来表示是最后的态度。张治中说：“也好，干脆！”

张治中明白，他们来北平已经半个月了，双方代表团分别经过无数次的会谈，对于最重大的几个问题，已经交换了很详尽的意见。可以说，应该说

---

①《张治中回忆录》下册，文史资料出版社 1985 年 2 月第 1 版，第 804—823 页。

的话，应该说的理由，统统都说了，说尽了。所以，他最后表态说："现在对于这个《国内和平协定》，如果还想字斟句酌地去辩论，等于白费，是不必要的。我们应该把眼光放大些，胸襟开扩些，重新合作，这才是国家民族之福！"

谈判已经事实上结束了。张治中感慨万千，他又说了几句和谈判无关的话，表达了对中国未来的看好。他说："这次到北平来见到毛泽东先生，我曾不经意地说：'今后是你们执政了，你们怎样做？'他马上说：'不是的，我们大家来做的，大家合作做的！'恩来先生和在座的各位中共代表也曾说过，今后不是一党专政的政权，而是民主联合的政权，各党各派都可以参加。像这些地方，我们可以看出来，在毛先生的领导下，中国共产党是看到国民党过去的错误的，尤其对于友党胸襟狭隘方面，所以才有今天放开胸襟、汇纳众流的表示。对于这点，我们不能不表示很大的敬意。"①

周恩来明确告诉张治中："我们今天正式地告诉文白（张治中）先生，请南京代表团回去南京的先生转告李德邻先生和何敬之先生，我们只能约束到本月二十日为止，到那时还不能获得协议签字，那我们就只有渡江，不能再拖延到二十日以后了。"②

20日，是中国共产党谈判代表团给南京政府划出的底线日期，无论南京政府再要什么样的花招，都没有用了。

20日，也成为中国人民解放军"解放全中国"的标志性一天，成为新的共和国建立的转折性的一天。

4月16日上午，南京和谈代表团黄绍竑、屈武携带《国内和平协定》飞回南京，周恩来赶到机场送行，当面嘱咐二人：请他们明白转告李宗仁、何

①《张治中回忆录》下册，文史资料出版社1985年2月第1版，第840—841页。
② 同上书，第832页。

应钦，希望李、何二人在协定签字问题上，自拿主张，不要请示蒋介石。细致的周恩来还特意安排被释放的桂系师长海竞强随黄、屈二人回南京，意在对桂系做最后的争取。

下午2时，飞机抵达南京，何应钦、白崇禧、张群等一大批国民党高级军政人员都来机场欢迎。黄绍竑、屈武一下飞机便被接到总统府。李宗仁同时命人把《国内和平协定》紧急送往溪口，请蒋介石过目并听取意见。

下午4时，李宗仁召开了一个小范围会议，只有李宗仁、何应钦、白崇禧、黄旭初、黄绍竑和屈武6人参加。黄绍竑拿出《国内和平协定》，对大家说，中共首席代表周恩来再三说明这个和平协定是不可以变动的最后定稿，签字日期是4月20日，如果政府同意就签字，不同意，他们马上就渡江。协定签字后，中共将选定长江上下游10个县由解放军和平渡江，接收江南地区，维持社会秩序。同时，黄绍竑还转达了中共给予桂系的特殊优待条件，即李宗仁如能签署协定，将来可选为联合政府副主席；桂系部队可给予完全保证，白崇禧的部队还可以继续留在武汉，也可以开到广西去；广东、广西在一年内不实行军事管制和土地改革。会上，黄绍竑谈了他自己个人意见，他说："有人认为《国内和平协定》是无条件投降的条件，这就看我们从什么角度来看待它。当前既不能在军事上保持均势，从而在政治上也不能取得绝对平等的地位。吾人迫于形势，决不能同蒋介石共呼吸、同命运。蒋还可以退到台湾，苟延残喘，我们形格势禁，没有别的道路可走，只有和局才足以自保。"李宗仁、白崇禧、何应钦相互传阅了《国内和平协定》，个个面面相觑，不发一言，气氛沉闷。接着，白崇禧说："为难你啊，像这样的文件也带得回来？这样苛刻的条款我们能接受吗？"何应钦说："这么重大的问题，不能随便决定，行政院要开会研究才好答复，好在离答复期间还有好几天时间。"李宗仁等未发一言，会议不欢而散。[①]

---

① 程思远：《李宗仁先生晚年》，中国文史资料出版社1967年版，第181页。

4 月 17 日，蒋介石看到这个《国内和平协定》后，拍案大骂："文白无能，丧权辱国"，还说："真是无条件的投降处分之条件。黄绍竑、邵力子等居然接受转达，是诚无耻之极者之所为，可痛。余主张一方面速提对案交共匪，一方面拒绝其条件，同时全文宣布，以明是非与战争责任之所在。"当天，蒋介石拟定对付原则如下："（甲）提出具体相对条件复之；（乙）不提出对案，仅以不能接受其所提条件而愿先订停战协定，以表示和谈之诚意。如在此和谈期间，进攻渡江，则其战争责任，应由共匪负之；（丙）用党部名义驳斥其条件之前文与消灭行宪政府而实行共产党专制政府。"①

北平的南京政府和谈代表们还在焦急地等待着南京方面的消息。

接到蒋介石意见的南京方面，既不敢签字，更不敢拒绝。18 日和 19 日，李宗仁又组织了两次讨论，还是找不到好的办法，最后想出一个"拖"的不是办法的办法。19 日，南京政府发电，商请中共延长签字期限，使双方仍可就若干基本问题继续进行商谈。发电的李宗仁也明白，这是不可能的。

20 日，在广州的国民党中央常务委员会发表声明，拒绝接受《国内和平协定》，并指示李宗仁、何应钦照办。中午，李宗仁、黄绍竑、程思远 3 人在李宗仁家里吃饭，彼此心情沉重，终席无一言。饭后，黄绍竑同张治中通了电话。他把电话内容告诉了李宗仁，并说出自己的决定："张文白要我通知德公，中共中央拒绝延长签字的要求，决定今夜发出进军江南的命令。我将于下午三时搭吴铁城的专机飞广州转去香港。"从此李、黄各奔前途，直到 1965 年 7 月 20 日李宗仁从海外回到祖国，他们才在首都机场重新见面。②

当天深夜，中共方面接到了李宗仁、何应钦代表南京政府发来的电报，拒绝签署《国内和平协定》，至此，国共北平和谈正式宣告破裂。

---

① 蒋经国：《风雨中的宁静》，台湾裕文出版社 1967 年版，第 181 页。

② 全国政协文史和学习委员会编：《回忆李宗仁》，中国文史出版社 2013 年 3 月第 1 版，第 86 页。

这天下午，国民党政府拒绝接受《国内和平协定》的消息就传到长江前线，同时，部队也收到了总部发出的渡江命令。傍晚时分，人民解放军渡江中突击集团接到上级首长电话，电话中说：“毛主席今晚不睡觉，坐在总部等候我们的捷报。”这一消息立刻传遍整个前线。突击部队官兵的回答是：“请转告毛主席，我们一定能打过长江去，用胜利回答毛主席。”

渡江战役就要拉开序幕了！

长江，是中国第一大河，下游江面宽达 2 至 10 余公里，历来被称为“天堑”。水位在四五月间开始上涨，特别是 5 月桃花汛期，不仅水位猛涨而且风浪高达 50 余厘米，如遇大海潮，下游入海地段还会江水倒流。沿江各省多为水网稻田地，河流湖泊较多，不利于大兵团行动。

国民党军队为了阻止解放军渡江南下，到 1949 年 4 月初，已经在宜昌至上海间 1800 余公里的长江防线，部署了 115 个师 70 余万人的兵力。而江南没有解放军主力部队，仅有一些刚刚从游击队整编的武装，到 1949 年 1 月，已经有 5 万余人，整编为中国人民解放军琼崖纵队、粤赣边纵队、粤赣湘边纵队、桂滇黔边纵队、闽浙赣边纵队。

陈兵长江北岸的人民解放军部队，却是绝对的压倒优势。其中：第二野战军 28 万人，有各种火炮 1500 门；第三野战军 58 万人，组成后就进驻到庐江、无为、除县、六合、扬州和如皋一线，进行渡江作战的各项准备工作。还有牵制武汉白崇禧部的第四野战军的一个兵团，再加上一些负责后勤的部队，总共有 120 万人。在有些地段，我军的兵力是对岸的 2 至 3 倍。这个数字是出乎敌人意料的。

1947 年人民解放军转入反攻后，中共中央军委对渡江作战有过几次计划。

第一次是 1947 年 7 月 23 日，当刘邓大军挺进鲁西南时，中央军委曾提出“叶陶两纵队（指华野第一、第四纵队）出闽浙赣，创造闽浙赣根据地”

的设想，并要两纵队随同南下。后来，中央军委认为鲁西南需要有重兵钳制敌人，保障刘邓大军南下，部队分散南下，对全局不利，便放弃了这一计划。

第二次是 1948 年 1 月 27 日，中央军委命令粟裕率领第一、第四、第六纵队组成一个兵团，渡江南下。粟裕经过周密考虑，权衡利弊，于 4 月 18 日给中央军委发了电报，提出“华野三个纵队暂不渡江南进的建议”，并说了自己的理由。他说：“斗胆直呈，是否正确尚祈指示。我们对南渡准备仍积极进行，决不松懈。”① 中央军委最后采纳了粟裕的建议，决定先集中兵力尽量多地歼灭在长江以北的敌军主力，然后再南渡长江。

第三次是 1948 年 10 月 11 日，中央军委在关于淮海战役的作战方针中，向华野领导人提出渡江作战的设想：“你们以 11、12 两月完成淮海战役。明年 1 月休整。3 月至 7 月同刘邓协助作战，将敌打至江边各点固守。秋季你们主力大约可以举行渡江作战。”② 淮海战役的顺利发展，为提前进行渡江战役创造了条件。

第四次是 1948 年 12 月，淮海战役大局已定，毛泽东 12 月 12 日致电总前委，要他们在歼灭黄维集团后，开一次总前委会，商量下一步作战计划及将来渡江作战计划，并要他们在淮海战役结束后，部队休整两个月，大致准备好渡江作战所需的雨衣、货币、炮弹、药品、汽车等，并初步完成政治动员。渡江战役开始时间暂定在 1949 年 5 月或 6 月。

总前委继续统辖第二、第三野战军。为了完成毛泽东和中央军委关于渡江作战的要求，在 1949 年 2 月 9 日的总前委商丘会议上，第一次对渡江作战的时间、部署等问题进行了具体、深入而全面的研究，于当天向中共中央进行了汇报，并就相关事项进行了请示。这次会议的召开，标志着渡江战役由战略谋划进入战术部署阶段。2 月 11 日，毛泽东以中央军委的名义对总前

---

①《粟裕军事文集》，解放军出版社 1991 年版，第 355—356 页。

②《毛泽东军事文选》第五卷，军事科学出版社、中央文献出版社 1993 年版，第 66—67 页。

委的请示事项予以答复，并决定：“总前委仍旧领导军事及作战的职权，华东局和总前委均直属中央。”[①] 这样，第二、第三野战军和第四野战军一部参加的渡江战役有了坚强的、统一的组织领导集体。

在七届二中全会期间，毛泽东、朱德等专门召集邓小平、陈毅、谭震林、饶漱石几个人，共同研究渡江战役问题。并初步确定渡江作战开始时间为4月10日。“我把指挥交给你。”[②] 毛泽东对邓小平说。3月8日，在西柏坡的陈毅、邓小平致电第二、第三野战军，传达了中央军委确定的渡江作战日期。

渡江作战方案的最终形成，是在总前委的孙家圩子会议和接着召开的华东军政联席会议上，时间是1949年3月25—28日。标志性文件是邓小平起草的《京沪杭战役实施纲要》。

孙家圩子位于安徽蚌埠南郊，交通便捷，易于机动，而且背靠连绵群山，可预防空袭。从3月22日下午，二野、三野和华东局领导陆续来到这个小山村。3月25日，总前委会议在三野司令部作战室召开，经过两天的汇报、研讨，对渡江作战的部署上逐渐清晰起来，定下了以下几条原则：

一、建议推迟渡江作战发起时间。渡江时间原定为4月13日，考虑到“原定的13日正是阴历十六，月光通宵，我第一梯队的突击队无法隐蔽，不能求得战术上的突然性。因此，建议推迟两天，即15日（删）黄昏发起渡江。此时正值阴历十八，下午9时以前昏夜，甚为有利。”[③] 建议得到了中央军委的首肯。后因政治上的需要，渡江时间又几经变更。

二、决定不攻占浦口和炮击南京。原定为了给即将开始的北平和谈增加砝码，要攻占浦口和炮击南京。会议研究后认为，如攻占浦口，南京国民党

---

①《毛泽东军事文选》第五卷，军事科学出版社、中央文献出版社1993年版，第230—231页。

②《邓小平文选》第三卷，人民出版社1993年版，第342页。

③ 中国人民解放军历史资料丛书编审委员会：《渡江战役》，解放军出版社1995年版，第102页。

政府大部分人员势必立即逃散，不利于签订有利于我之协定；据炮的射程测算，炮击南京需将火炮拖到江边，不利于隐蔽；从战术上讲，是否攻占浦口和炮击南京，对整个渡江作战无重大影响。因此，会议决定，不攻占浦口和炮击南京，并将原置浦口对面的第 26 军东移，加强东集团兵力配备，留第 34、35 军在两浦正面佯动，牵制对岸的国民党军。

三、确定处置国民党军江北桥头堡方案。为便于人民解放军控制北岸渡口、船只和开辟渡江通道，中央军委曾计划在 4 月 6 日前后肃清国民党军在北岸的据点和桥头堡。会议对这个方案又做了更具体的设计，认为：攻击时间要视攻击的难度而定，而且应与渡江时间间隔 5 天至 7 天为宜，否则国民党军队可摸清我们的意图，做出从容的部署，而我军则会丧失战术上的突然性，具体部署是："凡对我准备工作及渡江无大妨碍者，则不攻击；凡对我准备无妨碍，但对渡江有碍，而又容易拔除者，则在渡江先 1 日或数日拔除之；凡对我准备及渡江妨碍大者，则视情况于 2 日（冬）或 2 日（冬）以后拔除之。"①

四、讨论、确定渡江作战方案。会上，精确计算了国民党军可投入作战的兵力，查明了其兵力部署，分析了人民解放军渡江后国民党军可能发生的几种变化。会议认为，人民解放军在拥有战役战略主动权的情况下，可采取宽正面同时展开强渡与有重点地突击相结合的打法，使其防不胜防，以保证渡江一举成功。"宽正面"就是在东起江阴、西至湖口的千里江面上不分主渡、佯渡，分路同时突击强渡；"有重点"就是为了减轻东兵团因地形（河网交织）、敌情（重兵把守）而利守不利攻击的压力，确定中集团军过江后，和东集团实行东西对进，打通中、东两集团的联系，使东集团不致孤立，然后在运动中寻求割裂、包围和歼灭国民党军。

---

① 中国人民解放军历史资料丛书编审委员会：《渡江战役》，解放军出版社 1995 年版，第 102 页。

28日，粟裕和饶漱石、张鼎丞、舒同等到达孙家圩子。下午3时至晚上7时，新到达的同志和先期到达的同志又开了一个会，被称为"华东军政联席会议"。按照中央军委的部署和会议讨论结果，确定：

二野负责接管南京，三野负责解决沪杭。先争取解决南京问题，再逐步解决沪杭问题，稳妥推进，以牢牢掌握战争的主动权。

作战的重心在宁沪线。决定将主渡方向选择在江阴、扬州地段，以求迅速截断宁沪铁路，切断南京周围国民党军之退路。为了将国民党军的注意力吸引到芜湖地段，有利于东西集团渡江，以及在渡江成功后中、东集团能迅速会合，决定中集团军提前一天渡江。为避免国民党军飞机的轰炸，渡江时间定在晚上。

以上战略设想，总前委将25—26日和28日两次会议的情况，分别向中央军委进行了详细汇报。3月29日，中央军委复电总前委："一、寅感电谅达，该电同意你们推迟至15日渡江。二、渡江作战的具体部署，望即拟定电告。"遵照中央军委的指令，邓小平于3月31日亲自组织拟定了指挥第二、第三野战军进行渡江作战的方案——《京沪杭战役实施纲要》。次日，《纲要》上报中央军委，3日即得到批复。

参与《纲要》谋划、起草工作的张震，时任三野司令部参谋长，对《纲要》的诞生过程给予了清楚的回忆："在兵团负责同志会议期间，邓小平政委提出，要陈毅草拟一个作战纲要。陈毅司令员对我说，这是司令部的工作，你熟悉，马上写一个包括两大野战军行动在内的渡江作战命令。我便根据会议讨论情况拟就，交给陈司令员转邓政委审阅。邓政委看后，说大兵团的作战纲要是指导性的，不能写得太具体，主要是说明战役企图、可能的发展变化以及预案等即可，要给两个野战军根据战场实际机动行事的余地。随即，他亲自起草了《京沪杭战役实施纲要》。"

《京沪杭战役实施纲要》规定的渡江战役开始时间："决于4月15日18时，以全线渡江作战，开始进行本战役。"

《京沪杭战役实施纲要》规定的渡江战役实现目标："占领苏南、皖南及浙江全省，夺取京、沪、杭，彻底摧毁国民党反动政府的政治经济中心为目的。"

进入4月，部队进入紧张的训练和政治动员阶段。

先是筹集船只和动员船工，然后选择隐蔽方式。到渡江战役前，二野和三野共筹集各种船只2万余条，分别为皖北10039条，淮河3131条，苏北8000条（渡江船2600条、运粮船1200条、随军运送弹药船1100条、内河运输船2300条、机动船800条），用于渡江作战的船只9400条，使第一梯队的每个军平均拥有大小船只500条至600条，一次可运送1万余人。此外，船工还创造性地用木材扎成4米多宽、10米多长的木排，装上汽车引擎垒起棉花胎，架上轻重武器，制成30多艘"水上土炮舰"；部队还设法制造了一些运送火炮、车辆、骡马的竹排。结合水上训练，战士们在沿江老百姓的帮助下，摸索自制了部分救生器材，如用7.5公斤的稻草或用4根0.5米长的毛竹围成圈状，即可保证一人在水中全负荷漂浮。如此，渡江的舟楫之难，基本上得到了解决。[①]

筹集的近万条船只大多位于沿江地带，如何将其隐蔽好，既避免遭到国民党军的飞机、军舰的轰炸，又能使船只由内河掘渠翻坝尽快出航进入长江，以达到战役发起的突然性，成为前线指挥员面临的新的难题。4月13日，总前委向二野、三野发出完成开渠、翻坝工程的指示。前线部队在沿江中共地方组织、政权机构的鼎力支持下，动员上百万民工和部队协同奋战，挖掘、构筑了众多船坞来隐蔽船只，并创造性地采取开渠灌水、掘堤引渡、拉船翻坝以及陆地行舟等措施，以保证船只隐蔽入江。

---

① 引自中共宣城市委党史研究室编：《渡江战役史》，安徽大学出版社2010年2月第1版，第117页。

与此同时，前线部队还动员了上万名船工参战。要把这些船工训练成勇敢、熟练的水手，是一项艰巨而又繁重的工作。训练工作从教育入手，通过形势教育，使他们认清了个人翻身与革命前途的关系；通过诉苦运动，启发了船工的阶级觉悟，激发了他们参与解放全中国的光荣感和使命感。同时，还制定了船只损坏赔偿办法和船工优抚条例，并妥善安排了船工家属生活，解决了他们的后顾之忧。这些工作的开展，提高了船工的阶级觉悟，建立了船工与部队战士的密切联系，坚定了共同完成渡江任务的决心。在此基础上，请有经验的船老大当指导，加紧训练船工、渔民和部队有一定游泳技能的战士，使他们尽快成为驾驭船只的渡江水手。经过突击训练后，将他们按照战斗需要分配到每条船上，按战斗序列分配给部队。在渡江战役中，涌现出很多船工英雄，如苏北船工段祥富一家 6 口带船支前，连续 8 昼夜往返长江两岸，渡江结束后，他荣立一等功，其母荣立三等功。还有《人民日报》刊登的 14 岁的渔家姑娘马毛姐，7 天 7 夜往返长江两岸，最后被评为渡江英雄、支前模范。

随着渡江船只的解决，各参战部队在内河、湖泊、夹江日夜展开了水上练兵。为了指导部队作战协同和战前练兵，前线部队印发了刘伯承 3 月 24 日撰写的《关于渡江战术注意事项的指示》。经过几周的训练和摸索，前线部队对渡江作战的打法已经有了一些成熟的想法：偷渡与强渡相结合，以强渡为主；船队以“一”字队形排列，实施宽大、正面、多点同时突破；以抢滩登陆突破国民党军防御阵地为目标，不与其在江心纠缠；登陆成功后，迅速建立和扩大滩头阵地，接应后续部队和友邻部队登陆，尤其要坚决粉碎国民党军的反扑，并乘势插入纵深，变被动为主动。

由于部队中北方战士多，他们是不谙水性的“旱鸭子”，不少人对长江产生了恐惧心理。尽管对战士们进行了反复的政治动员，他们的思想觉悟、战斗意志有了提高，但对横渡长江作战仍然信心不足。为了消除大家的畏难情绪，各部队水上练兵有针对性地从“谈水”“看水”“试水”开始，通过讲解长江的水性、江边实地观察、组织练习游泳等，使战士们逐渐摸熟了长江的水性，克服了畏水心理和晕船呕吐等生理上不适应的问题，很快由“旱鸭子”变成了“水鸭子”。一时间，江汉湖面穿行如梭，人涌如潮，呈现出繁忙的练兵景象，显示出人民解放军旺盛的斗志和必胜的信心。训练从上船、下船、乘船、划船、救护、堵漏、船只操纵、救生器材的试验与使用、水上瞄准与射击、打击敌舰、滩头爆破、登陆冲击等一般科目，逐渐转入到航渡队形、指挥联络、步炮协同及登陆突破等战术动作，再到根据预定登陆地段情况，找出相似地形，进行实战式的综合练习。到战役发起前，一个连队每分钟平均航速可以达到 70 米，靠岸后 30 秒内全连即可登陆。

万事俱备，只欠东风了。

然而，军事有时候要服从政治，原定的 15 日渡江也因为政治问题一再延期。只要有一线可能，中共中央还是希望和平解决长江以南的中国问题。

4 月 10 日 2 时，中央军委致电总前委和二野、三野：“我们和南京代表团的谈判已有进展，可能签订一个全面和平协定，签字时间大约在卯删（4 月 15 日）左右。如果此项协定签订成功，则原先准备的战斗渡江即改变为和平渡江。因此渡江时间势必推迟半个月或一个月。关于江水情形究竟如何，推迟渡江时间有何不利，望即告，以便决策。”[①]

接到中央军委的电报后，总前委和二野、三野立即进行了多渠道的调研，当天晚上就反馈了意见：“推迟一个月后用战斗渡江，困难甚多”，“就水势一点来说，推迟半月，即在 29 日以前渡江，估计尚无大碍，但粮食、柴草困难；如在 22 日前渡江，尚无大问题；如再推迟一礼拜到 29 日，则

① 中国人民解放军历史资料丛书编审委员会：《渡江战役》，解放军出版社 1995 年版，第 154 页。

困难不少”，认为“从军事上说，以22日渡江不再推迟为好，即便政治上必需，也以不要推迟至29日以后为好”，并对后者情况的出现提出了应对措施：“我们拟于日内召集粮食会议，准备由徐州赶运粮食到合肥，再由合肥运至前方”。[①]

4月11日，总前委即向二野、三野前委和各兵团党委发出指示，充分信任前方指挥员，不回避“为了谈判”，对推迟渡江时间作出了正面解释：“此次我军推迟一星期渡江，完全是政治上和军事上所必须采取的步骤”，“我们渡江应站在政治上最有利的地位的基础上进行”，“当我们在政治上做到这一步时，敌人内部将更加瓦解，好战分子内部将更加孤立混乱，不仅争取了主和派，还可能分化一部分主战派。全国人民必将更拥护我们。届时无论和平渡江或者战斗渡江，都更有利”。电报还对由推迟渡江时间造成的困难提出了解决办法，对延长的时间作出了工作安排。14日，毛泽东为中央军委起草电报，对总前委的做法和工作安排大加赞赏：“总前委卯文（4月12日）指示电甚好。请二野、三野即照此指示向师以上干部着重说明推迟渡江时间的理由，加强战斗准备工作，并多筹粮草油盐。”[②]

在谈判结束当日，即4月15日，中央军委电示总前委和二野、三野：“和平谈判以4月20日（卯哿）为期限，本（15）日即向南京代表团宣布，彼方是否签字，必须在该日以前决定态度，该日以后我军即须渡江”，“你们接到此电，请立即准备好，于20日（卯哿）确实攻占除安庆、两浦以外的一切北岸及江心据点。勿误为要。”当日，总前委回复中央军委：“我们意见，能争取在谈判上有政治收获，即令军事方面稍有不便，亦是值得的，故主张卯哿（20）行动，凡能一夜夺取者则夺取之，不能一夜奏效者应留置之。照

---

① 中国人民解放军历史资料丛书编审委员会：《渡江战役》，解放军出版社1995年版，第159页。

② 同上书，第160—169页。

目前前线实况，今后军事行动，以能于开动后持续进行为更有利。”[①]

同日，中央军委立即复示：“为着充分准备 20 日大举渡江，同意你们迅即攻占永安洲。其他各北岸及江心据点，亦可早日攻占，不必等到 20 号，请总前委通知谭震林。”[②]

16 日，毛泽东又致电总前委，谈了自己对形势的预判：“你们的立脚点应放在谈判破裂用战斗方法渡江上面，并保证于 22 日（卯养）一举渡江成功。”“现请你们考虑者，即假如南京愿意于卯哿签字，但要求签字后给他们时间以便部署。在这种情况下，我军是否可能再推迟 3 天，即由卯养改至卯有（25）渡江。这种推迟，是否于我军士气及渡江任务之完成上发生妨碍。你们作这种考虑时，仍应假定南京虽然签了字，但汤恩伯等反动将领仍然不愿执行，我军仍需用战斗方法渡江。在此假定上，如果你们认为不应再推迟，则我们将拒绝南京的要求。只有你们认为推迟至卯有（25）实行战斗渡江无妨碍，我们方准备允许南京的请求”。[③]

到了最后这个阶段，毛泽东开始以渡江前线的意见为主来决策了，已经不愿意再跟国民党纠缠拖延了，只要渡江前线说打，就马上开打，不再给南京政府讲价钱的时间。

接到毛泽东代中央军委起草的电报后，邓小平、陈毅立即电话就近通知在前线的谭震林和第 7 兵团司令员王建安、第 9 兵团司令员宋时轮，到瑶岗连夜进行研究，于第二天（17 日）凌晨回电报告了他们的意见：“我们一致认为，以确定养（22）夜开始，不再推迟为好。而且夺取北岸敌桥头堡及江心洲，必须与正式渡江紧密衔接，不宜停顿，否则将给敌人以调整部署时

① 中国人民解放军历史资料丛书编审委员会：《渡江战役》，解放军出版社 1995 年版，第 170—171 页。

② 江苏省档案馆、安徽省档案馆编：《渡江战役》，档案出版社 1989 年版，第 91—92 页。

③ 中国人民解放军历史资料丛书编审委员会：《渡江战役》解放军出版社 1995 年版，第 172—173 页。

间，增加我们的困难。”“在政治上无绝对必须的条件下，务请不再推迟至有（25）日，因为前方困难甚多，延长一天时间增加一分困难，不但影响士气，人民不安，特别是把我们各个有利渡江的地点都暴露了。”并表示：“我们审慎研究渡江有把握。现芜湖、安庆段9、7、3等3个兵团准备均属充分，至少有一处必能首先成功。只要一处成功且能立稳脚步，其他各处即可随之成功。”当日下午，总前委再次把进一步的研究结果电告中央军委：“我们两周来经过反复研究，并设想种种困难之后，均一致认为，20日后开始渡江作战，到22日全部投入夺取南岸的总行动，以后完全占领皖南5个县，均有把握胜利完成。三野苏中方面虽是敌人主力所在，可能困难多些，但亦认为可以胜利完成。故一致请军委考虑，如在全局上20日可以开始，22日实行总攻，则一气打到底，完成渡江后再考虑停顿。”①

18日上午，毛泽东复电总前委，同意了他们的总部署，并要求：“请你们即按总计划坚决地执行之。此种计划不但为军事上所必需，而且为政治上所必需，不得有任何的改变”。“此次我百万大军渡江南进，关系全局胜利极大。希望我二野、三野全军将士，同心同德，在总前委及二野、三野两前委领导下完成伟大任务”。②

18日下午15时，担任20日最早渡江任务的中集团军第9兵团政委郭化若致电总前委，提出攻占国民党军的江心洲据点应与渡江同步进行的建议，他说：“如果先一天打黑沙洲（即江心的敌前哨阵地），则更引起敌之注意，次晚渡江更不易取得突然性。”19时，陈毅以总前委名义复示：“只要有可能就可以这样做。总之，整个战役从20日晚开始后就一直打下去，能先过江就该先过江，不必等齐。因为1000余里的战线上完全等齐是不可能的。

① 中国人民解放军历史资料丛书编审委员会：《渡江战役》，解放军出版社1995年版，第174—178页。

② 同上书，第181—182页。

但你们仍应审慎考虑，防止下面轻敌。”①

至此，渡江时间最后确定。渡江，只等总前委的一声令下了。

1949 年 4 月 20 日，是中国人民解放军军史上一个重要日子：国民党拒绝接受《国内和平协定》，几乎同时，中集团军打响渡江战役第一枪，渡江战役开始了。

渡江战役恢宏壮烈，气势非凡，有许多的图书、文章、回忆的文字记载了这一庞大场面，但都无法复原那惊心动魄的三个晚上。毛泽东为整个渡江战役写了三篇新闻消息和一首诗《七律·人民解放军占领南京》，文字不多，但把渡江战役的轮廓和意义都表现了出来。

21 日，毛泽东为新华社写消息《大军卅万昨日渡过长江》，发表在第二天的《人民日报》第一版上。他写道：“英勇的人民解放军二十一日已有大约三十万人渡过长江。渡江战斗于二十日午夜开始，地点在芜湖、安庆之间，国民党反动派经营了三个半月的长江防线，遇着人民解放军好似摧枯拉朽，军无斗志，纷纷溃退。长江风平浪静，我军万船齐发，直取对岸，不到二十四小时，三十万人民解放军即已突破敌阵，占领南岸广大地区，现正向繁昌、铜陵、青阳、荻港、鲁港诸城进击中，人民解放军正以自己的英雄式的战斗，坚决地执行毛主席、朱总司令的命令。”

21 日，毛泽东主席、朱德总司令向人民解放军发布命令如下：

中国人民解放军第一野战军彭德怀、张宗逊、赵寿山诸同志，中国人民解放军第二野战军刘伯承、邓小平、张际春诸同志，中国人民解放军第三野战军陈毅、饶漱石、粟裕、谭震林诸同志，中国

---

① 转引自刘树发主编：《陈毅年谱》上，人民出版社 1995 年版，第 557 页。

人民解放军第四野战军林彪、罗荣桓诸同志，太原前线人民解放军徐向前、周士第、罗瑞卿诸同志，各野战军全体指挥员、战斗员同志们，南方各游击区人民解放军同志们：由中国共产党代表团与南京国民党政府代表团经过长时间的谈判所拟定的国内和平协定，已被南京国民党政府所拒绝。南京国民党政府的负责人员之所以拒绝这个国内和平协定，是因为他们仍然服从美国帝国主义及国民党之首蒋介石的命令，企图阻止中国人民解放事业之推进，阻止用和平方法解决国内问题。经过双方代表团的谈判所拟定的国内和平协定八条二十四款，表示了对于战犯问题的宽大处理，对于国民党军队官兵及国民党政府工作人员的宽大处理，对于其他各项问题亦无不是从民族利益与人民利益出发作了适宜的解决。拒绝这个协定，就是表示国民党反动派决心将他们发动的反革命战争打到底。拒绝这个协定，就是表示国民党反动派在今年一月一日所提议的和平谈判，不过是企图阻止人民解放军向前推进，以便反动派获得喘息时间，然后卷土重来扑灭革命势力。拒绝这个协定，就是表示南京李宗仁政府所谓承认中共八个和平条件以为谈判基础是完全虚伪的。因为，既然承认惩办战争罪犯，用民主原则改编一切国民党反动军队，接收南京政府及其所属各级政府的一切权力以及其他各项基础条件，就没有理由拒绝根据这些基础条件所拟定的而且是极为宽大的各项具体办法。在此种情况下，我们命令你们：

（一）奋勇前进，坚决、彻底、干净、全部地歼灭中国境内一切敢于抵抗的国民党反动派，解放全国人民，保卫中国领土主权的独立与完整。

（二）奋勇前进，逮捕一切怙恶不悛的战争罪犯。不管他们逃至何处，均须缉拿归案，依法惩办。特别注意缉拿匪首蒋介石。

（三）向任何国民党地方政府及地方军事集团宣布国内和平协定

最后修正案。对于凡愿停止战争用和平方法解决问题者，你们即可照此最后修正案大意和他们签订地方性协定。

（四）在人民解放军包围南京之后，如果南京李宗仁政府尚未逃散，并愿意于国内和平协定上签字，我们愿意再一次给该政府以签字的机会。

中国人民革命军事委员会主席　毛泽东

中国人民解放军总司令　朱德

一九四九年四月二十一日

新华社 22 日的消息力图描绘渡江作战的全貌。

【新华社长江前线二十二日二十二时电】人民解放军百万大军，从一千余华里的战线上，冲破敌阵，横渡长江。西起九江（不含），东至江阴，均是人民解放军的渡江区域。二十日夜起，长江北岸人民解放军中路军首先突破安庆、芜湖线，渡至繁昌、铜陵、青阳、荻港、鲁港地区。二十四小时内即已渡过三十万人。二十一日下午五时起，我西路军开始渡江，地点在九江、安庆段。至发电时止，该路三十五万人民解放军已渡过三分之二，余部二十三日可渡完。这一路现已占领贵池、殷家汇、东流、至德、彭泽之线的广大南岸阵地，正向南扩展中。和中路军所遇敌情一样，我西路军当面之敌亦纷纷溃退，毫无斗志，我军所遇之抵抗，甚为微弱，此种情况，一方面由于人民解放军英勇善战，锐不可当；另一方面，这和国民党反动派拒绝签订和平协定，有很大关系。国民党的广大官兵一致希望和平，不想再打了，听见南京拒绝和平，都很泄气。战犯汤恩伯二十一日到芜湖督战，不起丝毫作用。汤恩伯认为南京、江阴段防线是很巩固的，弱点只存在于南京、九江一线。不料正是汤恩伯到芜湖的那一天，东面防线又被我军突破了。我东路三十五万大军与西路同日同时发起渡江作战。所有预定计划，都已实现。至发电时止，我东路各军已大部渡过南岸，余部二十三日可以渡完。此处敌军抵抗较为顽强，然在二十一日下午至二十二日下午的整天激战中，我已歼灭及击溃一切抵抗之敌，占领扬中、镇江、江阴诸县的广大地区，并控制江阴要塞，封锁长江。我军前锋，业已切断镇江、无锡段铁路线。

【新华社长江前线二十三日电】胜利横渡长江的人民解放军百万大军，全线向南岸纵深猛烈发展，至二十二日中午，已攻克江阴要塞和扬中、繁昌、铜陵、贵池四座县城和南岸全线沿江广阔地区。在仪征至南通一线渡江的东路解放军，在二十一日晚至二十二日拂晓，一夜间就渡过了约三十万人。渡江时，北岸解放军的成千门大炮同时向南岸猛烈轰击，炮火映红了整个江面……某部登船时，军乐齐鸣，出发信号起时，各船如箭飞驶，仅经八分至十八分钟即抵达南岸。首先到达的各部，纷纷发出登陆信号，并扬起绣着“打过长江去，解放全中国”的大红旗。

【新华社北平廿三日电】在人民解放军百万雄师胜利渡江后，南京国民党整个反动统治机构迅速土崩瓦解，其全部首要分子已慌张地四散逃命。伪政府各院、部、会已于廿二日逃向广州。伪总统府亦于同日逃往上海。伪代总统李宗仁和伪行政院长何应钦均已逃离南京。载运伪官逃命的伪中央、中国两航空公司的几十架飞机自三个飞机场不断起飞，机场上挤满着几日前踏在老百姓头上作威作福现在则狼狈异常的达官显贵和他们从人民身上刮来的大堆行李细软。伪行政院长何应钦于二十二日派大队飞机将一部行李运往台湾。伪监察院长于右任、伪立法院长童冠贤、伪国史馆长居正、伪总统府秘书长翁文灏及其他首要贾景德、钮永建、孙越崎、张道藩等人已逃到上海。伪立法院副院长刘健群等人则逃向广州。成百的伪立委、伪监委则分逃上海、杭州、台北、广州及华南各城市。纷纷作鸟兽散的国民党匪帮，大量劫走国库财产，并破坏、烧毁物资、档案。伪财政部已将重要档案卷逃上海，并拟与伪中央银行一同逃向广州。何应钦官邸的炉子整日熊熊燃烧，他的秘书们把不能带走的公文卷宗都烧掉了。

24 日，得知南京解放的消息，毛泽东十分兴奋，又做记者又做诗人，先是为新华社写了两个消息，第一个消息是《千里长江防线全部崩溃，南京完全解放，我大军入城市民夹道欢迎，国民党反动派统治宣告灭亡！》。消息全文："国民党二十二年反革命中心南京，已于二十三日午夜为人民解放军解放。国民党反动统治宣告灭亡。人民解放军入城后，受到学生和市民的热烈欢迎，男女学生们纷纷向解放军献花致敬。人民解放军已布告安民，城内秩序安定，商店照常开门营业。在发起渡江作战后三天时间内，人民解放军便攻占这一全中国第一个大城，这说明解放军威力的强大，国民党匪军一触即溃，已经无法进行有组织的抵抗。"

第二个消息是《在人民解放军百万大军攻击之下，千余里国民党长江防线全部崩溃，南京国民党反动卖国政府已于昨日宣告灭亡》。消息全文："李宗仁、何应钦及南京的国民党军队于昨日上午逃出南京。李、何等乘飞机逃往上海。国民党南京守卫部队及宪兵，沿京杭公路逃跑。浦口的国民党军，于二十二日撤至南京，二十三日一同往京杭路上奔逃。芜湖及镇江一带的国民党军，亦向同一方向乱窜。人民解放军正向南京急进，如果昨夜没有入城，则可能于今日入城。南京人民正在等候着人民解放军。在国民党军已离开南京，人民解放军尚未入城的时间，南京人民已于昨日组织治安维持委员会，并于昨日下午六时发电致毛泽东主席，欢迎人民解放军。该电称：毛主席勋鉴：南京守军于二十三日撤退。南京人民为安全计，联合发起各界组织治安维持委员会，推马青苑为主任委员，吴贻芳为副主任委员及委员十三人。地方尚称安定。恳请电饬京陵外园野战军，对南京予以和平接收，以慰民望。何日入城，并请电示，以便欢迎。南京治安委员会主任委员马青苑、副主任委员吴贻芳及委员等同叩梗酉。"

毛泽东诗兴大发，在双清别墅看着《人民日报》，写下了著名的、大气磅礴的《七律·人民解放军占领南京》：

钟山风雨起苍黄，
百万雄师过大江。
虎踞龙盘今胜昔，
天翻地覆慨而慷。
宜将剩勇追穷寇，
不可沽名学霸王。
天若有情天亦老，
人间正道是沧桑。

国民党南京政府灭亡了，在毛泽东的诗意中，新的共和国正在从东方蓬勃升起。

4月的两件最大的事（北平和谈、渡江战役）结束了。4月还有许多和新的共和国建立有关的事情。

4月发生了3起和外交有关的事情，初步展现了新中国的外交取向和外交领导能力。

第一件事：4月初，以美国为首的西方资本主义国家，出于意识形态的对立，出于对二战后蓬勃兴起的革命民主运动的防备，筹划建立了北大西洋公约组织，拉开了二战后新冷战的序幕。4月3日，以中国共产党为首，联合各民主党派发表声明，反对北大西洋公约。这不仅是一次外交发声，关键是第一次公开表示：在外交站位上，倒向苏联阵营。联合声明全文如下：

美、加、英、法、挪、丹、冰、荷、比、卢、葡、意等国政府将于四月四日签订的北大西洋公约，是一个以挑动新的世界侵略战争为目的的危害人类和平安全的条约。鉴于世界和平不可分割，东西各民族人民安危与共，并且事实上美英等国政府也正在力图将北大西洋公约的模型扩张到太平洋方面来，中国各民主党派，特对北大西洋公约及其他任何类似的侵略方案，表示坚决的反对。中国各民主党派谴责美国帝国主义政府及其附庸背叛波茨坦协定和其他保障国际和平的协定、背叛联合国组织、背叛各国人民和平愿望的侵略政策。中国各民主党派对于以苏联为首的世界和平民主势力反对新战争危险的奋斗，表示热烈的同情和忠诚的拥护。中国各民主党派坚信，这种奋斗将使策动战争的帝国主义者及其在各国的走狗们受到全世界和平人民的责备而陷于孤立，将使新的世界侵略战争的阴谋陷于破产。我们认为世界是人民的，不是帝国主义者及其走狗们的。帝国主义者及其走狗们的横行与猖獗，不过是暂时的现象，他们的一切阴谋诡计，连同他们本身在内，均将被人民所揭露，所抛弃。

中国各民主党派同时代表伟大的中国人民郑重宣告：如果帝国主义侵略集团竟敢挑动这个危害全世界人民的反动的战争，那么我们将团结全国人民，遵守孙中山先生的不朽遗嘱，采用必要的方法，与中国的盟友苏联和各国和平民主势力，携手并进，向侵略战争的发动者作坚决的斗争，打败侵略者，推翻整个帝国主义制度，实现全人类的解放和永久的和平。我们认为，如果战争爆发，帝国主义的诸侵略国一定是失败者，反帝国主义的诸被侵略国一定是胜利者。这个前途，已经被第二次世界大战的经验向全世界人民指明出来了。

中国共产党中央委员会主席　　毛泽东

中国国民党革命委员会主席　　李济深

中国民主同盟负责常务委员　　沈钧儒　章伯钧

民主建国会常务理事　　黄炎培

中国民主促进会常务理事　马叙伦
中国国民党三民主义同志联合会常务委员　谭平山
中国农工民主党中央监察委员会主席　彭泽民
中国人民救国会中央执行委员　李章达
中国国民党民主促进会代主席　蔡廷锴
中国致公党主席　陈其尤

一九四九年四月三日

蒋介石为了挽救失败的命运，在押第三次世界大战的宝；中国共产党联合一切民主力量，在全力反对新的冷战。

第二件事，就是人民解放军在准备渡江时，遭到英国军舰炮击，我军坚决反击，击伤了英舰“紫石英”号。事情的简要经过如下：

4月20日上午8时30分，“紫石英”号驶近扬州以南三江营江面，这里是解放军第8兵团主要渡江作战地段之一，部署在这里的是特种兵纵队炮兵第3团，接到通报的解放军炮兵立即开炮警告，但“紫石英”号并未返航或停航，反而不顾警告继续加速上驶，炮兵3团负责封锁江面任务的两个炮兵连的六门火炮随即开火，“紫石英”号也开炮还击。在历时数分钟炮战中，“紫石英”号舰桥被直接命中，正、副舰长均负重伤，前主炮被击毁，舰体被洞穿，船舵被卡死，失去方向控制，“紫石英”号转向南岸，随后驶入一处浅滩搁浅。最后英舰挂起白旗，解放军随即停止炮击。“紫石英”号17人阵亡，20人重伤，由于解放军炮兵的榴弹炮缺乏穿甲弹，“紫石英”号虽多处中弹，但没有致命损伤。虽然当晚“紫石英”号就脱离浅滩，但一直停航未再移动。

“紫石英”号遭到炮击并搁浅后，原计划去替换的“伴侣”号驱逐舰立即从南京出发支援。13时30分，“伴侣”号到达三江营江面企图拖带“紫石英”号，遭到解放军炮兵炮击。“伴侣”号虽然摧毁了解放军的两门野炮，但自身也被多发炮弹命中，舰桥中弹，舰长负伤，两座前主炮被击毁。“伴侣”号向下游驶去企图脱离解放军炮兵的射程，但又进入解放军特种兵纵队炮兵第1团火力范围，遭到猛烈的炮击，“伴侣”号高速向下游疾驶，逃往江阴。“伴侣”号10人阵亡，12人受伤。解放军方面伤亡约40人。

4月20日国共谈判破裂，18时解放军第三野战军的7、9兵团组成中集团军率先发起渡江作战，渡江战役正式展开。当晚，英国海军由香港驶来的“伦敦”号重巡洋舰与驻上海的“黑天鹅”号护卫舰与受伤的“伴侣”号会合。英国海军远东舰队副司令亚历山大·梅登中将决定率领“伦敦”号与“黑天鹅”号接应“紫石英”号冲出解放军控制区。在解放军开始渡江战役的同时，引发军事冲突双方尚未展开交涉予以平息的敏感时刻，这一行动显然是一种挑衅行为。

4月21日晨，“伦敦”号与“黑天鹅”号由江阴向上游行驶，8时到达七圩港江面抛锚停泊。这里是解放军第三野战军10兵团23军渡江作战区域，部署了炮兵第6团，两个炮兵连执行封锁长江水面的任务，共八门榴弹炮。解放军发现两艘英国军舰后逐级上报请示，英国军舰也用广播表明无意与解放军为敌。由于英国军舰邻近23军渡江的航道上，在等待上级命令的同时，10兵团司令叶飞与23军军长陶勇决定先警告其离开，按照之前新华社的公告发射三发黄色信号弹表示最后警告，英舰开始起锚起航，在未接到上级命令的情况下，炮兵6团1营3连的2炮长梁学成眼看英舰驶离下令开火，英舰随即开火还击。解放军部署在江堤上的火炮阵地很隐蔽，对长江江面上的军舰可以进行直瞄射击，而英舰认为解放军炮兵阵地在江堤后面，所有炮弹都打到江堤后面，在江堤后准备渡江的步兵遭到重大伤亡，第23军第202团团长邓若波身亡。

“伦敦”号与“黑天鹅”号冲过炮兵第6团阵地，进入炮兵第1团负责封锁江面的四门榴弹炮的火力范围，“伦敦”号在炮战中多处中弹，舰桥被击中，舰长负伤。英舰放弃援救“紫石英”号的企图，掉头返航。14时，英舰返回经过炮第 6 团阵地，双方再次发生激烈的炮战。“伦敦”号与“黑天鹅”号脱离解放军炮兵火力范围后会合“伴侣”号返回上海。“伦敦”号 15 人阵亡，13 人受伤；“黑天鹅”号 7 人受伤。解放军方面伤亡 252 人。在“紫石英”号事件中，这次炮战是规模、影响最大的一次。

“紫石英”号事件很快酿成重大外交事件，第二天就上了西方各大报纸的头条。

23 日，毛泽东以中央军委的名义给总前委和粟裕等人发电，指示说：一、英舰事件，现已震动世界各地。英美报纸，均以头条新闻揭载。英国舆论，责备政府为什么向中国内战区域派遣军舰。英共产党报纸要求英国军队退出中国，英自由党报纸亦激烈指摘政府错误，只有保守党报纸认为向中共军队还炮是必要的。英海军部 4 月 21 日发表简单声明，叙述作战经过，仅称受敌对部队攻击，不敢指明中共。英外交部处于狼狈地位，因为英国不承认中共权力地位，不能向中共交涉，国民党无保护能力，亦不能向他交涉。此外，据悉受伤搁浅之“紫石英”号船员，已有 60 余人在镇江登岸，逃往常州。南京英大使馆派出一等秘书爱德华姚德，4 月 21 日夜至浦口，设法找中共联系取得停战，使 20 个受重伤的英国水手，可以得救等情。二、请粟裕、张震加强江阴方面的炮火封锁，一则使国民党军舰不能东逃；二则使可能再来之英舰不能西犯，如敢来犯，则打击之。三、对于营救“紫石英”号之伤员，如爱德华姚德来取联络，不要拒绝，可以给营救的便利。惟须英方承认错误，即不得我方许可，擅自进入人民解放军防区，且与国民党兵舰及南岸陆军勾结一起，向我军进攻，致使我军遭受巨大损失（伤亡 252 人等）。此种与中国人民及人民解放军为敌的行动绝对不能容许，英方必须承认错误并赔偿损失。你们占领镇江后应即将“紫石英”号俘虏，解除其武装，逮捕其人员，但须给予适当的待遇，不要侮辱他们。对其伤员，予以治疗，但不要释放。必须英方派出正式代表和我方代表举行谈判，成立英方承认错误的证明文件之后，方予释放。或者将伤员释放，而将其他人员扣留不放。为适当的办理此项交涉，你们应即准备谈判人员及翻译人员，予以指示，使此次交涉取得胜利。①

交涉谈判期间，新华社发表过评论，各民主党派也纷纷发表声明抗议，解放区的大城市中的工人、学生等纷纷集会，抗议英军暴行。4月30日，毛泽东又起草了谴责英国军舰暴行的声明，以中国人民解放军总部新闻发言人的名义发表。声明指出："英国的军舰和国民党的军舰一道，闯入中国人民解放军的防区，并向人民解放军开炮，致使人民解放军的忠勇战士伤亡二百五十二人之多。英国人跑进中国境内做出这么大的犯罪行为，中国人民解放军有理由要求英国政府承认错误，并执行道歉和赔偿。"②

当时，美国的《纽约先驱论坛报》有一篇评论很有见地，说出了这一外交和军事事件的本质，它写道："这个日子很有可能永垂史册，因为在这天，刚刚学会使用缴获的美式装备的中共炮手轻蔑地把英国皇家海军搁到了一边。这一天标志着已经破产的中国旧政权终于被迫承认自己的无能。而那些把全部希望寄托于这个政权的西方各国政府，不得不承认他们无法挽救这个政权，也不得不承认一支崭新的、性质完全不同的力量已经取得了统治亿万中国人民的权力。这无疑证明旧秩序已经完蛋。无论中国的有产阶级也好，大英帝国也好，或是美国的'门户开放政策'也好，都不足以为中国人民开辟一条解决当代各种错综复杂问题的行得通的途径。"③

7月30日，"紫石英"号灰溜溜地逃走了，100年来给中国人民带来巨大屈辱的列强们的"炮舰外交"也终结了。

第三件事是战士闯入美国大使司徒雷登的住宅，酿成一个不大不小的外

---

① 转引自董晨鹏：《炮打紫石英号——中英长江事件始末》，云南人民出版社2000年版，第222—224页。

②《毛泽东军事文选》第五卷，军事科学出版社、中央文献出版社1993年版，第568页。

③ 贝尔登：《中国震撼世界》，北京出版社1980年版，第570页。

交事件。

解放军占领南京后，大多数的西方国家大使馆不知出于什么目的，都没有撤出南京。对此，中共中央非常慎重。因为当时美国也在观望和试探。周恩来4月17日曾对即将参加新政协的民主人士谈到对美国的态度，他说："美国也不是不要和中国交往，司徒雷登一直到处找我们拉关系"，"美国人是两面做法，想用各种办法来试探，要看看中共动向如何"。中共中央的方针则是"既不断绝，也不急于建立外交关系"，"要按平等原则进行谈判"。[①]

4月25日清晨，三野第25军某营营长和教导员带着几个战士，出于好奇，进入了司徒雷登官邸。司徒雷登回忆："早晨刚过六点半，我从卧室的开门声中惊醒过来。只见几名武装士兵走了过来。我大声呵斥他们，问他们是干什么的。他们退了出去，有一两个士兵还气呼呼地嘀咕了几句。我跳下床，看看究竟是怎么回事。这时，那群大约十到十二名士兵走了回来，他们的发言人十分有礼貌地解释说，他们只是好奇地四处瞧瞧，没有加害人的意思。他问我懂不懂他的话，我说懂。他又重复了他的保证。由于看出我不太友好，所以他就领着其他人出去了。"[②]

4月27日，上海《申报》报道了此事，并说美国政府已训令美国驻南京陆军武官，"向共产党军事当局提出有力之抗议"。

此前一天，毛泽东从广播中得知了这件事，立即给总前委发出了一份措辞严厉的电报："据美国广播称，我人民解放军曾进入南京美大使馆施行室内检查，并宣称，该室器具不久将为人民所有云云。不管此事是否确实，你们均应立即传令全军，凡对外国大使、公使、领事和一切外交机关人员及外国侨民施行室内检查，采取任何行动必须事先报告上级，至少须得到中央局及野战军前委一级的批准，方得实施；凡上述行动未经中央规定者，更须

---

① 《周恩来选集》上，人民出版社1980年版，第322、323页。

② 约翰·司徒雷登：《在华五十年——司徒雷登回忆录》，北京出版社1982年版，第233页。

电告中央请求批准。对待各国驻华大使馆、公使馆、领事馆及其他外交机关，早经规定一律予以保护，非经特许不得施行室内检查。此次南京检查如果属实，应认为为违反纪律行为，迅予查究……南京现为各国大、公使馆驻在地区，我卫戍部队必须特别注意，望刘陈邓饶立即注意此事，亲自掌握外交问题的处理，并督促陈士榘、袁仲贤加强对南京卫戍部队的训练和管理。”①

事件得到淡化处理，部队也受到了一次外交工作的教育。

4月，作为中央人民政府雏形的华北人民政府，继续探索政权建设和社会管理的问题。从4月的《人民日报》上摘录几个新颁布的条例，看看华北人民政府又做了些什么工作。

4月2日，华北对外贸管局规定办法：“已结汇的出入口货物许可证准予申请展期”，并根据外贸企业不同的情况，制定了细则，用以繁荣对外贸易。

4月12日，华北人民政府公布决定：“公房公产统一管理。”同日，华北人民政府通令：“严禁古物图书出口。”通令说：“查我国古物图书在蒋匪统治时代，官商勾结，盗运出口，使我国文化遗产遭受莫大损失。今平津两地已告解放，海陆运输又已畅通；为防止古物图书盗运出口，自命令之日起，凡属于考古学、历史学、古生物学及其他文化有关之古物，并八十年以前之一切图书，均严禁出口，运往国外（经政府特许交换者不在此限）。无论中外人士，违者除没收其物品外，并以盗窃论罪。除分令海关及检查站认真检查执行外，希即遵照并饬属依照执行为要！”

4月21日，华北人民政府成立教科书编审会。华北人民政府为适应工作需要，决定在教育部领导下，成立教科书编审委员会，并聘请叶圣陶为该委

① 转引自马长林：《1949年百年瞬间》，东方出版中心2015年8月第1版，第349—350页。

员会主任，周建人、胡绳为副主任，金灿然为该委员会秘书主任，傅彬然、宋云彬、孙起孟、王子野、孟超、叶蠖生等六人为该委员会委员。

4月26日，华北人民政府公布《公路征收养路费办法》。

在经济管理的顶尖部分，华北人民政府对金融工作也在探索。4月2日，华北人民政府公布《华北区外汇管理暂行办法》，共有18条之多，对外汇用途、兑换办法等都做了规定。第十六条为“凡持有出国证件，因旅费需要外币者，得由中国银行兑给，但须有一定限额”。

4月11日，《人民日报》对石家庄银行业务之一的“活存透支”进行了报道。报道说：“中国人民银行石家庄分行去年各种存放款总额合新币三千九百二十八万七千七百多元，其中活存透支占百分之九十以上，因为这门业务适合于主顾双方对资金的灵活运用，也是银行吸收存款有效方法，所以就成为银行主要业务之一。”报道对该项业务的效果进行了分析：石家庄去年下半年公营企业的存款余额占总存余额百分之九十四点三，私营工商业占百分之三点八，合作社占百分之一点五。放款方面，公营企业放款余额占百分之七十五点二，私营工商业占百分之十五点八，合作社占百分之九。从这个比例中可以看出公营企业的透支数不及存款数多，而私营工商业情形刚刚相反。“这说明（私营工商业）周转得快，灵活。相反的，公营企业却经常有大批闲散资金存在银行里，没有充分发挥经营的力量，这一现象值得注意。”

4月29日，天津成立证券交易所。据新华社报道：“天津市人民银行为有效地管理金融市场，引导游资用于正当途径，顷决定成立天津市证券交易所。原天津证券交易所，已由军管会金融接管处通知其结束清理。其中官股由该处接管，私股发还原主。”

4月的最后一天，毛泽东考虑的已经是中国的经济金融中心——上海了。

这一天，毛泽东为中央军委起草致粟裕、张震并告总前委电：“部署甚妥，如你们能于一星期内完成此项部署并完成对于攻击上海的政治准备工作与军事准备工作，则你们可以立于主动地位。”“总前委除直接领导南京工作外，请迅速抓紧完成占领上海的准备工作，以便在一星期后假如汤恩伯从海上逃跑时，你们能够主动地、有序地接收上海。”[①]

① 中共中央文献研究室编:《毛泽东年谱：一八九三——一九四九》下卷，中央文献出版社 2013 年 12 月第 1 版，第 492—493 页。

第五章

五月。中国最大城市上海被中共收入囊中。怎样管理这个世界级的大城市，管理中国的经济金融中心，将是对中国共产党的一个巨大的考验。三月份七届二中全会提出党的工作重心从农村转移到城市，然而，直到五月份接收和管理上海，才真正标志着中国共产党回到了城市，回到了她出生的地方。

五月

1. 5 月 1 日，蒋介石在京沪杭警备总司令部召集在上海的各中央军事学校以黄埔系为主的毕业学生开谈话会。面对长江防线崩溃、国民党军节节溃败的局面，蒋介石还在给青年学生洗脑。

2. 5 月 10 日，饶漱石就接管上海准备工作的情况给中共中央发了一封电报，谈了机构设置和干部安排。

这一天，陈毅、粟裕、谭震林、张震联名发出《第三野战军淞沪战役作战命令》。

3. 5 月 12 日，上海战役拉开序幕。

4. 5 月 16 日，中共中央又公布了“关于城市纪律的指示”。同时，华东局还公布了“关于外交纪律的七项规定”。

5. 5 月 21 日，粟裕和张震上报了总攻上海的作战部署

6. 5 月 27 日，上海解放。

7. 5 月 28 日，上海市人民政府宣告成立。陈毅任市长，曾山、潘汉年、韦悫为副市长。

5 月 28 日，中共上海市委机关报《解放日报》按计划创刊，当天发行了 14 万份。

8. 5 月 31 日，中央发出了《中国人民革命军事委员会关于建立中央财政经济机构大纲（草案）》。

上海确实太重要了。

上海当时是中国和亚洲最大的口岸城市和金融中心，有人口 620 万，各种工厂 1.2 万家。中国近代工业的精华主要集中在这里，其工业产值和贸易都占了中国的一半。上海还有许多外国侨民和外商企业，因此，解放上海对最后摧毁国民党的经济基础，日后新的共和国的经济建设，都至关重要。

毛泽东在琢磨着上海，蒋介石也惦记着上海。

5 月 1 日，蒋介石在京沪杭警备总司令部召集在上海的各中央军事学校以黄埔系为主的毕业学生开谈话会。面对长江防线崩溃、国民党军节节溃败的局面，蒋介石还在给青年学生洗脑："党国成败在此一举，黄埔学生必须以全力应付民族危难。"军事实力没有了，只有画饼，一是画出一个子虚乌有的二线兵团，二是寄希望于第三次世界大战。他连续三次召见了上海守军团以上军官，给他们训话和打气，要求他们坚守上海，等待第三次世界大战的爆发。他说："目前盟国美国要求我们给他一个准备时间，这个时间也不会太长，只希望我们在远东战场打一年。因此，我要求你们在上海打 6 个月，只要你们坚守上海 6 个月，我们的二线兵团就建成了，就可以把你们换下去休息。上海是国际都市，影响非常大，位置非常重要，国际自由人士是不会不管的。只要他们援助我们，那么，第三次世界大战就会发生，那将是最终埋葬共产主义的最后一仗！"他还表示：我要留在上海指挥作战，"要和上海共存亡"。[①] 为了守住上海，国民党军也是花了血本。

首先，是灌输必胜的信念。汤恩伯在战前开办了"高级人员作战训练班"，他亲自担任主任。除了蒋介石的几次灌迷魂汤外，伪代总统李宗仁也认为守住上海大有希望。他在作战训练班上说："守上海与抗日战争比较，优势在我们这一边。"理由是：八一三战争爆发后，日本恃海、空军优势，倾

① 转引自马长林：《1949 年百年瞬间》，东方出版中心 2015 年 8 月第 1 版，第 309 页。

其全力想在很短时间内占领上海，结果上海守了3个月，日本损兵折将，没有达到目的。今天我们有海、空军，共产党没有，从这个事实看来，要在上海守6个月到1年是不成问题的。另外他还谈到："还有一个有利条件，共军官兵都是北方人，他们不适应在江南地区长久作战，在生活上水土不服，等于我们北伐时两广的官兵到北方作战的情形一样。"[①] 这样诋毁共产党、宣称可以取胜的精神洗脑，除了蒋介石、李宗仁讲话外，还请了胡适、陶希圣、谷正纲等人。

其次，动用蒋介石最后的老本——嫡系重兵把守。守军总指挥官汤恩伯，是蒋介石最信任的嫡系之一。汤恩伯参加过北伐战争，1928年任中央陆军军官学校军事教官，在校期间著《步兵中队（连）教练之研究》，博得蒋介石赏识。1931年起，任第2师师长、第13军军长、军团长等职，成为蒋介石的嫡系。1946年任首都卫戍司令、陆军副总司令。1949年蒋介石下野后，力荐汤出任京沪杭警备司令，当时的代总统李宗仁怀疑他的能力，在其回忆录里说："汤恩伯当一师长已嫌过分，你（蒋介石）竟还把这种人引为心腹。"但是，蒋介石转移上海和江浙财富的勾当，只有汤这样的心腹才可以完成。

为了守住上海，国民党在上海设置了三个作战指挥机构：一个是京沪杭警备总司令部，于1949年3月由南京迁至上海，汤恩伯任总司令，石觉任副总司令。任务是直接指挥淞沪防务。4月下旬又另设淞沪防卫司令部，由石觉兼司令，任务是指挥各军作战。还有一个原淞沪警备司令部，陈大庆任司令，负责指挥宪兵、警察、交警总队担任"肃奸、肃反、维护市内秩序和治安"。当时国民党在上海的守备兵力有原驻上海的第37、第52、第75军，交警7个总队，保警2个总队，宪兵1个团，装甲兵3个团，炮兵7个团，辎重兵2个团，通信兵2个团，工兵2个团；另从江阴东西地段江防逃至上海的第21、第123、第51（被歼后重新拼凑的）、第54军和第99师，以及

①《上海战役》，学林出版社1989年版，第257页。

从浙东调至上海的第12军。此外，国民党海军第一军区，有各种舰艇30余艘，驻上海空军4个大队，有飞机130余架。以上兵力共8个军，25个师，对外号称30万，实际有20余万人。

第三，用“监军”“连坐”办法绑架官兵送命。鉴于国民党军队阵前倒戈、火线起义的事件层出不穷，汤恩伯在蒋介石原来设立的“督战组”“总统特派战地视察组”“国防部视察组”之外，又派警备总部的一些高级参谋分驻各军、师。另外，还由毛森派出大批军统特务以政工员的名义或其他办法打入各军、师，对成分复杂的部队尤为注意，严密监视，严防起义事件发生。

为了加强对部队的控制，让官兵最后为蒋家王朝卖一次命，汤恩伯除了下令重新颁布蒋介石制定的《官兵连坐法》《士兵联保切结办法》《保密法》《防谍法》等外，还新制定了杀气腾腾的“战令”10条，也被称为“十杀令”。其内容：一、违抗命令、临阵退缩者杀；二、意志不坚、通敌卖国者杀；三、未经许可、擅离职守者杀；四、放弃阵地、不能收复者杀；五、造谣惑众、扰乱军心者杀；六、不重保密、泄漏军机者杀；七、坐观战败、不相救援者杀；八、贻误通讯、致失联络者杀；九、不爱惜武器弹药及克扣军饷者杀；十、破坏军纪及懈怠疏漏者杀。

第四，除了高压还有“怀柔”，汤恩伯同时还玩弄了“英雄馆”“黑官晋实”“军妓馆”等流氓手段的“怀柔”把戏。所谓“黑官”是国民党军队中特有的一个现象，即某人由所在部队长官私自委任某一职务，但上级长官并不承认也未予以正式批准，即现在所说的“地方粮票”。蒋介石在召集上海守军团以上军官训话时就许诺说：“我知道你们当中还有些人觉得自己是黑官，不安心工作。我现在宣布，你们谁也不是黑官，今后也不会叫你们当黑官，你们现在是什么官职，等这次仗打完了都一律晋实，打得好有功的还要升级。我负责指示国防部这样办，你们尽可以安心打仗，毋须再顾虑。”为了激励士气，汤恩伯还在国际饭店设立了一个所谓的“英雄馆”，规定各部队作战有功的官兵都可以送入“英雄馆”内，让他们尽情地吃喝玩乐。在设立“英雄馆”的同时，汤恩伯还指示淞沪警备司令部副参谋长兼上海市民政局局长陶一珊，把上海所有的妓女、舞女都集中起来，在3个守备区内分别设立3个军妓营，供官兵们发泄兽欲。

第五，构筑三层永久性防御工事，把每座建筑物都变成火力点。外围是两层：

以南翔、华漕、七宝、华泾之线为浦西外围阵地，以川沙至北蔡为浦东外围阵地，以吴淞以西的狮子林向南经月浦、杨行、大场、真如、虹桥、龙华至黄浦江为浦西主阵地，以高桥向南经高行、洋泾、塘桥之线为浦东主阵地。在外围主阵地，前沿一带一般距离市区3公里至6公里，在纵深内密布子母碉堡群，每个碉堡至少半个班或一个班，有的为永久性的，有的为半永久性的，各主要碉堡群之间有交通壕连接；另外，主阵地纵深内所有车站、飞机场、学校、工厂等重要处所及坚固建筑物，均构成抵抗据点。在市区的核心阵地，是利用高大坚固的建筑结合街道碉堡工事分别构成抵抗据点，当时选定的计有苏州河南的国际饭店、汇丰银行、海关大楼、永安公司、大新公司、梅白克路天主教堂、巴克公寓、兰心大剧院、贝当公寓、市府大楼、十六铺德国仓库、百乐门舞台、皇后大戏院、大沪饭店、哈同公寓、苏州河北的百老汇、北站大楼、国防医院、原警备司令部大厦、邮政工人公寓、大陆银行、四行仓库、提篮桥监狱等32处，并以国际饭店和百老汇分别作为苏州河南北两个指挥中心。

到5月初，国民党军在淞沪地区建成了长约80公里、纵深约8至15公里的防御体系，有钢筋水泥碉堡4200个，1万多个野战卫星工事。另外囤储了大量弹药。各部队除按5个基数分发弹药外，补给区另外储备了各型重炮弹5万发，山、野炮弹10万发，八一及八二迫击炮弹500万发，六零迫击炮弹10万发，重机枪子弹500万发，轻机枪子弹1000万发，冲锋枪子弹200万发，枪榴弹50万发，手榴弹50万枚。另外还准备了汽油100万加仑。

第六，固守上海的目的除了等待第三次世界大战外，还有一个最最重要的目的是转移江浙财富到台湾，作为以后东山再起的资本。

在蒋介石下野前，就已经抢运了几百万两的黄金白银至台北、厦门。下野的当天，还下了两道命令，一道给陈诚和吴嵩庆，以预支军费的名义，速将两行金银、美元提出，不得有误[①]；一道手令给中国银行，要求提取“美金一千万，汇交在美国的空军购料委员会主任毛邦初（为蒋介石结发妻毛福梅的族侄），嘱毛将该款以及毛手上的余款悉数自纽约中国银行提出，改以毛氏私人名义存入美国银行”。[②]

上海战役打响后，蒋介石最后要求：5月17日前，提走中央银行所有剩余金银。到第二天，中央银行在给汤恩伯的复电中称，除留下黄金5000两、银元30万元外，“其余黄金198000两、银元120万元，即刻移安全地点（即台湾）”。[③] 余下的这点黄金和银元，也在5月27日上海解放那一刻，被汤恩伯“京沪杭警备司令部”全数提去用作军用。

据原中央银行稽核处长李立侠回忆：“……劫运黄金，前后分了三批。第一批，也是主要的一批，系（1948年）12月1日午夜由上海装运，当时外滩整个戒严……这批总数为2004000余两，由海关缉私舰‘海星号’装载，并由海军总部派‘美盛号’护送，运至基隆登陆。第二批运走572000余两，仍由‘海星号’装载，‘美明号’护送，在厦门登陆。第三批系俞鸿钧辞职后，刘攻芸继任总裁，由汤恩伯直接亲令派人来银行抢走，这时离上海解放已不到十天了。共抢走黄金19.8万两。前后三批，共运走黄金2774000余两。”[④]

---

① 吴兴镛：《黄金档案：国府黄金运台，1949年》，时英出版社2007年版，第51—52页。

② 李宗仁口述、唐德刚撰写：《李宗仁回忆录》下册，广西人民出版社1980年版，第953页。

③ 周宁选编：《1948—1949年中央银行密运黄金去台湾史料》，《民国档案》1989年第2期。

④ 王致冰、庄培昌：《蒋介石集团从上海运走了多少黄金去台湾》，《人民日报》1990年1月8日。

就是因为上海的特殊地位，中共中央也为解放上海做了特别周密的部署。

首先，准备了充足的接收干部。

还是在1949年2月3日，中共中央就军事形势和准备南下干部向华东、中原、华北、东北各局等发出指示："华东、华中调动集中及训练一万五千干部的工作，应立即动手去做"，"东北局应准备一批城市工作干部交华东局，去接收上海，因华东局的干部无接收上海的能力"。[①]

1949年4月24日，即南京解放的第二天，渡江战役总前委、华东局机关和第三野战军指挥部陆续进驻了苏北的丹阳，使丹阳这个京沪线上的小县城一夜之间热闹起来。陈毅是5月3日到达的，随同前来的还有饶漱石、张鼎丞、舒同、粟裕、唐亮、刘晓。5月6日，邓小平由南京来到丹阳。这一天，华东局在丹阳召开了各委、局主要干部会议，到会干部180多人，着重讨论如何接管上海问题。

由各中央局为接收上海准备的各个专业的干部，开始向丹阳集中。其中有各解放区抽调来的有关方面的负责干部，有中央从香港急调来的干部。除中共干部外，还有相当数量的非中共人士和青年知识分子。主要的一支是1949年年初随大军南下的，是由中央华东局党校二部全体学员组成的接管大城市工作队，他们从山东青州出发，沿着刚刚解放的津浦铁路南下，队伍中有许多是20岁左右的知识分子和青年学生，他们一边行军，一边学习中共中央关于接管大城市的政策。革命即将胜利，全国即将解放，年轻人快乐地憧憬着祖国的未来，津浦铁路两侧飘荡着他们自由而快乐的歌声。4月24日，他们随着华东局、华东军区机关和直属部队渡江到了丹阳县城。这支队伍一路上像滚雪球似的往前"滚"，到达丹阳时，人数已达8000人。当时小小的

①《中央关于军事形势和准备南下干部的指示》1949年2月3日，见《从延安到北京——解放战争重大军事文献和研究文章专题选集》，中央文献出版社1993年版，第478页。

丹阳，集结了一大批在财经、工商、金融、政法、文教等各方面学有专长的人才。

其次，进城前组建完整的接收机构。

5 月 10 日，饶漱石就接管上海准备工作的情况给中共中央发了一封电报，谈了机构设置和干部安排。

上海市军管会以陈毅为主任，粟裕为副主任。在上海市军管会下规定直辖下列各部、各委、各处：（1）财经接管委员会，以曾山为主任，许涤新、刘少文为副主任，下辖财政、金融、贸易、工商管理、轻工业、重工业、农林、铁路、电讯、邮政、工务、航运、公用、卫生及敌产调查管理等十五处；（2）文化教育管理委员会，陈（毅）兼主任，以范长江、唐守愚、（戴）白韬为副主任，下辖高等教育部、市政教育部、文艺工作部、新闻出版部等四部；（3）军事接管委员会，以粟裕兼主任，唐亮为副主任，下辖军事部（接管陆军及机械兵种有关物资）、政工部、后勤部、海军部、空军部、训练部等六部；（4）上海市政府以陈毅为市长，曾山、潘汉年、韦悫为副市长，下辖民政、财政、教育、工商、地政、工务、公用、劳工、卫生、公安等十个局及外侨管理处与秘书处，市政府各局由军管会有关部门统一接管，并合并办公；（5）警备司令部，以宋时轮为司令，郭化若为政委，并拟五个军担任上海市的警备任务，计三个军任市区警备、两个军任吴淞、江湾及郊区警备工作；（6）煤粮供应运输部，以傅秋涛、曹荻秋负责；（7）公共房屋管理委员会，以陈毅兼主任，各主要单位的秘书长、参谋长为委员，管理房屋及汽车的分配；（8）秘书处，以潘汉年兼秘书长，周林、沙千里为副秘书长。

5 月 20 日，中共中央复电基本同意华东局的方案。电报说："来电第二项关于上海建立的机构配备干部问题，我们同意，……军事接管委员会应改为军政接管委员会，因上海与平津相同，除上海市政府范围由市政府系统所属接管单位分别接管外，尚有国民党中央政府直属各机构，军政接管委员会下亦应增加接管国民政府的各部门。关于各机构的干部配备，财经接管委员会同意以曾山为主任，许涤新、刘少文为副主任，但必须吸收一部分产业界民主人士及职工中有威望的领袖参加工作。文教接管委员会规模太大，应由陈毅兼主任，夏衍、钱俊瑞（六月下旬可去上海）、范长江、唐守愚、戴白韬为副主任，分担各部工作同时亦必须吸收一部分党外文化工作者参加接管。”①

进城前，还印制了上海军管会第一号命令以及接管工作所需要的印信、封条、公文用笺等，制作了军管会人员的胸章、臂章和上海军管会及各部门的印章。在丹阳还组成了拟在上海创刊发行的《解放日报》的编辑班子，具体规划了办报方针、内容、版式，写好了发刊词，准备了接管上海后第一天的报纸版面的设想和部分稿件。所以，上海市 27 日解放，28 日《解放日报》就出报了。

第三，再三整肃部队进城纪律。

1949 年 4 月 25 日，人民解放军占领南京后，随即公布了《约法八章》，告知天下，并“愿与我全体人民共同遵守之”。

5 月 16 日，上海战役刚开始，中共中央又公布了“关于城市纪律的指示”，主要内容如下②：

> 进入江南各省诸城市时，一切入城部队和接管城市的人员，须仿照我军进入平、津的榜样，切实遵守人民解放军三大纪律、八项注意、约法八章与入城守则，严格保护一切原封不动，以等候接收，力戒进入锦、沈时的不守纪律、乱抓物资等不良现象。兹根据中央军委有关城市政策各项指示，规定下列各项，作为我军入城必须遵守的纪

① 中共上海市委党史研究室编：《接管上海》上卷，中国广播电视出版社 1993 年 2 月版，第 50—53 页。

② 同上书，第 16—17 页。

律，盼各部在所属指战员中事先进行教育，入城后须切实执行。

一、凡市内卫戍机关军风纪、交通规则、娱乐场所规则及公众卫生等，军队人员必须共同遵守，并服从当地军事管制委员会、警备司令部及公安局之指挥，不得借口隶属关系不同，而有丝毫违抗。

二、保护城市人民生命、财产不许侵犯，除现行犯外（例如抢劫、防火、行凶等），各机关不得擅自捕人。

三、保护外侨（包括领事馆）不加侮辱，凡遵守人民政府法令与安分守己之外国侨民，一律予以保护并尊重其人格，以礼貌待之；其有违法或破坏行为者，报告上级及军事管制委员会处理，不得自行处理，一切有关外侨事务不论大小，均由最高机关办理，各部无权处理。没有命令，不得进入外侨住宅，不准住外侨的房屋或教堂、学校，对外侨与外侨住宅无命令时，不得施行室内检查与人身检查。

四、我军各部人员，不得接见中外新闻记者，对新闻记者发表谈话。

五、军人进入戏院、电影院、理发店、澡堂看戏、看电影、理发、洗澡及进入公共娱乐场所游览，及乘坐电车、公共汽车者，均须照章买票，照章付钱，不得要求免票或半票付钱。

六、不经上级许可，不得接收人民的慰劳，对各阶层人士给军队个别人员送礼和被邀请吃饭赴宴者，尤须除绝。

七、军队在城市特别在大城市、中等城市驻扎时不得借住或租住民房，免引起城市居民的不便和不利，而应驻扎在兵营、公共机关、庙宇、祠堂、公所、会馆等公共房屋建筑，其家具设备（电灯、自来水、玻璃窗、抽水马桶等）必须爱护，不得移走、拆毁与破坏。

八、军队之骡马大车不得入城，必须入城者，可在将所运物资、弹药、粮食等装卸后，即应出城，在城郊外择地关喂，禁止在市区内关喂，禁止在市区内树上拴牲口，以保护树木不让牲口啃树。必须驻城市的应以师或团为单位，在市外组织马场喂养。

九、不准乱放枪，如需举行军事演习或试枪者，须经警备司令部批准，事先通知在城郊空旷地举行。

十、组织营房的文娱活动，不准上街乱跑，严格执行请假制度。

十一、整顿军容，提倡礼节。

十二、部队担任警戒，对职务须认真执行，但对群众态度须好，不可蛮横无礼貌。

同时，华东局还公布了“关于外交纪律的七项规定”。

虽然部队的纪律教育一直在进行，但丹阳这个总部机关所在地还是出现了一些让陈毅恼火的问题。陈毅说，他在光明大戏院遇到过几个穿军服的军人不买票强闯戏院，要求白看《白毛女》；还有就是大街上闲逛的军人太多，“这证明我们的请假制度并未执行……在此系准备、休息，到上海，上街不请假，这种情形不搞好，到上海一定要天下大乱”；还有随便拿老百姓灯泡的，虽然后来送还了，但“这是破坏纪律的事”；还有随便拦截汽车的，很多是伤员，他们说汽车是他们打下来的，陈毅说：“这是流氓习气。”

5月10日，陈毅军容整肃，打着绑腿，在丹阳城南山外大王庙（现城南小学）的空场上，向正在集训的几百名接管干部就遇到的几种现象，重申了纪律。他说：“我们野战军的‘野’，在城市不能‘野’的。在城市不能采取火线上对敌人的态度，老一套是危险的。……入城纪律是入城政策的前奏，是见面礼。入城纪律搞不好，入城政策要走弯路。入城纪律是入城政策的开始。入城纪律搞不好，会造成损失，今后要费大工夫，甚至还很难挽回。上海人一定把解放军看作‘天神’，看作毛泽东、朱德，把我们当圣人、救星。但假若把我们看作‘剩人’‘庸人’，就糟糕了。人民对我们抱着很大的希望和要求，入城纪律就是要给人不失望，满足人家的要求。”

上海人民对人民解放军的第一印象，就是第二天清晨起床，看见满大街都是露宿街头的战士，没有一个家庭受到打扰，美好印象油然而生。

第四，广泛收集资料，全面熟悉市情。

这个方面下足了功夫。以前没有一个城市做到这样，足以证明中央和毛泽东对解放和接管上海市的重视。

早在 1948 年冬天，淮海战役捷报频传时，华东局社会部就开始把两淮地区和江南沪宁一带敌情调查工作列入议事日程。1949 年 1 月中旬，淮海战役一结束，中共中央即指示华东局社会部，配合解放、接管江南城市，做好江南城市的调查和材料工作，并附发了《京（指南京）沪调查提纲》，2 月，华东局社会部决定由副部长扬帆调集情报、材料干部 60 余人，先行南下。他们一行人是 14 日从华东局社会部所在地——山东青州出发的，下旬到达的淮阴，驻扎在苏北淮阴郊区的许庄、徐家庄、小曹庄一带的农村。具体负责人是调研科科长钟望阳，所有人员编成 3 个组，分别是上海组、南京组和特字号组（专门负责沪宁一带国民党特务机关的材料），其中李蒲军任上海组组长。

上海组人员最多，是最大的一个组。为了充实力量，扬帆又从在上海暴露身份后撤到苏北的地下党干部中抽调了相当一部分到调研科。他们收集了所有关于上海的年鉴，济南战役、淮海战役中缴获的国民党档案，上海地下党通过秘密途径得到的第一手国民党内部情报，从上海方面派来的人报告的情况，平、津、沪等地介绍上海情况的出版物。经过一个多月，每天 14 个小时以上的艰辛工作，终于将这些材料分门别类整理出来，形成了 30 卷、百余万字的材料。出版印刷工作也随即展开，扬帆派出干部携带原稿，分赴徐州、淮阴等地，在半个月左右的时间内，赶印装订成册。这套材料，封面署名“江南问题研究会”编。材料印成后，分发给接管上海的负责各系统的干部和部队军以上的领导干部。

这 30 卷珍贵的调查资料收集了国民党中央各部委驻沪机构和上海市驻军、政府机关，经济、文化、宗教团体和外国驻沪机构的地址、电话、组织机构的变化发展，以及官员，包括蒋介石、李宗仁、宋子文、孔祥熙、张群等国民党要员的公馆地址和电话号码。其中《上海蒋匪军事机关》一册，囊括了京沪杭警备司令部、淞沪警备司令部、陆海空驻沪司令部、吴淞要塞，国民党军事委员会、军政部、国防部等驻沪机构，淄汽、高炮、装甲、工兵、战车、通信兵在沪驻军，驻沪宪兵（包括军警宪联合机构、检查站、纠察大队等）、驻沪后勤机构、兵役机构、军事学校的训练班，上海各军队医疗机构以及军事系统的工厂和仓库的地址、电话、军官姓名、编制人数、装备等，一应俱全。在介绍金融系统的几个分册中，可以详细到数百名股票经纪人的姓名、地址、电话，还有抗战胜利后股票行情的数据。

这些材料下发后，立即成为各口接管干部的必读“文件”。一位粮食口的接管干部看了材料后说：“我们从农村来，从未到过上海，对上海一无所知，有了这些材料，接管工作就有了依据。”参加过接管警察系统的几位在苏、鲁、豫工作的干部，原先对上海十分陌生，拿到上海警察局的材料后，很快就熟悉了这个复杂系统的网络，后来又在上海警察局地下党的配合下，不到一星期就完成了对警察局的接管。陈毅在丹阳看到这些材料后，相当满意，一天他见到华东局社会部副部长梁国斌，高兴地说：“这些材料为上海接管工作立了一个大功！”①

第五，物资准备和恢复生产的准备。

为保证顺利接管上海和尽快恢复生产，中共中央向上海紧急调来“两白一黑”（大米、棉花、煤炭）。除供给部队所需外，华东支前委员会还准备了供应上海市民的粮食 1.44 亿斤，食油 700 万斤。首批 2000 万斤粮食拟由裕溪口、南京、镇江船运至上海，以保证上海市粮食的供应。为保证燃料的供应，计划从淮南煤矿、贾汪煤矿等处向上海运送煤炭，并大力抢修京沪铁路，保障运输。为了保证上海市这个中国最大的工商业城市在解放后的市场和经济运转，中央专门调集了东北、华北和华东印钞厂，赶印了 4 亿元新版

① 转引自马长林著：《1949 年百年瞬间》，东方出版中心 2015 年 8 月第 1 版，第 303—304 页。

人民币。这套钞票共有 12 种面额：壹元、伍元、拾元、贰拾元、壹佰元、贰佰元、伍佰元、壹仟元不等，由刚成立不久的中国人民银行（1948 年 12 月 1 日，原华北银行、北海银行、西北农民银行合并而成）发行。币面上的图案有工业、农业、牧业、交通、水利、人物、风景。纸面上的“中国人民银行”6 个字是由当时担任华北人民政府主席并主持中共中央财经工作的董必武题写的，字体为标准的柳体。

这些人民币既是为稳定金融市场，也是为恢复和发展生产。5 月 23 日，主持中央财经工作的陈云就致信周恩来，说：今天与董老谈，他同意在中原、江苏等地购买三万吨棉花，以维持上海纺织业开工。为此需多发人民币四五亿元。多发行货币可能导致苏、鄂物价一时之波动，但与上海纺织业能开工相比，利大弊小。因购棉款散于两省许多县，并不集中；又估计有了棉花，即可以用纱布在市面回笼货币，所以不必怕物价波动而太约束自己。①

这批人民币因为铁路车皮太紧张，最后是用 40 辆美国道奇卡车运往上海的。

上海战役战前的接管准备，确实是最充分的。发起进攻前的军事部署，也做了周密的计算。

首先，要预防美国的军事干涉。

已经成为孤岛的上海，完全处于人民解放军的包围之中，解放上海只是时间问题。但是，这不是一个普通的城市，而是一个国际化大都市，是亚洲金融中心。解放军面临的一个实际问题就是，上海战役会不会引起美国的军事干涉。

上海这个“冒险家的乐园”，是帝国主义列强侵略中国的大本营，也是他们主要的财富所在地。还是在渡江战役之前，司徒雷登就来到上海，会晤了

---

①《共和国日记》，中央文献出版社、当代中国出版社 2013 年 3 月第 1 版，第 144 页。

“海上闻人”杜月笙、上海市议会议长潘公展，希望由这些社会“名流”出面，在上海发起一个所谓的“自救救国运动”。杜、潘二人在中汇大楼宴请美英巨商和上海“各界领袖”，征集意见，随后成立了“上海各界自救救国联合会”，并试图在上海成立10万人的“上海地方自卫队”，搞所谓的上海“国际化”运动，使上海成为一个“不设防”城市，既不要国民党的武装也不要共产党的武装，地方秩序暂由外国军队“维持”。美国在上海的新闻喉舌《大美晚报》以“国际化的上海”为题，试探人民的意向。

所谓“自救救国”就是一个幌子，其真实意图就是想让美国等西方列强进行干预。

蒋介石也打着这个主意。他跑到上海去给国民党守军打气，就是强调“上海是国际都市，影响非常大，位置非常重要，国际自由人士是不会不管的”。要求守军坚持6个月或1年，“只要他们援助我们，那么，第三次世界大战就会发生”。

警惕美国等列强武装干涉，但不是惧怕他们。还是在渡江战役前，陈毅就在三野的一次会议上说：“要警惕美国人干涉，可是我们决不向它示弱。要打就打，没什么了不起！”就在陈毅一行游览总统府的当日，中央军委电告：昨日泊于上海的几艘美舰及海军陆战队已撤至吴淞口外，两艘英舰也随之撤出。当然，这并不能排除解放上海的作战发生僵持时美军介入的可能。所以作战本身要力求势如破竹。[①]

不怕是态度，精心准备是实力。本来只用三野一个野战军就足以解决上海，但是，二野作为预防美军干预的预备队，也从侧翼保护的角度参加了战役。在三野进军宁、沪、杭的同时，二野奉命在渡江后直插浙赣铁路，军事目的就是把国民党军在华东的汤恩伯集团与在华中的白崇禧集团隔开，向西可以攻击白崇禧集团，向东则可以作为三野的预备队，随时准备对付美军的

---

①《陈毅传》，当代中国出版社2006年版，第248页。

登陆。这样的部署，确实保证了万无一失。

上海的解放做到了势如破竹，但是，威胁并没有解除。5 月 28 日，上海解放第二天，毛泽东还为中央军委起草了一封给四个野战军首长的电报，电报抬头点了彭德怀、贺龙、刘伯承、邓小平、陈毅、饶漱石、粟裕、林彪、罗荣桓的名字，指出："近日各帝国主义国家有联合干涉革命的某些象征。例如美国正在和英、法等十二国会商统一对华政策，青岛增加了美国军舰，留在南京的各国大使准备撤走，英国在香港增兵，广州国民党亦有某些高兴表示等事，可以看出这种象征，将来是否会演成干涉的事实，目前还不能断定。但我们应当预筹对策，以期有备无患。""对策的主要方面是，我们各路野战军，按照预定计划前进，歼灭国民党残余力量，使各国帝国主义在中国大陆完全丧失他们的走狗。第二方面是力求经济上的自给自足，准备着海上被封锁时，我们仍然有办法。在这方面团结民族资产阶级及知识分子站在我方面，极为重要。第三方面是在华北、华东部署充分兵力，以防美国海军协同国民党海陆军，向我后方的袭击和扰乱。"[①]

上海战役第二个重要准备是不能破坏城市，要接收一个完整的上海。为此，上海地下党做了很多的工作。

首先，是组织工人、学生护厂护校。

还是在 1949 年 1 月底，中共中央就指示上海地下党：发动群众，反对国民党破坏，保护工厂、机关和学校。南京解放后，上海的解放指日可待，国民党政府把搬迁、破坏的重点放在军事工业、官僚资本企业和大型的民族资本家企业。中共上海局及时提出："要保存国家元气，给人民留生路，在'反破坏、反出卖、反屠杀'的基本口号下，发动广大群众进行反遣返、反迁

① 中共中央文献研究室编：《毛泽东年谱：一八九三——一九四九》下卷，中央文献出版社 2013 年 12 月第 1 版，第 511—512 页。

移、反裁员、保厂、保校、保业、保命等具体斗争。”各基层党组织从维护群众自身利益的角度，提出了“机器是工人的命根子”“保住工厂就保住饭碗”等口号，发动群众开展护厂、护校斗争。

为此，上海市委还对全市地下党组织进行了调整，把原来按产业划分的党委改为按地区划分，成立沪东、沪西、沪南、沪北、沪中、新静长（新成、静安、长宁）、北郊、徐龙（徐汇、龙华）、浦东9个党的地区委员会，下面按国民党政府的行政区划和产业系统设立党的分区委和产业分区委。在调整的同时，积极发展新党员。至上海解放前夕，市区共有地下党员8665人，上海局外县工委领导下的郊县地下党员约800人。

举一个江南造船所的例子。这是当时全国最大的造船厂，又是直属国民党海军的一个兵工厂，国民党企图将大批贵重器材劫运到台湾去，并准备炸毁不能搬走的船坞、厂房等。国民党海军司令桂永清派遣一批海军陆战队来到厂里，指令：“不给共产党留一斤铁，要把造船厂地基翻转过来”，强迫工人“起拆机器，装箱运台”。但在中共地下党员组织的领导下，江南造船所的工人们和这些海军陆战队员玩起了偷梁换柱的游戏，精密机床被他们拆散后化整为零不知去向，百余台电焊机也突然失踪，而那些贴着“贵重机器，小心轻放”字样运往台湾的大木箱里，装的却是些报废的机床、扳头、榔头、钳子甚至石块、碎砖。当时厂里建造的第一艘全电焊船“伯先”号，正在装机试车，劫厂人员催着要启动，准备装运人员和物资开往台湾，地下党员孙增善动员一名青工在安装主机时不装活塞，致使“伯先”号在试车时螺旋桨转动不了。劫厂人员强令把“伯先”号拖走，结果未出吴淞口，就遭到解放军炮火的阻击，被拦截了下来。由于工人们的保护，江南造船所至关重要的总装车间、氧气车间以及三座船坞基本无损。此外，工人们还保护了26000余张珍贵的图纸，这些都为新中国海军和造船事业的发展奠定了基础。在英联船厂，厂里的职工在地下党组织领导下，不但保护了工厂，还劝降了驻厂的国民党第202师第606团一个团和一个军需营共两三千人，缴获了一批枪炮弹药。

这样的例子非常多。

再有，是组织市民保护自己的城市。

在迎接上海解放的过程中，上海地下党组织还建立了“人民保安队”，对整个城市的保护和秩序的维护，起到了很大的作用。到上海解放前夕，人民保安队队员已达6万余人。5月24日晚上，他们接到地下党组织发布的紧急动员通知：全体出动，按照预定计划坚守岗位，准备迎接入城的部队。所以当解放军一进城，人民保安队已遍布市区的大街小巷。

这些护厂、护校运动和人民保安队的护城运动，使解放军在攻占上海期间，城市的破坏降到了最低的程度。市区绝大多数工厂照常生产，城市的自来水、电力、煤气照常供应。即使在敌我双方隔着苏州河相持的那段时间，苏州河南北两岸之间的电话仍然可以通话，进入市区的解放军在明亮的路灯照耀下搜索敌人。在解放军进入市区追击敌人时，附近的群众不管子弹还在呼啸，情不自禁地一拥而出，欢迎解放军的到来。当战事刚刚移向苏州河北岸时，苏州河南岸的南京路上立刻出现狂欢的人群，庆祝上海的解放。人们很难相信，这是一座刚刚经受过激烈战斗的大城市。

对这样一个局面，三野10兵团司令员叶飞在回忆录里写道：

上海战役有个很明显的特点，社会秩序迅速恢复。近处还有枪声，青年男女就站在马路旁观战了，也有人送茶送水了。特别是戴着红袖章的人民保安队员，报告敌情，做向导带路，帮助运伤员，协助捕俘和清查缴获物资……上海能够被完整接管，因素很多，而其中最重要的是上海地下党为此做了十分艰巨的工作……

我军进入上海市区，就有戴着红臂章的人民保安队来取得联系，协助我们维持地方秩序，瓦解敌军，收缴零散敌军武器。而且由于他们的协助，人民群众靠拢我们，解决了当时军民语言上的隔阂。

> 我兵团三十一军攻打高桥，高桥化工厂能够完整保存下来，是护厂队的功绩。上海电厂是敌人破坏的重要目标，却没有遭到破坏，市区激战几昼夜，始终灯火通明，这对稳定民心起了很大的作用，真堪称奇迹。[①]

准备工作已经充分就绪，中央军委和毛泽东掌握着战争的节奏。

上海已经是孤城，拿下只是时间问题。但是，我们要的是完整的上海。

为了完整拿下上海，和三大战役的关门打狗、力求全歼不同，上海战役的设想最开始时就没有要求全歼汤恩伯集团，甚至想到逼他逃走，想要和平接管上海。

4月6日，打仗胃口特别大的粟裕，在三野部署京沪杭战役的白马庙会议上却说："对上海争取完整接收，宁可让敌逃窜。"[②]

4月27日，毛泽东发电给总前委和粟裕、张震："一、你们不但要部署攻击杭州，而且要准备接管上海，以便在上海敌军假如迅速退走，上海人民要求你们进驻的时候，不致毫无准备，仓猝进去，陷于被动。二、美军驻上海军舰为避免引起纠纷，有于26日午撤退至长江口外传说，是否如此待证。三、如果美舰撤退，杭州又受威胁，国民党在沪军队有迅速撤走可能，加以上海资产阶级不赞成在上海打仗，故上海和平解决之可能性甚大。四、为着多有一些准备时间，不使国民党过早退出上海、我军仓猝进入上海，请粟、张注意不要使我军过于迫近上海。同时，争取在数日完成进驻上海的准备工作，以便在国民党迅速退出上海时，我军亦不至于毫无准备地仓猝进去。"毛泽东强调："何时进驻上海，须得我们批准。"[③]

---

①《叶飞回忆录》，解放军出版社2007年版，第443—445页。

②《粟裕传》，当代中国出版社2007年版，第420页。

③ 中共中央文献研究室编：《毛泽东年谱：一八九三——一九四九》下卷，中央文献出版社2013年12月第1版，第490—491页。

4 月 30 日，总前委在给中央军委的电报中建议部队推迟进驻上海，电报说：“根据南京经验，在我党我军未做适当准备，仓猝进入大城市，必然陷入非常被动地位。就军事上说，杭州、上海很快即可拿下；就政治上说，我们许多重要准备都未做好，加以上海、杭州干部尚在长江北岸，人民币因火车拥挤（据说薛暮桥处很难交涉到车厢）不能及时运到，煤的问题因缺运输工具则更困难，粮食在南京无大问题，估计杭州无多大问题，上海还不知道有无存粮。而在部队本身困难亦多，政策及入城守则尚未深入教育，连续行军作战尚未整理，大批俘虏尚未处理，如不经过十天左右的整训，进城之后一定发生许多问题。”因此建议“尽可能推迟半月到一月入上海为好”。①

毛泽东批准了总前委的请示，在 5 月 3 日晨 2 时给总前委、华东局并粟裕、张震的电报中称：“上海在辰灰（5 月 10 日）以前确定不要去占，以便有十天时间做准备工作。在辰灰以后，则应作两方面的计划：（甲）即去占领上海。这是假定汤恩伯在十天内由海上退走，上海成了无政府状态，迫使你们不得不去占领。你们的准备主要地应放在这点上，否则你们将陷入被动。过去你们在三个月准备渡江期间没有抽出一个月时间，令部队学习政策和接管城市事项，没有做很快占领诸城的精神准备和组织准备，吃了亏。现在只好在十天内补足此种缺点。（乙）拖长时间至半个月或廿天或一个月再去占领。只要汤恩伯不走，就应如此。占领浏河的时间，亦可推迟。我们前已电告你们，何时占领上海，要等候我们的命令，此点请粟、张注意。”②

粟裕针对上海战役设计了三种打法：

第一，围困战法。解放战争后期，解放军对内地的若干城市采用了此种战法。但是上海情况特殊，人口有 600 万，生活资料基本靠外地运入，尤

---

① 《邓小平军事文选》第二卷，军事科学出版社、中央文献出版社 2004 年版，第 194—195 页。

② 上海市档案馆编：《上海解放》上，中国档案出版社 2009 年版，第 82—83 页。

其是粮食和煤炭，所需数量很大。如果选择长期围困，没有粮食、煤炭，没有自来水和生活用电，人民生活将陷入绝境。而敌人有海上通道，是围不死这些随时可以逃跑的敌军的。从战略上考虑，解放军渡江以后，应当迅速推进，早日解放全中国。所以，长期围困的战法似不可行。

第二，选择国民党军防御薄弱的苏州河以南实施突击。这一战法，虽然避开了国民党军设防的重点吴淞，伤亡也可能减少，但主战区将在市区，城市会被打烂。所以，这一战法似乎也是不可取的。

第三，把攻击的重点放在吴淞，钳击吴淞，暂不攻击市区。这样可以封锁国民党军海上退路，并迅速切断国民党军抢运上海物资财富的通道。如果国民党军决意坚守，必将为保护其唯一的海上退路而集中兵力在吴淞周围与解放军决战。如果出现这一情况，就可避免在市区进行大规模的战斗，使城市少受破坏，达到完整接管的目的。吴淞周围是国民党军防御的强点，因此，这种战法，将是一场硬碰硬的艰巨的攻坚战、一场反复的激烈争夺战，解放军必然要付出较大的代价。

粟裕认为，上海战役是我军在战略追击阶段最大的一次城市攻坚战。这次战役不能选择长期围困，人民受不了；不能选择打烂，如果打烂了，对全国经济建设的影响就太大了；还不能打得太慢，一旦僵持了，就会有美帝国主义干涉的可能。所以，他内心里还是倾向第三种战法。

4 月 30 日，中央军委鉴于外国通讯社 4 月 27 日关于汤恩伯又从海上撤走 1 万余人的报道，特给粟裕、张震并总前委来电："如果你们能以一个军从常熟进占浏河威胁吴淞，则敌人不敢再从海上逃走。"[①] 这是第一次与粟裕的第三种战法开始磨合。

5 月 6 日，毛泽东为中央军委起草致粟裕、张震转谭启龙、王建安、吉

---

① 中国人民解放军历史资料丛书编审委员会：《渡江战役》，解放军出版社 1995 年版，第 245 页。

洛并告陈毅、饶漱石、刘伯承、邓小平电，明确了上海战役的打法。电报说：“请粟、张即行部署，于辰灰（5月10日）以后，辰删（5月15日）以前数日内先行占领吴淞、嘉兴两点，封锁吴淞江口及乍浦海口，断绝上海敌人逃路，使上海物资不致大批从海上运走。”“在占领嘉兴以后，应继续占领嘉善、金山、平湖、乍浦、金山卫诸点，但青浦、松江、奉贤等地暂时不要去占。”“谭、王、吉集团在杭州地区休息数日后，应派一个军至两个军，迅速向东，占领杭州、宁波一线及该线以南之奉化、嵊县、新昌、诸暨、义乌等县，然后开展工作。在占领奉化时，要告诫部队，不要破坏蒋介石的住宅、祠堂及其他建筑物。在占领绍兴、宁波等处时，要注意保护宁波帮大中小资本家的房屋财产，以利我们拉住这些资本家在上海和我们合作，或者减少他们的捣乱行为。”“占领吴淞、嘉兴并不放弃推迟攻占上海的计划，何时占领上海，仍须依照我方准备工作完成的程度来作决定，最好再有一个月左右的时间，充分完成准备工作，但是你们仍须准备在不可避免的情况下，早日去占领上海。你们的准备工作，愈快愈好。”“请粟、张预先告诫部队，在占领吴淞时，极力注意避免和外国兵舰发生冲突。”“请刘（伯承）、张（际春）、李（达）注意保护南京的孙中山陵墓，对守陵人员给以照顾。”①

在大战的前夜，毛泽东还在考虑怎么样保护“蒋介石的住宅、祠堂及其他建筑物”，不知道屠杀了毛泽东6位亲属的蒋介石当时看到这封电报会怎么想？

接到毛泽东的电报，粟裕、张震随即做出具体部署，于5月7日巳时（9—11时）上报总前委和中央军委。他们提出，集中第9、第10两个兵团8个军首先扫清上海郊区国民党军据点，然后从两翼迂回钳击吴淞，切断

① 中共中央文献研究室编：《毛泽东年谱：一八九三——一九四九》下卷，中央文献出版社2013年12月第1版，第498—499页。

国民党军的海上通道，阻击国民党军抢运物资或提前逃走。待接管工作准备完成后，如国民党军继续顽抗，即对市区发起总攻，解放上海。为防止国民党军在海上退路被切断后，经南汇、川沙撤退，决定以第 30、第 31 军进入浦东截断国民党军退路。如出现国民党军溃乱或和平解决的情况，即命以第 20、第 26、第 27 军进入市区警戒。中央军委 5 月 8 日复电：同意虞（7 日）巳时电部署，请即照此执行。“和攻占吴淞、嘉兴等处之同时，派足够兵力占领川沙、南汇、奉贤，将敌一切逃路封闭是必要的。”①

5 月 10 日，陈毅、粟裕、谭震林、张震联名发出《第三野战军淞沪战役作战命令》。

5 月 12 日，上海战役拉开序幕。

这一天，第 9、第 10 兵团各军统一发起外围战斗。第 9 兵团第 20 军由军长刘飞、政治委员陈时夫率领，于 12、13、14 日先后攻占了平湖、金山卫、奉贤县南桥镇，歼守敌暂 8 师一部，军部进占嘉兴，全军进至松江东南地区待机。第 30 军在第 20 军之后，于 14 日攻占奉贤旧城和南汇，进逼川沙。第 27 军于 12 日至 14 日进占嘉兴、嘉善、松江、青浦等县城，待命攻击市区。第 10 兵团的 29 军于 12 日占领浏河，歼守军第 52 军一个多营。第 28 军的第 83 师、第 84 师于 12 日、13 日占领太仓、嘉定，共歼守军第 123 军 2000 余人。第 26 军于 12 日占领昆山，14 日占领南翔，追歼守军第 123 军第 182 师一部，俘敌 1000 余人。外围战斗比较顺利，歼敌数千，有些国民党军望风而逃。但是，打到主阵地时，战斗变得十分艰苦。

5 月 15 日这天，国民党中央社发布了一条引人注目的消息，谓据某军事观察家称：国军在上海附近布成无数之袋形阵地，周围均置步、炮、战、辎重兵种，对匪军之楔形攻击、渗透战术，均能发挥极大效力。以 13 日战果

---

① 中共江苏省委党史研究室编：《粟裕年谱》，当代中国出版社 2006 年版，第 462 页。

论，一日之间匪军伤亡六七千人。此尚为一个小袋形之战斗。每日有五个袋形阵地进行战斗，则匪军可每日损失 3 万人。陈毅全力不过 20 个纵队，上海或可成为一次大战中的凡尔登，二次大战中之斯大林格勒。同一天，上海国际饭店内披红挂绿，国民党军在四楼大厅内举行“热烈庆祝国军月浦大捷”的庆功会。汤恩伯在“祝捷”大会上说：“月浦大捷证明，国军在上海修筑的阵地是铜墙铁壁，坚守阵地的部队是国军中最精锐的部队，而共军并非是战无不胜的。第 52 军前方大捷说明，只要我们团结一致，就有信心确保上海安全！”同时，汤恩伯还安排有功人员到复兴岛接受蒋介石接见和照相，并给第 52 军军长刘玉章颁发了青天白日勋章。[①]

这从侧面反映出主阵地战斗的惨烈。第 10 兵团司令员叶飞后来回忆说：“经过十三日晚至十四日拂晓对月浦、杨行的彻夜激战，不但正面攻击受阻，实行侧翼穿插亦不能得手，我军已进入敌人永久性设防的要塞地域，由狮子林、月浦、杨行、刘行到吴淞口距离六七十公里，要在一天之内攻克这一要塞地域到达吴淞口，是完全不可能的。这样，我就决定放弃于十五日到达吴淞口的原定作战部署，决定采用迫近作业攻坚术，逐段、逐点攻击，并将战况和我的部署意见报告野司。”[②]

根据叶飞的报告和建议，5 月 16 日，粟裕、张震指示各兵团，要求改变战术。指示说：敌守备特点，“吴淞、月浦、杨行、刘行、大场线，均为既设阵地、碉堡林立之永久性筑垒地带；部队为沪敌守备之精华，战斗力为蒋军之最强者”，“敌图以地堡群为核心，配以炮兵火力网，实行阵地前面积射击，故我在攻击前与突入后伤亡大，两天来，我歼敌一个营，要付出一千人代价”。粟裕、张震指出：“目前我作战不同于野战，亦不同于一般攻坚战，已为我济南战役后再次之攻坚战。因此，对永久设防阵地攻击，应慎重

---

① 转引自马长林：《1949 年百年瞬间》，东方出版中心 2015 年 8 月第 1 版，第 314—315 页。

②《叶飞回忆录》，解放军出版社 2007 年版，第 442 页。

周密组织。”应该采取的战术是：“对主阵地攻击，应周密侦查，选择敌突出部或接合部与较弱的敌攻击，楔入敌之纵深。尔后由敌侧背，或由内向外打来，撕破敌之防御体系。”“集中兵力（应是小群动作），尤应集中火力与发射筒，轰击一点，以炸药来软化敌钢筋水泥工事，轮番不停地攻击。”“交通壕作业迫近敌人，可采用淮海战役歼灭杜聿明时钳形作业，交替攻击，力求歼敌于阵地内。”“发挥孤单攻击与守备精神，发挥爆破威力，以炸药开辟冲锋道路。”①

实际上攻打月浦一带的战斗一直持续了十几天，几乎是和市区的战斗同时结束的。

为了保住浦东，给自己留一条最后逃跑的通道，汤恩伯将指挥部从国际饭店搬到了高桥，而且，陆续从市区调了 3 个军增援吴淞及高桥，城内的防御不免开始空虚了。

上海战役初期的设想是吸引敌人在郊区作战，尽量保持城市不被破坏。战役的进行开始转入三野的步骤。由于吴淞两侧濒江临海，正面狭窄，河流纵横，兵力展不开，解放军的优势难以发挥出来。并且，每攻克一点，伤亡消耗很大，战役的时间也在拖长。鉴于这些，5 月 18 日辰时，粟裕、张震向中央军委、总前委建议：如对沪攻击已不受时间、地区限制，我们认为应从四面八方向市区发起攻击，北线力求楔入宝淞，而以九兵团主力先解决苏州河南与南市之敌，尔后再去攻击苏州河北。这样进攻，我方楔入敌纵深不致被动，但不知接管准备方面是否已准备完毕。

此前华东局已有电报给中央，说接管上海的各部组织机构已大体建立，“干部对入城纪律教育及一般接管政策与接管经验的学习均将结束”，接管人员“如果情况需要则在辰哿（5 月 20 日）左右可以行动，辰宥（5 月 25 日）

① 中国人民解放军历史资料丛书编审委员会：《渡江战役》，解放军出版社 1995 年版，第 296 页。

左右可以到达上海附近，执行接管任务”。[①]

综合上述情况，5 月 18 日，总前委复电：“进入上海的政治准备业已初步完成，攻击上海时间不受限制。”5 月 19 日，中央军委致电总前委：“在上海已经被我军包围后，攻城时间似不宜拖得太长，你们接收工作已做到何种程度，是否可于辰宥（5 月 25 日）前后开始攻城？攻城时间似应按粟张意见，先歼苏州河南及南市之敌，再歼苏州河北及吴淞之敌，请一并考虑见复。”5 月 20 日，毛泽东致电粟裕等，指示：“据邓饶陈电，接收上海的准备工作业已大体就绪，似此只要军事条件许可，你们即可总攻上海。”“攻击步骤，以先解决上海后解决吴淞为适宜。如吴淞阵地不利攻击，亦可采取攻其可歼之部分，放弃一部分不攻，让其从海上逃走。”[②]

根据中央军委和总前委的指示，粟裕和张震于 5 月 21 日上报了总攻上海的作战部署：第一阶段，全歼浦东地区之敌，控制黄浦江右岸阵地，封锁国民党军的海上逃路。这一任务限于 5 月 25 日之前完成。第二阶段，夺取吴淞、宝山地区之外围碉堡，完成对苏州河北地区国民党军之包围。内定于 5 月 27 日发起攻击。第三阶段，聚歼可能溃缩苏州河以北、吴淞宝山以南、黄浦江左岸、以江湾为中心之敌，达成全部攻略淞沪全区之目的。[③]中央军委 22 日复电指示：“同意马午（21 日午时）电所述攻沪部署，望即照此执行。”

粟裕随即发出《第三野战军淞沪战役攻击命令（京字第四号）》。

在浦东激战过程中，因战场临近黄浦江，江上是否还有美国军舰，美国

---

① 中共上海市委党史研究室、上海市档案馆合编：《接管上海》上卷，中国广播电视出版社 1993 年版，第 52 页。

②《毛泽东军事文集》第五卷，军事科学出版社、中央文献出版社 1993 年版，第 587 页。

③ 中国人民解放军历史资料丛书编审委员会：《渡江战役》，解放军出版社 1989 年版，第 308—309 页。

的态度如何，这是中央十分关注的。根据中央军委不得擅自炮击外国军舰的指示，粟裕、张震在5月15日电告宋时轮、郭化若等：进入浦东后“以炮火封锁江面，但必须有负责干部掌握，不得袭击外国兵舰；如有外舰扰乱，应将舰名号码即告我们，以便转军委听候处理”。[①]

当第30、第31军攻到黄浦江右岸后，新的情况不断发生。5月19日，粟裕、张震致电中央军委说：据第31军报告，18日下午有美国军舰带同国民党轮船六艘等开出吴淞，上面载着敌军。请示今后对何种船只可以进行炮击。第二天，粟裕、张震又致电中央军委和总前委：“据三十军十九日十五时报告，在高桥以西至林家宅沿江之线有敌舰五只（内有二只有外国旗，三只无旗），对我二六九团及二六二团阵地作猛烈的炮火轰击，我之守备阵地大部被其摧毁，以掩护两个团的兵力向我猛烈出击，从今晨至午已达五次之多，被我坚守与反击将其击退，但现仍继续组织，敌我双方伤亡甚大（我之伤亡主要为炮火杀伤）。我因怕打错（因五舰靠在一起，已严令执行不准打），如此对我威胁给阵地坚守增加极大困难，对此事项如何处理，请示。”[②]

毛泽东接到这两封电报后非常气愤，20日就给粟裕、张震回电并告总前委，刘伯承、张际春、李达：“（一）黄浦江是中国内河，任何外国军舰不许进入，有敢进入并自由行动者，均得攻击之；有向我发炮者，必须还击直至击沉击伤或驱逐出境为止。（二）但如有外国军舰在上海停泊未动，并未向我军开炮者，则不要射击。（三）中国及外国轮船为敌军装载军队及物资出入黄浦江者，亦应攻击之。（四）中国及外国轮船在上海停泊未动者，或得我方同意开行者，准其停泊或开行，并予以保护。（五）为了对付外国军舰的干涉，

① 中国人民解放军上海警备区、中共上海市委党史资料征集委员会编：《上海战役》，学林出版社1989年版，第348页。

② 同上书，第366页。

你们应有充分的精神准备与实力准备，即要将外国干涉者的武装力量歼灭或驱逐之，如感兵力或炮火不足应速从他处抽调补足。”[①]

23 日，为了配合三野针对外国军舰的军事部署，毛泽东又电告二野：“二野亦应准备于两个月后以主力或以全军向西进军，经营川、黔、康。二野目前任务是准备协助三野对付可能的美国军事干涉，使美国有所畏，而不敢出兵干涉。”[②]

前方将士接到毛泽东这样的指示，可以想象会是何等的兴奋！他们不用再忍了！

总前委也于 21 日致电粟裕、张震并报军委：“二十日午电悉。沿江敌舰之悬挂外国旗者，多系国民党假冒，同时司徒雷登已向我南京办事处黄华同志作个人负责表示，吴淞口内已无美舰。因此我们认为，应对通过黄浦江之舰批准施行炮火封锁，对炮击我者，更应还击。如军委另有指示，则照军委命令执行。”[③] 遵照中央军委和总前委的指示，31 军等重炮营赶到后，即于 23 日下午在王家湾以西阵地，对高桥东北海面的 10 余艘国民党军舰猛烈轰击，当即击中 7 艘，其余向外海逃窜。从此，再也见不到国民党军舰的踪影了。

5 月 22 日，粟裕、张震接到情报：汤恩伯和陈大庆已将指挥所移至吴淞口外军舰上，苏州河以南敌人正渡河北去，向吴淞收缩，苏州河以南只剩下五个交警总队。根据这一情况，粟裕、张震断定敌人将撤出上海，于是决定当天晚上提前发起总攻，第一阶段与第二阶段计划同时进行。他们再次提醒攻城部队：为了不打烂城市，进入市区作战时，尽可能不使用重炮轰击。

---

① 中共中央文献研究室编：《毛泽东年谱：一八九三——一九四九》下卷，中央文献出版社 2013 年 12 月第 1 版，第 504—505 页。

② 同上书，第 507—508 页。

③ 同上书，第 368 页。

攻入市区的第三野战军部队有 4 个军：第 27 军于 22 日从泗泾镇一带沿青（浦）沪公路向市区挺进，当天占领虹桥机场，24 日占领虹桥镇、龙华镇和龙华机场，进至苏州河以南市区边缘。第 20 军主力于 22 日向浦东市区及其附近地区发起攻击，24 日拂晓占领浦东市区。第 23 军先头部队进至漕河泾、龙华地区。第 26 军自南翔向市区逼近。

最后解决上海战斗的是聂凤智的第 27 军。因为不能使用重武器，最后这点剩余残兵打得还挺艰难。有的官兵甚至激动地质问："是我们战士的鲜血和生命重要，还是官僚资本家的楼房重要？"聂凤智还是从大局的角度平静地劝说官兵："眼前的这些高楼大厦、仓库是资本家的，帝国主义的，但再过几个小时，它们就要回到人民手中。上海将来要在新中国工业化建设中发挥很大的作用，我们一定要保全它！"

聂凤智后来回忆说："25 日拂晓，我军被阻于横穿市区的那条 30 米宽的苏州河的南岸，一直与敌隔岸相持到中午，也没打过河去。……是敌人强大吗？不！对岸的这些敌人，早就是我们手下的残兵败将。是我们的攻坚力量不强吗？不！我们攻克过城高池深的济南，打开过壕宽垒坚的碾庄，涌现出许多像'昌潍连''济南第一团'等等的英雄战斗单位，就是突破长江天堑，也仅仅用了两三个小时。像这样一条苏州河，在通常的战斗情况下，突破它是轻而易举的事情。但在这里，我们不仅要消灭敌人，而且要保全城市。

"为了更确切了解我军前沿部队的作战情况，我和军里的一些同志来到煤气公司附近一个团的指挥阵地上，站在距苏州河不到百十来米的十字路口，对着我们正在攻击的两个桥头，观察了一个多小时。透过弥漫的硝烟可以看到对岸一片高大建筑和工厂厂房的窗洞里，都隐藏着敌人的枪口，不时地闪过敌人活动的影子，向外射出一排排给他们壮胆的子弹，而苏州河南岸我军抢夺桥头所必须穿过的那条柏油马路，正横在敌人的鼻子下面……显然，这一切说明，不用炮火摧毁敌人的火力点，在这样不利的情况下夺取桥头是很困难的。但对岸的人民和那些密集的工厂、楼房住宅，又好像在告诉我们：千万不能用炮火轰击啊！”[①]

27日凌晨，按照汤恩伯的命令，“大公号”轮船弃置留在码头的官兵，驶往定海，这是国民党军撤退时离开上海的最后一艘船只。27日上午，27军攻至上海市区东北角杨树浦，国民党军第21军第230师约8000人还据守在杨树浦发电厂和自来水厂，企图顽抗。这是最后一支国民党部队了，为了不破坏工厂，保证市民的供水供电，聂凤智下令停止攻击，争取政治解决。最后，找到了这个师的副师长许照在陆军大学上学时的老师蒋子英，通过他的劝说，当天下午，据守杨树浦的国民党军投降。至此，上海全部解放，整座城市完整地回到人民手中，粟裕后来评论说：“这次战役，在上海外围特别是吴淞地区，打得十分激烈，用的时间也较长，但在市区打得并不激烈，用的时间也较短。这样，既歼灭了大量的敌人，而市区也没有遭受大的破坏。这正是战前我们期望的最佳结局。”[②]

由于准备充分，再加上有接收石家庄、沈阳甚至南京等城市的经验，上海接收得非常顺利。

5月28日，上海市人民政府宣告成立。陈毅任市长，曾山、潘汉年、韦悫为副市长。在上海还没有完全解放时，经我党地下工作者的联系和帮助，5月25日凌晨，代市长赵祖康先生率领原市府人员悬挂白旗以示投诚，并为维持治安、保护档案、财产安全做了有益的工作。赵祖康是著名的道路和市政工程专家，原任上海工务局局长。国民党逃跑前，市长陈良把大印交给了他，他这个市长只当了4天。26、27日两天，军管会即派员去国民党市政府接洽着手接管工作，5月28日下午，陈毅亲自主持接管国民党上海市政府

①《光荣记忆：中国人民解放军征程亲历记·天翻地覆》，解放军出版社2007年版，第418—419页。

②《粟裕战争回忆录》，解放军出版社1988年版，第628页。

仪式。潘汉年、宋时轮、周林、沙千里等有关领导参加了这一接管仪式。随后，陈毅市长召集原市府所属各局（处）长发表演讲，指出：解放上海，是帝国主义在华势力的破产，是国民党反动统治的灭亡。上海解放不是改朝换代，而是天翻地覆的革命胜利。除了帝国主义和各国反动派以外，世界人民无不欢欣鼓舞。我们接管上海，是要组织人民政府，为人民服务。上海今天已成为人民的城市，屹立于世界上，帝国主义者说什么共产党不能治理上海的谰言，一定要破产。希望旧市政府各级人员，服从命令，共同做好接管工作。办理好移交，争取为人民服务做出贡献。以陈毅市长亲自接管国民党上海市政府为标志，接管上海工作从此全面展开。①

5月28日，中共上海市委机关报《解放日报》按计划创刊，当天发行了14万份。上海《解放日报》发刊词《庆祝大上海的解放》，号召沪市人民完成三大任务。发刊词写道：

> ……人民解放战争发展到大上海的解放，这乃是二十世纪中叶震动全世界、全人类的伟大历史事件。在今后的世纪中，伟大的中国人民将以他的智慧和劳动来建设独立的、自由的、繁荣的新中国，来推进全世界的和平民主事业。我们当着大上海解放的日子，站在这中国历史转变关头，我们应该庆祝，应该快乐，应该扬眉吐气。看吧！一个被侵略、被损害的古旧的中国的历史，已经完结；一个独立的、自由的新中国的历史，已经开端。
>
> …………
>
> 上海是中国经济和产业集中的都市，是中国内外贸易的吞吐港，是帝国主义、官僚资本主义、封建势力的窝巢，是中国革命青

① 中共上海市委党史研究室编：《接管上海》下卷——专题与回忆，中国广播电视出版社1993年2月第1版，第16页。

年和进步的文化运动的聚集所，从而也是几十年中国革命运动的策源地。翻开近代中国革命史，每一次革命运动都与上海这个城市有直接的关联。从五四运动、五卅运动、北伐战争、十年土地革命、八年抗日战争[①]到今天已获胜利的人民解放战争，大上海的工人阶级、大上海的革命青年、大上海的进步的文化界和产业界和大上海广大的革命市民们，每一次都贡献了他们的努力。今天大上海的解放，是宣告中国恶势力的代表国民党反动派的灭亡。……中国革命的进程到今天为止的胜利，这只是万里长征走完了第一步，革命以后的路程更长，工作更伟大、更艰苦。我们不要自满，不要骄傲，而要百倍地努力，在被敌人破坏和蹂躏得很厉害的基础之上，去努力建设人民的新上海。我们号召全体市民们，在建设新上海的伟大口号之下，立即站队，立即动手，开始工作。

我们第一个大任务，是彻底摧毁国民党反动派的残余。应该不让一切怙恶不悛的反动分子有继续活动的余地。……

我们的第二大任务，是群策群力，来保护全上海市民的民主自由。……

我们第三个大任务，便是顺利完成接管，迅速恢复生产。……在恢复生产事业上，是按照发展生产、繁荣经济、公私兼顾、劳资两利的基本方计去办。只有使全上海的公私企业能迅速恢复，能正常进行，才能建立真正的革命秩序。……只有恢复生产，只有提高生产，只有使各种公营私营的生产事业能恢复、能发挥其活动能力，才能使大上海走入建设的正轨。

……从今天起，在上海刊行《解放日报》，用它的篇幅来发表自己的主张，向上海人民作各种建议。我们愿意以虚心请教的精神，

① 指的是全国抗日战争。

吸收各阶层人民的正确意见，作为我们制定政策、领导大上海建设的根据，诚恳要求大上海一切革命市民们，在中国共产党和中国人民伟大领袖毛泽东的领导之下，团结起来，争取建设新中国、新上海的胜利。

接管大城市，接收已经很有经验，管理还在摸索。在接管大上海之前，好在已经有了哈尔滨、石家庄、沈阳、北平、天津一些大城市的管理经验。

在中国共产党最早接管的大城市哈尔滨和最早解放的重工业基地沈阳，重点解决了依靠工人阶级和教育工人阶级的问题。

作为无产阶级政党，依靠工人阶级是政党性质决定的。但长期在农村活动，进到城市后，怎样依靠工人阶级还真成为一个问题。还是在 1946 年，在中国共产党最早占领的城市张家口，组织了工会以后，重点开展的工作是“斗争运动”。据记录，在 9 月和 10 月间，共进行了 131 次针对不同对象的斗争。最主要的斗争对象是那些据称压迫过工人以及曾和日本人合作的人。被划归为这一类人的工厂主和商人成为最明显的攻击目标，和地主一样，他们也被要求进行赔偿。此外还有其他的劳资纠纷：要求涨薪的斗争 56 起，要求降低房租的斗争 10 起，要求其他福利的斗争 5 起。

在中共中央层面，怎样依靠工人阶级还是基本清醒的。1946 年“五一”劳动节，延安的《解放日报》发表了一篇社论，其中写道：“为了战胜这些困难，达到发展生产、繁荣经济的目的，劳资双方的互相谅解和协力合作是非常必要的。这样的合作不仅对国家有益，对双方也都是有益。工会一方面要说服资本家改善工人的待遇以提高劳动热情……另一方面，工会也要说服工人，不向资本家提过高的要求。并做到节约材料、加强纪律、加强和改善组织管理以降低成本，提高产品质量，增加整个工厂的利润。”

早在 1947 年 10 月，哈尔滨市总工会就开始从个别工厂入手，纠正这些问题。1948 年 2 月 7 日，新华社又发表一篇社论，也开始在边区纠正这些问题，不仅对干部，也对工人提出了明确的批评。社论指出，为了我们的长远利益，工人应该忍受一定程度的剥削，因为这能帮助企业发展生产，并支持战争的需要。工人应该懂得，无论在公有企业还是私人企业，保证生产都是他们的责任，就像农民的责任是给政府上缴大量公粮一样。作为最先进的阶级，工人应该自愿为革命做出牺牲，如果有必要，每天工作10小时。现阶段，工人不应该提出过高的工资要求，因为这是与“发展生产、繁荣经济、劳资两利”的基本路线相冲突的。①

沈阳市连续举办工人短训班，以期提高工人的觉悟。新华社作为经验在3月5日的《人民日报》向全党推荐。文章写道：

> 从几处训练班的思想教育中，感到有两个问题必须解释清楚。第一，除使工人认清今天的胜利形势外，还需强调说明支援全国战争的任务。又如有些工人对“解放后的生活改善”存在着过高的向往，铁西训练班对这问题解释时，是首先从同情他们过去的痛苦讲起，同时讲明所有的痛苦与今天的困难，都是国民党罪恶的统治造成的恶果，今天要战胜困难，就得发展生产，积极支援战争，早日打垮蒋介石，并且讲清只要我们积极从事经济建设，我们的生活困难是会逐步解决的。最后工友们才真正明白了今天还得“咬紧牙根加劲生产，才能繁荣经济，改善生活”。第二，是要使工人懂得解放后自己应以什么态度当主人的问题，即是除了自身积极生产外，应该遵守共产党、民主政府制定的一切政策法令、制度与纪律。因此必须针对工人中存在的极端民主的现象进行耐心说服教育，任何不听调动、指挥，自由行动，不守纪律与制度，迟到早退，觉

① 转引自胡素珊：《中国的内战：1945—1949年的政治斗争》，当代中国出版社2014年7月第1版，第311页。

得“今天咱是主人了，谁也管不了”等等，都是不正确的。这里面，还包含着工人与职员之间存在着矛盾的问题，对此，应根据东北局《关于公营企业中职员问题的决定》的精神，向工人讲明政策，工人是能接受的。

工人受训后，情绪一般都很高，思想与认识上都前进了一步。冶炼厂五十多岁的老工友吴守本说：“我们工友要像爱护自家的锅、碗、筷一样爱护咱们的工厂，应该用三五年的，要想办法用它六七年。”冶炼橡胶等厂的工友受训回来后，自动对个别磨洋工或不守纪律的工友进行了批评。某工厂工友自报奋勇日夜加班，给驻军修理武器，铁路职工会办事处，每天收到二十余工人打电话或写信等，要求给他们解答学习中遇到的问题。有的从很远的地方坐电车亲自跑来请教学习方面的问题。经过初步的启蒙教育，职工的觉悟在不断地提高中。

1949 年 3 月 12 日，中共中央东北局、东北行政委员会发出《关于加强工人群众中政治文化教育工作的指示》，强调：“东北解放，新民主主义政权确立，工人阶级已从被压迫地位变为人民政权的领导阶级，在国营企业中已从工钱奴隶变为企业主人。工人阶级要巩固其已得的胜利并推进全国革命的彻底胜利，要负起领导全体人民建设繁荣幸福的新东北与新中国的责任，就必须大大提高自己的阶级觉悟与文化技术水平。工人阶级只有掌握了人类先进的科学，只有掌握了人类先进的文化技术，才能领导国家更进一步地向前发展。特别在目前经济、政治、文化各方面建设，均须有众多的工人干部参加，才能使新民主主义的各项建设工作特别是经济建设工作顺利进行。因此，加强在职工人群众中的政治文化教育工作，培养工人干部是目前迫切的重大任务。”文件对这一工作做了具体部署。

应该说，在东北解放区，首先较好地解决了大城市中怎样正确依靠工人阶级的问题。

在大城市，还有一个重要问题，就是如何对待民族资产阶级。其实，在毛泽东和其他中共领导人的文章中，从理论上已经基本解决了这个问题，但是，在实际工作中，进城的干部们还是不能很好地把握政策的尺度。刘少奇于 1949 年 4 月和 5 月间，被中央派到天津市，就是要具体解决这个问题。

在 1949 年的元旦来临之前，天津解放前夕，天津的许多私营企业主都接到共产党发来的贺卡，贺卡上写道："我们祝您健康长寿、生意兴隆。如果这个新年我们夺取了城市，请不要慌张。我们将迅速恢复城市秩序，并且支持所有工商企业。"[①] 预先释放的态度很好，但是，进城后还是有些干部不能很好地把握政策。在劳资矛盾问题上，支持工人不容易犯错误，可是，公开支持资本家就容易被误解。所以，还是出现了许多问题。

天津当时是华北工商业最集中的大城市。1 月 15 日解放后，社会秩序恢复得很快，而生产恢复得却很缓慢。这除了战争造成的城乡交通阻隔、外贸断绝、原料匮乏、通货膨胀等因素外，没有处理好公私、劳资等关系是一个重要原因。华北局第二书记薄一波在向中央的报告中写道："工人、店员误以为我们允许分厂、分店，进行清算斗争。天津解放一个月内，曾发生五十三次清算斗争。""资本家脑子里有三怕：一怕清算，二怕共产党只管工人利益，三怕以后工人管不住，无法生产。""因此，他们抱着消极等待、观望的态度，甚至跑去香港。据天津统计，当时私营企业开工的不足百分之三十。"[②]

就是在这样的背景下，中共中央决定派刘少奇去天津，调查研究和解决问题。而工作重点就是在中国，无产阶级夺取政权之后，应当怎样对待私人资本主义经济。

刘少奇开了若干个座谈会，去了一些工厂企业调研。最后，在 4 月 24

① 转引自胡素珊：《中国的内战：1945—1949 年的政治斗争》，当代中国出版社 2014 年 7 月第 1 版，第 323 页。

② 薄一波：《若干重大决策和事件回顾》上卷，中共中央党校出版社 1991 年 5 月版，第 51 页。

日、28日和5月2日，他先后在天津市干部大会、天津市职工代表大会和天津市工商业家座谈会上作报告，阐述党的政策。刘少奇借用天津市领导人在汇报中提到的“有人剥削比没人剥削好”的说法，向工商业资本家解释说：“今天在我国，资本主义的剥削不但没有罪恶，而且有功劳。封建剥削除去以后，资本主义剥削是有进步性的。今天不是工厂开得太多，剥削的工人太多，而是太少了。你们有本事多开工厂多剥削一些工人，对国家人民都有利。”[①]

刘少奇强调说：自由资产阶级不是我们的斗争对象，而是争取对象。如果把资本家当作斗争对象，就犯错误，“等于农村中伤害了中农一样”。“现在还必须允许资本家存在，因此就要使他们有利可图，实行‘劳资两利’的政策，不是一利。国民党时是一利，只利资本家不利工人。而现在，只利工人不利资本家也是不对的。对的政策是两利。就是也允许资本家对我们剥削，剥削不能完全消除。剥削是不好的，但在现在来说，也有一点好处的。”“所以在新民主主义的经济下，在劳资两利的条件下，还让资本家存在和发展几十年。这样做，对工人阶级的好处多，坏处少。”[②]

刘少奇在天津的一系列讲话，在工人、职员和资本家当中广为传播，调动了各方面的积极性，全市的工商业迅速恢复，工业主要生产行业6、7月以后就恢复到解放前水平。9月，被批准开业的私营工商业户从4月份的293户增加到3800户，职工人数增加近20%。天津恢复发展生产的成就和经验对全国产生了重要影响，在很大程度上稳定了各地的资产阶级，防止了南方即将解放的各大城市资金大量外流。[③]

---

① 刘少奇在天津市工商业家座谈会上的讲话记录，1949年5月2日。

② 同上，1949年4月28日。

③ 中共中央文献研究室编:《刘少奇传》，中央文献出版社2008年11月第2版，第584—585页。

上海的接管和复工都是很快的。据《人民日报》报道，上海解放的当天："国民党官僚资本企业中国纺织建设公司沪西各厂已有十二厂全部复工，并静候接收。只有梵王渡路第五棉纺厂因受战争的激烈震动，稍受损坏，尚待修理。已复工各厂中，有棉纺、毛纺、制麻机械等数种。沪市其他棉织厂已有十分之六开工。永安纱厂，除在吴淞地区的第二、第四两厂情况不明外，其他三个厂，在解放前后，均未停工。申新纱厂的三个厂及新裕纱厂的二个厂，也照常开工。"[①] 解放上海的第二天，荣毅仁家族的企业和上海最大的百货商店——永安百货就都复工开业了。

上海是亚洲金融中心，金融领域的斗争格外激烈，这是共产党面临的最大挑战，也锤炼了共产党管理世界级大城市的能力。

还是在5月上旬，邓小平在给毛泽东《关于渡江情况的报告》的电报中，对进入上海后可能遇到的金融问题提出了看法，认为："当前最复杂的问题是金融，估计伪金圆券问题已不严重，人民券发行尚属顺利，筹码暂时勉强够用。今后主要是对付银元（已有专门指示）和反对敌人、奸商投机捣乱的斗争。"[②]

果然被邓小平说中。

5月27日上海解放当天，军管会即颁布公告：自即日起，以人民币为计算单位，6月5日以后，禁止金圆券在市面流通。6月1日，中国人民银行上海市分行挂牌，并开始以人民币兑换金圆券，比率为1∶10万。兑换金圆券的最小面额应在10万以上。后来，为了照顾车夫、小贩等底层民众手中的5万元小票子，副市长曾山又请示市长陈毅放宽了面额的限制收兑。其实，当时国民党为了攫取财富搞的金圆券改革已经失败，金圆券基本上是一张废纸。但为了不让老百姓受损失，才给了15天的兑换时间和10天的流通时间。

①《人民日报》1949年5月28日，第1版。

②《邓小平军事文集》第二卷，军事科学出版社、中央文献出版社2004年版，第205页。

当时在上海流通的金圆券超过40万亿元，按照收兑比例，人民币的缺口多达3.6亿元，因此，仅仅依靠从丹阳运来的40卡车人民币是难以应付的。因此，5月28日中午军管会就接管了原国民党中央印刷厂上海分厂，下午，工厂的印刷机上就装上了从解放区带来的印刷人民币的12块原版，5月29日，在上海就出现了一种面额为200元的最新版人民币。与此同时，原来解放区北海银行所属苏北印钞厂400名工作人员整体迁往上海，参加人民币印刷工作。就这样，原来规定金圆券兑换时间为15天，结果在第7天就已经收兑了金圆券36万亿元，基本完成了旧货币的兑换工作。变为废纸的金圆券真是成了上海的奇观：当时全市各行庄收兑的金圆券源源不断地送到人民银行，金圆券堆满了中央、交通等银行的所有库房，甚至连营业大厅、走廊、甬道、厕所都堆满了。装运金圆券的汽车，从外滩沿九江路一直排到四川路。

上海的旧经济势力利用老百姓担心纸币贬值的心理，和新政权的人民币玩起了他们擅长的金融游戏。他们先是用废纸一样的金圆券兑换人民币，然后马上倒手换成黄金、白银，再有就是用人民币倒卖银元。老百姓也不敢存人民币，到手后马上换成粮食等生活物资。这样，造成了人民币进了上海，但是马上就开始大幅贬值。

上海遍地都是银元贩子，在西藏路、南京路和外滩一带的主要马路上，到处可以看见许多人两手敲着“大头”“小头”，叮叮当当，沿街叫卖。6月5日这一天，银元贩子有2万人，到8日就发展到8万人。上海证券交易所成了这些人银元投机的大本营。刚开始兑换人民币时，一块银元值人民币100元，6月3日涨到720元，6月4日突然涨到1100元。银元成为上海市场上实际的本位币，人民币成了银元的辅币。到6月4日，上海投入流通的人民币不足20亿元，但大部分却浮在市面上。人民币只能购买小额货物，根本买不到整批的货物。6月5日，上海市委决定抛出10万枚银元，力图以银元制服银元，但却被市场上的投机者一吸而空。6月7日，银元涨到 1800 元人民币兑一块银元。银元暴涨带动了物价上涨，在上海解放后的 13 天内，批发物价指数猛涨了 2.75 倍，大米、棉纱指数上涨了 1.5 倍至 2 倍，有的商号甚至开始用银元标价，并且拒收人民币，企图把人民币排斥在市场之外。一些投机分子还口出狂言："解放军进得了上海，人民币却进不了上海！"

6 月 7 日晚上，陈毅、饶漱石、邓小平、刘伯承等参加的华东局会议决定采取政治手段，查封银元投机大本营——上海证券交易所。陈毅用电话向中共中央报告了这个决定，12 小时后，毛泽东亲自回话表示赞同。

获悉华东局即将采取政治手段后，陈云主持起草了关于与银元斗争方针及策略的电报稿，以《中共中央关于打击银元使人民币占领阵地的指示》，于 6 月 8 日下发华东局、上海市委、南京市委并告谭政、陶铸、华中局、西北局、华北局、东北局。《指示》分析了大军渡江、南京政府完全垮台之后新解放区金融上的新情况："（甲）金圆券不打自倒。因此在金融上我们所遇到的敌人，已不是软弱的金圆券，而是强硬的银元。（乙）过江以前，解放战争一般是先解放乡村，包围大中城市，然后解放之，这样在金融贸易上人民币就先在乡村生了根；城市一解放，我币占领市场、恢复城乡交流，都是比较容易的（如沈阳、平津）。过江以后，情形就不同了，我们先占城市，后占乡村，而城乡均是银元市场，乡村非但不能帮助城市推行我币，而且增加了我币推行的困难。"《指示》要求除政治手段外，还要采取下列经济办法："（甲）明令铁路交通事业及市政公用事业，一律收人民币。（乙）税收一律征收人民币。另外请考虑是否可预征若干种税款。（丙）以地方为单位，首先是上海酌发实物公债，但应避免向工厂商店普遍摊派公债。（丁）像平津一样通令各私人银行查验资金。（戊）开放各解放区之间的汇兑，其目的是以老区比较坚强之货币阵地来支持南方新区货币阵地。通汇之后，原来物价较低的老区可能因此物价上涨。但如果沪、汉地区我币不能占领市场，在大军南进发行更多的情况下，沪、汉及南方高涨之物价会促起老区更猛然的物价上涨。此点亦请华中、西北、东北加以考虑，提出意见。”①

得到毛泽东的赞同和陈云主持起草的《中共中央关于打击银元使人民币占领阵地》的指示后，6月10日上午8时，上海市公安局领导李士英、马乃松、黄克率领200名便衣公安干部，按预定部署分散进入汉口路422号的上海证券交易所大楼。随后分5个组控制了各活动场所和所有的进出通道，华东警卫旅副旅长刘德胜、参谋长刘春芳也到现场参加指挥行动。上午10时，华东警卫旅派出的一个营分乘10辆大卡车到达证券大楼，对整幢大楼实行军事包围。紧接着，上海1.2万名工人、学生在证券大楼外围封堵交通，并向市民作宣传解释。10时整，分布在证券大楼各个场所的公安人员同时亮出身份，命令所有人员立即停止活动，就地接受检查。从上午一直到午夜，公安人员分头搜查了各个经纪人号，登记了所有的人员名单和财物，命令所有人员到底层大厅集中。被集中到大厅的人员共有2100人，经过两天一夜逐个盘查之后，拘押了238名银元投机的主犯，其余人均陆续释放。

这次行动共抄没黄金（含金饰）3642两，银元39747枚，美金62797元，港币1304元，人民币15459371元，其他各种囤积商品折合人民币35530700元。消息霎时间传遍了上海，震动了江浙、华东，影响波及全国。6月11日，银元与人民币比价从2000元猛泻至1200元，大米跌价一成左右。6月12日，米价再跌一成，食油跌价一成半。在查封了证券大楼后，12日，中国银行挂牌收兑银元，“袁头”1200元，“孙头”或“船洋”1140元，“鹰洋”或“龙洋”900元，同时限期收存外币，严禁其在市场上流通。货币投机的路一步步被堵死了，人民币终于在上海站稳了脚跟。

在“银元之战”后，上海市政府又与旧经济势力打了“棉花之战”“粮食之战”和“煤炭之战”，后被称为“两白一黑”的战争。在市场搏击中，陈云运用解放区强大的物资基础，完全用市场的手段让投机商“两面挨耳光”，赔

---

① 转引自曹应旺：《开国财经统帅陈云》，中译出版社2015年6月第1版，第81—82页。

了夫人又折兵，叫苦不迭，原来有些投机商嘲笑新政权，说“共产党军事是一百分，政治是八十分，经济是零分”，经过这几个回合的斗争，不得不服输。某大资本家说：“6 月银元风潮，中共是用政治力量压下去的，这次则用经济力量就能压住，是上海工商界所料想不到的。”

成功管理上海，中共才算真正进入了城市。陈毅曾讲过一段话：“进南京、上海是我们胜利的标志，在南京、上海搞一件坏事，全世界都知道。毛主席说，我们进上海是中国革命过一难关，它带全党全世界性质。……我们进入京、沪后，全世界工人阶级、兄弟党都在注意，我们在上海、南京搞得好，发出每一条消息他们都要欢呼，向我们祝贺。因为，这证明中国共产党有能力，世界革命有希望……上海革命胜利解决了，中国革命也就解决了。”[①]

有了上海、天津这样的大城市，管理现代经济的任务更迫切了。刘少奇 5 月从天津回北平后，在一次会议上说：“建立中央财政经济的统帅部，其紧急不亚于军事及其他问题。以前我们不懂，这次去天津，与产业界和地方工作同志谈了一谈，才感到这项工作很紧急。我们在军事上取得了很大的胜利，接收了很多东西，外国人要来做生意，交通要统一，因此财政经济上需要高度的集中。”[②]

基于这样的认识，刘少奇在天津视察紧张工作的同时，就开始起草《中国人民革命军事委员会关于国家财政经济机构的组织大纲（草案）》，提出：“由于人民革命战争在全国范围的胜利，迅速恢复与发展国民经济，以供给目前人民革命战争的需要及改善人民生活之目的，即须建立从上至下的国家的财政与经济机构。”为了审慎起见，刘少奇先把这个《大纲（草案）》送给

① 中共上海市委党史研究室编：《接管上海》上卷，中国广播电视出版社 1993 年 2 月版，第 59—62 页。

② 刘少奇在各民主党派人士及北平各级党政机关负责人会议上的报告记录，1949 年 6 月 4 日。

一部分领导人征求意见。他指示工作人员："抄朱、周、陈云、稼祥、董、薄、刘各一份，明日晚间送到。"①

5 月 11 日刘少奇回到北平后，又对这个《大纲（草案）》作了修改。5 月 30 日，把它报送毛泽东，并附言说："毛主席：此件很简单，请阅，看是否即如此写法。"第二天，毛泽东批示："此件很好。"②

5 月 31 日，毛泽东批示同意当天，中央就发出了《中国人民革命军事委员会关于建立中央财政经济机构大纲（草案）》，这个大纲确定，中财委是党统一领导全国经济工作的机构，同时确定了中财委的机构设置、人员配备、工作职责。很快，中财委就建立起来了。中财委的设立，使中共中央有了一个同资本家进行经济斗争的指挥机关，陈云担任主任，成为这个领导经济工作的新机关的主帅。

接管北平，使即将诞生的共和国有了政治心脏；接管上海，等于又有了经济心脏。进入下一个月，新的共和国开启了建国模式——准备已久的新政治协商会议筹备会在北平召开，开国大典开始倒计时了！

---

① 刘少奇：《中国人民革命军事委员会关于国家财政经济机构的组织大纲（草案）》及手稿上的批语，1949 年 4 月 24 日。

② 毛泽东在刘少奇起草的《中国人民革命军事委员会关于建立中央财政经济机构大纲（草案）》上的批示，1949 年 5 月 31 日。

第六章

六月。第一天是“端午节”，以纪念爱国诗人屈原的传统节日作为六月的开始，似乎预示这个月要与国家有关。这个月，汇聚全国各党派和无党派人士的新政治协商会议筹备会在北平召开，各项建国准备工作开始启动。解放区的文化建设和教育卫生事业也有了很大发展，这个月的气象已经很有新中国的气象了。

六月

1. 6月2日，第三野战军一部解放崇明岛，至此，渡江战役胜利结束。

2. 6月6日，经请示中央，黄华与司徒雷登和傅泾波在南京市政府外事处进行了第二次会晤。

3. 6月8日，傅泾波再次来到南京市政府外事处，面见黄华。

4. 6月12日，燕京大学校长陆志韦写信给司徒雷登说“你有兴趣来燕京访问，我推测政府将会同意你的”。

5. 6月15日，新的政治协商会议筹备会开幕。

6月15日，在中国人民解放军的军史上，也是极为重要的一天。这一天，中国人民革命军事委员会发布命令，公布中国人民解放军军旗及军徽样式。

6. 6月16日，新政协筹备会第一次全体会议在中南海勤政殿继续举行。

7. 6月19日，新政协筹备会第一次全体会议结束。

8. 6月20日和21日，《人民日报》用两天的主要版面报道了新政协筹备会的会议情况。

9. 6月26日，张治中发表《对时局的声明》，给国民党高层同僚谈谈自己这些天的新认识。

10. 6月27日，傅泾波又来找黄华，希望黄华去电问问北平的确切意思。

11. 6月28日，黄华告诉司徒雷登，已获北平来电，同意他去燕大一行。

6月1日，是中国四大传统节日之一的端午节。关于端午节有几种传说，流传最广也被普遍接受的是“纪念爱国诗人屈原”说。屈原的爱国精神和感人诗辞，已广泛深入人心，故人们“惜而哀之，世论其辞，以相传焉”，端午节的精神意义，就是爱国。而6月份最大的事件，就是启动了新的共和国的建国程序，就是15日召开的新政治协商会议筹备会。也是一次巧合，也是一次历史的安排。

6月2日，第三野战军一部解放崇明岛，至此，渡江战役胜利结束。整个战役历时42天，人民解放军以木帆船为主要航渡工具，一举突破国民党军的长江防线，并以运动战和城市攻坚战结合，围歼国民党军的重兵集团，以我军伤亡6万余人的代价，歼灭国民党军11个军部、46个师共43万余人，解放了南京、上海、武汉等大城市，以及江苏、安徽两省全境和浙江省大部及江西、湖北、福建等省各一部，彻底摧毁了国民党统治的经济基础，为尔后解放华东全境和向华南、西南地区进军创造了重要条件。

在渡江战役的过程中，不但和英国发生了剧烈冲突，还和不肯撤出南京准备正面接触中共的美国大使司徒雷登也进行了接触，在接下来的摸底和试探中，也为中美后30年的关系做了铺垫。

国民党的迅速崩溃，也是在“中国通”司徒雷登的意料之中的，他说:“战后，尤其是去年下半年（指1948年），我们亲眼目睹了传统型的中国政府体制的衰败和没落。国民党的最初宗旨是反对封建王朝，但是，尽管它具有一种民主思想和现代革命精神，最终这些思想和精神还是丧失殆尽，并进而逆转，走向传统方式。至于蒋介石本人，他无疑为人正直、富有献身精神，但其观念和手段仍是非民主的。政府也不乏正直、自由人士，但体制则滋生、培育着罪恶，并进而导致自身的毁灭。它变得如此的腐败无能，如此的不得人心，以至于哪怕任何自身的有序改革都少有希望，即使没有共产主义运动，恐怕也要爆发另一场革命。”[①]

但是，为了美国的利益，无论在国民党行政院南迁广州，要求各国使馆都要跟去广州的情况下，还是在人民解放军发起渡江战役、解放南京之际，司徒雷登都没有离开南京，都是在试图寻找机会，和中共接触，寻求美国在战后的利益。他这样做，也是请示了美国国务院的。1949 年 3 月，他就致电美国国务院请求留在南京，以便同新政权接触，试图建立美中新的关系。美国国务卿迪安·艾奇逊于 4 月 6 日复电，授权他与中共领导进行会谈，要他不要把话说得太肯定，并注意保密，免得走漏风声，引起国会中反对派的反对。

自 1949 年 1 月上旬以来，中共中央不断收到来自美国方面的消息，似乎表明美国尚有曲折承认未来新政权的可能性。3 月下旬，中共中央得知美国大使正式出面与中共方面谋求疏通和解。陈铭枢派人从上海到北平报告说，司徒雷登曾专程从南京到上海，于 25、26 日与陈密谈，希望陈向中共解释美国政策，“俾得与中共化仇为友，与苏联合作建设新世界，制止第三次战争”。司徒雷登表示对中共有两点顾虑：“一、美国怕中共站在苏联一边与美国为敌，助长第三次世界大战之危险性；二、怕中共武力统一后放弃民主人士及民主联合政府，而实行赤化亚洲，独裁中国。”司徒雷登还表示：“美国希望中共即日停止战争，实现和平，只要中共真正实现民主，成立一个真正和平、独立、民主的联合政府，改变对美之态度，制止反美运动，美国定愿与中共实现友好并援助新政府复兴与建设中国。”[②]

解放军打过长江并占领南京后，如何处理外国驻华官方代表机构，成为了十分突出的问题。这个时候，中央想到了与司徒雷登是师生关系并熟识的

---

① [美] 肯尼斯·雷、约翰·布鲁尔著：《被遗忘的大使司徒雷登驻华报告》，尤存、牛军译，江苏人民出版社 1990 年版，第 278 页。

② 参见《历史研究》1994 年第 5 期杨奎松文。

黄华。据黄华回忆："1949年4月中旬，中国新民主主义青年团在北平召开成立大会。党中央书记任弼时同志要我到团中央工作，调我来北京参加成立大会。在会上，周恩来副主席见到了我，说：'这几天南京就要解放了，美国驻华大使司徒雷登和许多国家的使节留在南京未走，你去南京外事处工作吧。除负责接管国民党政府外交部和处理有关对外事务外，你还可以作为燕京大学校友同司徒雷登进行私人接触，看看他有什么要求和愿望。'我表示服从组织分配。周恩来与任弼时商量后，令我立即参加南下工作队赶赴南京。我动身前，周副主席找我谈话，要我特别注意了解美国政府的对华政策和态度，并嘱咐我要事事谨慎，多请示汇报。对此，我的理解是，当时中央十分关注美国是否会对新中国政权进行武装干涉，因此在南京、上海一带集中了刘、邓、陈、粟的第二、第三野战军一百多万的强大兵力。"①

黄华是在南京解放的第三天到达南京的。作为中共南京市委委员，他参加了邓小平主持的市委会会议，汇报了北平的情况和周恩来关于外事方面的指示，市委对外事工作进行了研究。

5月6日，司徒雷登派他的私人秘书傅泾波求见黄华。第二天，俩人就见面了。傅泾波首先为司徒雷登辩解了一番，说司徒一年来渐渐了解过去对国民党的认识是错误的，美国已经停止援助蒋介石。这次国民党撤退前，何应钦希望司徒雷登去广州，而他决定留在南京不走，就是希望同中国共产党接触，这点已获得国务卿迪安·艾奇逊同意。傅泾波表示，司徒雷登甚盼与黄华见面，并说现在是"美国对华政策改变的时期，能在'老校长'手中完成这一转变，比换另一个人好些"。黄华对傅泾波说，会见的事待考虑后再说，并表示，美国现在尚未放下屠刀，怎能期望中国人民恢复好感。空言无补，需要美国首先做些实事，才能逐步取得中国人民的谅解。

黄华把司徒雷登求见的信息通过南京市委报告给了中央，5月10日，毛

① 黄华：《亲历与见闻——黄华回忆录》，世界知识出版社2007年8月第1版，第79页。

泽东亲自起草了复电：“（一）黄华可以与司徒见面，以侦查美国政府之意向为目的。（二）见面是多听司徒讲话，少说自己意见，在说自己意见时应根据李涛声明。（三）来电说‘空言无补，需要美首先做更多有益于中国人民的事’，这样说法有毛病。应根据李涛声明，表示任何外国不得干涉中国内政，过去美国用帮助国民党打内战的方法干涉中国内政，此项政策必须停止。如果美国政府愿意考虑和我方建立外交关系的话，美国政府就应当停止一切援助国民党的行动，并断绝和国民党反动残余力量的联系，而不是笼统地要求美国做更多有益于中国人民的事。你们这样说，可能给美国人一种印象，似乎中共也是希望美国援助的。现在是要求美国停止援助国民党，割断和国民党残余力量的联系，并永远不要干涉中国内政的问题，而不是要求美国做什么‘有益于中国人民的事’，更不是要求美国做什么‘更多有益于中国人民的事’。照此语的文字说来，似乎美国政府已经做了若干有益于中国人民的事，只是数量上做得少一点，有要求他‘更多’地做一些的必要，故不妥当。（四）与司徒谈话应申明是非正式的，因为双方尚未建立外交关系。（五）在谈话之前，市委应与黄华一起商量一次。（六）谈话时如果司徒态度是友善的，黄华亦应取适当的友善态度，但不要表示过分热情，应取庄重而和气的态度。（七）对于傅泾波所提司徒愿意继续当大使和我们办交涉，并修改商约一点，不要表示拒绝的态度。”①

毛泽东的嘱咐太细致了。

经批准，5月13日，黄华以私人身份前往司徒雷登住处，同他会晤。黄华回忆说：“我先问他解放军进入他住宅的情况。他对此事表现平静，只说有几个年轻士兵进来了，他见到了他们，问他们要干什么，他们说看一看，态度还好。我对司徒雷登说，在军管期间，解放军有权进入一切可疑的中外

① 中共中央文献研究室编：《毛泽东年谱：一八九三——一九四九》，中央文献出版社2013年12月第1版，第500—501页。

居民住宅检查。在未同新中国建交前，原外国使节不再享受外交特权，但作为外侨，安全自会得到保护，请他放心。司徒雷登表示，愿同新中国建立新关系，希望中国政府能广泛吸收民主人士参加。并说，美国已停止援助蒋介石，不愿参与中国内战。他已建议美国在上海的经济合作分署所存的援助蒋介石的面粉、棉花等物资，待上海解放后统统移交我方，以支援上海恢复生产。我当即表示，关于中国政府的组成，我国人民有权自己决定，不需要外人干涉。粮食、棉花等我不接受（因为我们即将解放上海，可从国民党手中接收）。美国既然表示不干涉中国内政，就应该将美国驻青岛等地的海军舰只和陆战队撤走，以免发生冲突。司徒答应转告有关方面。”[①]

第一次会晤后，司徒雷登又派他的私人秘书傅泾波来见过黄华两次，除谈了有关上海解放和司徒雷登想申请去上海看看侨民外，还说了司徒雷登对上次会谈所谈军事问题所采取的负责任态度。美国军舰已于5月21日撤离青岛，一部分驶往日本，一部分驶往其他地方。在解放军进入上海之前，美国军舰即行撤走。解放军打到别的地方，美国军舰也将从该处撤走。傅泾波还说，麦克阿瑟主张青岛美舰不撤，美国国务院后来决定撤。现在美国舰队的中心已不在中国。黄华则再次重申了中国共产党的立场：美国如愿意同中国人民重新交好，打开双方的外交关系，首先必须撤退美国在华的一切武装力量，断绝与国民党政府的关系，放弃一切有损于中国独立主权和领土完整的政策。

6月6日，经请示中央，黄华与司徒雷登和傅泾波在南京市政府外事处进行了第二次会晤。当事人黄华回忆：“司徒雷登首先提出去上海和回美国问题。我告诉他可按侨民身份来外事处申请。司徒雷登又说，在开罗会议上，罗斯福曾允许将台湾交中国托管，待对日和约签订后归还中国，但对日和约因种种原因，特别是因美苏间存在误解，迟迟未召开，何时召开无法肯

① 黄华：《亲历与见闻——黄华回忆录》，世界知识出版社2007年8月第1版，第81页。

定。我说，台湾历来是中国领土，被日本侵占后，中国政府从未予以承认，人民也从未停止过斗争，而且二战后台湾已经归还中国，绝不容许国民党政府出卖台湾或外国政府借口合约另生枝节。谈到中美关系问题时，我表示，中美要建立新关系，美国首先应停止援助并断绝同国民党逃亡政府的一切关系。司徒雷登说，各国使节留在南京，这就表示了对国民党的态度。如今后国民党政府再由广州他迁，则可肯定美国代表也不拟随往。但因目前尚无一个新政府成立，没有承认对象，国共两党各占一部分地区，美国对许多地区的情况很不了解，按照国际法，美国尚不能断绝与旧政府的关系。如果过去对美国有所谓干涉内政的评论，今天美国更宜慎重从事，不能表明拥护或反对哪一方面。故美国采取被动态度，等待产生了为中国人民所拥护的民主政府，而中国政府也证明了愿意并有力量担负起国际义务时，问题自然解决。至于美援问题，现在所运来的，已所剩无几，今后再无援助。我对他说，根据我个人观察，中国的新政治协商会议可能不久就要召开，联合政府将由新政治协商会议产生。最后司徒雷登表示，中国问题不只是一个美中关系问题，而且也是关系到世界大局的大事。他希望努力使中美关系完善解决，对苏美关系及世界和平均是一大贡献。”①

6月8日，傅泾波再次来到南京市政府外事处，告诉黄华：经与司徒雷登研究，他们认为美国现在就美国对同新中国的关系上很难做出正面表示，需要司徒雷登返美后做出努力。但他需要知道中共更高层方面的意见，回去讲话才有力量。他问黄华同周恩来有无联系，能否转达意见。黄华告诉他什么话都可以谈，不必顾虑。傅泾波告诉黄华：马歇尔、艾奇逊和司徒雷登同属一派，对周恩来先生甚为敬重。司徒雷登近期接到副国务卿魏伯来电，希望他在返美前能赴北平与周恩来先生会见一次，了解中共方面的意见，返美活动更有力量，请我代为转达。

① 黄华：《亲历与见闻——黄华回忆录》，世界知识出版社2007年8月第1版，第82—83页。

傅泾波还表示，今年华北旱灾，粮食棉花供应将有困难，司徒雷登希望美国经济合作总署的物资能运回中国。此外，如提供大批借款和进行贸易，对中国工业化会有帮助。黄华答复他说，美国在断绝与国民党的关系上至今没有正式表示，我个人认为司徒雷登去北平并非易事，铁路在战争中遭到严重破坏，目前交通尚未恢复，旅途不便。傅泾波说，司徒雷登在明孝陵机场有一小型飞机可用。黄华表示这事恐不可行。

黄华把这次会见的内容报告给了中央。收到黄华的报告，毛泽东、周恩来经过斟酌，认为还是通过非官方渠道接触为好。于是，周恩来马上会见了燕京大学校长陆志韦，嘱他致信司徒雷登，如要求来北平，可望获得当局批准。6 月 12 日，陆志韦写信给司徒雷登，信中说："昨天上午我见到周先生，很感谢你关于往事的回忆。毛泽东已宣称你有兴趣来燕京访问，我推测政府将会同意你的。""为了中国的利益，特别是燕京，同时也是为了美国，我希望你对我们的访问将获得一个巨大的成功。"[①]

其间，司徒雷登获悉陈铭枢和罗隆基等民主人士将于月中赴北平参加新政治协商会议，他请陈铭枢向中共中央转达他想见中共领导人的意愿。他还对罗隆基说，如果新中国采取中间态度，不完全亲苏，美国可以一次借给新政府 50 亿美元，接近印度 15 年所得的贷款。陈铭枢到北平后，向毛泽东和周恩来转达了司徒雷登的要求。6 月 24 日，陈铭枢在给司徒雷登的信中表示，中共的政治路线是明智的、正确的和坚定不移的，并转达毛泽东的口信："政治上必须严肃，经济上可以做生意。"等罗隆基见到毛泽东时，已经知道毛泽东要发表的《论人民民主专政》的内容，知道中共将要"一边倒"，所以未敢向毛泽东转达司徒雷登的口信，许多年之后只是告诉了周恩来。

6 月 27 日，傅泾波又来找黄华，带来燕京大学校长陆志韦 6 月 16 日写给司徒雷登的英文信，对信中"你有兴趣来燕京访问，我推测政府将会同意

---

① 林孟熹:《司徒雷登与中国政局》，新华出版社 2001 年版，第 262—263 页。

你的”不知该怎样解读，希望黄华去电问问北平的确切意思。经报告周恩来并获得指示后，6月28日黄华告诉司徒雷登，已获北平来电，同意他去燕大一行。他希望与当局会晤一事亦有可能。他可在我人员护送下乘汽车和火车北上，不可乘坐他的飞机。

司徒雷登获得准确的消息后非常高兴，但这样的外交大事他不能擅自行动，他于6月30日向美国国务院做了请示。司徒雷登在他的报告中力陈准其赴北平一行的好处：可以当面向中共领导人陈述美国的政策，表明美国对共产主义运动的担心和对中国前途的希望，并可把关于中共意图的第一手权威性情报带回华盛顿，促进相互了解。此外他念念不忘的是希望“加强中共内部反苏开明分子的地位”。他认为机不可失，时不再来，此行将对未来的中美关系产生有利的影响。当然，他提到此行也有“不利”的方面，即可能“提高”中共的威信，在国际上产生误解，以为美国即将承认新中国政权。但是权衡利弊，认为还是利多于弊。他还建议坚持坐自己的专机去北平，以显示身份。

司徒雷登的电报到达华盛顿后，引起一片兴奋的反应，包括一向负责远东事务的巴特沃斯均主张司徒雷登北上。同时美国驻天津、上海、北平的总领事也都不同程度上倾向于司徒雷登成行，认为这是中共方面发出的“极为重要的信息”。不过他们也提出各种条件，如一定要保证能见到毛泽东和周恩来，一定要坚持坐自己的专机，事后要访问广州，以免引起弃蒋而准备承认中共的误解，等等。还要考虑到此举在国内政界一定会引起轩然大波，要准备好应付的说辞等。

司徒雷登兴奋地以为自己在书写历史，但是，华盛顿的决策人却极为犹豫。国务院政策设计委员会主任乔治·凯南的助手、以现实与头脑冷静著称的中国问题专家戴维斯明确表示对这一邀请持保留态度。他提出司徒雷登如去北平，就必须教训共产党一通，其措辞之严厉应该比对付苏联更甚。在这之前，总统杜鲁门收到了16名共和党和5名民主党参议员的联名信，要求切勿承认中共。3天后，司徒雷登的北平之行动议被否决。7月1日，司徒雷登接到艾奇逊的电报，转达了杜鲁门总统的旨意："在任何情况下都不能访问北平。"

同一天，毛泽东发表《论人民民主专政》，写道："'你们一边倒。'正是这样。一边倒，是孙中山的四十年经验和共产党的二十八年经验教给我们的，深知欲达到胜利和巩固胜利，必须一边倒。积四十年和二十八年的经验，中国人不是倒向帝国主义一边，就是倒向社会主义一边，绝无例外。骑墙是不行的，第三条道路是没有的。"

中美关系在这里转弯了。

解放区的文化建设和教育卫生事业也有了很大发展。

在文化事业方面：东北电影制片厂已完成第一部故事片，6月中旬在北平公开上映。该片题名为《桥》，描写铁路工厂工人在1947年春东北人民解放军转入全面进攻时，在一个月内修竣松花江大铁桥的伟大业绩。当时，该厂总工程师对半月内修竣桥座等的计划缺乏信心，认为"即使有材料，至少也得四个月"。但全体职工经工人出身的厂长的动员，在共产党员和积极分子带头的影响下，大家动脑动手，战胜各种困难，如期完成了全部计划。东北电影制片厂为拍摄这部影片，全体工作人员深入工厂，亲身体验工人生活，与工人们合作，克服了技术上和物质上的不少困难，历时5个月完成。

东北电影制片厂是解放区首先创立的人民的电影企业，已有约3年的历史。3年来，该厂在战争环境和设备困难的物质条件下，积极培养干部，录制新闻片、教育片等，获得了不少的成绩。出品的影片如《民主东北》等在国内外演出，深受观众赞誉。

在中国电影史上，这是第一部以自由的工人阶级为主角，以新民主主义的生产斗争为主题的影片。虽然这部影片并未完美无缺，但从这种意义上讲，此片是一部有着时代意义的作品。电影是一种有巨大说服教育力量的艺术武器，这种艺术武器，一旦被劳动人民所掌握，它就会在新民主主义的文化建设上有重大的作用。

解放区的电影事业，和其他的人民事业一样，这几年来，有着飞快的发展。1938 年秋天，八路军总政治部曾经设立了一个电影团，一共只有十几个人，包括一个摄影队和一个放映队。由于人民解放战争的伟大胜利，近两三年来，现在解放区已经有了两个电影制片厂。一个是东北电影制片厂，有 3 年的历史，厂长是袁牧之，副厂长是吴印咸和张新实。另一个是北平电影制片厂，成立才两个月光景。厂长是田方，副厂长是汪洋。两个厂一共 1350 多个工作人员。此外，上海电影制片厂不久将成立。为了适应新的电影事业的需要，5 月份，正式成立了中央电影管理局，统一领导这个新的人民文化事业。

解放区的电影事业，一开始就是为人民服务的。第一部影片是 1939 年摄制的《延安与八路军》，以后又接连摄制了《延安第一届参议会》《十月革命节》《陕甘宁边区工业展览会》和《南泥湾》等纪录片。当时因为没有现代化的条件，用留声机来配音，用扩大器来说明。可是，这是中国人民自己的影片，它第一次用电影表现了工农兵。

解放区的电影能够比较大量地摄制，是从 1947 年 5 月开始的。两年来已经摄制好了的电影片一共有 12 部。其中有 11 部是《民主东北》等新闻纪录片，一部是有名的故事片《桥》。这 12 部片子，光是在东北，就放映了 1.2 万多次，观众在 760 万人以上。正在摄制和剪接中的新闻纪录片，有《东北三年》，有太原、南京、西安、武汉等城市解放的情形，还有蚕业、渔业、军政大学情况、公营机械农场、长春市被国民党特务残杀的青年等。正在摄制的故事片一共是 4 部：有瓦解敌军的《父子同归》，有以哈尔滨工人修复发电机为主题的《光芒万丈》，有以华东模范医务工作者李兰丁的事迹为主题的《白衣战士》，有描写农村妇女参加副业生产的《妇女生活》。此外，还有 7 部艺术片正在准备摄制之中。像《没有战线的战争》和《八女投江》，脚本已经写好了，很快就可以开拍。《没有战线的战争》的主题是描写革命的保卫工作；《八女投江》演的是东北抗日民主联军的“八个游击队员英勇牺牲的情形”。《赵一曼》和《塞北风光》的脚本才初步写好，正在修改之中。（《赵一曼》演的是东北抗日民主联军领导人之一女英雄赵一曼的英勇事迹，《塞北风光》演的是内蒙古人民生活的情形。）至于《白毛女》《红旗歌》《民主青年进行曲》等有名的歌剧和话剧，东北电影制片厂也在计划加以改编，把它们拍成电影。1949 年，预计除《桥》之外，还有 7 部故事片可能和观众见面。

《人民日报》天天连载袁静、孔厥的《新儿女英雄传》，版面上经常有探索新时代文学创作的文章：怎样为人民服务、为新民主主义服务？ 6 月底，文代大会即将开幕的时候，经过郑重编选的《中国人民文艺丛书》，已由新华书店出版，第一批出版的计有小说 15 种（《高干大》《原动力》《李家庄的变迁》《李有才板话》《无敌三勇士》《双红旗》《桑干河上》《地雷阵》《晴天》《一个女人翻身的故事》《地覆天翻记》《老赵下乡》《吕梁英雄传》《种谷记》《暴风骤雨》），剧本 18 种（《三打祝家庄》《不要杀他》《赤叶河》《王秀鸾》《红灯记》《保卫和平》《李国瑞》《血泪仇》《刘胡兰》《逼上梁山》《穷人恨》《团结立功》《李闯王》《改变旧作风》《大家喜欢》《过关》《把眼光放远点》《白毛女》），诗歌 5 种（《佃户林》《王贵与李香香》《赶车传》《东方红》《圈套》），小型歌剧 5 种（《兄妹开荒》《王克勤班》《宝山参军》《货郎担》《牛永贵挂彩》），说书词两种（《刘巧团圆》《晋察冀的小姑娘》），通信报道 7 种（《没有信的炸弹》《解救》《英雄沟》《英雄的十月》《飞兵在沂蒙山上》《光明照耀着沈阳》《诺尔曼·白求恩片断》）。这些作品都是解放区历年来，特别是 1942 年延安文艺座谈会以来各种优秀的与较好的文艺作品。作者包括文艺工作者及一部分工农兵群众与一般干部。

解放区的教育事业也蓬勃发展。据《人民日报》6 月 2 日报道：“华北小学教育日益正规化，三百余万儿童入学。”文章写道：

在新民主主义的教育总方针指导下，华北小学教育建设获重大成就。现已有初、高级小学五万一千五百九十三处，教师七万六千六百六十七人，男女小学生三百二十五万余人（学龄儿童共六百三十万五千零四十四人，缺太原数字）。

广大的小学教师及小学学生们，在抗日战争及人民解放战争中，曾经英勇机智地运用各种方式，坚持教学工作。在冀中，一九四二年“五一”大扫荡以后，敌人的岗楼星罗棋布时，出现了不少岗楼村抗日小学。当敌人在安国县东崔村安下据点的时候，乡村教师老李就将小学搬到村外去，学生们在老师的暗号下，从青纱帐里背上草篮、粪筐，拿着锄头、镰刀钻出来集合上课，课堂是不固定的，或在坟场，或在树林里，有时在白天，有时在夜晚，坚持进行抗日教育。聪明的小学生们并去教育伪军：“自己人打自己人，真他妈的没良心。”有的伪军很受感动，转变了对群众的态度。

…………

由于人民解放战争全国反攻的胜利及土地改革在老区半老区已基本上完成，广大人民获得了政治上及经济上的翻身，普遍要求提高文化，各区领导遂先后进行小学教育的恢复整顿工作。去年九月教育会议提出以文化教育为主的正规教育方针之后，更引起各地注意。……

经过这次整顿，小学学生数目一般地增加了。学生情绪和教学效果也高了。到去年底，仅冀中四十一个县、太岳全区、察哈尔三专区的统计，较土改前即增加小学一千六百二十一处，学生增加三万五千人，幼稚生和夜宿生也增多了。

在新解放城市的小学和中等学校，由于正确执行了新解放区文教政策，解放后均迅速复课，学校且有增加。北平、天津两市现有公私立小学六百九十一处，比解放前增加十九处，现有小学生二十一万一千七百九十六人，小学教师们迫切要求进步，正加紧政治学习，努力研究改进业务。在学生方面有的开展了爱国家、爱学习、爱劳动的运动，利用会议、报纸展开批评与自我批评，呈现出新的气象。

解放区文教事业的恢复和发展，迫切需要正规化和科学化。6月15日，作为新中国政权实验性质的华北人民政府，颁布了《华北区小学教育暂行实施办法》，原则规定了新民主主义国家公民基础教育的实施方针3条："（1）培养儿童读写算的基本能力及普通的科学常识，以增进其对生活、社会与自然的认识。（2）注意卫生健康教育，培养儿童健康身体。（3）培养儿童爱护人民国家的思想及爱好劳动、民主、守纪律的良好习惯。"同时，对学制、入学年龄、课程设置、班级设置、领导机构设置、学校的区域均衡分布、免费教育、私立小学的创立等，都做了法制化的规定，奠定了新中国基础教育的制度基础。

同一天，华北人民政府还发布了《关于小学教育几个重要问题的指示》，主要针对办学过程中面临的迫切问题提出了解决方案。首先，对严重匮乏的师资队伍，除了有针对性地培训、进修、利用期刊等加强交流提高外，还提出："大量吸收知识分子，培养师范学生，以补充师资的不足：（1）大、中城市知识分子为数很多，且人浮于事。解放后，不少的是热情很高，愿意为人民服务，应加以短期训练，分配适当工作。动员他们到农村去任中小学教师。这一工作需要有组织、有计划地进行。（2）切实整顿，逐步发展县立（或联立）师范，要加强领导，做出成绩。切实纠正过去忽视对县师领导的偏向。在学制上，各区不强求一致：教师缺乏的地区，以一年制为主，教师不太缺乏且文化较发达的地区，以二年制为主，个别县份可以改为三年制，要做到毕业生比当地教师现有水平高出一步。过去程度过于参差不齐者，必须进行班级的整顿，程度差的另编补习班，个别程度太差的，可动员回高小学习。"

其次是“必须进一步适当解决经费问题”。提出了一些办法：“（1）地方粮与华北粮的比例为二十比一百，教育粮应占地方粮百分之六十左右。个别地区，工作上确有需要，在群众负担能力许可下，经省政府或行署批准，征收数得酌量增加。（2）教育粮的掌管办法应与中等教育经费之掌管办法同。（3）为照顾贫苦地区，专署对各县教育粮可作适当调剂。（4）无学校的村庄，群众确系自愿集资兴学者，应允许之。但须谁入学谁出钱，严禁按户摊派。（5）学校设备的开支（如盖房、购置桌凳等）高小由地方教育粮统一解决，初小经群众同意，县府批准由村自行解决。凡无校舍或校舍不足者，若有公共房屋如庙宇、祠堂等，应尽先拨用；或由村政府负责暂为借房。在新解放农村进行土改时，应注意没收的房屋中，有适用为教室、操场、校园者，或其他桌凳、木材等，可征求群众同意，酌量分配给学校。至于校舍被其他机关占用，而学校别无住处，或校舍不足者，应退还学校。新解放城市学校，一般暂不新建校舍，其必须使用之房屋不修理即发生危险者则当加以修理，但须制定精确预算，报请上级政府批准。（6）经费开支必须有计划、有制度、精确计算，厉行节约，一切要做到合理。新解放城市对过去国民党所定之开支办法，不合理的应加审查修订。”

第三是解决课本问题，提出：“课本问题采集中编审、分散印行的原则：（1）初小课本，不论城乡，下学期一律采用本府教育部审定的国语常识合编本二、四、六、八册，秋季始业之一年级暂用第一册，乡村高小可仍用高小课本（审定本）之二、四册，大城市的高小改用最近的修订本，此种修订本的纸型即可发去。（2）各种课本的印刷，已经统一发给样本或纸型，由各行政区、省宣教部门组织当地公私印刷力量，供应需用。平、津、石则由新华总店供应。印刷资金不足，可向银行折实贷款，借实还实。（3）公营书店销售课本，定价以实物保本不致赔钱为原则，此项价格，各地可自行规定。（4）检查改进发行工作，保证及时使学生获得课本。”

第四是“改进加强领导是工作开展的最重要关键”。文件是以华北人民政府主席董必武的名义签发的。同时，配发了《人民日报》社论《贯彻华北小学教育会议的精神，把小学教育从现有基础上提高一步》，社论说：

> 现在华北区已全部解放，全国胜利指日可期。华北已摆脱了十多年来战争支配一切的局面，开始进入和平建设的时期。今后的工作中心，第一是经济建设，第二便是文化教育。而作为国民基础教育的小学教育，不仅是文化教育建设的基本环节之一，也是发展生产不可缺少的重要条件之一。必须认识：要建设新民主主义的国家，将落后的农业国变为先进的工业国，不普及教育、扫除文盲、提高人民文化水平，消灭不识字、不卫生、不健康的状态，是不行的。……此我们必须把办好小学教育，普遍提高国民文化，看作当前的重要任务之一。
>
> …………
>
> 各级党委和政府的领导同志，对办好小学教育的重要性，应有正确的认识，把教育工作提到议事日程上来。调整干部，充实各级教育行政机构，健全部门经常工作，认真负责地解决工作中的一切问题。为贯彻华北小学教育会议的精神，把小学教育从现有基础上提高一步，逐步实现普及教育而奋斗！

为了配合解放区教育事业的发展，6月26日，华北人民政府命令“文教卫生用品器材准予申请免税进口”，办法规定：“一、凡文化教育卫生机关暨公私立学校报运各该机关学校之文化教育卫生用品及器材进口者，得径向华北对外贸易管理局申请免税。二、前条所述之文化教育卫生用品，以图书、仪器、标本、实验用器械及其零件与化学实验物品为限。三、公立医院及公私立慈善机关所需之仪器、医疗器械，亦得申请免税进口。四、申请人须向华北对外贸易管理局呈递免税申请书，详填货名、货物来源、数量、价值、进口日期、船名及用途、理由等，经核准后发给免税凭证。五、向海关申报前项免税物品时，除须呈验免税凭证外，并须缴呈华北对外贸易管理局签发之进口许可证。”

多么完整的教育政策配套！

6月15日，在中国人民解放军的军史上，也是极为重要的一天，这一天，中国人民革命军事委员会发布命令，公布中国人民解放军军旗及军徽样式。命令全文如下：

中国人民革命军事委员会命令

兹公布中国人民解放军军旗及军徽样式如下：

第一，军旗

中国人民解放军军旗为红地，上缀金黄色的五角星及“八一”两字，表示中国人民解放军自一九二七年八月一日南昌起义诞生以来，经过长期奋斗，正以其灿烂的星光，普照全国。

（甲）制法：

（一）旗面为红地，长方形，横直为五比四。旗杆套用白色，宽为旗面横长的十六分之一。旗杆为红黄二色相间之旋纹，上置黄色矛头。

（二）由旗面的中心点向上下划一垂直中线，向左右划一水平中线，将旗面分为四个面积相等的长方格。

（三）五角星及“八一”两字均为金黄色，位于上方近旗杆之长方格内。

（四）将该长方格上下划十六等分，左右划二十等分，在上下八比八、左右六比十四处，定一点为圆心，以四等分长度为半径作一圆，用直线将该圆周的五等分点联成一五角星，星的上角顶点在圆心垂直正上方。

（五）“八一”用汉字，每笔均系等边长条体。旗杆在左时，该二字置于五角星的右下方，并由左向右横写。旗杆在右时，则该二字应位于五角星的左下方，并由右向左横写。

（六）“八”字每笔长三等分，宽一等分，置于一小长方格内。该小长方格的上边距水平中线向上七等分，下边距水平中线向上四等分，左边（如旗杆在右则为右边）为由五角星之右上角尖（或左上角尖）向下所作之垂直线，右线（或左边）距垂直中线向左（或右）四点五等分。“八”字两笔的外侧六个直角尖端应紧接该小长方格的相当各边，内侧两个直角尖端相距约半等分。“一”字长为四等分，宽为一等分，该字下边距水平中线向上五等分，右边（或左边）即在垂直中线上。

（乙）各级军旗尺寸如下：

（一）人民解放军总部　横一七〇公分　直一三六公分

（二）野战军（一级军区同）及兵团（二级军区同）　横一六五公分　直一三二公分

（三）军（三级军区同）　横一六〇公分　直一二八公分

（四）师（军分区同）　横一五五公分　直一二四公分

（五）团（县指挥部或武装部同）　横一五〇公分　直一二〇公分

第二，军徽

中国人民解放军军徽为镶有金黄色边之五角红星，中嵌金黄色“八一”两字。

（甲）军徽用作帽花时，其制法及尺寸如下：

（一）五角红星的圆周半径为十五公厘（略作二公厘高之凸形）每个角均为三十六度，外镶一点五公厘宽之金黄色边。

（二）“八一”为宋体汉字，适当地直置于红星内。

（乙）军徽用于臂章、奖状、文书、车、船、飞机及建筑等物时，则按照上述尺寸比例放大或缩小。

中国人民革命军事委员会主席　毛泽东

副主席　朱德　刘少奇　周恩来　彭德怀

公历一九四九年六月十五日

从1927年的八一南昌起义，中国人民解放军创立，到军旗、军徽公布这天，还有一个半月就满22周年了。山沟里打出来的泥腿子军队，终于开始走向全面正规化，有了统一的军旗、军徽。当天，新华社发表短评《把人民解放军的军旗插遍全中国》。短评说：

中国人民革命军事委员会今天正式公布了中国人民解放军的军旗和军徽。这是值得我中国人民解放军全体指挥员、战斗员、工作员和全国人民庆幸和重视的。

军旗和军徽上都缀着一颗金黄色的明星，缀着“八一”两个字。这表示中国人民解放军自从一九二七年八月一日南昌起义诞生以来，已经用灿烂的星光照耀着中国，中国人民从此有了自己的武装力量，这支革命武装力量，为了完成中国人民自求解放的伟大历史任务，前仆后继，牺牲奋斗，二十二年来如一日。由于中国共产党和她的领袖毛泽东同志的辛勤培植和正确领导，二十二年前的一支很小的部队，到今天已发展成为三四百万人的大军了；在装备方面，也由只有不完整的简单武器，变为拥有数千门新式大炮及其他各种近代武器了。这说明了为人民而战和为人民所有的革命军队，无论经过多少艰难困苦，它的生长和发展是任何反革命势力所无法遏止的，它一定会日益壮大，日益坚强，变为不可战胜的力量。

中国人民解放军正在成为一支完全正规化的军队；它的军旗和

军徽的颁布，正是它的正规化的重要标志之一。……建立人民民主的新中国，必须立即有步骤地建立各种正规制度，加强统一，遵守纪律，服从指挥，肃清任何无组织、无纪律、无政府的恶劣现象。在这种情况下，整饬军风纪、严肃军容、提倡礼节等，都是人民解放军全体战士的当前任务。人民解放军的各级指挥员、工作员，应当用军旗和军徽的颁布来加强这种统一运动和正规化运动。应当教育全军战士认识军旗、军徽的意义和准确的图样，并进行尊重和爱护军旗、军徽的教育。

人民解放军的军旗和军徽，不但是人民解放军的标志，也是我们的人民民主的新国家的重要象征。因此，全国的人民和全国的人民解放军，都必须一致保卫它的尊严，要像爱护我们自己的生命一样来爱护它们，使其不被损坏、不被侮慢、不被玷辱。

人民解放军全体指挥员、战斗员、工作员同志们！团结一致，努力奋斗，把我们的灿烂的旗帜插遍全中国吧！

各野战军和各大军区，纷纷发布训令，落实中央军委关于部队利用军旗、军徽教育实现正规化的要求。

6 月 16 日，华北军区就颁发训令：“拥护军委六一五命令，加强统一正规化运动。”提出：

我们衷心拥护军委这一命令，切实执行，并以此教育全军，整饬军风纪、严肃军容与军队礼节，加强军队的统一运动与正规化运动，努力完成军队正规建设的任务。

…………

我们必须严格检查各部队还遗留着的游击作风、违反命令和败坏军风纪的现象，并予以有效地纠正。人民解放军总部曾统一规定了服装式样和胸章佩戴办法，但是最近仍有不少干部战士违反这一命令，军容不整，风纪松弛，街道上可以经常看到不戴军帽，不扣风纪扣，不穿军装上身，不佩戴胸章，或佩戴不合制式；军队中的妇女工作人员，有的只穿军裤，不着军衣，不戴军帽，街头散步；有的军人骑自行车携带妇女，或在小摊吃零食等等败坏风纪军容的现象。这些恶劣现象的产生，一部分是游击作风的残余，另一部分则是小资产阶级知识分子自由散漫的表现，这与人民解放军的严肃、整齐、正规作风，是不相容的，必须加以整饬。

……大家一致努力，从整饬军风纪、严肃军容、提倡礼节做起，加强我们统一的正规的建设。

配合中国人民解放军军旗、军徽的公布，一场军队正规化的运动在解放军中展开，对后来部队军容严整地进入城市起到了很好的作用。

解放区的气象，确实已经到处洋溢着新国家的气象。而6月份最具新国家气象的事件，就是新政治协商会议筹备会的召开，新中国建国程序的正式启动。

最早的动议还是在中共中央公布“五一口号”之前。1948年4月25日，毛泽东在城南庄致电在西柏坡的其他几位中央书记刘少奇、朱德、周恩来、任弼时，就即将召开的中共中央书记处扩大会议准备讨论的内容提出六项议题，其中一项议题就是“邀请港、沪、平、津等地各中间党派及民众团体的代表人物到解放区，商讨关于召开人民代表大会并成立临时中央政府的问题”①。两天后，毛泽东在给晋察冀中央局城市工作部部长刘仁的信中，提出：

---

① 中共中央文献研究室编：《毛泽东年谱：一八九三——一九四九》下卷，人民出版社、中央文献出版社1993年版，第304页。

“会议名称拟称为政治协商会议，开会地点在哈尔滨，时间在今年冬季。”[1]这是中共中央首次明确会议的名称是“政治协商会议”。接着，就是向外界公开公布的“五一口号”，使邀请各界人士到解放区参加政治协商会议成为具体的行动。

1948年10月初，中共中央将中央城工部改组为中央统一战线工作部，任命李维汉为部长，高文华为副部长，在中央领导下，主管统一战线和筹备召开新政协的具体工作。

1948年9月初到1949年3月，经中共香港分局安排，共有5批民主人士到达解放区，第5批是在天津上岸的，因为那时北平、天津已经解放，他们是黄炎培夫妇、盛丕华和他的儿子盛康年，还有姚维钧、俞寰澄等，由刘恕护送。到1949年的8月，从香港北上的民主人士共有20批约350人，其中有119人参加了第一届全国政治协商会议。

除了从香港经海路北上外，民主人士集中到达解放区的路线还有两条：一条是从北平经石家庄到中共中央城市工作部所在地河北省平山县李家庄，其中不少人是经中共华北局城工部设在沧州机务段内对外称作和平教会的工作站，然后到泊镇办事处，再到达李家庄。另一条是从上海或香港经山东解放区到达李家庄。

参会的人员在汇集，关于会议的召集、组织、内容也在商讨。毛泽东认为，还是要有一个文件，以供讨论，他建议周恩来草拟一个。1948年的10月8日，经毛泽东修改，由周恩来起草的《关于召开新的政治协商会议诸问题（草案）》以中共中央名义发给东北局高岗、李富春，指示他们就其中的问题，约集已在哈尔滨的民主人士商讨。与此同时，中央统战部也同已经到达李家庄的符定一、周建人等民主人士商讨。《关于召开新的政治协商会议诸问

① 中共中央文献研究室编：《毛泽东年谱：一八九三——一九四九》下卷，人民出版社、中央文献出版社1993年版，第304—305页。

题（草案）》的内容，包括了新政协召集问题，新政协参加者，新政协召开的时间、地点，以及新政协应讨论的事项。10 月 30 日，中共中央又致电香港分局，将经过修改后的《关于召开新的政治协商会议诸问题》发给他们，要求征询在香港的民主人士意见。

开会的时间和地点是讨论的一个焦点，虽然大家都各有不同主张，但是，这两个问题基本是以人民解放战争的进度决定的。地点最初确定在哈尔滨，但北平解放后，中共中央搬过去了，民主人士聚集在北平的更多了，政治中心已经转到了北平，会议地点也就名正言顺地转到了北平。

比较复杂的问题是代表的确定。1948 年 10 月 15 日，中共中央致电高岗、李富春，提出参加新政协的 7 个党派的代表名单：一、民革：李济深、蔡廷锴、何香凝、柳亚子、朱蕴山、郭春涛、李德全、张文、陈劭先、陈此生、李章达、吴茂荪 12 人；二、民盟：沈钧儒、章伯钧、张东荪、吴晗、邓初民、周鲸文、罗隆基、张澜、曾昭抡、冯裕芳、梁漱溟、马哲民、周新民、辛志超、韩兆鹗 15 人；三、民进：马叙伦、王绍鏊、张絅伯 3 人；四、农工党：彭泽民、邱哲、李伯球、严信民、郭则枕、王深林 6 人；五、救国会：史良、胡愈之、张志让、沙千里、沈志远、曹孟君、闵刚侯 7 人；六、民促：蔡廷锴等；七、民联：谭平山、陈铭枢、王昆仑、许宝驹、侯外庐、谭惕吾、洪孟博、李世章 8 人。中共中央要求高岗、李富春向各该党派在哈尔滨的 5 位代表谭平山、蔡廷锴、沈钧儒、章伯钧、王绍鏊“分别提出，征询他们的意见，并交换意见”。中共中央强调：“新的政协的组成，必须依照《关于召开新的政治协商会议诸问题》第二项所指出的原则”，“但在被邀请的各民主党派及某些团体中，一般都有右派分子，仍须让其有少数参加，在产业界和其他方面也还会要邀请个别对群众有一定影响和联系的右派分子，只要在基本上同意上项原则，保证共产党人和进步分子在新政协中占绝对的优势，则让若干右派而不是公开反动的分子参加，在策略上是有必要的”。

经过多次协商，1948 年 11 月 3 日，中共中央向在哈尔滨的民主人士提出两点建议：（一）规定参加新政协的单位由中共及各民主党派、各人民团体、各地区代表共 38 个单位组成，每单位人数六名；（二）如再有增加单位的提议，可随时协商，在筹备会中作出正式决定。后来，又在香港地区征求意见，最后，在 11 月 25 日，高岗、李富春与在哈尔滨的民主人士沈钧儒、谭平山、章伯钧、蔡廷锴、王绍鏊、朱学范、高崇民、李德全等对《关于召开新的政治协商会议诸问题（草案）》达成了共同的协议，其中关于参加的代表问题，明确由中共及赞成中共中央“五一口号”第五项（即召开新政协）的各主要民主党派、人民团体及无党派民主人士等共计 23 个单位的代表组成；每单位参加人数一人至四人，其确定数目和人选，经其本单位提出，由筹备会各单位协商定之；其无团体组织但有代表性人士，则由筹备会各单位共同推定。……但如获筹备会同意亦可允许个别单位酌增人数。[①]

代表问题解决了会议的组织问题，而最大的政治问题就是《共同纲领》的起草，这是一个具有宪法作用的文件，是要凝聚各方面人士共识的建国文件，必须在 6 月 15 日前出第一稿，以供讨论。

《关于召开新的政治协商会议诸问题（草案）》中提出，对《共同纲领》，中共正在准备一个草案。民主人士的理解是《共同纲领》由中共起草，他们只是来提意见的。他们认为这不足以反映他们对建立新中国的方方面面的设想和主张，他们也希望提出自己的草案。胸怀和民主意识使中共中央接受了这个意见。但是，由于战争还没有结束，这件事做起来就不是很容易实现了。于是，在哈尔滨的民主党派还是委托中共方面先起草一个《共同纲领》的草案。[②]

起草工作由周恩来主持，中央统战部部长李维汉具体负责，在 1948 年

---

① 中国人民政治协商会议全国委员会文史资料委员会编：《五星红旗从这里升起——中国人民政治协商会议诞生记事暨资料选编》，文史资料出版社 1984 年版，第 19—20 页。

② 周恩来在新政协筹备会第三小组成立会议上的讲话，1949 年 6 月 18 日。

10 月 27 日就拿出了第一稿，最初的名字叫《中国人民民主革命纲领草稿》，分总则、政治、军事、土地改革、经济财政、文化教育、社会政策、少数民族、华侨、外交十部分，共 46 条。

按照李维汉给周恩来的信的说法，这个稿子是“勉强凑来”，意即比较粗糙，但它还是把即将诞生的新中国应实行的最基本的纲领、政策规定了出来。它规定纲领的基本原则，即新政协各成员“共同奋斗的准则”，是“新民主主义亦即革命三民主义”；“人民为国家的主人，国家的一切权力出自人民大众，属于人民大众”；“中国人民民主共和国各级政权的构成，不采取资本主义民主的三权鼎立制，而采取人民民主的民主集中制”；国家各级权力机关和行政机关，是各级人民代表大会及其选出的各级人民政府；实行耕者有其田的土地制度；没收官僚资本归国家所有；“国有经济为全部国民经济的领导成分”；“发展生产，繁荣经济，公私兼顾，劳资两利，应定为全部国民经济建设的总方针”；有计划有步骤地发展工业，争取若干年内“使中国由农业国地位上升到工业国地位”；“发展民族的、科学的、大众的文化与教育”；各民族一律平等，建立民族自治区等。这些规定，反映了我党长期以来形成的新民主主义的立国思想，因此大都为后来各个稿本所采纳。①

1948 年 11 月，《中国人民民主革命纲领草稿》形成了第二稿，结构亦有了改变，分为人民解放战争的历史任务、建立人民民主共和国的基本纲领、战时具体纲领三大部分。这个时候，三大战役还没有结束，所以第一部分叙述人民解放战争的历程、主要经验及其要完成的推翻三大敌人和国民党反动统治的历史任务，号召全国人民“继续支持人民解放战争直至解放全中国的彻底胜利”。第二部分规定中国人民民主共和国的新民主主义的性质以及它的国家构成、政权构成、文化教育、外交政策。第三部分就全力支援人民解放战争、巩固人民解放区、建立临时中央政府三个方面做出 34 条规定，其

① 《胡乔木回忆录》，人民出版社 2014 年 12 月第 2 版，第 554—555 页。

中全力支援人民解放战争 10 条，巩固人民解放区 21 条，建立临时中央政府 3 条。

这一稿虽然战争的色彩还很浓厚，但是，对成立中华人民民主共和国临时中央政府的程序，作了新的规定。1948 年发布“五一口号”时提出由政协“讨论并实现召集人民代表大会，成立民主联合政府”。在哈尔滨的民主人士讨论《关于召开新的政治协商会议诸问题（草案）》时，对如何成立中央政府一项，产生不同意见，有人主张新政协即等于临时人民代表大会，即可产生临时中央政府。中共中央赞同这种意见，在 11 月 3 日给东北局指示电中说：依据目前形势的发展，临时中央人民政府有很大可能不需经全国临时人民代表会议，即径由新政协会议产生。这一稿明确规定：由新政协直接选举临时中央政府。随后，1949 年 1 月 1 日，毛泽东在新年献词《将革命进行到底》中宣布：1949 年将要召集没有反动分子参加的、以完成人民革命任务为目标的政治协商会议，“宣告中华人民民主共和国的成立，并组成共和国的中央政府”。1949 年 1 月 8 日中共中央政治局会议通过相应决议，这样，关于新政协的使命，又有了新的规定。

这一稿明显地带有宣言的性质，是宣言与纲领相结合的一个文件。同第一稿相比，它更着重于战时任务的规定。1949 年 2 月 27 日，周恩来对该文稿做了最后的文字修改，把它同《关于召开新的政治协商会议诸问题（草案）》《新政治协商会议筹备会组织条例（草案）》《参加新政协筹备会各单位民主人士候选名单》《中华人民民主共和国组织大纲（草案）》4 份关于召开新政协的文件一起汇编成册，命名为《新的政治协商会议有关文件》，并批示“印一百份”，做最后的征求意见。

1949 年的中国，由于中国共产党的胸怀，人们的思想极其活跃，都想在即将诞生的新中国的基石上留下自己的智慧或主张。思想的统一并不容易。

当时，在民主人士中普遍有 3 个主要问题需要解决：

一是要不要将革命进行到底。特别是在渡江战役前夕，在幻想走第三条道路的人中普遍存在。国民党也不时释放假和平信号，鼓动划江而治，甚至有一个民主党派负责人提出：还是由蒋介石召开政协会议，组建联合政府，或由国共两党轮流领导中国。

二是新中国实行新民主主义还是旧民主主义。一些民主人士还是向往旧民主主义，即资本主义。有的人主张将来《共同纲领》不写新民主主义，而用“民主主义”；有的人主张政治和经济分而治之，政治上由中共领导，经济建设可由他们尽力；有的人不赞同中共的土地政策，认为过火过激；有的人主张在外交上不要一边倒；等等。1949 年 2 月，中共中央统战部提供一份题为《新政协的阵营》的综合报告，分析说：“有的民主党派在政治上主张，以三民主义为建国最高原则，而不愿用新民主主义；希图结合资产阶级右翼，形成反对派，以防中共控制；主张保留蒋党‘起义’部队的编制，以图收集残余的力量，并联合地方军阀，策动地方武装，从而培植其争夺领导权的资本。”① 随着渡江战役的结束，这种主张日渐式微。

三是如何对待民主党派，革命胜利后是否还需要民主党派。这也是一个关于新民主主义革命性质和中国未来新政府性质的重大理论问题。党内也有不同认识，甚至有人发牢骚说“共产党打天下，民主人士坐天下”。而民主人士则担心，革命胜利后，中共可能不会再需要他们了，他们在新中国的政权组织中可能不会有相应的位置，毕竟新中国是共产党通过流血牺牲打下来的。

为了解决这些思想问题，统一认识，达到最广泛的共识，党中央在征求意见的同时，也是用各种办法进行了大量耐心、细致的工作。

首先，在党内必须统一思想，正确对待民主党派和民主人士。1949 年 1 月 22 日，中共中央给相关部门发出了周恩来起草的《关于对待民主人士的指示》，指出：我党对待民主人士的方针应该是以彻底坦白与诚恳的态度，

① 周恩来在新政协第一次党组会议上的讲话，1949 年 9 月 15 日。

向他们解释政治的及有关党的政策的一切问题，与之协商一切重大问题，以争取他们同我党一道前进。对政策问题均以正面解答，不加回避。对政策实施的情况，也应据实相告。同时请他们充分发表并提出批评和意见。对民主党派、人民政治团体，应取积极态度，但不要一下子希望过高，期之过急。

3月5日，毛泽东在中共七届二中全会上专门就如何对待民主党派和民主人士问题说了很长一段话：

> 我们必须把党外大多数民主人士看成和自己的干部一样，同他们诚恳地、坦白地商量和解决那些必须商量和解决的问题，给他们工作做，使他们在工作岗位上有职有权。
>
> …………
>
> 对他们的错误或缺点采取迁就态度，是不对的。对他们采取关门态度或敷衍态度，也是不对的。每一个大城市和每一个中等城市，每一个战略性区域和每一个省，都应当培养一批能够同我们合作的有威信的党外民主人士。我们党由土地革命战争时期的关门主义作风所养成的对待党外民主人士的不正确态度，在抗日时期并没有完全克服，在一九四七年各根据地土地改革高潮时期又曾出现过。这种态度只会使我党陷于孤立，使人民民主专政不能巩固，使敌人获得同盟者。现在中国第一次在我党领导之下的政治协商会议即将召开，民主联合政府即将成立，革命即将在全国胜利，全党对于这个问题必须有认真的检讨和正确的认识，必须反对右的迁就主义和“左”的关门主义或敷衍主义两种倾向，而采取完全正确的态度。①

周恩来则做了更多的思想工作，他从各个角度进行说服：有些同志说，

① 《毛泽东选集》第4卷，人民出版社1991年6月第2版，第1437—1438页。

革命 20 多年，连代表都当不上。我们不应该这样看问题，不能这样比，如果这样比，我们开党员代表大会好了，那就不叫人民政治协商会议了。他还说：同党外人士的合作，这是一件大事。我们以前习惯与工人、农民、革命知识分子合作，这是经过 20 多年来学会了的。现在我们进入了大城市，需要我们和资产阶级合作，和旧知识分子合作，要同反动阵营中分化出来的人合作。同这样一些人合作，我们还没有很好的经验。这是一个困难，但这个合作很重要。①

其次，通过文章、讲话等形式，从理论上给民主人士心里的疑惑进行透彻的阐述和回答。比如，对要不要将革命进行到底这样一个重大政治原则问题，毛泽东在 1949 年的新年献词中，进行了充分的论述：

> 现在摆在中国人民、各民主党派、各人民团体面前的问题，是将革命进行到底呢，还是使革命半途而废呢？如果要使革命进行到底，那就是用革命的方法，坚决、彻底、干净、全部地消灭一切反动势力，不动摇地坚持打倒帝国主义，打倒封建主义，打倒官僚资本主义，在全国范围内推翻国民党的反动统治，在全国范围内建立无产阶级领导的以工农联盟为主体的人民民主专政的共和国。这样，就可以使中华民族来一个大翻身，由半殖民地变为真正的独立国，使中国人民来一个大解放，将自己头上的封建的压迫和官僚资本（即中国的垄断资本）的压迫一起掀掉，并由此造成统一的、民主的和平局面，造成由农业国变为工业国的先决条件，造成由人剥削人的社会向着社会主义社会发展的可能性。如果要使革命半途而废，那就是违背人民的意志，接受外国侵略者和中国反动派的意志，使国民党赢得养好创伤的机会，然后在一个早上猛扑过来，将

① 周恩来在新政协第一次党组会上的讲话，1949 年 9 月 15 日。

> 革命扼死，使全国回到黑暗世界。现在的问题就是一个这样明白地这样尖锐地摆着的问题。两条道路究竟选择哪一条呢？中国每一个民主党派，每一个人民团体，都必须考虑中国问题，都必须选择自己要走的路，都必须表明自己的态度。[①]

对于革命胜利后是否还需要民主党派的问题，毛泽东明确指出：为了革命的彻底胜利和新中国的建设事业，“我党同党外民主人士长期合作的政策，必须在全党思想上和工作上确定下来”。[②]

再次，是通过个别交谈、座谈、报告会和组织到解放区参观等形式，让民主人士更深入地了解共产党及其政治主张，了解解放区及其人民，了解解放区的政权模式。叶剑英、李维汉、邓颖超、陶铸、邓小平、陈毅等都在各个场合给民主人士报告军事、政治、土改、经济、文化教育、外交、妇女等问题。周恩来在百忙中同民主人士举行多次座谈和报告会，向他们说明：我们实行的是新民主主义，不是旧民主主义；不是在朝党、在野党互相斗争，互相交替，而是以无产阶级领导的各民主阶级的政治合作；这种合作是政治上的分工合作，各民主党派各自联系不同方面的人，向共同的方向前进，这个共同的方向就是建设新民主主义的新中国。[③] 1月16日，周恩来在民主人士座谈会上做了关于时局问题的报告，指出目前战局已定，现在有人觉得蒋介石已经跪在地上了，于是心就软起来。这点，鲁迅说得最坚决，落下水去的狗，还要打。他还对民主建国会的黄炎培、盛丕华、章乃器、孙起孟等人说：现在的中国，应是在无产阶级领导下四个阶级的联盟，共同进行新民主主义建设，因此需要各党派真诚合作。民主建国会的成分有工商业者、和工

---

① 《毛泽东选集》第4卷，人民出版社1991年6月第2版，第1375页。

② 同上书，第1437页。

③ 童小鹏等：《关于筹备和召开中国人民政治协商会议的回忆》，石光树编：《迎来曙光的盛会——新政治协商会议亲历记》，第11页。

商业者有联系的知识分子以及文化界人士，因此民主建国会应团结、教育、领导好他们，坚持公私兼顾、劳资两利，为经济建设服务。[①]

1949 年 4 月，中共中央统战部还组织了吴羹梅等各界人士 59 人的民主东北参观团赴东北参观。参观团用了 40 多天的时间，走遍所有东北重要城市和若干农村，他们在给毛泽东的信中由衷谈道："使我们感到最重要的是，向来被人看作一盘散沙的中国人民，在中国共产党和毛主席领导之下，经历了长期的斗争和锻炼，现在已经组织成并教育成钢铁一样的坚强的集体了。政府的民主集中制已经充分发挥了效能——群众有发表意见的绝大自由，而中央的政策又能贯彻到最下层去。这样坚强的集体，在中国历史上是空前的。""整个社会风气显然起了根本的变化。新生的朝气冲洗了旧社会的残渣，勤劳朴实的作风，代替了过去的奢侈颓废的病态，在这里，中共干部和党员的优良作风曾起了很大的作用。"[②]

艰苦细致的思想工作，耳濡目染的所见所闻，使各民主党派和无党派民主人士对中共关于新政协将要通过的《共同纲领》和新中国成立后的基本政策走向有了比较充分的了解，对未来增强了信心。据胡乔木回忆，从 1948 年中共发布"五一口号"到 1949 年春天，由于各种因素的推动，各民主党派和无党派民主人士中的绝大多数人，在彻底推翻国民党反动统治和建立新民主主义中国这两个基本问题上，与共产党取得了共识。这为《共同纲领》的正式制定，创造了必要的前提。[③]

到了 1949 年 6 月中旬，一切条件皆已成熟。

6 月 15 日下午，毛泽东穿上一身新做的深灰色制服，手里拿着文件袋，

---

① 中共中央文献研究室编：《周恩来年谱：一八九八——一九四九》，中央文献出版社 1990 年 3 月第 1 版，第 828 页。

②《民主东北参观团回来致书毛主席陈述感谢》，《人民日报》1949 年 6 月 27 日。

③《胡乔木回忆毛泽东》，人民出版社 2014 年 12 月第 2 版，第 557 页。

从菊香书屋的北面出来，朝勤政殿走去。《人民日报》1949 年 6 月 20 日对大会盛况和毛泽东在会上的一些细节是这样描述的：

全中国的人民都在盼望这一天。一九四九年六月十五日——这一个富有历史意义的日子终于来到了。新政治协商会议筹备会成立会在这天揭幕。中国共产党和各民主党派、无党派民主人士及工人、农民、青年、妇女、产业界、文人、少数民族、华侨的代表人物，将要在这个会上商定召开正式新政协，以建立中华人民民主共和国政府的重大事情。……

会场设在中南海勤政殿。简单、朴素而严肃。主席台上装饰着六面解放军的军旗，六十面红旗分别排列在十二个方柱上。议席成弧形，饰以紫色幕布。一百三十多位代表，从内地到边疆，从本国到海外，从青年到老者，有工人、农民、军人、妇女与学术、产业各界人士……他们代表着中国各个革命的阶层。解放军代表一律着草绿军服，其余代表分着西装、制服或长袍马褂，农民代表石振明、朱富胜穿着白色土布裤褂，他们来自田间，依然是农民本色。他们在人民革命的过程中翻起身来，由遥远的西北和华东来到北平，和其他方面的代表一起商讨建国的大计。

下午七时四十分，毛主席、朱总司令偕同李济深、沈钧儒等先生进入会场。毛主席着深灰色制服，精神异常健旺。他静悄悄地进来，显然不愿意引起人们特别的注意。人们到底发现了，一片热烈欢迎的掌声。毛主席含笑答礼，坐在主席台右前排第一位，那是“一〇一”号。周恩来同志坐在他的右边。主席台最前排是人民解放军代表，朱总司令为首席——“一〇二”号。

周恩来同志宣布“新的政治协商会议筹备会开幕”，人们狂热地鼓掌，开麦拉把这庄严的仪式一一摄入镜头。代表中国历史新的一页的大会正式揭幕了。毛主席代表中国共产党首先讲话。他平静而安详地总结了中国革命的进程，指出了中国将往哪里走。人们紧张地听他讲话，同时看着他那事先印就的讲演稿。刘玉厚伸着脖子、睁大眼睛，聚精会神地听着。在胡宗南匪帮向陕甘宁边区疯狂进攻，延安暂告撤守的艰苦日子，毛主席在延安周围领导打仗，刘玉厚在陇东领着担架队支援前线。那时候他热切地关心着自己的领袖，从队伍方面设法打听一点消息。现在，战争胜利了，他亲眼看到自己的领袖在作历史性的演说，这种兴奋是无可比拟的。他听到毛主席最后说到“中华人民民主共和国万岁”，立刻会心地笑了——胜利的微笑。

朱总司令代表人民解放军，申明“人民解放军是中国民主运动的最忠实的支持者，而在现在它就是新政治协商会议及即将成立的民主联合政府的最忠实的支持者”，人们狂热地鼓掌。谁都知道，没有解放军的英勇奋战，在北平召开这种会是不可想象的。解放军推进了中国的历史。李济深、沈钧儒、郭沫若、陈叔通、陈嘉庚等五先生讲话时，一致道出这个真理：人民的努力、中共的领导、解放军的作战，使中国有了今天的胜利，也保证了建国的成功。因而对于自己能在这样的会议上讲话，感到无上的光荣。因而一致表示：愿在中共和毛主席的领导下，从事神圣的建设新中国的伟大工程。产业界民主人士陈叔通先生飘着半尺银髯，愉快地登台讲话。他说到中国的胜利，中国人民的光荣，诚恳地向毛主席致敬。坐在他面前的毛主席立刻站起身来，谦逊地折腰致谢。郭沫若先生讲话时，着重地说：“在毛主席领导下，永远走着上升的路。”多少人满意地点着头；石振明摸着自己的短须，微微笑着。记者在会后曾经问他：“你对于会上的讲话有什么感想？”他说：“每一位说得都很好。郭先生说跟着毛主席，永远走上升的路，这句话我实在爱听。”真的，他完全懂得这句话，因为他的切身经历，已经最雄辩地说明了这句话的不朽真理。

会中休息十分钟，毛主席离开座位，和代表们握手问好。毛主席走到哪里，哪里成了会场的中心。见到黄炎培先生，毛主席握着他的手说："你好，身体怎么样？"看见周新民先生，毛主席连声地说："久闻，久闻。"看见谭平山先生，二人亲切地握手，亲热地谈话。看见身着长袍马褂的符定一老先生，毛主席关心地问长问短："身体好么？眼睛好了没有？"符先生笑着，用手摸着毛主席的肩头，连说："很好，很好。"

周恩来同志宣布继续开会，毛主席重新回到自己的位置。他细心听别人讲话，认真地为别人鼓掌。讲话的代表路过他坐的地方，都向他点头致意，毛主席时时诚挚地欠身答礼。散会了，毛主席和大家一起离开会场，他走到的地方，人们迅速围拢来。代表、来宾和会中的工作人员，都向他招呼问候。毛主席看到上海小教联主席葛志成，立刻拉住他的手，耐心地谈起来："你是从上海经山东到北平来的吗？""是，从上海来的。"毛主席笑着，说："你的工作做得很好。"葛志成说："这是因为你领导的正确。"沉吟片刻，他又说："上海的小学教员，都非常爱戴毛主席。"毛主席慈祥地注视着这位青年人，谦逊地点点头，最后紧紧地握了手，缓缓地走出门去。

毛泽东的讲话已经有了国家元首的气魄，对未来的新中国充满信心。他说：

我们向全世界声明：我们所反对的只是帝国主义制度及其反对中国人民的阴谋计划。任何外国政府，只要它愿意断绝对于中国反动派的关系，不再勾结或援助中国反动派，并向人民的中国采取真正的而不是虚伪的友好态度，我们就愿意同它在平等、互利和互相尊重领土主权的原则的基础之上，谈判建立外交关系的问题。中国人民愿意同世界各国人民实行友好合作，恢复和发展国际间的通商事业，以利发展生产和繁荣经济。

中国民主联合政府一经成立，它的工作重点将是（一）肃清反动派的残余，镇压反动派的捣乱；（二）尽一切可能用极大力量从事人民经济事业的恢复和发展，同时恢复和发展人民的文化教育事业。

中国人民将会看见，中国的命运一经操在人民自己的手里，中国就将如太阳升起在东方那样，以自己的辉煌的光焰普照大地，迅速地荡涤反动政府留下来的污泥浊水，治好战争的创伤，建设起一个崭新的、强盛的、名副其实的人民共和国。

代表们的发言可以看出对新中国的期待，还有就是对中国共产党的钦佩。《人民日报》记者同时采访一些有声望的代表，并刊出他们的发言节选。

中国国民党革命委员会代表何香凝先生说：今天我能看到新政协的召开，我高兴极了。我脱离国民党到现在已经二十二年了，我从来没有向国民党反动派屈服过，二十二年来我的愿望终于实现了。我今天已经亲眼看到中国人民的自由解放。由于毛主席贤明的领导，新政协的前途是光明的。同时我们应该向英勇的人民解放军致崇高的敬意，不知流了多少勇士的血，才换得今天的胜利。今后我们应更加努力，使中国由农业国变成工业国，但这不是一下子可以做得到的，我们要把中国落后的生产力发展起来，我们还要做许多的艰苦工作。

何香凝先生对中国妇女的解放事业，寄予莫大的期望，她说：中国妇女如果完全得到解放，参加革命工作，这力量是非常伟大的。最后她谈到国民党革命委员会参加这次会议的任务，最主要的是真正做到为人民服务，和各党派团结合作，共同建设新民主主义的新中国。

民主同盟代表章伯钧先生说：中国共产党发出五一号召以后，民盟首先响应。这次新政协的筹备会议，大家以团结的精神，互相了解，互相协商，变不同的意见为相同的意见。参加会议的团体或个人，诚然可以有不同的意见，但不能有原则的区别；譬如同走一条大道，有的可以走得快点，有的可以走得慢点，但不能走东西两个方向，那就越走越远，不能同行了。希望各党派团体都共同向政治负责，不以什么在野的身份来个什么反对派。我们相信这次新政协一定会开得成功的，在共产党领导下，订立一个大家遵守的共同政治纲领，确立联合政府组织的方案。在国际间粉碎英美在太平洋上的侵略阴谋，在国内彻底完成土改，实施工商业政策，文化教育能很好发展，财政金融方面整理并统一币制，同时在外交方面独立自主，与社会主义国家及新民主主义国家更密切地合作，保障世界的和平。

民主建国会代表黄炎培先生首先比较新旧政协本质上的不同，他说：旧政协是由国民党反动派主持的，他们在会议中占多数，当时中共、民盟等民主党派是少数，所以我们不得不在许多问题上有所迁就。今天不同了，参加新政协的各单位代表都富有革命精神的，根本上不会有反动分子参加的了。蒋介石背信弃义，彻底撕毁了旧政协的决议，当时激起了全国人的愤怒。现在想起来，设若当时成立了联合政府，说不定他还要搞出多少花样，恐怕国家还要糟糕下去，就是牺牲了上千万老百姓的生命，这是多么悲痛的一件事。

黄先生继续就新政协的酝酿过程谈：各民主党派去年就想举行新政协，但那时的国内外条件还没有完全成熟，军事发展也远不如今天，现在则一切条件成熟了。我想，不但解放区人民希望新政协筹备会在此时召开，就是尚未解放地区的人民也同样希望。假如新政协在去年召开，它的中心任务应在军事方面，而今天则应是以政治工作为中心任务了。

筹备会开幕那一天（15日），当黄先生经过新华门到达勤政殿的时候，缅怀往事，很有感触。他说，四十年来他经过了中国的四个大关头，第一个是辛亥革命，推翻了满清；第二个是袁世凯称帝，被人民打倒；第三个是对日抗战，接受了日本投降；第四个是人民解放战争打倒了蒋介石的反动统治。从这四大关头中，大家应该认清一点：人民的力量是不可抗的。

无党派民主人士代表郭沫若先生说：我们是中国人民的代表，应该加强自立的觉悟，我们负的使命非常重大，不要辜负全国人民与全世界人民的期望。从我们知识分子来讲，也要加强自己的觉悟，应该把脑力劳动和体力劳动结合起来。我们文化人背的包袱太重了，我们背了两千多年来的封建思想的包袱和一百来年的帝国主义买办思想的包袱，而且向来是和生产脱离的，文化成了装饰品，特别是自然科学，好像是在古瓷花瓶里插了一束西洋花，在中国的土地上和人民大众的心里没有扎下根去，也没有很好的贡献。我们从事文化科学的人，向来是自高自大，这个包袱需要丢掉。如果古人说“万般皆下品，唯有读书高”，那我们就说“万般皆上品，唯有空口说白话的人什么也不高”。

今天我们应该学会为人民服务，使一切科学、技术与人民生活和实际需要结合起来，这样我们的文化学术工作者，才能对新中国有所贡献。将来新政协成立后，有文化学术界的代表参加，希望我们文化学术界的朋友，首先要从自己本身做起，真正做到知识分子与工农亲密携手，完成光荣的建国大业。从这次大会各代表的表现来看，也使我们乐观，大家已经有了共同的认识，希望我们今天决心苦干，实事求是，站在自己的岗位上努力工作，这样才能完成全国人民的期望。摆在我们眼前的问题很多，世界也有需要我们共同努力的地方，今后我们一定要诚恳地接受中共坚强的领导，在毛主席的旗帜下，勇敢地向前进。

中国农工民主党代表彭泽民先生说：这一次的新政协会议与过去的旧政协会议是根本不相同的。旧政协会议是反革命的伪国民党，秉执了美帝国主义的旨意，勉强开成的。他的目的在拐卖人民，制止人民要达解放的高潮，无疑的是代表官僚资本的反革命行动，其结果当然成为一场骗局。这次新政协与旧政协刚刚相反，它是基于全国人民自动的要求，由真正代表全国各阶层各职业团体的人士和各民主党派及海外华侨，在新民主主义的信念下所召集的，共同协商共同努力建设新中国。由于中国共产党及其领袖毛泽东先生的正确领导，在以工农阶级的利益为主体外，还照顾到各阶层的利益，所以这次的新政协，相信一定可以获致伟大的成功，而且将要成为中国新历史的开始点，这是我们感到最愉快最兴奋的。现在虽然是筹备阶段，想到“万事起头难”一句老话，只要基础打好了，结果一定是美满的。

6 月 16 日，新政协筹备会第一次全体会议在中南海勤政殿继续举行。今天李济深任执行主席，周恩来作了关于《新政治协商会议筹备会组织条例（草案）》的解释报告。

这个解释报告的信息量非常大。周恩来首先对代表的来源进行了解释：最初的规定是响应、拥护中国共产党“五一口号”，即“新政治协商会议为全中国拥护新民主主义，反对帝国主义，反对封建主义，反对官僚资本主义及同意动员一切人民民主力量，推翻国民党反动统治，建立人民民主共和国的各民主党派、各人民团体、各解放区人民政府、人民解放军、国内少数民族、海外华侨及无党派和各界民主人士的代表人物所组成”。但在这里需要加一点解释……就是从去年到今年的发展中，确实有过去是在国民党反动统治系统下做工作的，而且反动行动还不少，但现在悔悟了，立功了，那么这种人就要看他们立功的大小、多少来考虑这个问题。在筹备会预备会中也曾经提到了这个问题，在筹备会上要协商对某些从国民党反动统治系统下过来的，曾经有过反动行为，而现在已悔悟过来、为人民立了功的这种人物，今天已经不是反动分子了，而是转向爱国方面，成为从事爱国工作的人士了，这应该考虑邀请其中适当的代表性人物来参加新政治协商会议。当然，这一意见有待于筹备会考虑。

发电响应、赞成“五一口号”的党派、团体都在受邀之列，但周恩来又说了几类情况。一类是：“还希望那个团体在地下工作上有所作为，所以当时就没邀请。举两个例子。一个是北平许德珩先生领导的九三学社。九三学社的领导人物跟北平的地下工作同志是有联系的，曾经掩护过很多同志进行民主运动。当时我们还是期待着这个组织在北平继续开展工作，因为当时北平还没有解放。另外一个就是南方民主革命同盟，也就是‘小民革’。这个组织是在国民党大后方统治最严的时期成立的，由王昆仑、许宝驹诸先生领导。那时他们在国民党反动统治内部各主要机构中进行秘密工作，甚至于伪立法院、某些军事机构中进行秘密工作。因此我们期待他们继续在那里起作用。……现在情况不同了，但二十三个单位已经协商很久了，又考虑到这两个团体——九三学社、民主革命同盟的领导人物，如九三学社的许德珩先生等也都参加了其他单位，所以这两个单位在筹备会议中就不再邀请了，留待正式的新政治协商会议再来邀请。”……还有就是新近成立的妇女联合会、青年联合会、学生联合会等群众组织，还有原国民党区的民主人士现在成了新解放区的民主人士，等等。“我们认为还是根据原协议为好，广大解放区的代表留待正式协商会议再参加。”

其次是代表人数和推选问题。“代表人数，本来协商是一个单位一人至四人，但是情况发生了变化，民主人士、各党派代表来到解放区的很多了，觉得有扩大的必要，所以最后又协商为四人至七人。这就是现在参加筹备会各单位的情况。”

第三是原筹备会的任务是五项：“第一项任务，就是要协议出参加正式会议的各单位和代表人数。”“第二项任务，就是决定时间、地点、议程。”“第三项任务，拟定新政治协商会议组织条例草案。”“第四项任务，起草共同纲领。”“第五项任务，政府方案问题。”“除此五项之外，当然还有其他任务，不过不是最中心的，所以没有写上。例如，要规定新民主主义新中国——中华人民共和国国旗、国徽和国歌。"

周恩来还对成立筹备会常务委员会及人数，设立秘书长、副秘书长，成立6个工作小组，表决问题，章程实施的手续问题，等等，进行了解释。尤其是对表决问题，又专门做了补充发言，最后确定："这个筹备会，所以是以各单位为表决的标准。每一个单位一个表决权。将来新政协全体会议人数更多，各方面的代表人物更广，那么，那个时候的表决标准还要考虑。"①

这天的会议通过了毛泽东、朱德、李济深、李立三、沈钧儒、沈雁冰、周恩来、林伯渠、马叙伦、马寅初、乌兰夫、章伯钧、张澜、张奚若、郭沫若、陈叔通、陈嘉庚、黄炎培、蔡廷锴、蔡畅、谭平山等21人为新政协筹备会常务委员。

晚上，周恩来主持召开新政协筹备会常务委员会第一次会议，推选毛泽东为常务委员会主任，周恩来、李济深、沈钧儒、郭沫若、陈叔通为副主任，李维汉为秘书长。会议决定设立秘书处、庶务处、招待处、新闻处4个工作机构。并成立6个小组，进行具体的共和国筹备工作。6个小组具体职能和人员如下：

第一小组（拟定参加新政治协商会议之单位及其代表之人数）

组长：李维汉，副组长：章伯钧。

组员：李济深、沈钧儒、黄炎培、马寅初、马叙伦、彭泽民、曹孟君、谭平山、蔡廷锴、陈其尤、聂荣臻、李立三、朱富胜、陈叔通、曾昭抡、许德珩、冯文彬、蔡畅、黄振声（黄鹤桢代）、罗叔章、天宝、陈其瑗。

第二小组（起草新政治协商会议组织条例）

组长：谭平山，副组长：周新民。

组员：林祖涵、李德全、施复亮（孙起孟代）、符定一、王绍鏊、郭冠

① 中央文献研究室编：《中华人民共和国开国文选》，中央文献出版社1999年10月第1版，第168—183页。

杰、史良（张曼筠代）、郭春涛（吴茂荪代）、蒋光鼐（秦元邦代）、雷荣珂、易礼容、张振铎、俞寰澄（邓云鹤代）、叶圣陶、沈兹九、李秀贞、陈震中（葛志成代）、天宝、戴子良。

第三小组（起草共同纲领）

组长：周恩来，副组长：许德珩。

组员：陈劭先、章伯钧、章乃器、李达、许广平、季方（严信民代）、沈志远、许宝驹、陈此生、黄鼎臣、彭德怀（罗瑞卿代）、朱学范、张晔、李烛尘、侯外庐、邓初民、廖承志、邓颖超、谢邦定、周建人、杨静仁、费振东。

第四小组（拟定中华人民民主共和国政府方案）

组长：董必武，副组长：黄炎培（离平时由张奚若代）。

组员：张文、沈钧儒、张东荪、胡厥文（阎宝航代）、林砺儒、林汉达、韩兆鹗、李章达（千家驹代）、王昆仑、李民欣、陈其尤、刘伯承（滕代远代）、丘金、石振明、俞寰澄（酆云鹤代）、张志让、谢雪红、张琴秋、聂维庆、汤桂芬（雷洁琼代）、朱德海。

第五小组（起草宣言）

组长：郭沫若，副组长：陈劭先。

组员：梅龚彬（吕集义代）、楚图南、吴耀宗、丘哲、胡愈之、陈铭枢、蒋光鼐（秦元邦代）、黄鼎臣、杨耕田、李烛尘、洪深、胡乔木、邓裕志、云泽（奎璧代）。

第六组（拟定国旗、国徽、国歌方案）

组长：马叙伦，副组长：叶剑英。

组员：张奚若、田汉、沈雁冰、马寅初、郑振铎、郭沫若、翦伯赞、钱三强、蔡畅、李立三、张澜（刘王立明代）、陈嘉庚、欧阳予倩、廖承志。

19日，新政协筹备会第一次全体会议结束。这一天的会议上，李维汉代表第一小组作了《关于参加新政协会议的单位及其代表名额的规定（草案）》

的说明，会议通过了这个规定。最终确定的参加新政治协商会议的单位及其代表名额如下：

一、参加新政治协商会议的单位及其代表名额，定为下列四十五个单位，代表总额五百一十名。

（甲）党派代表一百四十二人

1. 中国共产党十六人。
2. 中国国民党革命委员会十六人。
3. 中国民主同盟十六人。
4. 民主建国会十二人。
5. 无党派民主人士十人。
6. 中国民主促进会八人。
7. 中国农工民主党十人。
8. 中国人民救国会十人。
9. 三民主义同志联合会十人。
10. 中国国民党民主促进会八人。
11. 中国致公党六人。
12. 九三学社五人。
13. 台湾民主自治同盟五人。
14. 新民主主义青年团十人。

（乙）区域代表一百零二人

1. 西北解放区十五人。
2. 华北解放区十五人。
3. 华东解放区十五人。
4. 东北解放区十五人。
5. 华中解放区十五人。
6. 华南解放区八人。

7. 内蒙古自治区六人。

8. 北平、天津两直属市六人。

9. 待解放区民主人士七人。

（丙）军队代表六十人

1. 人民解放军总部（包含直属兵团及海、空军）十二人。

2. 人民解放军第一野战军十人。

3. 人民解放军第二野战军十人。

4. 人民解放军第三野战军十人。

5. 人民解放军第四野战军十人。

6. 华南人民解放军八人。

（丁）团体代表二百零六人

1. 中华全国总工会十六人。

2. 各解放区农民团体十六人。

3. 中华全国民主妇女联合会十五人。

4. 中华全国民主青年联合总会十二人。

5. 中华全国学生联合会九人。

6. 全国工商界十五人。

7. 上海各人民团体九人。

8. 中华全国文学艺术工作者协会十五人。

9. 中华全国科学会议筹备委员会推举十五人。

10. 全国教育界十五人。

11. 全国社会科学工作者十五人。

12. 中华全国新闻工作者协会筹备会推举十二人。

13. 自由职业界民主人士十人。

14. 国内少数民族十人。

15. 海外华侨民主人士十五人。

16. 宗教界民主人士七人。

二、前条所列每一单位，其代表名额满十人以上者，得推候补代表二人，不满十人者，得推候补代表一人。候补代表得列席新政治协商会议。

三、除第一条所列之四十五个单位外，另设一特别邀请单位，其代表资格、名额与人选，均由新政治协商会议筹备会常务委员会协定之。

四、各单位代表名单除因特殊情形、经常务委员会同意者外，须于七月十五日以前向新政治协商会议筹备会常务委员会提出。

五、本规定之实施办法，由新政治协商会议筹备会常务委员会制定之。

6月20日和21日，《人民日报》用两天的主要版面报道了新政协筹备会的会议情况。在21日的报道中，还集中反映了全国各地群众对会议的反响，题目是《新政协筹备会成立，各界人民一片欢声》。文章写道：

> 新政协筹备会成立的消息公布了，每个人都在期待与关心着这个消息，都在想着或说出了自己的意见，拥护已经成立的新政协筹备会，拥护即将成立的联合政府。本报记者昨（二十）日曾与各界人士广泛接触，现在分别报道其中一部分意见如下。
>
> **青年界有代表参加政协这还是头一次**
>
> 中国新民主主义青年团中央委员会负责同志说：新政治协商会议筹备会的召开，是中国历史上的一件大事。全国青年多少年来英勇奋斗，正是要推翻腐旧的反动统治，建立一个独立、民主的新中国。中国青年的远大发展前途，从此有了更可靠的保障。此次新政协筹备会成立，青年界也有自己的代表出席参加，这也是历史上的第一次，这说明了在新民主主义社会中，青年享有了过去旧社会所没有的政治权利，我们的地位是空前提高了。新民主主义青年团中

央，将号召全体青年团员及全国爱国青年，热烈拥护这一具有伟大历史意义的新政治协商会议。

这个会象征着全国妇女的解放

中华全国民主妇女联合会认为：即将召开的新政治协商会议，在政治意义上是历史上的创举。它包括了各党派，各人民团体，人民解放军，代表着广大的群众基础。参加会的中华全国民主妇女联合会的六位代表，代表着二千二百六十多万有组织的妇女群众。会上一切事情都已经过民主协商，顺利通过了。这个会象征着全国妇女的解放。但我们的责任也更加重了：要动员全国妇女群众，为消灭国民党反动残余力量及建设新中国而奋斗。

只有中国共产党真尊重少数民族

蒙藏学校的校长黄静涛（丁贞扎木素）说："看到了报纸上登载的毛主席的讲话，几次提到少数民族，真是特别地高兴。中国共产党对于少数民族已有了正确的政策，今日内蒙情况是一个示范。在中国共产党的领导和中国各民族人民的共同努力下，中国各族人民的全面胜利是肯定的了。新政协一定能循着正确的途径为各族人民谋幸福，少数民族将在联合政府的领导下，与各族人民团结，努力建设新民主主义新中国。北京大学东方语文系教授、回民马坚先生说："新政协筹委会里有少数民族代表参加，从少数民族的立场来说，仅这一点就和已往不同了。这是我们感到最愉快的。"马先生对记者追述回民在历史上被歧视的史实后说：特别在国民党统治时代，根本不承认有回族。甚至连"回民"都不许提，而说回回是回教信仰的汉人。只有宗教问题，没有民族问题。马先生十分愉快地说："只有中国共产党才尊重少数民族。在中国共产党的领导下，各民族互相尊重，互相帮助，才能增加彼此间的团结。帝国主义就不能从中挑拨我们民族间的仇恨了。”

…………

中华全国第一次科学会议筹备会负责筹委谈：我们科学工作者对这次新政协筹备会的召开感到很大的兴奋。在这次的会议里不仅包括了各个民主党派的代表，而且还有人民团体的代表。我们科学工作者也有代表参加了。从这里我们看到了新民主主义国家的真正民主的作风，我们科学工作者大家一致认为今后一定要团结起来，在新政府的领导下，围绕着发展新中国的生产建设，努力配合政府工作，为人民服务。

这一天的会议还有一个小插曲，也被《人民日报》著名女记者柏生记录了下来，标题是《“全体起立，向人民的领袖致敬！”——新政协筹备会休会前二十分钟的速写》。文章写道：

这是十九日下午六时二十分，在主席周恩来同志宣布大会要休会的时候，从代表席站起了民主教授代表邓初民先生，抢着说：我这里有个临时动议：新政协筹备会的召开，是一件划时代的大事情，所以能召开这个大会，首先应归功于中国共产党领袖毛主席和中国人民解放军朱德总司令，因此我们提议，应向毛主席和朱总司令通电致敬，请主席把这列入议程中去表决。随着他的话音，响起一片热烈的掌声，表示一致拥护这个动议。

周恩来同志含笑回问道：这是否可留在将来正式会议时再谈？

邓初民先生又站起来坚持自己的提议：筹备会也是会议，还请主席提交表决！（会场上洋溢着一阵笑声）

这时毛主席忽然从自己座位上站起来了，他稳重地说：代表们！我提议：我们在筹备会期中，正逢着七七纪念，请各党派共同发表纪念文件，庆祝抗日战争胜利！解放战争胜利！这时全体代表立即以雷动的掌声来欢迎毛主席的这个提议。

周恩来同志接着说，这样连邓初民先生的意见也都包括在内了，大家既然都表示同意，我们是否就交常委会决定以筹委会名义发出电文？

邓初民、许德珩教授又先后站起来发言：大会已经进行了五天，但我们对国内国外还没有什么表示，我们的提议向毛主席和朱总司令致敬，不仅在会场上是表现了我们大家的精诚团结，同时在国际上也表现了我们的大团结。

七十余岁的沈钧儒先生也兴奋地站起来说：各位代表都知道，由于中国共产党领袖毛主席和朱总司令的领导，我们才能在这里开会，所以我提议在散会前，我们全体代表起立向毛主席、朱总司令致敬。全体代表认为这个提议立即可以做到的，立即以热烈的掌声表示赞成。

农民代表杨耕田站起来激动地补充道："今天毛主席、朱总司令都在这里。如果没有毛主席、朱总司令的领导，我们不能有今天，我们应该向领袖致敬！"

这时沈钧儒老先生就领头从座位上站起来了，喊着："全体起立，向毛主席、朱总司令致敬！"

代表们整齐地站起来了，随即响起了更热烈的掌声，并且愈来愈响愈紧，竟达三分钟之久。坐在一〇一代表席上的毛主席和一〇二代表席上的朱总司令忙即谦虚地转回身来向全体代表连连答礼致谢。

新政协筹备会第一次全体会议以这样热烈而又亲切的方式闭幕了，这是代表们发自内心的崇敬：感谢共产党、毛泽东带给中华民族的统一、独立、自由！期待一个欣欣向荣的新中国的诞生！

第七章

七月。第一天，毛泽东发表《论人民民主专政》，再一次从理论上为新的共和国奠基。刘少奇以中共中央代表团团长的身份秘密访问苏联，但大多数时间是向斯大林等苏联党政领导请教国家政权的设计问题和如何建设新国家的问题。建党28周年，在接受全国各界祝贺的同时，北平、天津开始了街区政权组织改造。同时，北平、天津等大城市的党组织开始公开建党，向周围群众公开党支部和党员。

七月

1. 7月1日，毛主席在《人民日报》发表社论《论人民民主专政》。其中有两个问题最引人注目，第一个是关于新中国外交“一边倒”的问题，第二个是关于人民民主专政的问题。

7月1日，是中国共产党成立28周年纪念日，这一天，北平市3万人在先农坛运动场举行盛大集会。

7月1日，为中国共产党成立第28周年，华北邮政总局特印制“七一纪念”大型邮票数种。

2. 7月7日，朱德总司令在新华广播电台向全国军民讲话，纪念“七七”抗日战争十二周年。

3. 刘少奇率中共中央代表团访问苏联。7月11日晚10时，中苏双方举行正式会谈。

4. 7月12日的《人民日报》刊登了一个美国外交官道歉的消息，还配发了评论。这也反映了司徒雷登强烈感觉到的新政权的外交倾向。

5. 7月13日，《人民日报》刊登消息，以新政治协商会议筹备会名义向全国公开征集新国旗、国徽图案及国歌词谱。

6. 7月15日至26日，中共代表团按照刘少奇给斯大林信中规划的学习参观路线图，进行了参观学习和座谈。

7. 7月22日，新华社还报道了一个对美重大外交事件，就是宣布“取缔美新闻处非法活动，决不对劫掠者施仁政”。

8. 7月27日，斯大林邀请中共代表团到孔策沃别墅赴宴，席间双方继续举行会谈。

9. 7月30日，刘少奇在苏联外交部同部长维辛斯基座谈了3个多小时，谈了外交工作的许多细节。

7月30日，刘少奇同马林科夫在克里姆林宫签订了贷款协定。

7 月 1 日，是中国共产党诞生 28 周年纪念日。

一清早。北京的街头传来报童的叫卖声：快看《人民日报》，毛主席发表《论人民民主专政》……

这是一篇重磅文章，既给新中国做最后的理论奠基，也是向全世界昭告新的共和国的政治、经济、文化、外交政策。

应该说，这篇文章震动了全世界。

毛泽东开篇就说："一九四九年的七月一日这一个日子表示，中国共产党已经走过二十八年了。像一个人一样，有他的幼年、青年、壮年和老年。中国共产党已经不是小孩子，也不是十几岁的年轻小伙子，而是一个大人了。"既然是"大人"了，那么，在接下来说的所有的话都是思考成熟的，都是对国家和人民负责任的，也是对历史负责任的。

毛泽东在文章中先是回顾了俄国人寻找革命理论的经过，接着，详细地追述了中国人寻找革命理论和革命道路的艰辛历程。这段论述，就是精炼的中国近代革命史，在 1949 年的中国社会中，应该是非常发人深省的，很有必要重温一遍：

> 自从一八四〇年鸦片战争失败那时起，先进的中国人，经过千辛万苦，向西方国家寻找真理。洪秀全、康有为、严复和孙中山，代表了在中国共产党出世以前向西方寻找真理的一派人物。那时，求进步的中国人，只要是西方的新道理，什么书也看。向日本、英国、美国、法国、德国派遣留学生之多，达到了惊人的程度。国内废科举，兴学校，好像雨后春笋，努力学习西方。我自己在青年时期，学的也是这些东西。这些是西方资产阶级民主主义的文化，即所谓新学，包括那时的社会学说和自然科学，和中国封建主义的文化即所谓旧学是对立的。学了这些新学的人们，在很长的时期内产生了一种信心，认为这些很可以救中国，除了旧学

派，新学派自己表示怀疑的很少。要救国，只有维新，要维新，只有学外国。那时的外国只有西方资本主义国家是进步的，他们成功地建设了资产阶级的现代国家。日本人向西方学习有成效，中国人也想向日本人学。在那时的中国人看来，俄国是落后的，很少人想学俄国。这就是十九世纪四十年代至二十世纪初期中国人学习外国的情形。

帝国主义的侵略打破了中国人学西方的迷梦。很奇怪，先生为什么老是侵略学生呢？中国人向西方学得很不少，但是行不通，理想总是不能实现。国家的情况一天一天坏，环境迫使人们活不下去。怀疑产生了，增长了，发展了。第一次世界大战震动了全世界。俄国人举行了十月革命，创立了世界上第一个社会主义国家。过去蕴藏在地下为外国人所看不见的伟大的俄国无产阶级及劳动人民的革命精力，在列宁、斯大林领导之下，像火山一样地突然爆发出来了，中国人和全人类对俄国人都另眼相看了。这时，也只是在这时，中国人从思想到生活，才出现了一个崭新的时期。中国人找到了马克思列宁主义这个放之四海而皆准的普遍真理，中国的面目就起了变化了。

中国人找到马克思主义，是经过俄国人介绍的。在十月革命以前，中国人不但不知道列宁、斯大林，也不知道马克思、恩格斯。十月革命一声炮响，给我们送来了马克思列宁主义。十月革命帮助了全世界的也帮助了中国的先进分子，用无产阶级的宇宙观作为观察国家命运的工具，重新考虑自己的问题。走俄国人的路——这就是结论。一九一九年，中国发生了“五四”运动。一九二一年，中国共产党成立。孙中山在绝望里，遇到了十月革命和中国共产党。孙中山欢迎十月革命，欢迎俄国人对中国人的帮助，欢迎中国共产党和他合作。孙中山死了，蒋介石起来。在二十二年的长时间中，蒋介石把中国拖到了绝境。在这个时期中，以苏联为主力军的反法西斯的第二次世界大战，打倒了三个帝国主义大国，削弱了两个帝国主义大国，世界上只剩下一个帝国主义国家即美国没有损失。而美国的国内危机是很深重的，它要奴役全世界，它用武器帮助蒋介石杀戮了几百万中国人。中国人民在中国共产党领导之下，在驱逐日本帝国主义之后，进行了三年的人民解放战争，取得了基本的胜利。就是这样，西方资产阶级的文明，资产阶级的民主主义，资产阶级共和国的方案，在中国人民的心目中，一齐破了产。资产阶级的民主主义让位给无产阶级领导的人民民主主义，资产阶级共和国让位给人民共和国。这样就造成了一种可能性：经过人民共和国到达社会主义和共产主义，到达阶级的消灭和世界的大同。康有为著了《大同书》，他没有也不可能找到一条到达大同的路。资产阶级的共和国，外国有过的，中国不能有，因为中国是受帝国主义压迫的国家。唯一的路是经过无产阶级领导的人民共和国，到达阶级的消灭和世界的大同。

即将诞生的共和国会是什么样子？毛泽东用了几个引号，把问题提了出来，既有外交问题，也有政权性质问题，也谈到对外贸易、国际援助还有国际合作问题。但最引人注目的是两个问题。

第一个是关于新中国外交“一边倒”的问题。毛泽东在文章里说：

“你们一边倒。”正是这样。一边倒，是孙中山的四十年经验和共产党的二十八年经验教给我们的，深知欲达到胜利和巩固胜利，必须一边倒。积四十年和二十八年的经验，中国人民不是倒向帝国主义一边，就是倒向社会主义一边，绝无例外。骑墙是不行的，第三条道路是没有的。我们反对倒向帝国主义一边的蒋介石反动派，我们也反对第三条道路的幻想。不但中国，全世界也一样，不是倒向帝国主义，就是倒向社会主义，绝无例外。中立是伪装的，第三条道路是没有的。

第二个是关于人民民主专政的问题。毛泽东说：

“你们独裁。”可爱的先生们，你们讲对了，我们正是这样。中国人民在几十年中积累起来的一切经验，都叫我们实行人民民主专政，或曰人民民主独裁，总之是一样，就是剥夺反动派的发言权，只让人民有发言权。

人民是什么？在中国，在现在阶段，是工人阶级、农民阶级、小资产阶级和民族资产阶级。这些阶级在工人阶级及共产党的领导之下，团结起来，组成自己的国家，选举自己的政府，向着帝国主义的走狗即地主阶级和官僚资产阶级以及代表这些阶级的国民党反动派及其帮凶们实行专政，实行独裁，压迫这些人，只许他们规规矩矩，不许他们乱说乱动。如要乱说乱动，立即取缔，予以制裁。对于人民内部，则实行民主制度，给予言论、集会、结社等项的自由权。选举权，只给人民，不给反动派。这两方面，即是说对人民内部的民主方面和对反动派的专政方面，互相结合起来，就是人民民主专政。

……军队、警察、法庭等项国家机器，是阶级压迫阶级的工具。对于敌对的阶级，它是压迫的工具，它是暴力，并不是什么“仁慈”的东西。“你们不仁。”正是这样。我们对于反动派和反动阶级的反动行为，决不施仁政。我们仅仅施仁政于人民内部，而不施于人民外部的反动派和反动阶级的反动行为。

对于新中国各个阶级应该采取的态度，毛泽东说：

对于反动阶级和反动派的人们，在他们的政权被推翻以后，只要他们不造反，不破坏，不捣乱，也给工作，让他们活下去，让他们在劳动中改造自己，成为新人。他们如果不愿意劳动，人民的国家就要强迫他们劳动。也对他们做政治工作，做宣传教育工作，并且做得很用心，很充分，像我们对俘虏军官们已经做过的那样。这也是施仁政，但我们决不宽恕他们的反动行为，决不让他们的反动行为有自由发挥的可能性。

这种对于反动阶级的改造工作，只有人民民主专政的国家才能做到。这件工作做好了，中国的主要的剥削阶级——地主阶级和官僚资产阶级就最后地消灭了。

严重的问题是教育农民。农民的经济是分散的，根据苏联的经验，需要很长的时间和细心的工作才能做到农业的社会化。没有农业的社会化，就没有全部的巩固的社会主义。而欲农业社会化，必须发展以国有企业为主体的强大的工业。人民民主专政的国家，必须有步骤地解决这个问题。

民族资产阶级在现阶段上，有其很大的重要性。我们还有帝国主义站在旁边，这个敌人是很凶恶的。中国在经济上要实现真正的独立，还需要经过很长的时间。只有中国的工业发展了，中国在经济上不倚赖外国了，才有真正的独立。……为了对付帝国主义的压迫，为了使落后的经济地位提高一步，中国必须利用一切于国计民生有利而不是有害的城乡资本主义因素，团结民族资产阶级，共同奋斗。我们现在的方针是节制资本主义，而不是消灭资本主义。但是民族资产阶级不能充当革命的领导者，也不能在国家政权中占主要的地位。

毛泽东极其肯定地说：

总结我们的经验，集中到一点，就是工人阶级（经过共产党）领导的以工农联盟为基础的人民民主专政——这就是我们的公式，这就是我们的主要经验，这就是我们的主要纲领。

最后，毛泽东总结说：

党的二十八年是一个长时期，我们仅仅做了一件事，这就是取得了基本的胜利。这是值得庆祝的，因为这是人民的胜利，因为这是在中国这样一个大国的胜利。但是我们的事情还很多，譬如走路，过去的工作只不过像万里长征走完了第一步。残余的敌人尚待我们扫灭。严重的经济建设任务摆在我们面前。我们熟习的东西有些快要闲起来了，我们不熟习的东西正在强迫我们去做。这就是困难。帝国主义者算定我们办不好经济。他们站在一旁看，等待我们的失败。

我们必须克服困难，我们必须学会自己不懂的东西。我们必须向一切内行的人们（不管什么人）学经济工作。拜他们做老师，恭恭敬敬地学，老老实实地学。不懂就是不懂，不要装懂。不要摆官僚架子。钻进去，几个月，一年两年，三年五年，总可以学会的。苏联共产党人开头也不大会办经济，帝国主义者也曾等待过他们的失败。但是联共是胜利了，在列宁和斯大林领导之下，他们不但会革命，也会建设。他们已经建设起来了一个伟大的光辉灿烂的社会主义国家。联共就是我们的最好的先生，我们必须向联共学习。我们完全可以依靠人民民主专政这个武器，团结全国除了反动派以外的一切人，稳步地走到目的地。

毛泽东关于新的共和国的性质问题的论述已经被大多数中国人民接受，即使是原来一些幻想走所谓“第三条道路”的民主人士，也接受了中国共产党的新民主主义主张。但是，文章中关于对外关系“一边倒”的论述，确确实实震动了世界，甚至改写了世界政治版图，影响最大的是中美关系。

滞留在中国的原美国驻华大使司徒雷登，看到毛泽东的《论人民民主专政》文章后，不是尘埃落定后的淡定，而是深受刺激，原来的试探和努力都白费了，而且这个即将诞生的新中国完全走向了美国的对立面。他在反复研读了毛泽东的这篇文章后，给美国国务卿写了一份详细的分析报告，其沮丧、绝望和愤怒之情溢于言表。司徒雷登在他的报告中写道：“我们应该对毛泽东的文章《论人民民主专政》拍手称快，因为它空前明确地表明了中共最高领导人所持的立场。文章以清楚和尖锐的措辞谈到如何将‘马列主义科学’应用于中国社会，还以马克思主义观点对中国过去 28 年的历史作了精辟的论述。”与他此前的著作相比，它最主要的不过是补充了决心要与苏联团结一致的观点，并第一次表露了对“警察权力专政及其合理化的”态度。

司徒雷登写道：“文章显示了斯大林主义的政治理论对指导中共行动的巨大影响。”“文章的主要基调是毫不动摇地忠诚于依靠暴力进行世界革命的教规；效忠作为革命力量中心的苏联；对所有反对力量刻骨仇恨；信仰专制主义以及与其他任何政治或社会理论不可调和的共产主义。令人恐怖的流血斗争，对毛和他的同志来说只不过是改变中国政体的外科手术。”而新政权则将会在“人民”的名义下，使共产党的权威能够“置于形成俄国式专制的同样基础之上”。

司徒雷登宣称：“除了没有无条件承诺在任何战争中与苏联站在一起（中共的宣言迄今避而不谈）之外，文章使中共与苏联的关系变得不能再紧密了。与此相反，它对西方民主国家的敌视无以复加。”“他确信与西方不可妥协。”他清楚地意识到中国有一大批人，特别是知识分子，不相信共产主义，不愿意与西方为敌。因此，文章用了大量篇幅驳斥亲西方的中国自由主义分子信奉的一些观点，并宣布：“持这种观点的人将被认为是‘外国帝国主义的走狗’，要适当加以制裁。”[①]

其间，司徒雷登经过批准去上海“看看在上海的美国公民”，再有就是他自己的小算盘：“那就是共产党身上的国家主义和马克思主义的激情，这激情能否改善这座国际大都市的经济结构、喂饱并保护500万市民？”他在自己的回忆录里，记录了当时发生在上海的两件事，也可以看出帝国主义在中国的失势。

> 《字林西报》《大美晚报》是上海当时的两家外国报纸，它们分属英国和美国。在共产党的“解放”运动中它们幸存了下来，并且决定在新政权下试运行。《字林西报》见证了英国从广州到香港，再到上海的历程。……在我还是个孩子的时候，我和弟弟生活在杭州，那时父亲就是这份报纸的老读者。我童年最深刻的印象，要数这份报纸的副标题——《最高法院和领事馆公报》，这让我对雄伟壮丽的大英帝国和这份报纸产生了敬畏。……
>
> 滞留上海期间，我看到《字林西报》上的一则新闻，国民党海军在长江三角洲安置了水雷，使得通往上海的水路危机重重。这则新闻发布后引来了严重后果，几乎所有的航运都瘫痪了。在这座依赖水路的城市里，这种消息令百姓人心惶惶。共产党对此一筹莫展，一周后情况并未好转。最终，英国人找来两艘临时扫雷船清理了水道，公众的情绪才得以平复。当然，这件事也许是恶作剧也许是偶然。但是《字林西报》成了替罪羔羊，共产党控制的媒体对

---

① 肯尼斯·雷、约翰·布鲁尔编，《被遗忘的大使——司徒雷登驻华报告（1946—1949）》，尤存、牛军译，江苏人民出版社1990年版，第308—310页。

其进行狂轰滥炸。归根结底，是共产党在发泄对西方势力的长期积怨。数十年来，扮演着“日不落帝国喉舌”的报刊会如何面对这样的侮辱？一封用英文写并附有中文译文的致军事管理委员会的信公开发表在该报头条，信中声称，报社散播了未经核实的消息，并且造成了上海市民的恐慌。报社对此进行道歉。《字林西报》之所以低声下气，是考虑到了中国当局随时都有可能令其停刊，所以才出此下策。这样的举动体现了英国人的特点，不过这倒是可以帮助英国人调整心态，面对“日不落帝国”没落的现实。

司徒雷登回忆录里还提到美国的《大美晚报》，由于管理层和要求涨工资的员工发生了争执，而共产党政权倾向于底层员工，总编辑高尔德无奈之下宣布停刊，司徒雷登刚刚嘲笑完英国人，自嘲停刊“这也是一种美国人的固执”。

“只要是涉及到英国人、美国人和其他外国人的事务，在上海就会变得格外棘手。……在过去，英语在外国租界一统天下，而如今当局却强迫使用汉语，这让租界里的外国人极为恐慌。……而中国人之所以采取如此极端的举动，完全是因为过去英国人对中国和中国文化所表现出的傲慢的种族优越感。”①

在司徒雷登眼里，世道变了。

7月12日的《人民日报》还刊登了一个美国外交官道歉的消息：“美国侨民前美国驻沪总领事署副领事威廉姆·欧立夫，违反警章，打伤员警，捣毁公物，经自认错误并表示道歉后，提篮桥公安分局于七日判处该犯以拘役

①《原来他乡是故乡——司徒雷登回忆录》，江苏人民出版社2014年10月第1版，第218—221页。

三日的处分，已于九日期满开释。”还配发了评论。这也反映了司徒雷登强烈感觉到的新政权的外交倾向。

事情经过是这样的：“本月六日下午沪市军民举行庆祝上海解放、纪念抗战十二周年大游行，在人民解放军队伍行经东长治路时，自溧阳路上突来美人威廉姆·欧立夫自驾 03—6235 号码之汽车，不听岗警制止，直冲游行队伍，险将游行群众撞伤。岗警勒令其后退停驶，该威廉姆·欧立夫不但不服从指挥，且出言不逊，并继续强行通过。我岗警乃将该侨民带到提篮桥公安分局讯问。威廉姆·欧立夫在局态度更加横蛮，拒绝说出自己的姓名、住址及职业，并拳挥脚踢，将办公室桌上文具等物捣毁。在场工作人员向其劝阻不听，乃强加制止，又复被其将警员手表踢坏，手腕踢伤，另一工作人员的自来水笔亦被其踢坏。警局乃将该犯拘押。该犯经局方再三教育后，始承认错误，并说明其所以敢于如此横蛮的原因，系恃自己是美国驻沪副领事。沪市人民政府公安局人员当向其指出，在目前人民民主的新中国并未与任何外国政府建立外交关系，一切在沪外人均以外侨身份受人民政府之管辖和保护。即使将来在我政府与外国建立正式外交关系后，各国领事馆官员亦不得违犯人民政府之法令，破坏中国的公共秩序。”

《人民日报》还刊登了欧立夫 7 日致公安局道歉书及 9 日致公安分局警员道歉书全文。

7 日致公安局的道歉书写道：

我，威廉姆·欧立夫（前美总领事署副领事），承认于一九四九年七月六日下午四时在东长治路、溧阳路，正当解放军游行时，破坏交通规章；在被带到提篮桥分局后，我拒绝将我的姓名报告该局值日员，致使该值日员不悉我为何人，使彼不能进行处理；在通知予我以拘留时，我曾因冲动过甚，殴打两位警员，毁坏局内办公室的公物，并对在场的警员采取粗鲁的举动。我犯了严重的错误。因此，我承认我犯了下列各罪：

（一）违犯交通规章；

（二）拒不报告姓名；

（三）殴打公安局的员警；

（四）毁坏公安局的公物。

我愿意向被侮辱的员警道歉，我愿意赔偿修理的费用或赔偿局内被毁的公物。我保证不再有同样的事件发生，并遵守人民政府的法令和规章。此后我愿意做个遵守法令的外侨。我恳求当地主管机关对此案从宽处理。我已经认识了我的错误，经过反省，内心感觉很深刻的歉意，在我被拘留期间，我并未受到任何虐待。

9日致公安分局警员的道歉信写道：

毛桂珠、夏定和、刘敏先生及公安局其他员警：我，威廉姆·欧立夫，美国公民，对我在七月六日所犯的严重错误，我对上列各位先生的严重妄行，对他们人身及公安局的财产所造成的损害，谨向上列各位先生道歉，致以深刻的歉意。我向他们及人民政府保证：我不再重复这种错误和行为。我保证：我今后将在中国做一个守法的外侨，我承认帝国主义的行为是要不得的行为。

我感谢人民政府对我的事件所给予的考虑，及给我的宽大及和善的待遇。

上海《解放日报》当天发表评论说：

欧立夫在违犯交通规章之后，竟还以帝国主义者蛮横的态度对待我公安局员警。他还想以美国副领事过去对国民党反动政府的

"主子"的态度来对待我公安局员警。可是欧立夫是完全错了，解放后的上海是人民做主人了，人民政府决不容忍和允许外侨对我人民蛮横和侮辱！在人民政府的治下，帝国主义者的任何违法干纪的挑衅行为均将受到应有的处罚！一切帝国主义的侵略势力必须从中国滚出去！一切外侨必须严格遵守人民政府的法令！

7月22日，新华社还报道了一个对美重大外交事件，就是宣布"取缔美新闻处非法活动，决不对劫掠者施仁政"。

此事在美国引起极大反响，美国政府助理国务卿艾伦发表声明，污蔑停止美国新闻处活动的上海、汉口等地的人民解放军军事管制委员会为"劫掠者"。新华社评论说：

这是美国政府蓄意仇视并攻击中国人民的新的严重事件。中国人民解放军封闭美国新闻处的理由是非常简单、明白和正当的，就是美国新闻处是美国政府外交机构的一部分。目前中国与美国既然没有建立外交关系，中国人民当然不能允许它的外交机构在中国进行活动。美国以及一切与中国没有建立外交关系的国家的外交机构如果在中国进行活动，就是非法活动，中国人民政府完全有权利予以取缔。

新华社文章列举了美帝国主义在中国劫掠的种种罪行，批驳了美国言论的帝国主义逻辑，最后说：

中国人民确是"劫掠"了一样东西，这样东西就是劫掠者在中国的非法特权。中国人民决不对劫掠者施仁政。任何外国政府，只要它确实断绝和国民党反动派的联系，不再勾结和援助反动派，并向人民的中国采取真正的而不是欺骗的友好态度，那么，中国人民就愿意和它在平等、互利和互相尊重领土主权的原则基础之上谈判建立外交关系。这是中国人民坚定不移的立场。任何威胁和污蔑，只能受到中国人民的坚决的反击。

美英帝国主义在中国的土地上耀武扬威很久了，根本无法适应没有特权的活法，就是在两年多前的“沈崇事件”，强奸中国女学生的美国大兵没有受到任何法律制裁，中国50多万学生参加了抗暴活动，却遭到国民党卖国政府的血腥镇压。不到3年的时间，中国发生了翻天覆地的变化，美国人、英国人不得不在中国共产党领导的新政权下低头，中国人民经过百年屈辱终于开始扬眉吐气了。

7月7日这天，按照毛泽东在6月中旬召开的新政协筹备会上的提议：“七七纪念，请各党派共同发表纪念文章，庆祝抗日战争胜利”，解放区各大城市都举行了盛大的纪念活动。其实，这也是一次大规模的增强民族自信的活动，用庆祝反侵略胜利告诉世界：中华民族已经站立起来了。就像彭真在北平市庆祝大会致开幕词中说：“刚才有炮声，十二年前的今天也有炮声，但是那时是日本帝国主义进攻的炮声，今天却是我们庆祝人民解放战争的胜利，庆祝新政治协商会议筹备会的成立，庆祝人民民主新中国开始建立的炮声。”①

这一天，朱德总司令在新华广播电台向全国军民讲话，纪念“七七”抗日战争十二周年。讲话回顾了艰苦卓绝的八年抗战以及三年解放战争的伟大战绩，骄傲地说：“中国人民在军事上得到伟大胜利的时候，在政治上也得到了伟大的胜利。美国帝国主义和国民党反动派在中国是完全孤立起来了；中国的人民民主统一战线，是一天天的扩大起来，巩固起来了。……新的政

①《人民日报》1949年7月9日。

治协商会议召开以后，全国民主联合政府即将成立，人民民主专政的中华人民民主共和国即将诞生。这是三年人民解放战争的大功告成，这也是中国人民自一九一九年五四运动以来三十年革命斗争的大功告成。中国的历史从此将脱离封建半封建和殖民地半殖民地的旧时代，进入独立、民主、和平、统一、富强的新时代。”

朱德总司令最后以诗意的语言号召：“新中国的阳光，已经普照大地了。我们在全国范围内，就要开始建立一个独立的、民主的、和平的、统一的、富强的新中国的伟大运动。我们伟大祖国的男女同胞们，我们的男女工人们，农民们，学生们，知识分子、科学家和技术专家们，爱国的产业家们，我们英勇的人民的解放者和祖国的保卫者——我们人民解放军的指挥员，战斗员和政治工作人员们，拿出你们的无限的忠诚和能力，在政治的、军事的、经济的、文化的战线上，百倍努力地工作，消灭反动派的残余，镇压反动派的破坏，发展工业生产、农业生产和文化教育的建设工作。我们要建设一个新中国，我们一定能建设一个新中国。”

7 月 1 日，是中国共产党成立 28 周年纪念日，除了毛泽东以一篇宣言一样的重磅理论文章纪念外，还有各种各样的群众活动来纪念这个已“成年”的政党，缅怀先烈，继往开来，追寻 28 年的足迹，看一看每一个坚实的脚印是怎么样落脚的。

这一天，北平市 3 万人在先农坛运动场举行盛大集会，热烈庆祝中国共产党 28 周年纪念日，毛泽东参加，朱德等领导发表了讲话。大会于晚上 8 时 40 分在有军乐伴奏的庄严国际歌声中正式开始。薄一波致开幕词。第二天的《人民日报》有一篇通讯《记党的生日》，生动地记录了大会热烈的气氛：

“不久胜利的旗帜就可插遍全中国了！”在北平“七一”二十八周年纪念大会上，朱总司令发出光荣胜利的号召，全场立刻响起海涛一般的掌声。“我们胜利了！”三万多共产党员、青年团员及上百位民主人士怀着同样欢欣、兴奋的心情，隆重庆祝中国共产党诞生二十八周年。这三万多人，过去在乡村，在城市——在不同的地区进行同样的斗争，由毛泽东同志领导着，终于打败了敌人，在北平胜利地会合。庆祝党的诞生，同时是庆祝人民的胜利。

纪念大会在北平先农坛运动场举行。看台上、跑道上人山人海，这些人的眼光都朝着主席台上毛主席、朱总司令的巨像。主席台对面，高悬马、恩、列、斯巨像，主席台右边的指挥台上，三大画像是刘少奇、周恩来、任弼时三同志。入夜，水银灯的强烈光芒照在这些巨像上，神采焕发。场中用数百盏电灯联成的大五角星，灿烂辉煌。共产党、毛主席的光辉照耀着全中国，遭受重重苦难的中国人民逐渐脱离了悲惨的命运，整个的东方也因而光明了。

大会向为革命牺牲的先烈致哀，三万多人的会场，静默得没有一点声息。人们深沉地想着，胜利的取得是不容易的。多少先烈洒热血，抛头颅，向人民的敌人进行了艰苦卓绝的斗争，现在，他们可以安息了。全党和全中国人民继承着他们的遗志，崇高的理想就要实现了。

毛主席在十时十分进入会场。三万多人同时鼓掌，高呼“毛主席万岁”，历久不息。毛主席接连向大家两次答礼，亲切地、微微笑着。他站在台上，领导全场高呼：“全中国人民团结起来”“成立中国人民民主共和国”。这是一个战斗的号召。毛主席的声音肯定而沉着，群众的声音雄伟而洪亮。过去二十八年的历史，我们已经跟着他胜利地走过了，我们继续跟着他，会走到新的最后的胜利。

全中国人民是这样热爱共产党、毛主席。沈钧儒先生代表各民主党派在会上说：“让我们用行动来祝贺中国共产党的生日吧！”郭沫若先生在会上朗诵了自己的颂诗，他高声唱道：“要纪念七一，最好把我们的全生命来献奉。让我们一致地高呼：万岁哟，中共！万岁哟，毛泽东！”茅盾先生则代表全国文学艺术工作者大会，向毛主席献了旗。

娱乐晚会带给人们同样的兴奋。焰火放出各种颜色的虹彩。一种焰火过后，空中显出“毛泽东同志万岁”的火红大字。字在跳动着，燃烧着。人们的心、人们的热情也跳动着，燃烧着。“东方红，太阳升，中国出了个毛泽东”的歌声唱起来了，这是三万多人的声音，震天动地。空中出现了“中国共产党万岁”的火红大字，“没有共产党就没有新中国”的歌声唱起来了。空中出现了“中国人民解放军万岁”的火红大字，《解放军进行曲》唱起来了。万千声音，一起朝向中国的光明，中国的希望。这时，万道火箭划破黑暗的夜空，全场欢呼，掌声大作。

在北平，过去纪念“七一”是另外一种情景，北平市委机关一个同志说，去年“七一”，他们在北平做地下工作，只能分小组纪念。仪式是不可能举行的，几个同志凑在一起，学习我党艰苦奋斗的历史。……西直门铁路上有个一九三八年入党的老工人，谈起今年“七一”诸多感慨。“在往年，越到七一越警惕，怕被特务抓了去。今年不同了，我们兴高采烈地庆祝七一，党员和非党员一起演戏。”清华、师大几个党员谈起党给予自己的光荣，他们的支部公开了，有些非党的同学说：“我的朋友还有党员哩！”有的说：“他是党员，有不懂的问题去问他。”幸福的光辉抹过他们的脸，为保持这种难得的荣誉，他们说：“咱们努力学习吧！”

参加大会的全体党员还给毛泽东发了致敬电。这在 1949 年是一种时尚。

中国的各民主党派从没有像今天这样步调一致，联名给中共发了致敬电，祝贺中共 28 周年诞辰。中国国民党革命委员会李济深、中国民主同盟沈钧儒和章伯钧、民主建国会黄炎培、中国民主促进会马叙伦、中国农工民主党彭泽民、中国人民救国会李章达、三民主义同志联合会谭平山、中国国民党民主促进会蔡廷锴、中国致公党陈其尤联名电文如下：

中国共产党中央委员会诸位先生：

当此人民革命接近全国胜利的今天，欣逢贵党诞生二十八周年纪念，我们兴奋愉快的心情，简直非语言文字所能状其万一。

四万七千五百万人挣脱数千年封建专制的枷锁，洗刷一百年帝国主义欺凌的耻辱，这是一件痛快无比的大事；而这一大事之快要完成，三百余万共产党员在毛主席领导下艰苦奋斗，实为其最主要的因素。假使中国人民没有共产党，就不知道黑暗的日子何时始能终了，贵党之诞生，实为新中国出现的信号，中国人民为贵党之诞生而狂欢，正是理所当然。

我们充分相信，中国人民必然永远地团结在贵党领导之下，人民民主的工业化的中国必然建造成功，而贵党又必然与中国人民同寿同荣。[1]

除了北平以外，上海市的庆祝活动格外引人注意，主要是身体有病的宋庆龄参加了会议并祝词。能得到被誉为“中国第一个共和国国母”的孙中山夫人祝福，中共的领导人非常欣慰。祝词是邓颖超代为宣读的，原文如下：

这是中国人民生活中的一个最伟大的时期，他们的完全胜利已在眼前。向人民的胜利致敬！

这是我们祖国建设和前进的动力，我们的旗帜是“生产”，更多的生产。

①《人民日报》1949年7月2日。

向人民的力量致敬！

这是大地上的新光明，自由诞生了，它的温暖和光辉流传照耀到每一个为反动势力所笼罩的黑暗的角落。向人民的自由致敬！

这是胜利的高潮荡漾到每一个口岸，各国的人民运动风起云涌，把我们的力量和他们的合在一起，加强这勇敢的战斗。向全世界民主斗争中的同志致敬！

这一次胜利的战士们的力量增长了，他们的英勇无敌，他们的纪律无双，他们的心同老百姓的心在一起。向中国人民解放军致敬！

欢迎我们的领袖——这诞生在上海，生长在江西丛山里，在二万五千里长征艰难困苦的路程上百炼成钢，在乡村的泥土里成熟的领袖。向中国共产党致敬！

是的，这是一个最伟大的时期——这是中国人民革命斗争的里程碑。我们解脱了帝国主义和殖民地政策的束缚，我们铲除了封建主义，人民正走向新的更光耀的高峰。敬礼！中国人民革命斗争胜利万岁！[①]

诞生 28 周年的中国共产党，从没有像今天这样自信，而这个自信是有充足的理由的。

在土地革命战争时期和抗日战争时期，中国共产党解决了高层的路线问题和思想问题，代价惨重，几近绝望境地，终于在延安整风运动后，在党的七大上，确立了我们党的指导思想——毛泽东思想，这是与中国革命具体实践相结合的马克思列宁主义；产生了经过中国革命长期考验并得到党内公认的领袖——毛泽东，这是在人民群众中走出来的人民领袖。

抗战胜利后，我们党迅速发展壮大，据刘伯承回忆："我们党在第七次代表大会上统计：大革命时代的党员还有 2000 人，土地革命时代的党员 5

①《人民日报》1949 年 7 月 2 日。

万人，抗战时代党员120多万人，现在党员则达270万人。”队伍的壮大，增强了党的力量，但是也给党带来了成分不纯和作风不纯的问题，在党内滋生了强迫命令和歪曲党的政策的不良作风。还有就是根据地的不断扩大，各自为政和无政府主义现象开始出现。所以，在解放战争的中后期，中国共产党重点用整党的方式解决了基层不纯的问题，同时，就党内加强政治纪律问题形成了一系列规章制度。这才是自信的基础。

当时党内的问题很多，如一些地主分子、富农分子和流氓分子乘机混入党的队伍，利用党的组织，作威作福，欺压群众；利用职权谋取私利，甚至直接破坏土地改革。还有一些出身于地主、富农家庭的共产党员，在全民族同仇敌忾、一致对日的抗日战争中很积极，英勇杀敌，建立战功。但是，由于他们没有彻底放弃原有的阶级立场，当革命继续深入，要推翻封建的土地制度时，就对党的土地改革产生抵触情绪，甚至想办法阻拦破坏，袒护地主，骗取农民斗争的胜利果实。另外，还有一些党员干部，在抗日战争后，以功臣自居，沽名钓誉，滋生出官僚主义作风和骄傲自满的情绪，在工作中摆架子，丢掉了以前积极实干的奉献精神，对国内外、党内外出现的新情况和新问题不了解、不知道，工作作风和方法上，经常用强制命令的方式解决问题，严重地脱离了群众。他们的这些作风和表现引起了广大群众的不满。这种局面如果处理不好，无疑会阻碍解放区土地改革的顺利进行，甚至可能影响到解放战争能否取得胜利。

对党内的这些新情况，党中央是了解的。在1947年全国土地会议召开期间，整党的必要性就已经摆在中央几大书记面前。刘少奇尖锐地指出：“党内小资产阶级自发性的弥漫，自由主义、宗派主义组织上的混乱等，都是党内不纯。地主富农混进来，党内阶级路线、阶级观点模糊，就使得土地改革不彻底。”[1]

---

①《刘少奇选集》上卷，人民出版社1982年版，第387页。

12月25日，毛泽东在《目前形势和我们的任务》的报告中进一步指出：“为了坚决地彻底实行土地改革，巩固人民解放军的后方，必须整编党的队伍。……许多地主分子、富农分子和流氓分子乘机混进了我们的党。他们在农村中把持许多党的、政府的和民众团体的组织，作威作福，欺压人民，歪曲党的政策，使这些组织脱离了群众，使土地改革不能彻底。”毛泽东郑重指出：“这种严重情况，就在我们面前提出了整编党的队伍的任务。这个任务如果不解决，我们在农村中就不能前进。党的全国土地会议彻底地讨论了这个问题，并规定了适当的步骤和方法。这些步骤和方法，现在正和平分土地的决定一道在各地坚决地实施。其中首先重要的，是在党内展开批评与自我批评，彻底地揭发各地组织内的离开党的路线的错误思想和严重现象。全党同志必须明白，解决这个党内不纯的问题，整编党的队伍，使党能够和最广大的劳动群众站在一个方向，并领导他们前进，是解决土地问题和支援长期战争的一个决定性环节。”①

在党中央的领导下，整党运动在各解放区和人民解放军各部队普遍展开。

刘伯承在分析部队的情况时说：成分不纯、作风不纯的情况，“特别是在抗日反攻时期，平汉战役以后，至今年一月邯郸会议为止，表现非常显著。当时我曾指出：‘兵骄将横，纲纪荡然’。现在在土地改革中，也表现得非常明显。……作战上，也表现阶级不纯，如××战斗，战士已经登城了，一个指挥员下命令叫撤退下来。如我们在大别山的情形来说，稍微苦了一些就发生思想行为糊涂的事。因此，刘少奇同志说：‘党内不纯，如果不整，就有亡党亡头之痛。’尤其在此争取胜利关头，整党就更必要。”②

①《毛泽东选集》第四卷，人民出版社1991年第2版，第1253页。

② 刘伯承：《整党与整军作战相结合》，《军队政治工作历史资料》第11册，解放军政治学院政工教研室编，第378页。

邓小平在1948年3月6日晋冀鲁豫野战军直属机关干部会上也讲道："毛主席提出了整编党的队伍，我们必须坚决贯彻这一方针。""有的干部……打仗怕死，生活腐化，纪律不好，官僚主义，只发号施令，不自己动手等等。这些党内存在着的邪气，使毛主席的方针不易贯彻。我们整党的目的，就是在于扫除这股邪气，把正气发扬起来，把我们党的队伍坚强起来，使党能贯彻毛主席的方针，与群众密切联系起来。党整好了，队伍强大了，和群众的关系好了，党的领导强大了，革命就可以少受些挫折。""入党是承认你是无产阶级先锋队，整党就是看你是不是合乎无产阶级先锋队的资格。"①

在整党运动中，首先坚持了"既往不咎，今后严格"的态度，目的是实现"惩前毖后，治病救人"。周恩来的一段话很好地说明了这一政策的尺度："整党审干，必须采取严肃而又谨慎的态度。我们既要严肃地注视党内不纯的现象，又要勿忘我党的整个情况是业已经过长期考验，在群众中有了极大威信，并正在胜利前进中。应当承认，在战争和土改的过程中，一定会有一批的革命积极分子涌进党来。因此，各地党委在整党工作中，应当分别情况，解决问题。对于那些显然犯有重大罪恶，业已丧失作为一个党员的起码资格的分子，对于那些不可救药的党内蜕化分子，均应坚决清除出党。对于那些虽然是剥削阶级出身，但是自愿放弃其原来的阶级立场的党内的知识分子或其他分子，在他们犯有严重错误，但尚未丧失作为一个党员的起码资格的时候，只要他们承认错误，愿意改正错误，并获得党外群众的同意，我们就应采取考察和教育的态度，而不是马上开除出党。对于那些犯有较轻错误的党员，不论其出身如何，均应采取教育方针。"②

---

① 邓小平：《坚决贯彻毛主席的整党方针》，中国人民解放军历史资料丛书编审委员会编：《新式整军运动》，解放军出版社1995年版，第216—217页。

②《周恩来选集》上卷，人民出版社1980年版，第296页。

其次是在整党运动中反对唯成分论。虽然问题多出在混入党内的地主分子、富农分子和流氓分子身上，但是，也不能唯成分论。在这个问题上，毛泽东指出："在整党问题上，既反对忽视成分，又反对唯成分论的宣传。"整党内容是"四查"，即查思想、查立场、查作风、查工作。"因为思想是环境的产物，就是他是什么阶级成分出身，就带去什么阶级思想，这是唯物的；但它又是随着环境而变动的，所以又不能去唯成分论，因此这又是辩证的。如原来是地主出身的，可是在工作中，已抛弃了原来的立场，站在无产阶级立场，表现得很好，那就不能唯成分论。如工农干部出身好，但也有蜕化了的。所以不管地主、富农出身的和工农出身的都要检查自己，看看自己组织上入党了，是否思想上也入了党，作风是否是无产阶级艰苦朴素的作风，工作是否有成绩，是否合乎共产党员的标准。"①

第三是整党与发动群众相结合。整党初期实行关门整党，效果不大，因为在干部会上，党员之间没有互相批评的勇气，思想顾虑大，怕得罪人，互相包庇。所以后期的整党，中央决定打开大门，欢迎群众加入到整党运动中，由群众监督，提意见，把整党运动和发动群众相结合。晋冀鲁豫《人民日报》1948 年 4 月 4 日报道的一个叫河西村的农村党支部公开整党的过程，很有典型意义。

河西村党支部也是公开党支部、开门整党后，党员才开始认真反省自己。在公开党员的大会上，群众来得特别多，到得也早。工作组号召群众大胆向党员提意见，对任何党员干部有意见都要提出来，这一次一定要得到解决。贪污的要赔，多占的要退，得罪了群众要认错。同时警告党员干部不能干涉群众的行动，不能有任何报复的言行。在提意见的会场上，有 3 个群众痛哭流涕，全场情绪始终紧张，从早饭后一直开到下午 3 点。大家批评了

① 刘伯承：《整党与整军作战相结合》，中国人民解放军历史资料丛书编审委员会编：《新式整军运动》，解放军出版社 1995 年版，第 214 页。

村干部张启贵。许多党员把过去没有说的、较严重的错误，也说出来了。会上有规定只能听群众的意见，不准讲话，群众提的不对也不能当场反驳。同时还宣布会上要说理，不准打人。六七个钟头的会议，30 多人发言，许多平日不吭气的老实人都讲了话。这次会议让群众发泄了长期的积愤，做到了有意见就说，思想上没有顾虑。党员干部在会上也遵守承诺：不吭气，保证改，不报复。党员干部根据群众提的意见，都做了检讨。张启贵自己还写了笔记，在会上一条一条反省，对群众没有提到的、不为人知的错误也做了检讨，并一再表明态度："我过去错误很大，对群众有不少罪过，自己一定要改，以后群众有用得着我的地方，我诚心诚意地给服务。"经过整党，河西村弄清了是非，解决了村里多年党群之间的矛盾，党群关系融洽了。

在整党运动中，广大党员干部经过查思想、查工作、查作风等方式找到了自身的不足，提高了阶级意识和阶级觉悟。通过整党，也推动了他们的工作方法和工作作风的改进，对密切党群关系起到了巨大作用，从而有力地促进了当时的土地改革斗争。而土地改革的顺利进行，又大大提高了农民的政治觉悟。广大农民踊跃参军参战，支援前线。这样就使我党我军的兵员十分充足，粮食、物资供应充分，后方空前巩固。应该说，整党运动的顺利完成，在思想上、组织上保证了全国解放战争的最终胜利。

在解放战争时期，中国共产党还非常注重政治建设，特别是在政治纪律和政治规矩方面，形成了一系列的纪律和制度，有力地保障了党中央的集中统一领导。

在中共六届六中全会上，鉴于张国焘分裂党和红军所造成的严重后果，也鉴于王明在长江局工作期间由于闹独立性造成的不良影响，毛泽东代表中共中央所做的《论新阶段》的政治报告中特别指出："必须重申党的纪律：（一）个人服从组织；（二）少数服从多数；（三）下级服从上级；（四）全党服从中央。谁破坏了这些纪律，谁就破坏了党的统一。……为使党内关系走上正轨，除了上述四项最重要的纪律外，还须制定一种较详细的党内法规，以统一各级领导机关的行动。”[①]

1945 年，毛泽东在党的七大预备会议上所作的《“七大”工作方针》，第一次提出了向中央“看齐”的问题。他说：“要知道，一个队伍经常是不大整齐的，所以就要常常喊看齐，向左看齐，向右看齐，向中间看齐，我们要向中央基准看齐，向大会基准看齐。”

解放战争爆发后，随着战争形势的顺利推进，许多解放区连成一片，许多城市也已经解放或即将解放，人民解放军的正规化程度大大提高，所进行的战役的规模也越来越大，全国胜利就在眼前了。这种形势要求全党必须克服存在于党内和军队内的无纪律无政府状态，把一切必须和可能集中的权力集中于中央。

中共中央着手建立请示报告制度。1948 年 1 月 7 日，毛泽东为中央起草了《关于建立请示报告制度》的党内指示，要求各中央局和分局，由书记负责（自己动手，不要秘书代劳），每两个月向中央和中央主席作一次综合报告；各野战军首长和军区首长，除作战方针必须随时请示报告外，每两个月作一次政策性的综合报告和请示。“报告内容包括该区军事、政治、土地改革、整党、经济、宣传和文化等各项活动的动态，活动中发生的问题和倾向，对于这些问题和倾向的解决办法。……关于该军纪律，物资生活，指战员情绪，指战员中发生的偏向，克服偏向的方法，技术、战术进步和退步的情况，敌军的长处、短处和士气高低，我军政治工作的情况，我军对土地政策、城市政策、俘虏政策的执行情况和克服偏向的方法，军民关系和各阶层人民的动向等。”“报告文字每次一千字左右为限，除特殊情况外，至多不要超过两千字。”[②]

---

①《毛泽东选集》第二卷，人民出版社 1991 年 6 月第 2 版，第 528 页。

②《毛泽东选集》第四卷，人民出版社 1991 年 6 月第 2 版，第 1264—1266 页。

1948年3月25日，毛泽东又为中共中央起草给各中央局、分局、前委电，对请示报告制度作了补充规定："（一）你们对于下级发出的一切有关政策及策略性质的指示及答复，不论是属于何项问题（军事、土改、财政、经济、整党、政权、外交、工青妇运、宣传、组织、文教、城工、肃反、打人杀人及对待中间人士等），不论是用电报发出的或用书面发出的，均须同时发给中央一份。（二）下级向你们所作政策及策略性的报告，其内容重要者，亦须同时告知我们，文长者摘要电告或函告。（三）每一个中央委员、中央候补委员均有单独向中央或中央主席随时反映情况及陈述意见的义务和权利。"①

1948年4月10日，毛泽东再次致电各中央局、分局、前委，对华东局及其他一些地方的错误做法提出严厉批评，严令必须准确地无条件地执行中央的政策，不容许自由修改擅自做主，不容许报喜不报忧。电报要求："中国新的革命高潮的到来，我党已经处在夺取全国政权的直接的道路上。这一形势要求我们全党全军首先在一切政治上的政策及策略方面，在军事上的战略及重大战役方面的完全统一，经济上及政府行政上在几个大的区域内的统一，然后按照革命形势的发展进一步地考虑在军队的编制和供应上，在战役行动的互相配合上，以及在经济上、在政府行政上（那时须建立中央政府）作重大的统一。总之，革命形势要求我党缩小（不是废除）各地方各兵团的自治权，将全国一切可能和必须统一的权力统一于中央，而在各地区和各部分则统一于受中央委托的领导机关。"②

为了保证党的集中统一领导，也为了保证党的领导的科学化，毛泽东于1948年9月起草了《关于健全党委制》的决定，要求："今后从中央局至

① 中共中央文献研究室编：《毛泽东年谱：一八九三——一九四九》下卷，中央文献出版社2013年12月第1版，第298页。

② 同上书，第302页。

地委，从前委至旅委以及军区（军分会或领导小组）、政府党组、民众团体党组、通讯社和报社党组，都必须建立健全的党委会议制度，一切重要问题（当然不是无关重要的小问题或者已经会议讨论解决只待执行的问题）均须交委员会讨论，由到会委员充分发表意见，做出明确决定，然后分别执行。……此外，还须注意，集体领导和个人负责，二者不可偏废。军队在作战时和情况需要时，首长有临机处置之权。”①

在党的七届二中全会闭幕式上，毛泽东再一次强调党的集中统一领导和民主集中制原则，他说：“党委书记要善于当‘班长’。党的委员会有一二十个人，像军队的一个班，书记好比是‘班长’。要把这个班带好，的确不容易。……如果这‘一班人’动作不整齐，就休想带领千百万人去作战，去建设。”毛泽东总结了党委会的工作方法 12 条，说：“我和政治局的同志觉得，要有以上这些方法，才能把党委的工作搞好。”②

综上这些，可以看出，为什么中国共产党在 28 周年生日时，表现得那么自信和坚定！因为，在中国近代史上，还没有过一支政治力量，有这样的崇高理想、组织纪律、动员能力，并且获得中国人民的广泛支持。

在七月，还有一个很重要的事件，就是为了庆祝党的 28 周年生日，也是为了表明我们党已经立足城市并开始在城市领导未来新中国的建设，北平、天津等大城市的党组织开始公开建党，向周围群众公开党支部和党员。

7 月 1 日，《人民日报》以“北大清华等校党的支部公开，党与群众联系更加密切”为题报道了这一事件：

自中共北平市委此次郑重指示各工厂、学校、机关等党的支部

---

①《毛泽东选集》第四卷，人民出版社 1991 年 6 月第 2 版，第 1340—1341 页。

② 同上书，第 1440—1444 页。

和党员一律公开后，北大、清华、燕京、师大、辅仁、艺专、铁院等大学支部已于二十七日起先后公开，各校共产党员包括学生、教授、讲助教、职员、工友的名单，已分别贴在各校民主墙上，受到了广大师生工警的热爱与重视。他们站在爱护和信任党的立场上，对过去的工作缺点提出了批评，并希望今后党员要加强党与群众联系，党员们在学习及工作中要起带头及模范作用。

北大自党公开后两三日来，校内到处听见教职员和学生讨论着这一问题。并纷纷向党员提出了各种问题，如“候补党员”“支部任务”“入党条件”“怎样入党”等。清华有些教授冒雨赶去看名单，学生们围着名单纷纷议论说：“这就是国民党特务千方百计弄不到手的一张名单。”他们觉得党在国民党反动派统治时期的隐蔽工作做得十分必要和十分成功，对于现在的公开，感到佩服。他们说：“共产党这样把党放在群众面前和监督下，更容易保持中共的党的战斗性与纯洁性。”师大和辅仁的同学在以前见惯了校内国民党特务的横行霸道，现在看到中共党员的名单公开，群众可以向党提出批评和意见，而且党员则虚心地倾听并考虑群众的意见，是则是，非则非，有过则改，就从这件事上也可以看到共产党员和国民党员是根本不同的。也有些教授同学说：“看看共产党员都是些优秀分子。”辅大化学系一位同学看到本系有八个党员，高兴地说：“化学系真棒！”铁院的同学则认为如果党公开得更早一些，则过去学校中的工作和学习会搞得更好。各校同学对于党员在随时可能遭到迫害下献身于革命的精神都表示钦佩，他们深深感到做一个共产党员的不容易。清华土木系一位同学说：“以后一定要跟着共产党走！”另一位接着说：“走已跟不上了，要跟着跑！”显示了他对于追随中共的急切的心理。

各校的教授同学又都十分关心地对党提出了很多意见。北大一位同学说："以后发现党员不积极，不和群众接近，就可以批评他了。"有些同学甚至要求北大总支部将党员的名单油印出来发给全体同学，以便能随时提意见。燕大倪良山同学说：……师大物理系一位副教授说："新中国的希望主要寄托在共产党，希望党员不要以个人的不检点影响了党的声誉。"燕大物理系主任褚圣麟则希望以后要多多解释党的性质，使大家了解。清华、燕京有些同学认为党支部的决定常常是正确的，但有些党员在执行时有些机械，没有说服能力，希望以后多加注意。……对于个别缺点很大、作风不好的党员都反映说："这个人不大配！"清华一位同学说："幸好只是少数，否则真要把共产党弄糟了。"因此平时有缺点的党员现在都下决心要好好学习与改正缺点，努力工作。

…………

为了更亲密党和群众的关系，接受群众的监督，各党总支部或支部已决定今后将邀请师长、同学派代表出席支部大会，以便听取意见，更好改进工作。

在工厂和街区，党支部和党员们也和群众见面了。《人民日报》也进行了报道：

北平市邮政管理局支部党员，在市委布置后，经过了多日的酝酿，党员思想取得了一致，并确定了公开的步骤。6 月 25 日，支部邀请了 20 位非党员职工，参加了支部检讨保卫工厂会议，28 日上午10点，贴出了支部党员名单，下午7点，又举行了公开党的会议，从上午 10 点到下午 7 点多，看名单的人群就没有断过，有的工友，连吃饭也忘记了。

围着名单的人群议论纷纷。有的说："早就应该公开了，现在还秘密干什么？一公开就知道谁是谁不是了。”邮局还有44个党员，许多工人说这是出乎意料的！“过去邮局反动势力那么强大，还有这么多党员存在！”对党员顽强的精神，感到可敬。工友们不仅仅是感到党可敬可佩，不少人还表示很羡慕：“你们都光荣。”有5个同志做过地下工作，因为还不是党员，这次更有点着急了：“我们是怎么回事呢？我们要向上级提出请求。”更有六七个工友直接找到支书、支委，提出“今天能不能入党？”“我们够条件吗？”“怎么才能够入党呢？”有的工友觉得自己提出不好意思，就托党员向支书申请。

这44个党员中有个人叫张复新，因为他工作不积极，强迫命令，脱离群众，过去作风不正派，工人群众对于他也是党员，表示极度不满，觉得实在有伤党的纯洁性。有的工友说：“我和他在一起，他还欺负人，他怎么还能当党员？”有的说：“像他那样都是党员，我为什么不够格？”有的直截了当地说：“张复新不够共产党员资格。”有个工友不客气地质问支委：“这样的党员是谁介绍的？”

一位叫李开浚的职工对党、对群众各提了两点意见，他说：“解放后几个月来，我体会到共产党配得领导我们，我个人对共产党有两点意见：

“1. 吸收党员，一定要精；2. 要维持党的纪律，发扬艰苦作风，不要被城市环境所迷惑。我希望不是党员的，要站在人民一分子的立场上来爱护党，有意见就提，我们只有依靠共产党才能把国家搞好；希望大家不要因为一个党员差就误会整个党。”

工人吕玉张（非党员）说：“你们千万不要脱离群众，邮局只靠你们几个党员是搞不好的，共产党人再多有几百万，也没有人民多的，你们要收住人心，把工人团结起来，组织起来，不要小看我们，现在不是群众脱离你们，而是你们跑得太快，我们跟不上。做了什么事，要叫大家知道，和大家商量。”大家以热烈的鼓掌给以回答。

与此同时，北平和天津等大城市，还对街区等基层政权组织进行了重构。但是，我们党对城市工作还处于探索阶段，这些基层政权建设的认识和成果，后来，随着我们党对城市认识的加深根据情况做了一些改变。

北平市委市政府这个月发出《关于改革区街政权组织及公安局派出所的决定》，是这样认识城市和城市基层政权建设的：

现代城市的重要特点之一是集中，人口集中，政治、经济、文化亦集中，各种交通极为便利，而主要群众，又是集中的工人阶级。这与人口分散、经济分散、交通不便，而主要群众是个体的、分散的农民阶级的乡村，是根本不同的。因此城市的各种组织形式与工作形式，亦应不同。

在乡村中，乡（村）的政权和群众组织（如农、青、妇）都是基础的一级。在城市中，街一级的政权和群众组织根本就不应设立。区应设区公所，但也不应成为政权的一级。一切工作应尽量集中于市一级来进行，否则就会把应该由市政府（或市工会等）集中统一决定和进行的工作，错误地加以分割，造成在工作中很混乱的现象。

其次，在乡村中，因为村庄人口分散，交通又极不便，故县以上领导机关的工作，往往不得不采用一些间接方式。反之，在城市中，市一级党、政、军、民的领导机关，却不但可以而且应该尽可能地采用直接的工作方式，例如随时都可召集有关人员当面商讨交代，或利用电话、报纸、广播等来进行各项工作，这样既迅速又准确。反之，如果把乡村一套工作方式机械地搬来，实际上往往很容易形成工作效率迟缓及错误百出的现象。

市委认为：在我们入城之初，因为和平接管北平，社会情况复杂，匪特与流散军人事前已有计划地潜伏，工人阶级绝大部分尚无组织，庞大的旧警察机构和人员尚来不及改造，各区都以少数老干部和大批工人、学生积极分子组织工作组，派遣到各保工作，负责调查和了解了城市一些情况，宣传了党与政府的政策，反映了一些市民的要求，负责进行了兑换伪金圆券、发救济粮、肃清散兵游勇、清除垃圾、粉碎保甲制、评定若干税收等各项工作，与群众建立了联系，工作是有很大成绩的。但由于当时我们在城市政权的组织形式上，机械地搬运了乡村中的一套，在区下建立街政权，并将区街政权，当作城市政权的一级，以致在日常工作中“政出多门”，“步调紊乱”，影响极坏。

所以，北平市委决定：

第一，取消街政权，取消警察分驻所，改造和加强派出所。反动政权系统下的警察组织，是人民的死敌。人民政权系统下的公安组织，乃是人民大众的警卫员，亦即人民政府管理城市，实现人民民主统治的重要的武器之一。我们在粉碎了旧的警察制度之后，必须建立新的人民公安系统和工作。目前应该继续彻底改造派出所，政府应派大批的得力干部与革命的工人和学生到派出所里去，并吸收旧警察中经过改造可以忠实为人民服务的分子，健全派出所。只有这样，公安局才能密切联系群众，依靠群众来实行人民民主的统治，并有效地保卫人民生命财产的安全。同时公安分局下的分驻所，应即取消，由公安分局直接领导派出所，这样不但可以使工作迅速，而且可以使公安局的领导机关更加接近群众。

派出所本身的任务，是维护人民政府法令，保护人民生命财产的安全，其具体工作如下：

1．肃清敌特及其他反革命分子。

2．清除盗匪及其他破坏治安分子。

3．管理交通秩序，管理消防、卫生。

4. 处理违警事件，并受理群众要求调解之纠纷。

5. 调查户口，管理户政。

6. 保护公共建筑物及取缔违章建筑物。

7. 协助指挥防空。

8. 进行社会调查，反映社会情况。

街政府取消后，其原由各街政府所进行之工作，如地方税收、组织生产、发放贷款、社会教育等，均分别由市府之主管部门，如财政局、合作总社、银行、教育局等分别负责办理。其他优抚、救济、纠纷调解及一部分社会教育工作，则在市级的集中领导下，由各区公所执行之。

关于民政性质之事项，区公所得经由公安分局指挥派出所协助执行之；但关于公安性质之事项，应由公安系统单独进行之。

第二，区政府改为区公所。

各区政府应即一律改为区公所（称为北平市人民政府第○区公所），并紧缩其编制。区公所为市政府之派出机关，向市政府负责，除执行市政府交办之工作和办理一部分民政事务外，并应经常负责向市政府反映情况、发现问题、提供意见，作为市政府决定和推行政策之依据。

区公所的具体工作如下：

1. 办理优抚、救济、婚姻登记及其他民政工作。

2. 一般民事纠纷调解工作。

3. 市政府所委托之工商行政工作。

4. 一部分市民、小贩及零散劳动者之社会教育工作。

市政府各部门，应即健全已有的并增设一些必要的机构，以便集中地管理过去由各区街分散进行而今后应由市政府负责进行的各种工作。[①]

天津市也按照北平市的模式完成区街政府改组，但是，工作中却遇到一

---

①《人民日报》1949 年 7 月 13 日。

些实际问题。《人民日报》7 月 30 日对其进行了如实报道："区政府改为区公所后，一般区长均感无下层组织之苦。机构虽经缩小，而许多具体工作则未摆脱，致工作有被动和忙乱状态。考其原因有二：市级机关在改组前以至今天在思想上和组织上未做充分接收准备工作。如民政局优抚科在区街政府改组后仅多添一人，全部优抚救济工作仍不得不由区公所担负，区公所之请示事项，亦常无结果批回；又市劳动局刚在建立，劳资纠纷案件积压颇多，区公所亦不得不予以说明暂缓解决。其次是区公所工作方式值得研究。据了解目前区公所最忙者为调解工作（以婚姻、房租、债务为最多），次为优抚救济工作，另有一些临时性的突击任务如目前之防汛工作。七区有一天调解案件达十四件之多，而一般亦有两三起。这是一个极复杂的工作，依靠区公所几个干部进行调解，确有困难且无法处理别的事情。据六区调解经验如婚姻、债务案件交托双方信赖的人调解一般可获得解决（但事后应将调解经过报告区公所），因为调解人与双方并无矛盾，且愿协助当事人和解。优抚救济工作除民政局应扩大组织机构改进工作手续，减轻区的负担外，区公所在目前应求得工作方式上之改进。如优抚粮可每三个月或半年发一次，这不但可以减少自己本身工作繁忙，且可使该粮款作为烈军属的生产资金，不致发一点吃一点。并尽可能地培养积极分子或利用过去的各种委员会协助工作，但应防止他们对群众的滥用权力。"

因为是对比着农村政权进行城市政权的探索，所以这个时候还处于"摸着石头过河"的阶段，所以才会有《人民日报》这样如实的报道内容。但不管怎么讲，大城市已经从接管和恢复秩序、经济，向政权建设过渡。

7 月份还有一件与筹备建立新中国密切相关的事，那就是刘少奇率中共中央代表团访问苏联。由于这是一次秘密出访，在 30 余年的时间里中苏双方严格保密，不为外界所知。一直到 20 世纪 80 年代，关于此次秘密访问的回忆和文件才陆续浮出水面而引起世人关注。

对苏联的访问其实一直是毛泽东的愿望，而且为此筹备了很久，和苏联党也沟通了多次。但是，由于种种原因，特别是中国的解放战争进展速度超出预期，毛泽东无法离开党和军队最高指挥的位置，所以，最后决定由刘少奇执行这个出访任务。前面说到，5 月份时刘少奇从天津被毛泽东突然叫回北平，就是为了筹备这次的出访任务。

从天津回到北平后，刘少奇立即投入到紧张的准备工作中。他召来当时在东北工作的王稼祥、邓力群和另外几个同志组成准备工作班子。王稼祥对苏联情况了解，七届二中全会上就被毛泽东内定为首位驻苏联大使，邓力群是党内有名的理论干部。他们主要着手两项工作：一是由王稼祥负责，组织邓力群等起草聘请苏联专家帮助新中国建设的文件；二是刘少奇亲自找中央组织部、中央宣传部、中央统战部、中共中央东北局等部门汇报工作，了解到苏联要解决的问题。

在此期间，刘少奇还撰写了关于新中国经济建设方针问题的报告提纲，准备和苏联党的领导人交换意见时使用。这个提纲编入《刘少奇选集》时，题为《关于新中国的经济建设方针》。也正因为有了这个提纲的准备，在苏联时，经过请示毛泽东同意，代表团才会用两天的时间就给苏共中央写了一个 1 万多字的书面报告。

为了欢迎和接待好即将到来的苏联专家，6 月 16 日，刘少奇在动身前还为中共中央起草了《关于欢迎苏联专家问题给党的组织及经济机关中党员的指示（草案）》，指出："不久，中国人民的中央联合政府将要组成，中国将要进入一个新民主主义的建设时期。中国革命向来都得到苏联的援助，这种援助是中国革命胜利的重要因素之一。在中国转入新民主主义经济建设时期以后，中国人民将从各方面得到苏联更大的援助，中苏两国人民的亲密合作将要进入一个新的历史阶段。我们应当与苏联建立经济上的密切合作，我们将要取得苏联物资的和技术的帮助，我们将要聘请大批苏联专家来帮助我们的经济建设工作，使我们的经济建设工作更顺利进行。不久的将来，苏联专家会来到中国，他们将分配到财政、金融、贸易、合作、工业、农业、铁路、交通、工厂、矿山等经济机关去工作。这是一件大事，这是一件对中国人民空前有利的好事。”①

一切准备就绪，6月21日，刘少奇刚刚参加完新政协筹备会后，就从北平出发了。陪同前去的有苏联总顾问、苏联交通部副部长科瓦廖夫，还有工作人员邓力群、戈宝权和翻译师哲。行前，毛泽东在中南海颐年堂同刘少奇、王稼祥一起最后商定中共中央代表团的工作方针。

刘少奇一行原计划乘20日晚11点的火车离开北平，不料科瓦廖夫“汽车连出事故，致迟开三小时”。②21日凌晨一时半，刘少奇等从清华园车站动身，经沈阳同高岗会合后到达大连。在这里换乘道格拉斯飞机，经伯力、赤塔、新西伯利亚等地，在26日下午两点抵达莫斯科。

代表团住在莫斯科城内一个公寓里。第二天，他们就被邀请到斯大林在莫斯科郊外孔策沃的别墅。刘少奇向斯大林递交了毛泽东的亲笔信。苏联方面参加会见的还有马林科夫和米高扬。斯大林对代表团提出的贷款、派遣专家和海、空援助等问题，初步谈了苏联方面的意见。刘少奇表示希望在联共政治局会议上，就中国的政治、军事和经济等方面的形势同联共中央交换意见。斯大林同意这个要求，答应过三四天后进行会谈。

第一次的会见结束后，刘少奇召集代表团成员一起回忆这次会见的情况和谈话内容，拟出下一步会谈的要目。当天下午，刘少奇和高岗、王稼祥联名致电毛泽东，汇报了会见情况，并就贷款形式、代表团活动方式、派往中国的第一批苏联专家、解放新疆的时间等问题，请示毛泽东。

7月2日，双方进行第二次会谈。这天，刘少奇两次致电毛泽东请示有

---

① 中共中央文献研究室编:《刘少奇传》，中央文献出版社2008年11月第2版，第592—593页。

② 周恩来致高岗、李富春电，1949年6月20日夜。

关问题。7 月 3 日和 4 日，毛泽东分别复电同意“苏中两方组织共同委员会来把借款和订货等问题具体化”，并建议“由于我们全国经济机关方开始成立，地区不断扩大，专家缺乏，材料缺乏，故目前实无法提出全部货单，可否商请联共中央同意将共同委员会设在中国，由科兄先带主要专家来华与我们共同商定全部或主要部分货单”。①

两次的会谈，虽然也有收获，但感觉还是不够正式或没有谈到实质问题，尤其是两党和未来的两国关系，以及怎样向苏联同志介绍中国革命的道路、新中国政权性质等重大问题。据当时担任翻译的师哲记述：“王稼祥建议刘少奇就中国问题写一个书面报告，这既能使会谈有所依循，又可以把问题谈得更有系统。在讨论、研究问题时还可以这份报告作为基础，把问题谈深谈透，使他们对中国的问题有个较全面、较正确的了解。这样能保证会谈内容既不会重复也不会遗漏。”②

刘少奇在电报中请示：“可否以书面报告方式向斯大林通报情况？”

毛泽东在 7 月 3 日的回电中答复：“同意以书面报告的方式向斯大林通报国内情况、提出问题和征询意见。”

遵照毛泽东的指示，中共中央代表团经过了两天的紧张准备，7 月 4 日，刘少奇以中共中央代表团团长的名义，向斯大林提交了一份一万多字的书面报告。这可以说是新中国成立前的一份不是“国书”的“国书”，涉及了当时中苏两党两国最重大的问题。

《报告》共分 4 个部分：“一、中国的目前形势”“二、新的政治协商会议与中央政府”“三、关于外交问题”“四、关于苏中关系问题”。这 4 个部分都是斯大林及苏共中央关心的问题，也是中国共产党准备给苏共中央和斯大林解释的问题，因为这是两党两国关系的基石。

---

① 毛泽东致刘少奇、高岗、王稼祥电，1949 年 7 月 4 日。

②《在历史巨人身边：师哲回忆录》(修订本)，中央文献出版社 1991 年版，第 398 页。

一份外交文件，用的是《报告》这种形式，可以看出中国共产党和毛泽东的态度：是去拜访老大哥的；是去解释中国革命性质、道路以及即将成立的政权性质的；是去学习的；是去求援的。开头便是“联共中央斯大林同志：我们敬向你们提出下列报告”，结尾则是“希望斯大林同志及联共中央对中共的工作和政策，能够经常地不客气地给以指示和批评”。在《报告》中，将联共中央意见当作“指示”的地方更多，如：“最近联共方面关于这个问题对我们的指示，更加引起了我们的注意，我们完全同意这些指示。”“我们以上的这些看法，是否正确？希望获得斯大林同志及联共中央的指示。”“最近联共方面关于外交及对外通商借款等问题对我们的指示，我们完全同意。”“以上所提各项问题，希望加以指示。”

当然，斯大林是非常清楚中国共产党的实力，以及毛泽东卓越的个人能力的。在以后的正式会谈和氛围宽松的晚宴上，斯大林都准确地表达了苏共中央及他个人的态度，这个态度以及表态时的用词，中共中央代表团和毛泽东都是满意的。

《报告》的第一部分：中国目前形势。中国革命即将胜利，这已经是一个不争的事实。中共认为：“中国人民革命战争的胜利，是发生在第二次世界大战以后，世界无产阶级与人民民主力量，特别是苏联，给予中国人民的帮助，是中国人民取得胜利的决定条件。”而在中国革命取得最后胜利、建立新中国的前夕，苏联的支持变得更为重要和迫切。这是因为：

（一）苏联是中国革命胜利最重要的外部支持力量。三大战役结束之后，就单纯的国共两党之争来说，国民党失败的命运已经注定，但其中一个变数是美国会不会出兵干涉中国革命。担心美国的军事干涉一直是中共中央和毛泽东的一个忧虑，在渡江战役时，把二野和四野的一个兵团摆在长江边上，就是给美国人看的。《报告》里判断：“帝国主义派遣上百万军队打入中国的大规模的武装干涉，似乎没有这种可能”，“但帝国主义派遣一二十万军队占领中国三四个海港，或作一种扰乱性的武装袭击，仍然是可能的”。而当时，只有苏联的态度才可能对美国起到牵制和震慑作用。还有就是，中国共产党解放新疆、台湾等地，也需要得到苏联的具体帮助。

（二）即将诞生的新中国要想在国际上站稳脚跟，也必须得到苏联的支持。当时，帝国主义对中国的封锁已经开始，并已经给上海市的经济造成了很大的麻烦。《报告》中也谈到，“帝国主义对中国革命实行封锁政策，是很有可能的，而且已经开始实行”。后来的历史更是证明了这一点。

（三）更为重要和紧迫的是，中国共产党接手的是一个多年战乱、百废待兴、经济极端落后的庞大国家。如果没有苏联等社会主义国家的援助，仅凭自身进行恢复和发展，基本是不可能的。经济得不到迅速恢复和发展，人民的生活安定不下来，政权就不会得到巩固。

（四）从中共自身来说，诚如《报告》所言：“我们长期处在乡村的游击战争的环境中，对外面的事情知道得很少，现在要来管理一个如此大的国家及进行经济建设与进行外交活动，我们还需要学习很多东西，在这方面，联共给予我们党指示和帮助，是十分重要的，我们迫切地需要这种指示和帮助。”在这个问题上，斯大林在第一次与中共中央代表团见面就表态“没有问题！”并说：“中国政府一成立，苏联立即就承认你们。”而且，为了不给帝国主义武装干涉中国的借口，斯大林建议尽早成立中央人民政府，以改变中国目前没有合法中央政府的无政府状态。

《报告》的第二部分：新的政治协商会议与中央政府。我们知道，中国共产党领导的革命是一场被毛泽东命名为“新民主主义”的革命，即新式的、特殊的资产阶级革命。尽管这场革命是由中国共产党领导的，但终究不是苏联那样的无产阶级革命，通过城市暴动建立无产阶级政权。而是通过农村包围城市的方式，在革命胜利后建立的是新民主主义国家，确立的是人民民主专政的国家政权。它既有社会主义性质，又有资本主义因素。那么这个新国家、新政权的未来发展、未来走向是怎么样的？这个新国家、新政权能与已经建立的社会主义国家目标一致吗？尤其是中国的民族资产阶级参加到这个新政权里，中国共产党能否掌控局面并最终将中国带入社会主义社会？怎么样避免新政权被民族资产阶级左右，进而倾向或投入到帝国主义阵营中去？这些确实是斯大林最关心的问题。

《报告》在讲述这个问题时，首先是非常注意用词，并留有余地。一开始是这样表达的："关于中国新民主主义的国家性质与政权性质，我们的了解如下。"不用"主张"或"看法"而用"了解"，把代表团的《报告》置于一个第三者或旁观者的角度，一旦斯大林不理解或不同意，代表团可以承担责任，而给中共中央以修改的余地。再有就是援引列宁、斯大林和米高扬的话来说明自己的主张，这既表达了对联共的高度重视，又显得自己的主张是有理论依据的，使斯大林容易理解和接受。如："中国的人民民主专政，与列宁在一九〇五——一九〇七年革命中所提出的'工农民主专政'有其共同点，但也有区别点。""正如斯大林同志一九二六年在共产国际中国委员会的演说中所说的，中国未来的革命政权'特别是反对帝国主义的政权'"。"今年二月安德列夫（即米高扬）同志同毛泽东谈话时，曾同意中共对民族资产阶级采取拉拢的政策，后来，联共方面也有指示要我们吸引民族资产阶级到我们一方面来，我们是完全同意这些指示的。"这样的解释策略，显示了《报告》起草者们的充分准备和良苦用心。

在这部分中，《报告》谈了五个方面问题：

（一）建国安排："我们决定在今年八月召开新的政治协商会议，并成立联合政府"，"政协会议，准备通过各党派团体共同遵守的纲领，选举中央政府，发表宣言及制定新的国旗、国徽、国歌等。""中央政府准备以毛泽东同志为主席，周恩来同志为内阁总理，刘少奇与任弼时则不参加政府。"

（二）新中国国家性质和政权性质：是"以无产阶级领导的，以工农联盟为基础的人民民主专政的国家。""它是向帝国主义、封建主义与官僚资本主义势力专政的。""工人阶级是这个专政的领导力量，工人、农民与革命知识分子的联盟，是这个专政的基础力量。同时，团结尽可能多的能够和我们合作的小资产阶级与自由资产阶级及其代表人物和政治派别参加这个专政。”“人民民主专政，不是资产阶级专政，也不是无产阶级专政，这是不需要解释的。”

（三）新中国的政体：“中国人民民主专政的形式，是人民代表会议制。这不是资产阶级式的议会制，而近于苏维埃制，但与无产阶级专政的苏维埃制也有区别，因为民族资产阶级的代表是参加人民代表会议的。”

（四）新中国的主要矛盾和次要矛盾：“在推翻国民党政权以后的一个相当长的时期内”，新中国的主要矛盾和次要矛盾是“中国人民民主专政”和“帝国主义、封建主义、官僚资本主义及国民党残余势力的矛盾和斗争”，而“人民民主专政内部各阶级各党派间的矛盾和斗争”，“将仍然处于次要的、服从的地位”。

（五）对资产阶级的政策：《报告》特别指出：那种认为“在推翻国民党政权之后，或者说在实行土地改革之后，中国无产阶级与资产阶级的矛盾，便立即成为主要矛盾，工人与资本家的斗争，便立即成为主要斗争”的说法“是不正确的”，“这在目前的中国实行起来，将是一种危险的冒险主义的政策。”“在推翻国民党政权之后，劳资间的矛盾是客观存在的，并将逐渐地加紧起来，因此，工人阶级要向资产阶级进行必要的和适当的斗争，才能保护工人阶级和人民民主专政的利益；但同时，还要和民族资产阶级实行必要的和适当的妥协与联合，以便集中力量去对付外部敌人和克服中国的落后现象。”

为了使斯大林理解中国共产党对民族资产阶级的政策，《报告》还花了很多篇幅介绍民主党派的情况，特别表明他们人数少、不在工农中活动、“组织散漫”，等等。同时强调：“在中国实际的政治生活中，比较有重要作用的，是参加政协会议的那些人民团体”，这些团体“都能接受共产党的领导，或者是在共产党的绝对领导之下”。《报告》还将政协筹备会的一些情况通报给了联共，表达了两党之间的信任，同时也消除斯大林对民主党派参与国家政权的疑虑，增强他对中国共产党政治路线的信任和信心。

《报告》的第三部分：关于新中国的“外交问题”。《报告》表明了新中国的外交取向：对帝国主义的种种阴谋，中共有清醒的认识，绝不会让帝国主义的阴谋得逞。对“所有帝国主义在中国的控制权，不论是军事上的、政治上的、经济上的和文化上的控制权，中国革命均须彻底地加以摧毁。这个方针已载入我们二中全会的决定。这是坚定不移的。”

接着，《报告》阐述了新中国的外交原则：“我们今后的外交活动，我们认为应该根据下列几项原则进行：（1）和帝国主义国家进行斗争，以便实现中国民族的完全独立；（2）在国际事务中和苏联及各新民主国家站在一道，反对新的战争危险，保卫世界和平和民主；（3）利用各资本主义国家的矛盾；（4）在平等互惠的条件下发展中国与外国的通商贸易，特别是发展与苏联及各新民主国家的贸易。”

在斯大林看来，帝国主义在华经营多年，其势力和影响不容低估。为此，《报告》用了一些篇幅介绍了帝国主义国家在华的投资情况、宣传文化事业、外交人员和侨民等情况，并讲了中共处理这些特权的原则：（1）摧毁帝国主义在华的政治、军事、经济、文化控制权。（2）没收、限制或采取其他方式处理帝国主义的在华投资。（3）停止帝国主义在华宣传机关和文化机构的出版和活动；（4）不再继续允许帝国主义在中国开办学校和医院，已有的“暂时让其在遵守我们法令条件下继续办理……待将来国家有力量接收这些学校和医院时，将加以接收”。（5）对帝国主义的宗教机关，一方面允许其依法活动，另一方面，进行一些反宗教的宣传。对教堂的土地，则在教民同意之下予以没收分配。（6）其他外国机关团体的土地亦予以没收分配。

关于新中国成立后和帝国主义国家建交问题，《报告》提出几种设想和可能：一种是帝国主义国家在一段时间内不承认新中国；第二种是帝国主义国家提出一些束缚新中国手脚的条件为其承认的代价；第三种是新中国积极争取他们承认；第四种是新中国主动等一等，不急于要帝国主义承认；第五种是如果帝国主义承认新中国政府，中国就准备与其建立外交关系。

对于国民党与外国订立的各种条约和协定，“我们准备重新审查，分别处理。其原则就是凡是对中国人民及世界和平民主有利者，我们都准备加以承认和继承，例如：《联合国宪章》《开罗宣言》《中苏友好同盟条约》等。凡是对中国人民及世界和平民主不利者，我们都准备加以废除。例如：《中美通商航海条约》等。另有一些，则准备在加以修改后，予以承认。”

新中国的外交取向，《报告》明确告诉斯大林：“在国际活动的政策上，我们一定要与苏联一致。”对若干党外人士曾批评我们的政策是向苏联一面倒，“毛泽东同志答复他们说：我们的政策就是要向苏联一面倒，如果不和苏联一起，站在反帝国主义阵营，而企图走中间路线，那是错误的。”

《报告》的第四部分：关于苏中关系问题。两党和两国关系是这个报告中最实质的问题，在这个方面，斯大林和中共中央代表团交换的意见最多。

在28年的中国共产党的历史上，以苏联联共（布）模式建党，长期受共产国际指导，很长时间内还有苏联顾问来指导中国的党建和军事，而且，这些来自苏共的指导很多后来被证明是错误的。毛泽东不拘泥权威和书本，探索出中国革命自己的道路，领导中国革命走向胜利。尤其是在解放战争期间，苏共的许多意见带有民族主义成分，过多考虑本国的战略利益，给中国共产党带来过干扰和困惑。所以说，两党的关系很微妙。

中国革命的胜利，确实改变了斯大林对中国革命和毛泽东本人的看法。所以，他刚一见到刘少奇就说：“胜利者是不受审判的”，表达了对中国共产党农村包围城市道路和发动渡江战役解放全中国的肯定。他在会谈时还意味深长地说：“中国同志总是客气的、讲礼貌的。我们觉得我们妨碍过你们的。你们也有意见，不过不肯说出来就是了。你们当然应该注意我们讲的话正确与否，因为我们常常是不够了解你们事情的实质，可能讲错话。不过，如果我们讲错了，你们还是说出来好，我们会注意的。”①

---

①《在历史巨人身边：师哲回忆录》修订本，第414页。

斯大林的这些话是带有内疚成分的道歉，也可以看作是自我批评，是两党平等交流的基础，也可以说是中国共产党“长大成人”的标志。但是，中国革命走自己的路取得伟大成功，毛泽东正处在中国人民的衷心赞颂之际，斯大林和联共中央也会担心：毛泽东会不会像铁托那样与苏共分庭抗礼呢？铁托之所以和斯大林闹翻，除了其独立领导南斯拉夫反法西斯战争并取得胜利，在国内赢得人民的广泛尊敬和爱戴外，再有就是想走自己的路。而这个特点在中共身上也相当突出，这可能也会引起斯大林的忧虑。其实，在代表团来到莫斯科之前，中共中央机关报《人民日报》就已经发表了很多文章，完全站在苏共的立场上，谴责铁托集团背叛社会主义阵营，投向帝国主义怀抱，是彻头彻尾的修正主义。

除了先期的这些“投名状”，代表团在《报告》中用词也是很谦虚的，姿态很低：“关于联共与中共两党关系问题，毛泽东同志与中共中央是这样认识的：即联共是世界共产主义运动的统帅部，而中共则只是一个方面军的司令部。根据局部利益服从世界利益，我们中共服从联共的决定，即使没有了共产国际的组织，中共也没有参加欧洲共产党情报局。在某些问题上，如果中共与联共发生争论，我们中共在说明我们的意见后，准备服从并坚决执行联共的决定。”

在中苏两国关系上，最绕不开的就是1945年国民党政府与苏联政府签订的《中苏友好同盟条约》，这是一个牺牲了很多中华民族利益的条约，是非常敏感的问题。《报告》写道：

> 《中苏友好同盟条约》，在过去已给予中国人民很大的帮助，在今后新的中国政府继承这个条约，对于苏中两国人民，特别对于中国人民，将有更伟大的贡献。我们完全愿意继承这个条约。
>
> 在苏联与新中国建立外交关系时，这个条约即须加以处理，其处理方式，大概不外以下三种：

（一）由新的中国政府宣布全部承认这个条约继续有效，不加任何修改。

（二）根据原来条约的精神，由两国政府代表重新签订一个新的苏中友好同盟条约，以便根据新的情况在文字上和内容上有所增减。

（三）由两国政府代表换文，暂时维持这个条约的原状，但准备在适当的时机重新加以签订。

《报告》中还委婉地告诉苏联方面，中国人民对条约和苏联的一些做法是有意见的，但是中共做了很多的说服工作，尽量在缓解这些不满。现在看来，这些也是谈判的技巧，用词和表达都是经过反复斟酌的。《报告》写道："在民主党派及学生和工人中，有人提出苏联在旅顺驻兵，蒙古独立及苏联搬运东北机器的问题。我们曾向这些人解释，当着我们自己还不能防守自己的海岸时，如果不赞成苏联在旅顺驻兵，那是对帝国主义的帮助。""蒙古人民要求独立，根据民族自决的原则，我们应该承认蒙古独立，但蒙古人民共和国如果愿意与中国联合，我们自然欢迎。这只有蒙古人民才有权力决定这个问题。""这些机器是日本人的，苏联把这些东西当作胜利品搬走，去建设社会主义，免得落在反动派手中用来反对中国人民，是完全做得对的。以上这些说法，不知是否正确？"①

7月6日，刘少奇又给斯大林写了一封信，主要谈学习和参观的一些要求，这些内容都涉及建设新中国的一些细节：（一）苏联的国家组织；（二）苏联经济的计划与管理；（三）苏联的文化教育；（四）苏共的组织与群众团体的组织。学习的方式是请苏联各方面工作的负责人谈话，包括部长会议、内务部、教育部及文化高级机关、外交部、国家计划局、银行、合作

---

① 中央文献研究室编：《建国以来刘少奇文稿》第一册，中央文献出版社2005年4月第1版，第1—17页。

社、商业部、对外贸易部、财政部、党的组织部、工会、青年团以及莫斯科州委、市委、市政府的负责人，以至工厂的厂长、支部书记、工会主任等，并参观一些工厂、农庄和学校。信中还提请苏联政府为培养新中国的建设管理人才作出帮助，在苏联办一所专门学校，派出各方面的教授到中国工作等。[①]

有了这两个文字上的报告和信，使得后面的会谈确实上了一个层级。

斯大林非常认真地看了《报告》，有多达 24 处批注，其中"对"和"好"字就写了 15 处。

7 月 11 日晚 10 时，中苏双方举行正式会谈。会谈地点在克里姆林宫的联共中央政治局会议室。中方刘少奇、高岗、王稼祥出席。苏方参加的有斯大林、莫洛托夫、马林科夫、贝利亚、米高扬、布尔加宁以及有关的军队领导人。斯大林首先说明这次会议是按照中共代表团的愿望召集的，"少奇同志的报告写得十分清楚、明确，我们方面的人都看了，没有问题"。斯大林在询问一些具体问题后，就对中共代表团在报告中所提出的问题发表了意见。"其他同志发言甚少，会议十分严肃。"

斯大林主要谈了以下几点看法：

第一，中国民族资产阶级的问题。斯大林说：你们同民族资产阶级合作并吸收他们参加政府的观点是正确的。中国的民族资产阶级同东欧各国以及德国的资产阶级不一样，那些国家的资产阶级由于在战争中同希特勒合作，因而在反希特勒胜利后所要处理的只是他们的企业，而不是他们本人。中国的民族资产阶级却不同，他们在对日作战时没有投降日本，日本投降后其中一部分虽然企图同美国建立关系，取得美国的援助，但《中美通商航海条约》的订立对中国资产阶级是极不利的，于是中国资产阶级反

① 中共中央文献研究室编：《刘少奇年谱：一八九八——一九六九》下卷，中央文献出版社 1996 年 9 月第 1 版，第 218 页。

对美国和蒋介石。

第二，人民民主专政问题。斯大林说：你们实行人民民主专政的政体是对的。你们引述我一九二六年所说的“中国未来的革命政权是偏重于反对帝国主义的政权”也是对的。

第三，外交问题。斯大林认为中共在报告中所说的外交原则是对的。要利用各资本主义国家的矛盾，发展中国同各国特别是同苏联及东欧各国的通商贸易。斯大林说：你们不要急于要求各帝国主义国家承认，以便加以观察，了解情况，看他们表现如何。你们有很好的法宝，就是帝国主义要和你们做买卖。帝国主义国家的经济危机已经开始了。我想列强很快就会要承认你们的，你们可以先和他们做买卖，再谈承认问题。

第四，中苏关系问题。斯大林说：中国政府一成立，苏联立即承认你们。一九四五年签订的《中苏条约》是不平等的，因为那时是同国民党打交道，不能不如此。美国在日本驻兵很多，蒋介石又勾结美国，苏联在旅顺驻兵是抵制美蒋武装力量的自由行动，保护苏联，同时也保护中国革命的利益。当时苏共中央内部已有决定，即在对日和约订立、美国从日本撤兵后，苏联可以考虑立刻从旅顺撤兵。如果中共要苏联从旅顺立即撤兵，苏联军队现在就可以从旅顺撤退。这个条约等毛泽东来莫斯科时解决。

关于毛泽东来莫斯科的问题，斯大林说：中国政府成立、两国关系建立后，毛泽东就可以来，如果毛泽东还不便来，苏联可以派代表团到中国去。

此外，双方就在莫斯科办一所中国大学，为中国培训建设和管理人才交换了意见。斯大林还表示愿意帮助中国在大连办一所海军学校，从蒙古的乌兰巴托到中国的张家口修一条铁路。双方决定共同组织一个关于借款条约的起草委员会，联共方面由米高扬及科瓦廖夫参加，中共方面由刘少奇等三人参加。斯大林还同意刘少奇同联共各政治局委员谈谈苏联各方面工作的经验。会谈结束后，斯大林关切地询问代表团的生活情况，并邀请所有到会人员和中共代表团一起看电影。“斯大林亲自选择四个电影放映，并在放映时亲自向我们加以若干解释。”[1]

在社会主义国家，党是领导一切的。所以，两党关系是一切的基础。在这次会谈中，触及了最微妙的两党关系。

由于《报告》中在表述两党关系时，说了毛泽东及中共中央的态度，即把自己说成“一个方面军的司令部”，而联共是“世界共产主义运动的统帅部”，并表示“服从并坚决执行联共的决定”。斯大林在这段话下边批了两个“不！”字，并表示不可以这样。在会谈中，斯大林明确表示：“一个国家的党服从另一个国家的党，这是从来没有过的，而且是不许可的。两党都要向自己的人民负责，有问题互相商量，有困难互相帮助，谈不到哪一个服从哪一个。”

这个问题非常敏感，斯大林的态度也出乎代表团的意料。第二天，刘少奇就将斯大林的态度以电报的形式报告给了毛泽东。只隔了一天，7 月 14 日，毛泽东就复电刘少奇，让他解释中共为什么要这样定位自己：“因为现在两党间没有共产国际及情报局一类组织，而现在又不适宜恢复和建立这类组织的情况下的一种实际上需要而非形式上需要的处置或态度。这种处置或态度，不要采取任何文字的决议或记录，更不应当向党内外宣布。因此，请你们和斯大林及马兄（指马林科夫）商量，如果他们认为有必要的话，你们可以从书面报告中撤销那段提法的文字，但是我们实际上这样做，以利于共产主义运动的发展。以上是否妥当，请斯大林及马兄决定。”

斯大林还是不同意这样表述两党关系。这说明，在斯大林的心中，中国共产党和未来的新中国已经是国际共产主义运动中的重要力量，再不是以前的“学生”党了。

7 月 27 日，斯大林邀请中共代表团到孔策沃别墅赴宴，席间双方继续举

---

① 中共中央文献研究室编：《刘少奇传》，中央文献出版社 2008 年 11 月第 2 版，第 594—596 页。

行会谈。

这次会谈气氛比较轻松，大家边吃边谈。谈话的重点集中在两党两国的关系方面。斯大林举杯庆祝中国革命的胜利，他说："我从来不喜欢奉承人家。别人对我有许多奉承，我也觉得厌烦。我说中国马克思主义者的成就，苏联人及欧洲人要向你们学习并不是奉承你们，不是说客气话。西欧人由于他们骄傲，在马克思、恩格斯死后，他们就落后了。革命的中心由西方移到了东方，现在又移到了中国和东亚。""关于马克思主义，在一般的理论方面，也许我们苏联人比你们知道得多一些，但把马克思主义的一般原理应用到实际中去，则你们有许多经验值得我们学习。在过去，我们已经向你们学习了很多。一个民族必须向另一个民族学习，哪怕是一个很小的民族，都有很多东西值得我们学习。"

斯大林谈到两党关系时说："我们不愿别国共产党强制我们执行他们的意见，我们也不要求更不愿意强制别个国家的共产党一定要执行我们的意见。我们两党之间，经常交换意见是必要的，但我们的意见并不都是正确的，各国共产党可以拒绝我们的提议，当然我们也可以拒绝各国共产党的提议。"斯大林带着歉意地问中共代表团："我们是不是扰乱或妨害了你们呢？"刘少奇有礼貌地回答说："没有。"但他提到，一九四五年毛泽东或者可以不到重庆去，有周恩来去就够了。但毛泽东到重庆去，结果是很好的，使我们有了政治上的主动权。斯大林说："毛泽东到重庆是有危险的，CC 等特务有害毛同志的可能。当时，美国人曾向我们说：'中国国民党要和平，为什么中国共产党不要和平？'我答复说：'中国共产党的事，我们管不着。'"斯大林又问刘少奇："你们在美国人参与的和平运动中是否受了损失？这是否妨害了你们？"刘少奇回答说："在和平运动中，中共中央的头脑是清醒的，但有个别的负责同志对和平有幻想，受了若干不大的损失。但那次和平运动很有必要，结果我们孤立了美蒋，后来我们推翻国民党，打倒蒋介石，没有一个人说我们这样做得不对。"斯大林最后感慨地说："胜利者是不能被审判的。

凡属胜利了的都是正确的。”①

斯大林还向中共代表团介绍了苏联在经济建设中的经验教训。担任翻译的师哲回忆说：“我亲眼看到，斯大林对少奇是信任和尊重的，他从来不主动提出讨论和解决哪些问题，每次会见都聚精会神地倾听少奇的每句话，体会少奇的语意和心情，并对少奇的意见多次表示同意和赞赏。斯大林根据中方要求或愿望进行商谈，提出意见、建议或指出解决的办法。并且他不准别人插手，以免横出枝节。因而在会谈中从未有过误会或不愉快。可以说，历次会见都是在热情洋溢、友好诚挚的气氛中进行的。”②

7 月 15 日至 26 日，中共代表团按照刘少奇给斯大林信中规划的学习参观路线图，进行了参观学习和座谈。他们参观的工厂有轴承滚珠厂、精密仪器厂、刃具量具厂、汽车制造厂等。参观时，除了了解工厂的设备情况、生产情况以及工人的劳动情况、生活情况、培训情况之外，还仔细了解了企业行政领导、党委和工会 3 个方面的职权、职责、工作范围以及如何统一步调、共同保证企业生产任务的完成情况。这些经验对于新中国成立后的国有企业管理，具有很大的借鉴作用。他们还访问了苏联国家计划委员会、财经委员会、国家银行、财政部、对外贸易部、化工部等部门，着重了解经济计划工作、经济管理工作等方面的情况。苏联国家计划委员会主任萨布罗夫介绍了国家建设计划工作的重要性和复杂性两方面的情况，以及它在社会主义建设中的决定性作用。关于这方面的知识，当时中共方面是完全没有的。根据中共代表团的要求，后来萨布罗夫还派财经专家为代表团做了一次关于国家宏观计划方面的专题报告。7 月 30 日，刘少奇在苏联外交部同部长维辛斯基座谈了 3 个多小时，谈了外交工作的许多细节，

① 中共中央文献研究室编：《刘少奇传》，中央文献出版社 2008 年 11 月第 2 版，第 597—598 页。

② 师哲：《在历史巨人身边》，中央文献出版社 1991 年 12 月版，第 418 页。

如：外交部的组织结构、工作形式和工作方法；培养、使用和配置干部；在其他国家的全权代表机构和领事馆的组织状况以及工作内容；外交斗争的基本原则和这一领域中最主要的经验；苏联对新中国中央政府在外交工作方面的建议；外交部有多少工作人员，党员占多少比例；驻外机构有无党组织；外交部干部的党派身份；外交部和其他苏联机构中利用旧专家等问题。对于代表团提出的所有问题，苏方逐一作了非常详细具体的回答，中方收获满满。

7 月 30 日，刘少奇同马林科夫在克里姆林宫签订了贷款协定。随后，高岗离开莫斯科先行回国。《人民日报》8 月 2 日的一则短消息报道了此事："中国东北人民民主政府以高岗为首的商业代表团，日前已从东北到达莫斯科，举行了有关通商问题的谈判。由于顺利商谈的结果，获得了东北与苏联之间相互交换商品的协定。协定以一年为期。东北将以大豆、植物油、玉米、大米等商品，向苏联出售，苏联将向东北出售工业设备，汽车、煤油、布匹、纸张、医药器材等商品。代表团已于七月三十日由莫斯科动身返国。"

因为中共中央代表团的访问是秘密的，对外界声称是东北人民政府代表团，所以，苏联的《真理报》和中共的《人民日报》都是这样报道的。后来的几天，《人民日报》又连续发声，报道各界人士对这个贸易协定的肯定和对苏联的友谊的赞颂。

在接下来的日子里，刘少奇和代表团成员还重点谈了给重病的任弼时和罗荣桓安排苏联医疗专家的问题；谈了准备组建人民解放军空军拟向苏联订购飞机、聘请专家和培养飞行员的问题；谈了为了保护上海等沿海城市，组建防空部队，希望订购 360 门高射炮并要求尽快交货的问题；谈了为新中国培养干部建立一个新大学的问题；谈了聘请苏联专家及待遇问题。

7 月 31 日，毛泽东致电刘少奇和王稼祥："少奇可先回国，留稼祥在莫斯科帮助刘亚楼、张学思等接洽创办空、海两校事完毕，于八月中旬或下旬回国一行，参加政协，然后再去苏联。”①

8月2日，刘少奇致信斯大林，把毛泽东电报中的这一意思告诉斯大林，并表示：“我希望科瓦廖夫和部分专家和我一起走，其他专家可以和王稼祥一起走。为了给科瓦廖夫和其他苏联专家一点准备时间，我将于八月十日离开莫斯科，希望您能对苏联专家加快去中国的工作给以指示。在我离开莫斯科之前，除与苏联一些同志座谈外，我愿意完成您所交办的任何任务。”②

8月14日，刘少奇同科瓦廖夫带着220名苏联专家回国。由于人民解放战争尚未结束，南方还在打仗，因此大部分苏联专家留在了东北工作，刘少奇与科瓦廖夫只带了30名高级专家返回北平。

这是新中国建立前的一次最重要的外交出访活动，实现了中国共产党的一切预期，意义非常巨大。随行的翻译师哲评价说：“少奇自始至终以充沛的精力、振奋的精神，带领代表团的同志进行了多方面的工作，成功地完成了党中央赋予的重大使命，为我国革命事业的发展，为我国建国初期经济建设的发展，做出了杰出的贡献。”③

1949年7月1日，为中国共产党成立28周年，华北邮政总局特印制“七一纪念”大型邮票数种。该票图案精美，分别以红旗、火炬、飞鸽等作为背景，象征和平及邮递书信。正中为毛主席像，上面环有“中国共产党诞生二十八周年纪念”字样，下面左右角以阿拉伯数字记出“1921”和“1949”，表示中共由诞生迄今的历史年号。面值分十元、二十元、五十元、八十元、一百元、一百二十元、一百四十元七种。该邮票于1949年7月1日起开始在北平市各邮局发售。

---

① 毛泽东致刘少奇、王稼祥电，1949年7月31日。

② 刘少奇致斯大林信，1949年8月2日。

③ 师哲：《在历史巨人身边》，中央文献出版社1991年12月版，第424页。

7月13日，《人民日报》刊登消息，以新政治协商会议筹备会名义向全国公开征集新国旗、国徽图案及国歌词谱："一、国旗，应注意：（甲）中国特征（如地理、民族、历史、文化等）；（乙）政权特征（工人阶级领导的以工农联盟为基础的人民民主专政）；（丙）形式为长方形，长阔三与二之比，以庄严简洁为主；（丁）色彩以红色为主，可用其他配色。二、国徽，应注意：（甲）中国特征；（乙）政权特征；（丙）形式须庄严富丽。三、国歌：（甲）歌词应注意：（1）中国特征；（2）政权特征；（3）新民主主义；（4）新中国之远景；（5）限用语体，不宜过长。（乙）歌谱于歌词选定后再行征求，但应征国歌歌词者亦可同时附以乐谱（须用五线谱）。四、应征国旗、国徽图案者须附详细之文字说明。五、截止日期：八月二十日。六、收件地点：北平本会。"

该消息在全中国及海外华人华侨界引起巨大反响，广大工农兵和知识分子以及海外华人华侨都投入到创意设计之中，都想在新的共和国诞生之际留下自己浓墨重彩的一笔。

新中国渐行渐近了……

第八章

八月。第一天就是人民解放军建军22周年纪念日，这支长征到陕北时只剩下不到两万人且衣衫褴褛、没有重武器的军队，已经发展到400万大军，而且军兵种齐全。新华社发表了《六评白皮书》，其中5篇是毛泽东亲笔写的，这绝对是一次民族独立前的思想解放运动。毛泽东的家乡湖南以“绥远方式”和平解放了。北平终于迎来了宋庆龄，毛泽东亲自到火车站迎接。

八月

1. 8 月 1 日，是中国人民解放军建军 22 周年纪念日。

8 月 1 日，驻守北平的人民解放军举行庄严的“八一”阅兵式和实弹射击表演，聂荣臻、罗瑞卿两将军亲临授旗，全体指战员宣誓完成正规建军。

8 月 1 日，《人民日报》正式升格为中共中央机关报。

2. 8 月 4 日，由程潜、陈明仁领衔，37 名将领联名，正式发表了宣告湖南和平起义的通电。

3. 8 月 5 日，美国政府发表了《美国与中国的关系——着重 1944—1949 年时期》白皮书，这是一件和中国人民，甚至和百年中国历史有关，也和三年解放战争密切相关的事。《白皮书》歪曲近百年美国侵华史，宣传美国对中国的所谓“友谊”，恶毒攻击共产主义制度和共产党，攻击即将诞生的新的共和国，幻想通过中国的所谓“民主力量”推翻未来的新中国。

4. 8 月 28 日下午，毛泽东、朱德、周恩来等 50 余位中共中央和民主党派的最高领导人来到北平前门火车站迎接宋庆龄。

8月1日，是中国人民解放军建军22周年纪念日。毛泽东、朱德都没有出来讲话，没有盛大的庆祝活动，解放区的军民用最朴素的方式给这支伟大军队过了22岁生日。这也表现出400万大军发自内心的强大自信。

这一天，《人民日报》为读者简要介绍了“八一建军节”的来历：

在一九二七年春夏之交，北伐革命战争正继续向前胜利发展的时候，以蒋介石为首的国民党反动派，为了阻挡革命的彻底胜利和夺取革命胜利果实，就和帝国主义、封建势力勾结在一起，叛变革命，在“四一二”向中国人民开始了血腥大屠杀。而当时的中国共产党中以陈独秀为代表的领导却对于蒋介石、汪精卫这类资产阶级反革命集团采取了可耻的投降政策，反对农民革命，拒绝武装工农，以至于解除工人、农民已有的武装，因而便利于蒋汪反革命的袭击，一九二五年到一九二七年的第一次中国大革命乃受了很大的挫败。在这样的情况下，中国共产党在毛泽东、朱德等同志的领导下，反对了陈独秀的右倾机会主义，继续高举中国革命的旗帜，坚决拥护农民革命，进行武装起义。一九二七年的八月一日，朱德、周恩来、贺龙、叶挺等同志在江西南昌首先举行武装起义，参加起义的部队有朱德同志领导的第九军、贺龙同志领导的第二十军和叶挺同志领导的十一军和第四军一部等约三万余人，从此诞生了完全在中国共产党独立领导下的中国人民完全崭新的军队，这就是当时所称的中国工农红军，抗日时期所称的八路军、新四军，现在所称的中国人民解放军。

…………

“八一”起义是中国共产党独立创建人民武装的开始，同时是开始了中国人民革命的新阶段，给中国人民的希望开拓了新的道路。……

这个伟大的人民解放军创建史上具有最大关键意义的，乃是井冈山的会合。南昌起义部队是大革命时代国民革命军的革命骨干，它继承着大革命时代共产党所创造的最优秀的传统。这个起义部队与直接从群众运动中形成起来的在毛泽东同志领导下的革命武装相结合，就使这两者合而为一的武装得以在毛泽东同志的直接领导下，逐渐创造成为有历史以来与人民结合最密切的人民军队。在毛泽东同志的领导下，这个中国人民的军队很快地就形成了自己灵活的战略战术，确定了在无产阶级领导下的整套建军思想、整套建军原则与整套建军制度。这些思想、原则和制度被记录在著名的中国共产党红军第四军第九次代表大会的决议案中。这些思想和原则的基本内容，至今仍完全适用。正是因为这支中国人民武装从它成立之日起，就遵循着毛泽东同志的军事思想，军事方针，军事路线，不断克服各种错误倾向，跨过了严重的挫折，因而二十二年来能够获得广大人民的拥护，战胜一切困难，从小到大，从弱到强，而成为无敌的力量。

……抗日战争开始后，工农红军改编为八路军、新四军，成为了中国坚持抗日战争的中坚力量。在八年抗日战争中，它在日寇和国民党反动派的夹击之下，抗击了百分之六十四的侵华日军和百分之九十五的伪军，毙伤俘敌伪一百七十余万人，发展了九十三万正规军和二百二十万民兵，创造了遍及十九个省份和拥有九千九百五十万人口的解放区，保证了抗日战争的胜利。在三年解放战争中，中国人民解放军又击败了美帝国主义援助的国民党反动派，迄今已消灭敌人五百六十九万人，并使自己发展为四百万人的强大武力，解放了十七个整省，一亿四千三百余万中国人民，使整个解放区的人口扩大为二亿七千九百余万。现在它即将解放全中国。二十二年的人民解放军的历史证明，只要坚持了正确的政治路线和军事路线，保持艰苦奋斗的工作作风，完全和人民群众打成一片，任何强大的敌人都是能够打倒的，任何严重的困难都是能够克服的。

这一天，《人民日报》还刊登了新华社社论《我们是能够克服困难的——纪念中国人民解放军的二十二周年》，社论说：

人民解放军的力量的总根源是人民。毛泽东同志在其《论联合政府》上写过："这个军队之所以有力量"，就是因为"他们不是为着少数人的或狭隘集团的私利，而是为着正义的人民战争，为着广大人民群众的利益，为着全民族的利益，而结合，而战斗的"。这个军队是保护人民和压迫反动派的工具，完全区别于过去一切统治阶级的作为压迫人民和保护反动派的工具的军队。这个军队的主要成分是农民，是在农民解放的基础之上组成起来的军队，但是这个军队也完全区别于中国历史上任何农民战争的队伍。

中国人民解放军具有以下三个主要的特点：

第一，人民解放军是在中国近代无产阶级先进政党即中国共产党领导之下的军队。这是过去中国历史上没有过，也不可能有的。

第二，人民解放军是有思想的同时也就是有崇高理想的军队。这个军队贯串了关于马克思列宁主义、毛泽东思想的教育，贯串了关于爱国主义与国际主义的教育，每一个战士能够自觉他们是为什么而打仗，懂得中国革命的现在与将来。……

第三，人民解放军是建立在民主基础上的有高度集中纪律的军队。这种民主制度和高度集中纪律的制度，使他们不论在任何艰难困苦的场合，都能保持与人民群众的密切联系，保持自己的高度战斗力。

…………

现在一切情况都很明白：如果没有这样一个强大的在无产阶级领导之下的人民军队，旧中国便不能破坏，新中国便不能建立。

…………

我们是能够克服困难的，不管什么样的困难也不怕，人民解放军的二十二年的斗争史给了我们这样一种经验和信心，只须共产党、人民解放军和全国人民明了自己所遇困难的性质，坚决地执行克服困难的各项根本政策，我们就能达到目的。

这一天，驻守北平的人民解放军举行庄严的“八一”阅兵式，聂荣臻、罗瑞卿两将军亲临授旗，全体指战员宣誓完成正规建军。《人民日报》报道了阅兵式：

……接着举行庄严的阅兵式。全体指战员精神饱满、容彩焕发。身着绿色军服，头戴绿色钢盔，钢盔上镶着红色金边的五星军徽。他们随带各式各样的缴自敌人的武器，整齐雄壮地行经阅兵台前。来宾们看到自己的保护者这种强大的阵容，脸上流露出骄傲的光辉和崇高的谢意。

北平市总工会筹委会萧明同志在热烈的掌声中，代表北平各界人民献旗，旗上绣着“英勇善战”四个金字。他同时献出的，还有七千多封慰问信。接着是庄严的宣誓，全体指战员高举左手，在该师政委苏启胜同志的领导下，斩钉截铁地一字一句地读着：“今天纪念‘八一’二十二周年，军委授予我师军徽军旗。我们誓以至诚拥护军委‘六一五’命令，切实执行‘六一六’华北军区训令，衷心地从思想上、组织上、制度上、生活上正规起来。确实整顿军风纪；严肃军容与军队礼节；克服游击习气，完成正规建军的任务。”“我们誓以负责的精神和高度政治警惕性，严守岗位，严守职责，完成光荣的卫戍任务。保卫毛主席，保卫党中央，保卫人民共和国的首都。”

驻北平的人民解放军特种兵部队也举行了阅兵式和实弹射击表演，向人民群众展示现代化、正规化的人民解放军已经不是小米加步枪的时代了，而是一支军兵种齐全的现代化国防军。《人民日报》记者柏生采访了阅兵现场并发回报道：

> 中国人民解放军华北军区特种兵部队，于昨（三）日上午在北平驻地举行人民解放军诞生二十二周年纪念暨授旗典礼大会。华北军区司令员聂荣臻将军亲临检阅，并代表中国人民革命军事委员会授旗。中国国民党革命委员会、中国民主同盟、中国民主建国会、无党派民主人士、中国民主促进会、中国农工民主党、中国人民救国会、三民主义同志联合会、中国国民党民主促进会、中国致公党等联合在会上向中国人民解放军献旗致敬。北平市各界人民代表团亦向特种兵部队献旗。参加大会的来宾有在平的民主人士李济深、李德全、章伯钧、黄炎培、郭沫若、马叙伦、彭泽民、谭平山、蔡廷锴、陈其尤等及北平市各机关团体代表，行政干部学校，大中学生暑期学习团团员二千余人。
>
> 上午九时，大会在三十六响礼炮声中开始。首先举行授旗式，在隆重的军乐声中，聂司令员亲自授予特种兵部队军旗四面，全场热烈欢呼。接着举行阅兵式，受检阅的包括战车部队，高射炮部队，机械化炮兵部队及工兵部队。这支近代化的国防军，受检阅时高呼“毛主席万岁”“朱总司令万岁”。
>
> 阅兵完毕，聂司令员登台讲话：“在人民解放军幼年时期，敌人曾欺负我们缺乏近代技术，用堡垒战术封锁我们。以后日本人也曾经运用这一套，但是人民解放军利用缴自敌人的武器，组织了自己的强大炮兵，敌人的堡垒便在我们面前一个一个摧毁了。所谓堡

垒封锁便成了历史上的名词了。在中国所谓不可攻克的要塞，都被我们打下了，有的不打也下了。我们的力量变得无攻不克、无坚不摧，我们是英勇又加上了技术。”他指出：特种兵部队曾在解放战争中立了许多功绩，今天的任务就是继续学习，提高技术，取消游击习气，向正规化迈进。我们相信，有二十二年丰富的战斗经验和毛主席建军思想的指导，以技术配合英勇，就可建设成一支强大的国防军，保卫新民主主义的共和国。

李济深代表各民主党派在会上致词：……他说：人民解放军纪律严明，所到之处，不只是秋毫无犯，并且保护老百姓，帮助老百姓做事，实在使人民衷心爱戴。他说：人民解放军打转了中国的局面，使中国的国际地位空前提高了。相信在毛主席和朱总司令领导之下，人民解放军会成为击退任何帝国主义侵略的国防军，成为世界和平有力的保卫者。

郭沫若致词时说，……经过二十二年艰苦的斗争，人民解放军已成为一支坚强无比的钢铁部队，由四万人发展到四百万大军。我们人民解放军不仅是中国人民民主的保障，而且是全世界和平的保障。我们要把这光荣愈加光大，把建军成就扩大成建国成就，把帝国主义和封建主义的老根挖出中国去，巩固我们的国防，在中国共产党和毛主席坚强的领导下，完成新民主主义的建国任务。

北平市各界人民代表团张晓梅代表致词，感谢人民解放军的英勇作战，解放与保卫了全国的人民。

大会在热烈的口号声中结束，旋即开始战斗表演。高射机关炮的炮弹连续飞上天空，准确地在假想标——“孔明灯”的左右纷纷爆炸。工兵“爆破”表演时，轰然两声巨响，把两个堡垒炸得粉碎。战车表演带给观众更大的兴奋。成列的各型坦克在原地与在行进中变换各种队形，突破地雷阵，冲毁巨大碉堡。钢铁与摩托的声音，引起全场狂热的欢呼鼓掌。

全国各地纷纷举行庆祝活动，纪念“八一”建军节。《人民日报》报道：

……向甘肃进军追歼马匪的人民解放军第一野战军各部，分别在火线上举行“八一”建军节庆祝会。在庆祝会上，全体指战员表示誓歼两马匪军，全部解放大西北的决心。第二野战军、第三野战军司令部及政治部，一日下午七时在南京联合举行“八一”建军节纪念会。第三野战军副司令员粟裕将军及第二野战军副政治委员张际春将军等均亲临讲话。大会上宣读了刘伯承将军的讲词称：纪念“八一”必须继续进军，协同兄弟部队解放全中国；南京市人民应积极支援人民解放军的进军作战，来回答敌人的封锁和捣乱。

在人民解放军诞生地南昌，5 万人集会庆祝建军节。“先烈方志敏同志的七十三岁的母亲和中共中央委员饶漱石同志的六十八岁的父亲是座上最受尊敬的宾客。”

中国国民党革命委员会、中国民主同盟、民主建国会、无党派民主人士、中国民主促进会、中国农工民主党、中国人民救国会、三民主义同志联合会、中国国民党民主促进会、中国致公党联名致电中共中央庆贺“八一”建军节。电文说：

辉煌的“八一”二十二周年纪念，继辉煌的“七一”二十八周年之后，又在伟大的革命胜利中来临了。有了“七一”，中国才有了“一个有纪律的，有马恩列斯的理论武装的，采取自我批评方法的，联系人民群众的”中国共产党。有了“八一”，中国才有了“一个由这样的党领导的军队”。这支真实的人民革命武力，由于中国共产党的正确领导，经受了二十二年的艰苦锻炼，在今天已经茁壮坚强，不仅是中国人民民主的一个强有力的支柱，而且是世界持久和平的一个重要的保障了。……

今后建国工作的艰巨，当必不下于建党与建军。毛主席屡次昭示我们更应该以加倍奋斗的精神来克服任何的艰苦。……今天在竭诚庆贺中国共产党建党建军的辉煌成就之余，窃愿加强团结，促进统一，向中国共产党与人民解放军学习，日益增加革命性，减少派别性，以期在建国工作中能有确切的应分的贡献，完成反帝、反封建、反官僚资本的斗争任务；使中国迅速工业化，由新民主主义，逐渐进步到大同境域。这应该是纪念“八一”和“七一”的最好的途径。

在济南战役胜利后，国民党军队已经见识了解放军炮火的厉害，连外国媒体也感叹：“济南的强攻战，显示共军已不再惧怕直接攻击政府据有的阵地了”，“共军已变得强大到足可攻击并可能攻克长江以北任何城市”。

三大战役的城市攻坚战，更加显示了人民解放军特种部队的实力，炮兵、装甲兵、工兵等各显神通，国民党军队已经没有力量阻挡人民解放军把红旗插遍全中国的步伐。到了 1949 年八一这一天，人民解放军不但陆军兵种齐全，而且已经有了海军和空军，成为陆海空三军齐备的强大的现代化军队了。

人民解放军和飞机的关系可以追溯到很早，对空军的认识和创立准备远远早于这支军队的诞生。

1924 年 1 月，国共两党实现了第一次合作，同年 7 月，孙中山在广州大沙头创建了航空学校，第一期共有 10 名学员，其中有 3 名就是我党派去的共产党员。而当时，中国共产党才刚刚创立 3 年，党员不足 1000 人，还没有自己的军队。

1927 年，蒋介石发动四一二政变叛变了革命，中国共产党被迫转入地下，并开始在各地发动武装起义，拉开了创建人民军队的序幕。就在这样血腥艰苦的条件下，为了继续培养航空人才，党中央从莫斯科东方大学和列宁学校的留学生中选调了18名党团员转到苏军航校。这些人大部分成为新中国航空事业的先驱者。

1930年2月，红军缴获了第一架飞机。中共鄂豫皖边特委和特区工农民主政府指示驻在罗山的红军，要保证驾驶员的安全，保护好飞机。驾驶员龙文光经过红军做工作，同意留下来为红军服务。红军还用这架飞机对国民党县城的守军进行了轰炸。

1931年春，在莫斯科航空学校学习的钱钧被分配到鄂豫皖革命根据地工作。鄂豫皖特委和军委决定成立特区工农民主政府航空局，任命龙文光为局长，钱钧为政治委员，并把缴获的飞机命名为“列宁号”。

抗日战争爆发后，国共两党实现了第二次合作。当时，担任新疆督办的盛世才打起“抗日救国”旗号并骗取了苏联的援助，在新疆办了一所航空学校。毛泽东、党中央高瞻远瞩、审时度势，决定借此机会与盛世才建立统一战线，大批量培养我们的航空人员。1938年1月，在我党驻新疆代表陈云同志的具体协调、努力下，我党挑选了吕黎平（后来成为空军第四航空学校的首任校长）等43名红军干部赴新疆学习航空技术。毛泽东将这几十个人视为未来空军的希望，专门让陈云负责考察每个同志的身体条件、智力心理素质，叮嘱他们“努力学习，迅速掌握本领，为将来组建自己的空军做贡献”。

1939年后，国共两党摩擦加大，盛世才转变态度，开始禁止我们的学员继续学习，并不断给学员制造麻烦。一些学员情绪开始不稳定，纷纷要求回到抗日前线。毛泽东获悉这些情况后，一方面给学员们发电报，勉励他们“安心学习，严守纪律”，另一方面派接替陈云的邓发去做稳定思想的工作，同时与航校协调继续培训事宜。

这个时候，毛泽东开始有了建立自己的航空学校的想法。1941年1月，经毛泽东签批，建立延安航校的准备工作正式开始，并挑选了100多名干部学习数学、物理等航空基础知识。在毛泽东的具体指示和邓发的积极努力下，新疆学员争得了学习飞行的机会。他们遵照毛泽东的指示，忍辱负重，刻苦钻研，以顽强的毅力和优良的成绩，很快掌握了当时苏联援助的最新机种“依－15”和“依－16”歼击机的驾驶技术。而延安筹备中的航校，由于苏德战争的爆发，苏联支援的飞机运不进来等原因，未能达到预期目的，但在组织修建延安机场和接待、看管及维护来往于延安的飞机等方面做出了重要贡献，在联系和保留航空技术骨干上发挥了重要作用，同时也在航空管理上积累了初步经验。

1942 年，盛世才终于撕下他伪装的所谓“进步”面孔，追随国民党蒋介石掀起反共恶浪，大肆在新疆逮捕共产党人。在新疆学习航空技术的共产党员，都被逮捕关进监狱。毛泽东始终惦记着我党这批珍贵的航空人才，即使在重庆谈判的重要时刻，还督促国民党当局释放包括航校学员在内的大批共产党员和进步人士，并让周恩来亲自去斡旋、交涉，终于使他们得以释放出狱，并于 1946 年 7 月顺利返回延安。

抗战胜利后，毛泽东几乎在第一时间就作出创办航空学校的决定，而且，根据我党的战略安排，把第一个航空学校的校址选定在东北。一方面可以充分利用日军遗留下来的机场和航空设备，另一方面便于获得苏联的支持。中央在过去学过飞行的人员中挑选了三十几个人赶赴东北，接着又陆陆续续从四面八方调集了 600 多人前往，以加强航空学校建设。临行前，毛泽东亲自召见了带队的王弼、常乾坤两同志，并就创办航校的任务、意义和注意事项以及飞行员待遇等，都做了具体指示。按照毛泽东的部署和具体要求，在东北局书记彭真和东北民主联军参谋长伍修权等同志的支持下，这批同志迅速投入到紧张的筹备工作中。

他们很快就找到了一些机场，搜集了一些器材，还储存了一批残破的飞机、航材和航油。但是，最重要的也是最缺乏的教学人员，根本无法满足办学校的需求。说起来也很巧，就在他们无计可施时，突然发现一支还未投降的日军部队，据侦查，这正是日军第二航空军团第四练成大队。包围、劝降了这支日军部队后，在清查俘虏时，发现里面竟然飞行员、机械师和飞行部队必需的技术人员应有尽有，筹备人员高兴地说：“搞空军有望了！”后来，在彭真、伍修权等我党我军高级干部参与做工作的情况下，队长林弥一郎感受到我党我军的诚意、友善以及正义性，终于同意带队伍为我军服务，林弥一郎后来也成为民间的中日友好使者，为中日友谊奋斗了一生。

经过半年的筹备，万事俱备，1946 年 3 月 1 日，我党我军历史上第一所航空学校（人们习惯称之为“东北老航校”）在吉林省通化市正式成立。

东北老航校创建之初，训练和生活条件极其艰苦。不仅缺乏必要的训练设施、器材和燃料，而且还时刻处于国民党军和日伪残余势力及土匪、特务的轰炸、骚扰和破坏中。他们从通化市转移到牡丹江市，最后又转移到黑龙江的东安县，才算安顿下来。在训练中，他们没有初、中级教练机，就直接飞高级教练机；缺乏汽油，经反复试验用酒精代替；缺乏无线电设备，就用红白旗子和手势指挥；没有航空用表，就用马蹄表计时；没有飞行服，就穿布衣上天……生活上，他们也是“自己动手，丰衣足食”，吃的是自种的高粱米、玉米饼子，住的是四面透风的破旧军营。为了避开敌机空袭，他们白天种地，早晚训练。克服了重重困难，他们创造人间奇迹，终于完成了党中央、毛主席赋予他们的神圣使命。据统计，从建校开始到 1949 年 3 月三年多时间里，东北航校共培养出 126 名飞行人员，24 名修配人员和 400 多名航空工程、通信、气象、场站、参谋等各类航空技术人员，造就和锻炼出了一大批懂得航空技术业务的军事、政治、后勤和技术管理干部，为后来组建人民空军、创办新中国的军事航空事业，奠定了初步的人才基础。

在党的七届二中全会期间，3 月 8 日，根据兼任东北航校校长的刘亚楼建议，毛泽东和刘少奇、朱德、周恩来、任弼时、陈云、彭德怀、董必武、林伯渠、贺龙、陈毅、邓小平等约见东北航校副校长常乾坤和副政治委员王弼，听取他们关于培养航空技术人才情况的汇报，酝酿创建人民空军。毛泽东等在听取汇报过程中，不断插话询问学员来源、训练水平、装备数量、飞机性能、教学能力、保障条件等情况。当常乾坤谈到航校在极其艰难的条件下，已培养出飞行、领航、通信、机械等各类技术人员500多名时，毛泽东连连称赞："了不起！了不起！你们为今后正式建立空军培养了一批种子！"

正是听了这次汇报后，根据当时的解放战争形势，1949年3月17日，中央决定成立军委航空局，负责领导中国人民的航空事业。3月30日，中央军委任命常乾坤为军委航空局局长、王弼为政治委员。其主要任务是组织接收国民党遗留的机场、飞机、航空设备，收容旧航空人员；组织修复航空工厂，恢复航空生产；加强机场管理，开辟空中航线；加强培养航空人员，为正式组建空军创造条件。

航空局成立后，按照毛泽东的指示，迅速从东北航校抽调部分干部组成3个航空接收组，分赴华东、华中、西北各地执行任务。到空军成立前，他们共接收旧航空人员2312人，接收破旧蒋军飞机113架，日军遗留飞机46架，各种型号的发动机1278台以及4万多吨的航材和物资。与此同时，他们还组织力量恢复航空工厂12家，并使之开工生产，恢复使用机场40座，开辟了北平到东北、华中、华东和西北方向的4条主要航线。同时，航空局的同志们还精心设计了沿用至今的人民空军机徽和军徽。

在新中国诞生前，毛泽东日理万机，但仍然密切关注空军的筹备工作。在各项准备工作基本就绪的情况下，1949年7月，周恩来遵照毛泽东的指示主持召开会议，专门商讨组建人民空军事宜。7月26日，中央军委颁布命令，取消军委航空局，设立中国人民解放军空军司令部。8月15日，为了确保新政治协商会议的顺利召开，空军司令部决定在北平南苑机场组建临时飞行中队，徐兆文任中队长、王平阳任政治委员，下辖两个战斗机分队、1个轰炸机分队、1个地勤分队，装备P-51型战斗机、蚊式轰炸机、B-25型轰炸机、PT-19型教练机等各型飞机17架。这是人民解放军的第一支飞行中队，归华北军区司令部航空处建制。这支飞行中队在9月5日正式担负起北平地区的防空作战任务，10 月 1 日，参加了开国大典空中受阅。

所以说，在人民解放军建军 22 周年之际，这支从井冈山走下来的“土八路”，已经是一支装备有空军的正规化军队了。

再后来，9 月 21 日，毛泽东在中国人民政治协商会议第一届全体会议上庄严宣告：“在英勇的经过了考验的人民解放军的基础上，我们的人民武装力量必须保存和发展起来。我们将不但有一个强大的陆军，而且有一个强大的空军和一个强大的海军。”10 月 25 日，中央军委任命了空军的主要领导：刘亚楼任司令员，肖华任政治委员，王炳璋任参谋长，常乾坤任副司令员，王弼任副政治委员。11 月 11 日，中央军委正式宣布中国人民解放军空军司令部成立。这一天被定为人民空军成立纪念日。

在人民解放军建军 22 周年之际，人民海军也已经成立并初具规模。

人民解放军拥有海军的雏形，还是在抗日战争时期。1941 年 1 月 25 日，新四军新军部在盐城正式成立，并建立了以苏北盐城为中心的华中抗日根据地，继续坚持对日作战。同年 1 月，新四军军部派李人俊、黄亚成改编原国民党苏北实业指挥部海防团（当时驻泰和公司的国民党江苏省实业保安指挥部海防团）为新四军海防总队，由此诞生了中国共产党领导的最早的海防武装。总队由王维新任总队长，新四军代表陈铁军任政治部主任。

1942 年春天，新四军苏中军区按照粟裕“建立海上武装，控制沿海海面”的指示，扩建了已有的海防武装，于当年秋天组建了苏中军区海防团。团长由新四军第三纵队司令陶勇兼任，吴福海任副团长。海防团活动范围，南到长江口，北到连云港，主要担任苏中地区的护航、护渔和守卫海防等任务，还有就是打破敌人封锁，开辟海上交通线，运送从上海采购的物资到根据地。1943 年 11 月又扩编为苏中军区海防纵队，下设 3 个团，由苏中军区第四军分区司令员陶勇兼任司令员。

这支被粟裕称为“土海军”的海防纵队积极开展海上抗日游击战，多次在水上围歼、打击日伪军队，夺取敌人的船只和物资。如1942年至1945年，在上海地下党的掩护和码头工人的配合下，海防部队共装卸军工材料、机械设备、医药通讯器材等敌人禁运物资 80 余船，近 2400 吨。再如，1944 年 6 月中旬，海防纵队派人在吕泗港东南的水面上趁敌不备，两次袭击并歼灭日伪的运输队，缴获日军运输船两艘和大批军用物资，活捉日军 9 人。同年 10 月，海防三团在弶港以南海面上与敌运输船相遇，击沉敌船两艘，活捉日军 11 人。日本的《朝日新闻》惊呼：从连云港到上海的海面上，有游移不定的新四军水兵在活动，神出鬼没。

1944 年 11 月，山东刘公岛伪海军由练兵营区队长兼教官郑道济和连城、毕坤山 3 人经过周密筹划，以第九期练兵为骨干力量，利用星期日日伪军官去威海游玩之机，攻击了基地司令部、日军辅导部及 5 个派遣队，杀死留守日军军官，举行了武装起义。起义共击毙日军 17 名、伪军官兵 40 多人，缴获舰船 4 艘、军用舢板两条、火炮两门、机关枪 4 挺、步枪 600 多支。起义部队无一伤亡。郑道济把起义部队编为 8 个行动队，包括部队、家属、海员在内，分乘“同春”“东海”等舰船驶离刘公岛。

这支起义部队原准备投奔国民党军队的，这时，八路军胶东军区东海军分区已获得伪海军起义的消息，当即派出文西独立营，在路上截住了起义部队。经过谈判，八路军承诺“不缴械投降”“不拆散改编”“妥善安置家属”三个条件，郑道济召集干部骨干会议，毅然宣布参加八路军。

中共山东分局与山东军区对刘公岛起义极为重视，11 月 13 日，罗荣桓就如何对待起义部队，向胶东军区司令员许世友、政治委员林浩做了如下指示：“一、刘公岛伪军反正是抗战后的创举，要热烈欢迎该部杀敌起义，争取该部编入八路军序列，将其部队开赴根据地，补充物资；二、向起义部队派得力军政干部，加强抗日教育和文化生活，逐渐改造巩固其部队，要团结其官兵，扩大我党我军的影响，肃清‘曲线救国’的反动理论，巩固树立依靠我党领导抗战的信念。改造要谨慎，要讲究方法；三、要保留海军人才，对将来我军建设海军有重要意义，要教育他们为建设新海军着想；四、对其家属一律给予妥善安置，待遇从优；五、适时开办军官训练班，发现与鼓励抗战进步分子，要团结他们；六、利用各种形式开展政治攻势，扩大反正影响，继续争取瓦解伪海军工作。”

1944年11月中旬，山东军区授予海军起义部队番号。11月22日，胶东军区东海军分区在文登县西铺集召开海军支队命名大会，军区司令员许世友等参加。东海军分区司令员刘涌代表胶东军区领导宣布：起义部队命名为“山东胶东军区海防支队”。任命郑道济任上校支队长，胶东军区政治部副主任欧阳文兼任支队政治委员，军区司令部警卫营营长王子衡任副支队长。原刘公岛基地年已五旬随军起义的老军官魏毅甫任参谋处主任。起义的核心骨干分子连城、毕坤山、李仁德分任1、2、3中队上尉中队长。后来，这支部队到了东北，《林海雪原》小说的原型就出自这个部队。到海军正式成立时，这些骨干都纷纷被抽调回海军，很多成为舰艇的艇长等基层主要领导。

起义部队被改编为胶东军区海军支队的消息传到延安后，毛泽东非常高兴，对身边的同志说：“你们想到没有，日本人被赶走以后，要看好我们国家的东、南大门，就要建立一支我们自己的海军。从现在起，我们就要开始研究海防、岸防的问题啊！”随后，毛泽东指示叶剑英成立了我军历史上第一个“海军研究小组”，揭开了正式筹划海军建设的序幕。

1948年1月8日，毛泽东在中央政治局会议上作《目前形势和1949年的任务》的报告，指出：“1949年及1950年我们应当争取组成一支能够使用的空军及一支能够保卫沿海、沿江的海军。”此后，毛泽东多次强调建设海军的必要性和重要性。他说：“海军和空军应该加强，尤其是空军，更应该加强。我们打了几十年的仗，就是对于头上的东西，没有办法应付，只得凭不怕死、凭勇敢、凭牺牲精神。然而在今天，我们有了建立和加强海空军的条件，因此也就应该着手建立起来。现在是把破烂的东西修理起来，并请专家，买飞机，想尽一切办法搞好海军阵容。”

1949年3月5日，毛泽东白天在党的七届二中全会上作了报告，晚上就约见了第三野战军陈毅等领导人，谈筹建海军事宜。陈毅报告“创建海军的时机已经成熟”，并主动请缨由“三野”来筹建海军。毛泽东当即决定，由军委下文，责成第三野战军着手组建海军，暂定名为“华东军区海军”，正式启动了海军的组建工作。

其间，发生了国民党军“重庆号”巡洋舰起义事件。“重庆号”巡洋舰是1948年英国政府赠送给国民党政府的一艘远洋舰（英国林仙级巡洋舰“曙光女神”号，曾被称为“银色妖姬”）。这艘舰艇在当时国民党海军中是装备精良、火力最强、航速最快、排水量最大的一艘。它停泊在上海吴淞口。辽沈、平津、淮海三大战役后，“重庆号”广大士兵从严酷的战争中，越来越看清楚国民党政府的腐败，越来越厌烦国民党发动的内战，越来越向往光明。于是，一部分比较进步的下级军官和士兵暗中串联，策划起义。1949年年初，这些官兵同中共地下组织取得了联系，起草了一个起义行动计划。经过周密准备，2月25日凌晨，“重庆号”爱国官兵在舰长邓兆祥的帮助下，于上海吴淞口外举行了起义，并开往解放区烟台。

蒋介石闻此消息后，恼羞成怒，几次派飞机轰炸，最后炸沉了“重庆号”。3月24日，毛泽东和朱德复电起义官兵：“美国帝国主义者和国民党的空军虽然炸毁了‘重庆号’，但是这只能增加你们起义的光辉，只能增加全中国爱国人民、爱国的海军人员和国民党陆军、空军人员的爱国分子的愤恨，使他们更加明了你们所走的道路乃是爱国的国民党军事人员所应当走的唯一道路。”“中国人民必须建设自己强大的国防，除了陆军，还必须建设自己的空军和海军，而你们就将是参加中国人民海军建设的先锋。”[①]

3月下旬，总前委的孙家圩子会议除了讨论制定《京沪杭战役实施纲要》

---

① 中共中央文献研究室编：《毛泽东年谱：一八九三——一九四九》下卷，中央文献出版社2013年12月第1版，第471页。

外，还有一项任务就是讨论组建海军。当时张爱萍伤愈归队，本想回到前线后要求给支队伍“打过长江，冲进‘总统府’”，却意外接到了不参加渡江战役，留下来组建华东海军的任务。张爱萍回忆：“会后，陈毅同志和我促膝长谈，纵论国内外大事，展望胜利前景。他向我传达了党中央和中央军委的决定，为了解放全中国，防止帝国主义的侵略，并为迎接解放台湾的任务做好准备，决定由第三野战军组建海军，委任我担任司令员兼政治委员。听了陈毅同志的传达，我感到非常兴奋，又感到压力很大。在此之前，党中央和中央军委把组建人民空军的任务交给了第四野战军……现在又及时地作出了组建海军的决定，这就使中国人民解放军由单一的军种成为陆海空军种齐全的人民军队，无疑是我军建设史上一个重大的事件。然而，要我来组建海军，我毫无思想准备。海军是技术性很强、陆海空诸兵种特点俱备的现代化军种，一时还感到无从下手。白手起家，难度将是很大的。当时我向陈老总说：‘搞海军，我自己连游泳都勉强，难以胜任。’陈毅同志强调，这是历史逼着我们去干的，而且非干好不可，要你去干，是党中央对你的信任，你是合适的人选。就这样，我受命于关键之时，从此把全副精力投入到组建海军的调查研究和策划之中。”

渡江战役前夕，张爱萍来到第三野战军司令部的驻地江苏泰州白马庙，见到了粟裕，研究组建海军的准备工作。粟裕介绍说：“部队正要过江，准备把三野教导师的机关和一个团的部队，以及野战军司令部的一个侦察营和苏北的海防纵队 4000 多人，全部调归海军由你指挥。”“但三野教导师机关的人还不在这里。我只帮你找到了几个人，一个是 28 军 84 师的副参谋长李进，一个是三野司令部的作战参谋黄胜天，另两个是军工部采购科科长张渭青和机关管理员温礼芝。这样连你 5 个人，算是第一批海军的筹备人员，以后再陆续给你补充。”

1949 年 4 月 23 日，人民解放军占领南京。同日的下午 1 点 30 分，张爱萍将海军筹备人员一共 13 人（5 名干部和 8 名战士）召集在一起，在泰州白马庙——三野渡江指挥所的两层小楼里，召开了一次会议，正式宣布华东海军于今天成立。此时此刻，这支海军只有13人，所有现代化机械装备仅美制吉普车3辆，无一艘现代化战舰。这一天——4月23日，在1989年2月17日被中央军委颁文确定为人民海军诞生日。

就在这一天，国民党海军给人民解放军海军送了一个大大的礼包。4月23日下午3点30分，也就是会议召开的两个小时后，原国民党海防第二舰队司令林尊在南京笆斗山江面宣布率部起义，投入人民的怀抱。起义部队带来了61艘舰艇，1671名海军专业官兵。

张爱萍对这一段时间没日没夜、争分夺秒地紧张工作，做了这样的回忆：

> 在这样的形势下，我带数十名同志于4月23日当晚从靖江八圩渡江，到达江阴。在江阴等候我的有三野教导师师长冯文华、政委汪大漠及参谋长孙公飞同志。陆续到达的还有海防纵队的领导人和野司侦察营副教导员范豫康等同志，他们向我介绍了各自部队的实力和干部情况。4月26日，召开组建会议。会议决定成立司、政、后3个办事机构，由冯文华任司令部办公厅主任，孙克骥、汪大漠任政治部办公厅正副主任，张元培任后勤部办公厅主任，形成了一个筹建性的领导机关。同时，还成立了中共华东军区海军临时委员会，由我担任党委书记。
>
> 4月28日，在江阴要塞司令部的礼堂里，聚集了800多名新的人民海军官兵，宣布华东军区海军领导机关建立和任命名单，宣布组建人民海军的11项工作步骤，表达了建设人民海军的决心和信心。接着，海军机关进驻苏州，组织接收工作组，到镇江、南京各地接收国民党第二舰队及在镇江起义的第三机动艇队和各地原国民党的海军机构。

上海解放，我和海军机关的同志进驻上海，并由我兼任上海市军事管制委员会海军接管部部长，展开了全面的接管工作。到6月中旬，接管了以上海为中心，西到江阴、镇江、南京、芜湖、湖口、九江，北至连云港、青岛，南到福州、广州等包括江南造船所（现江南造船厂）、青岛造船厂在内的30多个原国民党海军陆上机构和设施。接收的舰艇，包括一些已经废旧的船只在内计有舰船25艘，小船45艘。

与此同时，人民海军的第一所海军学校也建立起来了。1949年4月，中央军委电令华东军区海军成立的同时，也电令立即在东北的安东（今丹东）创建中国人民解放军海军学校。5月3日，“重庆号”起义官兵乘车来到安东。这里是东北最早的解放区，办学条件优越，省政府和省军区很快选择并提供了良好的校舍。当月，海军学校就正式开学了，校长由原“重庆号”舰长邓兆祥担任，原辽西军区副司令员朱军任政治委员，原东北行政委员会副主席、辽宁省主席兼省军区司令员张学思任副校长，原辽东军区政治部副主任李东野任政治部主任。不久，灵甫舰起义官兵也从香港来到海军学校。最初，学员主要是两舰的600多名官兵，很快，中央军委指示：“凡是部队中曾当过海军的人员，一律到安东海军学校报道。”这样，又有两批早年起义的原“马尾海军”和“刘公岛海军”人员陆续到来。

海军学校是为建设人民海军做好思想、组织、人才和技术之准备。学校教学行政等管理机构健全，设教育（训练）部、校务部和政治部，以及供给、卫生、管理、组织、宣传、保卫等处室。学员分两个大队，下设多个中队。大队长和政治委员均是从陆军调来的团职干部。对原海军人员以战友对待，肝胆相照。做到政治上爱护、生活上关心，使这些学员们很快成为“教学的模范和团结教育的骨干”。在生活上，学员们一律享受“中灶”，这在陆军中是只有营团级干部才会有的待遇。学校还把有些军官在南方的妻室子女或未婚妻派人接到安东团聚，使学员们非常感动。通过学习，学员们大大提高了思想政治觉悟，坚定了为人民海军建设服务的思想。学校建团，第一批就有220余名青年学员被校党委批准加入新民主主义青年团。开国大典阅兵，海军方队就有50名海军学校的学员。

为了网罗海军人才，张爱萍到上海后，于1949年6月的一天在《大公报》上发表招聘启事，主要内容是为创建人民海军，罗致海军人才，业已成立登记国民党海军人员办事处，凡一切曾在国民党海军中工作，而今后决心献身新民主主义革命事业，志愿为人民海军服务者，均可前往该处报到登记，以备量才录用。上海办事处设在重庆南路182号。接着又派人到青岛、福州、广州、厦门等地设立了登记办公室，在报刊上公布了登记手续和办法，并强调指出："凡曾在国民党海军服务，不论脱离迟早，不论官佐士兵，或阶级高低，不论航海、轮机、制造、枪炮、通讯、测量、军需、医务，或其他行政人员，均可前来登记。"

张爱萍回忆："此举效用甚大，短短几个月中，报名登记的已达1100余人，其中包括国民党海军元老，如曾以鼎中将、周应聪少将、曾国晟、罗柳溪、马瑞希、吕美华、杨沧活、江伟衡和金声同志介绍的国民党海军司令部办公厅副主任（代主任）徐时辅等原海军人员。为了原海军人员的来到，我们曾多次召开欢迎会。我在欢迎会上说：'这样的欢迎会今后我们还要继续不断地开下去，一直开到台湾去！'对此，著名的歌唱家朱崇懋特地谱了一支歌《把欢迎会开到台湾去》，有力地激励着原海军人员参加人民海军行列。这样，连同第二舰队和其他陆续起义的国民党海军人员投身到人民海军来的已达4000余人，形成了一支相当可观的技术队伍。"

1949年8月28日，毛泽东召见了张爱萍和林遵等原国民党海军高级官员，他对林遵说：你们懂得科学知识，有技术，我们新同志要向你们学习。人民解放军有优良的政治工作和战斗作风，你们也要向新海军学习。新老海军要团结，相互学习，共同为建设强大的人民海军而奋斗。

于是，开国大典的阅兵式上，也就有了人民海军方队。

8 月 1 日，《人民日报》正式成为中共中央机关报。

1949 年 4 月 16 日，华北局和华北人民政府召开会议，商议中共中央进入北平以后，华北局和华北人民政府作为中央人民政府实验性质的任务已经完成，怎样将华北人民政府组织机构并入中央人民政府和变更一部分行政区划的问题，将华北局机关报《人民日报》并入中共中央机关，也是议题之一。

5 月初，《人民日报》领导在给华北局的汇报中说，5 月和 6 月，报社的“工作目标是贯彻二中全会决议，在采编方法上力求深入，加强批判性与指导性，要求显示出自己报纸的特点来。行政方面力求工作、生活、学习上正规化，精简机构，改订制度，大力整顿出版发行工作，并为中央党报准备各种出版条件。”5 月 7 日，在给华北局报送的《4 月份综合报告》结尾处写道，我社“在报社规模上现正调整房子，安装机器，为未来的中央党报做准备”。由此看出，在 5 月份，《人民日报》已经启动了转为中央机关报的工作。

《人民日报》进入北平后，眼界和办报水平有了很大提升，当时负责全国总工会工作的李立三曾对《人民日报》负责人张磐石说：“从 1949 年 3 月进城到‘五一节’时，《人民日报》的战斗力已明显大于各报之上。”

但是，作为党中央机关报，《人民日报》的领导层和作为报纸旗帜的言论写作，还是有一定差距的。张磐石后来回忆说：“随着全国政协的筹备，大军过江，和平谈判等全国形势的发展，《人民日报》在中央直接帮助下，基本上担当了中央机关报的任务，只是对评论，对于各民主党派的言论，文艺界的意见，以及国际舆论，缺乏我们的有力言论进行引导和阐述。对艾奇逊白皮书的批判还由（胡）乔木动笔写了一篇文章，后来毛主席出马，亲自为《人民日报》撰写文章。”[1]

---

① 转引自钱江：《人民日报的诞生》，人民日报出版社 2018 年 6 月第 1 版，第 316 页。

1949年6月24日，毛泽东给胡乔木写了一封信，亲自部署《人民日报》对“七一”和“七七”的宣传工作：“写一篇纪念七一的论文（似不宜用新华社社论形式，而用你的名字为宜），拟一单纪念‘七七’的口号（纪念七七，庆祝胜利，宣传新政协及联合政府，要求早日订立对日和约，消灭反动派残余力量，镇压反动派的破坏和捣乱，发展生产和文教）——此两件请于6月最近两天拟好，以便于6月28日发出，6月29日各地见报。写一篇七七纪念论文（带总结性），此件须于7月2日写好，3、4两日修改好，5日广播，7日各地见报。起草一个各党派的纪念‘七七’的联合声明——此件亦须于7月2日写好，以便交换意见。”①

中共中央原定新政治协商会议在8月份举行，所以，进入7月份后，《人民日报》加快了升格为中共中央机关报的步伐。7月11日，华北局报告中央，明确《人民日报》、华北新华书店、新华社华北总分社均交中宣部接收。

这份报告最后送到毛泽东处，他批复：“请周（恩来）办。”此后又批示：“请周复一信。”根据毛泽东的意见，中央于7月17日复电华北局，对华北局请示的几项组织隶属问题，除了华北军政大学仍留华北局系统外，其余均由中共中央接收。为了加强《人民日报》的工作，使之更好地完成党中央机关报的职能，中共中央对《人民日报》领导班子进行了调整。最引人注目的是，毛泽东的秘书、中央宣传部副部长胡乔木兼任人民日报社社长，邓拓调任总编辑，原社长张磐石改任副社长，安岗任副总编辑。7月18日，《人民日报》举行总编室会议，布置8月1日起转为中共中央机关报的安排。副总编辑安岗在会上传达胡乔木的意见说：“《人民日报》定于8月1日转为中央党报，建立权威专刊，给愿意看的人看。中央党报不能是迁就读者，而是领导读者。”②

1949年8月1日，《人民日报》正式升格为中共中央机关报。除了事先

① 《毛泽东书信选集》，人民出版社1983年版，第327页。

② 转引自钱江：《人民日报的诞生》，人民日报出版社2018年6月第1版，第325页。

确定的领导班子外，报社设总编室（下属10个编辑组、两个科）、秘书处、经理部、发行部和印刷厂，总编制人数550人。

“升格”非常平静，没有举行庆祝会、招待会，没有宴请宾客、发纪念品，也没有在报纸上公开这一消息，大多数读者都没有察觉。这一天的《人民日报》期号顺延，为407号。普通读者会以为还是原来的《人民日报》，但是，从期号的顺延可以看出，1948年6月15日华北局《人民日报》的创刊，就已经具有中共中央机关报的特性了，就已经成为“中央党报”，在指导全国工作了。因此，《人民日报》的创刊纪念日被定为1948年6月15日。

“升格”为机关报后，特别是党内著名的笔杆子担任社长和总编辑后，《人民日报》真正担起了中共中央喉舌作用，第一场舆论大战，就是刊登一系列评论文章，批驳美国国务院于8月5日发表的《美国与中国的关系》白皮书。而且，这一战就使《人民日报》国际闻名了，成为国际上有影响的大报。

1949年8月份，中国革命靠的“两杆子”——枪杆子和笔杆子，都可以和新的共和国匹配了，都可以成为新中国的强大依靠了。

这个月，毛泽东的家乡湖南，也和平解放了。这是解放战争中一个重大军事和政治事件，无疑加快了国民党残余力量的灭亡和解放全中国的速度。

在1949年，除了人民解放军势如破竹之外，国民党内部还有三件大事从精神上动摇了军心和瓦解了统治基础，加速了国民党反动政府的灭亡：一个是傅作义的和平通电，一个是张治中的声明，再有就是湖南的和平解放。

1949年4月1日，是国民党和谈代表团到达北平的日子，是要真和平，还是要假和平，很快就要见分晓。在这样一个全国人民关注的日子，傅作义向全世界发表了《和平通电》，谈了自己对国共两党的切身认识和对和平的真诚愿望。他在《和平通电》中说道：

现在正当全国和平商谈之际，在这个时候，我愿把我的认识和意见，向全国各方说明。

两年半的内战，我个人内心和行动，主观和客观，是在极端矛盾中痛苦地斗争着，北平和平的实现，就是由认识到行动，自我痛苦斗争的结果。现在回忆既往，我感觉我最大的错误，就是执行了反动的“戡乱政策”。我们在实行所谓“戡乱”的时候，每天说的虽是为人民，而事实上一切问题，却是处处摧残和压迫人民。我们的部队在乡村是给大地主看家，在城市是替特权、豪门、贪官、污吏保镖。我们不仅保护了这些乡村和城市的恶势力，而且还不断地在制造和助长这些恶势力。种种错误的恶因，反映在政治上就是腐烂；反映在经济上就是崩溃；反映在文化教育上就是控制和镇压青年学生的反抗；反映在社会上就是劳苦大众的生活一天一天地贫困，上层剥削阶级奢侈淫靡的享受一天一天地增高；反映在外交上就是依附美国；反映在军事上就是由优势变成劣势。所有这些都是因为违反了人民的利益，所以得不到人民的支持，最后为人民所抛弃。中国共产党为什么成功呢？就是因为共产党以工农大众和全国人民的利益为基础，在乡村彻底解决了土地问题，得到广大农民的拥护；对城市工商业实行公私兼顾，劳资两利，铲除官僚资本，保护民族工商业发展……所谓“戡乱政策”，既然完全错误，共产党的新民主主义既然完全正确，我们就必须公开反对所谓“戡乱政策”，真诚地实现和平，不应该再犹豫徘徊，违背人民的愿望。①

毛泽东看到傅作义的《和平通电》后非常欣慰，这种政治上的觉悟和认识是很难得的，必将对国民党内部产生巨大的精神冲击。毛泽东在4月2日就复电傅作义，对其行为高度肯定：“四月一日通电读悉。南京国民党反动

①《北平和平解放前后》，北京出版社1988年版，第176—178页。

政府发动反革命内战的政策，是完全错误的。数年来中国人民由于这种反革命内战所受的浩大灾难，这个政府必须负责。但是执行这个政策的国民党反动政府的文武官员，只要他们认清是非，幡然悔悟，出于真心实意，确有事实表现，因而有利于人民解放事业之推进，有利于用和平方法解决国内问题者，不问何人，我们均表欢迎。北平问题的和平解决，贵将军与有劳绩。贵将军复愿于今后站在人民方面，参加新民主主义的建设事业，我们认为这是很好的，这是应当欢迎的。”[①]

而事实上，北平的和平解放与傅作义的《和平通电》，对8月份的湖南程潜、陈明仁起义，9月中旬的绥远董其武、孙兰峰起义，9月下旬的新疆陶峙岳、鲍尔汉起义，都产生了重要的影响。

张治中是国民党和平谈判的首席代表，在谈判破裂后被老朋友周恩来劝留在了北平。一生追随孙中山三民主义又是国民党重要官员的张治中，虽然已经清楚地看到了中国的前途，但是，其思想的转变也是很痛苦的。他自己在回忆录里写道：“在四月到六月这一段时间，是我最苦闷的一个时期。脑海中许多问题没法解答，矛盾彷徨，展开了激烈的自我思想斗争。这时期周恩来先生常来相看，多所劝导，又蒙毛泽东先生亲临慰问，思想乃初步搞通，内心亦渐次宽解。”到了6月份，国民党连发3个电讯稿，攻击他受中共唆使，已经变节，又在策动和平云云。张治中为了反驳这些攻击，也为了给国民党高层同僚谈谈自己这些天的新认识，于是，6月26日公开发表了一篇《对时局的声明》，主要内容如下。

广州中央社十五日电传广州《西南日报》香港航讯，曾报导“张治中在北平被共产党扣留之详情”，接着，广州中央社二十日、

① 中共中央文献研究室编：《毛泽东年谱：一八九三——一九四九》下卷，中央文献出版社2013年12月第1版，第473页。

二十二日两次电讯，又对张治中将军等进行攻击和诽谤。现居北平之张治中将军特为此事发表声明如下：

这几篇电讯，一派胡言诳语，没有驳斥的必要。不过，我来平以后，颇承各地同志及友好关怀，我倒想就这个机会说几句话。

实在说起来，我现在北平所过着的是闲适自在的生活；而且引起一种欣喜安慰的情绪，与日俱增。为什么缘由呢？我居留北平已八十天了，以我所见所闻的，觉得处处显露出一种新的转变，新的趋向，象征着我们国家民族的前途已显出新的希望。就是中共以二十多年的奋斗经验，深得服务人民建设国家的要领，并且具有严格的批评制度，学习精神和切实、刻苦、稳健的作风。这些优点，反映到政治设施的，是有效率的、没有贪污的政府。反映到党员行动的，是俭朴、肯干、实事求是的军政干部。尤其中共所倡导的新民主主义，在现阶段看来，实与我革命的三民主义之基本要点相符合。综合说一句，这都不是过去我们国民党所表现于政治设施和党员行动所能做到的。我以国民党员一分子的立场，只有感到无限的惭疚；但是站在国民一分子的立场说，又觉得极大的欣慰。我们中国人，毕竟还有能力把国家危机挽转过来，还可希望把国家搞好，断不是一个没有出息的民族，已可得到证明。我多年来内心所累积的苦闷，为之一扫而空，真是精神上获得了解放，怎能不令人欣慰不已呢？

他接下来解释了和平谈判为什么会破裂，规劝国民党同人：

……倘我们认识战败求和的必然情势，又能了然于政权更迭的历史常例，则革命大义，天下为公，我们自己既然无能，就应该让给有能的；自己既然无成，就应该让给有成的。因为国内战争，本属同胞，谁得谁失，非同异国。试想满清末季，要是没有我们孙先生号召革命，推翻专制，中国不早就遭受了帝国主义的瓜分共管了吗？我们国民党执政二十多年竟弄到现在这样地步，也不是偶然的事。当然，我是国民党的干部，也要负一份责任。所以，我们今日，就应该以诚意承认错误，以勇气承认失败，坦然放弃政权，则人民观感将为我们这种坦白率真的态度而另眼相看，重新评价。甚望我们国民党中央和各地负责同志能够善用理智，正视现实，以反省自咎的胸襟，作悬崖勒马的打算；悲天悯人，忍辱负重，为军民减少牺牲，为国家多保元气。现在虽未为最晚，实已到了最后机会，万不宜轻忽地听其错过。如果还是昧于人心与大势所趋，继续作毫无希望的战争，其结果徒然损伤了大众，贻害了自己，这是无从索解的！

最后，张治中殷切希望：

目前，大局已演变到此。我觉得，各地同志们，应该惩前毖后，当机立断，毅然决然表示与中共推诚合作，为孙先生的革命三民主义，亦即为中共新民主主义的实现而共同努力。至于我们国民党，早就应彻底改造，促进新生，才能适应时代，创造时代，达成我们革命党人应负的历史使命。在目前，我们如果把眼光放远些，心胸放大些，一切为国家民族利益着想，一切为子孙万代幸福着想，我们不但没有悲观的必要，而且还有乐观的理由。国家要求新生，也正在新生。人民要求新生，也正在新生。为什么我们国民党和个人，独甘落后，不能新生呢！？①

---

①《张治中回忆录》，文史资料出版社 1985 年 2 月第 1 版，第 849—851 页。

6月27日，《人民日报》刊发《新华社评张治中声明》，评论说：

前南京国民党政府和谈代表团首席代表张治中将军今天发表了一篇声明，表示他对于目前中国形势的看法。这个声明，也可以看作是南京国民党政府和谈代表团的共同意见。我们认为这个声明是值得欢迎的；其中对于国民党内爱国分子的劝告，是向他们指出了唯一的光明出路。

……在这种时候，国民党内稍有爱国心、稍有是非心的人们应该向何处去呢？傅作义将军、林遵将军、张轺将军、吴奇伟将军等人已经用行动指示了他们。现在，张治中将军，又用言论指示了他们。他们的出路，就是立即与美国帝国主义和蒋介石、李宗仁匪帮决裂，投入人民和人民解放军这一边来，迅速地消灭反动派，结束战争，停止破坏，使国家民族早日开始全面的和平建设！

张治中将军在他的声明中要求国民党的新生。当然，这不是指的整个的国民党。整个的国民党已因二十二年的反动罪恶及其反动统治的灭亡而为人民所唾弃，为历史所唾弃。但是，国民党内有一部分人愿意站在民主方面，这一部分人自有其光明的前途。李济深先生、何香凝先生、谭平山先生、陈铭枢先生、蔡廷锴先生等人，他们早已从事民主的工作，固不待论。其他有爱国心的国民党人，只要他们具有决心，真正愿意转到民主阵营方面来，民主阵营必然会采取而且已经采取欢迎的态度，给他们以为人民国家服务的机会。对于这些人，正如张治中将军所说，应当新生，也可以新生。

8月份，获得新生的是程潜、陈明仁。毛泽东的家乡湖南获得和平解放，中国的南大门被彻底打开，苟且在广州的国民党政府各机构，不得不逃往重庆。

主政湖南的国民党元老程潜，曾参加了1948年国民党政府副总统的竞选，失败后，蒋介石为了拉拢他以制约李宗仁和白崇禧，出面进行了安抚，先是拿了一笔钱给程潜补偿其竞选的损失，再有就是给了他长沙绥靖公署主任的职位，让其总制湘、赣两省。这样，程潜在1948年7月就回到了湖南。他回湖南后，解放战争形势发展迅速，他的思想也开始逐渐发生了变化。

1948年7月24日，他回到长沙在火车站发表演讲，还大谈“戡乱救国”的老调：“国家经过八年抗战三年剿匪以后，元气大伤，到如今可说是民穷财尽了。但共匪好乱成性，毫不悔过，他们那种残忍暴戾的作用，不亡国灭种不止，这真是一个空前的浩劫！”讲到最后，他还慷慨激昂地说：“我今年六十有七，但我决不惜任何牺牲与共匪拼命，纵然我一百岁了，我也还有勇气和共匪拼命。”

事后，身边的人对他进言：“颂公今天的讲话太露骨了，影响不好！”程潜笑了笑说：“你要知道，南京也在听我的讲话啊！”[①]

蒋介石宣告“引退”后，程潜认为李宗仁应付不了局面，决定在湖南稳扎稳打，认为以孙中山先生的民生主义为旗帜，哪党哪派最后都说不出什么来。于是，在蒋介石“引退”的第二天，他发表了一个书面谈话，其中说：“今后无论和谈程度如何，自非局部问题，而本省之政治方针，则惟实行民生经济之生产合作与限租限田二大事，此余曾已一再言之。至于开放言论出版自由与释放政治犯，为余之一贯主张，盖人民于政治固有其天然之绝对自由也。”[②]

这个书面讲话，是程潜回湘后的讲话中第一次没有提到反共的。这一微妙的变化被中共领导人捕捉到了，但也被蒋介石和白崇禧等注意到了。

中共湖南省工委专门成立工作小组，由余志宏（湖南大学讲师、曾任前

---

① 陈先初：《程潜与近代中国》，湖南大学出版社2004年5月第1版，第258页。

② 肖作霖：《追随程潜起义的前前后后》，《文史资料选集》第57辑。

省府主席王东原的秘书）任组长，同时把程潜的族弟程星龄请来做程潜的工作。后来，程星龄把倾向共产党的程潜的儿子（时在复旦大学任教）也请回来做程潜的工作。湖南省工委考虑到程潜的部队太少，军事实力不足以应对复杂局面，经过多方努力，给白崇禧设了一个圈套，把陈明仁和部队也调回了湖南。

程潜走和平道路的主意打定后，便开始主动寻找共产党联系。1949 年 3 月初，代总统李宗仁在南京主持召开会议“商量国事”，程潜应召与会。会议期间，他专门拜访了去西柏坡见过毛泽东的章士钊，两人进行了彻夜长谈。章士钊介绍了他和上海和平代表在西柏坡与毛泽东会晤的情况，告诉程潜：毛泽东是历史上空前伟大的人物，胸怀广大，宽厚容人；说毛泽东之倡导和平期望甚殷，决不会当战犯看待，而且将予以礼遇。针对程潜怀疑共产党在打倒蒋介石后能否长期保持政权的思想，章士钊列举了许多事实，反复说明：毛泽东领导的共产党一定能够把国家搞好，为了国家和民族前途计，国民党应放手让共产党来治理国家。章士钊和程潜的私交甚厚，因此这次谈话，使程潜对毛泽东和共产党又有了新的认识，也增强了他直接同共产党联系的愿望。

渡江战役后，湖南的群众性的和平自救运动如火如荼，程潜公开发表谈话，表示要“以至诚致正的决心，以点滴归聚的群力，求使湖南免于战祸的惨痛，求使人民免于炮火的灾害”。并对国民党当权者提出警告：“纯重自我、不顾大众的行为，不仅徒劳，而且千夫所指，势必自焚！”随后，他又下令：各县、市建立人民自救委员会组织，实行自救。

在与湖南地下党直接联系上后，程潜还通过多种渠道与中共中央联系。1949 年 6 月，程星龄在香港见到了章士钊，告知程潜对和平起义“没有动摇”，并谈了湖南反蒋反桂系的复杂斗争情况，章士钊说：“桂军在湖南待不了多久，解放大军快要南下了。你们应付得好，可劝颂公大胆地再顶住一个短时期。”章士钊还特意谈到了他在北平期间和毛泽东交谈时毛泽东对程潜走和平道路的期望甚殷和对陈明仁既往不咎的一番话。程星龄回到长沙后，将毛泽东的期望和鼓励转告程潜、陈明仁，促使了程潜最后决定起义。陈明仁也最后打消了顾虑，坚定了随同程潜一道起义的决心。

1949 年 5、6 月间，湖南和平起义已经接近成熟阶段，下一步的任务就是如何部署起义的一些具体问题了。湖南地下党建议："希望颂公以书面的形式向我党表明态度。"程潜接受了这一建议，命人起草了一份要求和平起义的"备忘录"，表明了坚决起义的态度，并要求"双方指派军事代表立即成立军事小组，俾能详细商决，并密切配合行动"。同时，对防范桂系捣乱、省内其他军事力量的整编等问题进行了探讨。这份"备忘录"经省委、汉口华中局，最后报送到党中央和毛泽东手中。

7 月 4 日，毛泽东亲笔复电程潜："颂云先生勋鉴：备忘录诵悉。先生决心采取反蒋反桂及和平解决湖南问题之方针，极为佩慰。所提军事小组联合机构及保存贵部予以整编教育等项意见均属可行。此间已派李明灏兄至汉口林彪处，请先生派员至汉与林将军面洽商定军事小组联合机构及军事处置诸项问题。为着迅赴事功打击桂系，贵处派员以速为宜。如遇桂系压迫，先生可权宜处置一切。只要先生决心站在人民方面，反美反蒋反桂，先生权宜处置，敝方均能谅解。诸事待理，借重之处尚多。此间已嘱林彪将军与贵处妥为联络矣。"程潜看到毛泽东的电报后，高兴地对部署说："湖南的问题，去年就开始酝酿，由于没有得到毛主席的指示，宝盒子还没有揭开，顾虑很多。现在有了这封信，真是湖南人民的喜讯啊！有了毛主席的指示，不仅我个人的去处用不着考虑，而且整个湖南问题，一定会得到圆满解决。"①

自 8 月 2 日开始，陈明仁按照事先与解放军达成的初步协议，下令第一

① 转引自陈先初著：《程潜与近代中国》，湖南大学出版社，2004 年 5 月第 1 版，第 268—269 页。

兵团及省保安部队撤出长沙及各交通要道，至3日撤退完毕。撤退后，长沙市内社会治安由中共省、市工委控制的补充团、宪兵团和警察负责维持。8月3日晚，省政府新闻处长刘伯廉以程潜发言人身份举行临时记者招待会，并当场散发了程潜“未东”（8月1日）晚向全国发出的呼吁和平通电。记者招待会当天，程潜又致电北平毛主席、朱总司令、汉口林（彪）司令员，电称：“潜等业经未东电宣布正式脱离广州政府，即日成立湖南人民临时军政委员会，由程潜、唐生智、陈明仁、仇鳌、唐伯球任委员，并推程潜为主任委员。同日由军政委员会推定陈明仁任湖南省政府暂时主席，并决定第一兵团改组为中国共产党人民解放军第一兵团，推定陈明仁兼司令官，特电请查照。”①

8月4日，由程潜、陈明仁领衔，37名将领联名，正式发表了宣告湖南和平起义的通电。通电告知全国：

> ……蒋与好战分子破坏政治协商会议，重启内战，外则勾结美国帝国主义，不惜丧权辱国，内则肆行独裁，变本加厉，豪门聚敛，贪污横行，结果经济崩溃，军民离心。……潜等顺从民意，呼吁和平，声嘶力竭。而蒋与李、白执迷不悟，以我西南、西北各省为最后之孤注。用是忍无可忍，爰率领全湘军民，根据中共提示之八条二十四款，为取得和平之基础，贯彻和平主张，正式脱离广州政府。今后当依人民立场，加入中共领导之人民民主政权，与人民军队为伍。俾能以新生之精神，彻底实行革命之三民主义，打倒封建主义、官僚资本主义与美帝国主义，共同为建立新民主主义之中国而奋斗。所望我西南、西北各省同胞，洞察蒋与李、白坚持内战、祸国殃民之罪恶，以人民之旨意为意旨，以人民之利益为利

①《湖南文史》第35辑，第169页。

益，一致响应，奋起自救，铲除此倒行逆施之残余封建政权，全湘军民，誓为后盾。[①]

毛泽东、朱德因故迟至 8 月 15 日才收到程潜等的起义通电，16 日，毛、朱复电程潜、陈明仁及全体起义将士，称赞其“率三湘健儿，脱离反动阵营，参加人民革命，义声昭著，全国欢迎”，并希望他们“团结部属，与人民解放军亲密合作，并准备改编为人民解放军，以革命精神教育部队，改变作风，力求进步，为消灭残匪，解放全中国人民而奋斗”[②]。

8 月 5 日，古城长沙装扮一新。下午 7 时，人民解放军第 138 师从小吴门威武雄壮地进入市区，长沙市盛况空前，10 多万群众夹道欢迎。古城人民由衷感谢中国共产党和毛泽东主席，赞誉程潜、陈明仁两将军顺应民意，使得古城长沙得以避免战火，获得和平解放。多年后，程潜回忆说[③]：

这个正义的行动，给当时流窜在大西南的蒋介石匪帮以一个迅雷不及掩耳的沉重打击，在一定程度上缩短了解放全部大陆的时间。这个正义的行动，使湖南地区免于战争的毁坏，因而湖南人民得以很快地恢复和展开国民经济。在人民的推动和支持下，我个人能在这个正义的行动中献出一份力量，其结果，是使我找到了革命的归宿，成全了晚年的大节，并得以竭尽全力，做一些真正有益于人民的事情。

1949 年 8 月，对中国人民来说，还有一件甚至和百年中国历史有关也和三年解放战争密切相关的事，就是美国发表《美国与中国的关系——着重 1944—1949 时期》白皮书。这件事，引起了当时中国社会的强烈反响，毛

① 《湖南文史》第 35 辑，第 185 页。

② 同上书，第 191 页。

③ 《程潜省长对台湾军政人员的广播稿》，1955 年 8 月。

泽东甚至亲自动笔写了5篇评论文章。可以说，全社会批判《白皮书》，揭露美国百年侵华史，对认清美国的真面貌，认清解放战争的性质意义，树立中国人民的民族自信心，都起了非常大的作用。可以称为一次唤醒民族自觉的思想解放运动，对新中国的成立，在某种意义上奠定了一定的思想基础。

其实，《白皮书》发表的最关键的前提，是美国看到了其对华外交政策的彻底失败，看到了新中国不可阻挡的冉冉升起。进入到1949年，不但中国的局势明朗了，就连美国决策集团内部基本看法也趋于一致。稍微了解实际情况的驻华官员们都承认，中共在其所控制的地区“在很大程度上赢得了人民的积极支持”。目睹天津解放的美国驻天津总领事施迈斯报告说：“共产党军队……比我所见过的任何国民党军队都优越”，“这是一部高度精锐的军事机器，其士气与纪律同国军成鲜明对比。如果其他共产党军队也如我们所见到的那样，我相信国民党政府绝无抵抗之可能，更不用说打败共军了。”根据他们的观察，共产党“决心征服全中国，并且有能力做到”。北平解放几个月之后，驻北平总领事柯乐博野报告说：中共接管北平“效率很高，秩序井然，没有发生混乱和破坏”，“初步看来，解放军基本上是成功的”，“他们已证明能够接管北平的市政管理和公用事业，并在最初这个阶段的运转中显示出相当的能力”。

外界不但是看到了中国共产党不可遏制的胜利，就是对新中国成立后的短期和长期前景也进行了分析。在1949年七八月间，美国国务院情报分析司奉国务卿之命，拿出一份分析报告，其对共产党夺取政权以后的短期估计是“任何内部和外部条件的总合都不大可能证明这样一种期望是正确的：即新的中共政权会在五年之内被推翻……”“能够希望出现的最好情况是，今后五年中，内部困难和外部压力会使中共政权大大削弱，从而为其在将来的某个时候垮台准备条件”。①

① 资中筠：《美国对华政策的缘起和发展（1945—1950）》，重庆出版社1987年6月第1版，第249、250页。

上百亿的美元白花了，支持的政府快要垮台了，运到中国的先进武器大多被解放军缴获了，武装了强大的解放军，培养了一个自己潜在的强敌。怎么向世界交代？怎么向国内交代？于是，就有了这篇臭名昭著的《白皮书》。

《白皮书》公开发表的时间是1949年8月5日，选择在美国驻中国大使司徒雷登一行离开了中国，刚刚抵达美国太平洋舰队司令部所在地珍珠港的当天。据说“唯一的考虑是须在司徒雷登离开中国以后。因为预料《白皮书》的发表定将触怒中国人，不管是国民党还是共产党，甚至可能引起群众抗议事件，免得大使在华承受各种不愉快之事”[①]。

这部《白皮书》是当时的美国国务卿艾奇逊在征得了杜鲁门总统的同意后，组织国务院工作人员编纂的。全书包括正文八章，附件八章，外加收录在内的《艾奇逊致杜鲁门总统的信》及《中美关系大事纪年表》，共1054页，约100多万字。正文八章的标题如下：第一章　近百年来之美国政策（一八四四——一九四三）；第二章　国民党与中共关系的回溯（一九二一——一九四四）；第三章　赫尔利少将之使命（一九四四——一九四五）；第四章　一九四五年之《雅尔塔协定》及《中苏条约》；第五章　一九四五年至一九四七年马歇尔将军赴华之任务；第六章　司徒雷登之使命；第七章　一九四五年至一九四九年之军事形势；第八章　美国经济援助方案（一九四七——一九四九）。

《美国与中国的关系》白皮书用五分之一的内容，介绍了从19世纪末至20世纪前50年各个不同历史阶段，美国对中国局势的看法及美国政府的对华政策。其余五分之四的篇幅等于是文件汇编，收集了近200篇美国政府官方发表过或未发表过的、与对华关系有关的文件。其中既有美国总统有关的

① 资中筠：《美国对华政策的缘起和发展（1945—1950）》，重庆出版社1987年6月第1版，第231—232页。

演说词、与国民党政府往来的函件及电报、声明，以及几乎所有与中国有关的条约、协议、法案，也有相关的会谈纪要、任命、国民党和共产党发表的社论、声明和文告等，还有相当一部分美国派驻中国的特使及大使给国务院写的例行报告。

与白皮书同时见之于公众的还有美国国务卿艾奇逊致杜鲁门总统的一封信。从这封信中，人们轻而易举地就可了解到美国国务院发表白皮书的用心所在。在信中，艾奇逊把国民党失败的原因归结为其自身的无能，以及听不进美国的意见[①]：

> 从1945年一直到1948年初秋，国民政府在人力和军事上较其对手具有显著的优势。的确，在那一时期之内，很大一部分由于我们在运输、武装和补给上给予他们的部队的援助，他们遂能推广其控制及于华北和满洲的大部分。到马歇尔将军于1947年初离开中国时，国民党在军事的成就上和领域的扩张上，显然是登峰造极的。然而其后一年半的事实显示，他们貌似强大的力量是虚幻的，他们的胜利建立在沙上。……国民党曾于1946年不顾马歇尔元帅的警告发动了一个雄心勃勃的军事行动。马歇尔警告说，这种行动不仅会遭致失败，而且会使中国陷入经济的混乱，最后并将摧毁国民政府。……完全地为后来发生的事实所证实。
>
> …………
>
> 国民党的失败都不是美援不充分造成的。我们在中国的军事观察家曾报告说，国军具有决定性的1948年内，没有一次战役的失败是由于缺乏武器弹药。事实上，我们的观察家于战争初期在重庆所看到

① 曹德谦编译：《总统的是是非非——草根总统杜鲁门》，当代中国出版社2014年6月第1版，第142—143页。

> 的腐败现象，已经使国民党的抵抗力量受到致命的削弱。它的领袖们对于他们所遭到的危机已经证明是无力应付的。它的部队已经丧失了斗志，它的政府已经失去了人民的支持。国民党的部队已无须别人来击败他们，他们已自行瓦解。历史一再证明，一个对自己失去了信心的政府和一个没有士气的军队，是经不起战斗的考验的。

由此可见，美国国务院发表中美关系白皮书主要是出于三个方面的考虑：其一，对内平息国会中反对党派和美国公众就总统对华政策失败而发出的指责，为自己辩护；其二，揭露蒋介石政府过去几年与美国的实际关系，以表明国民党政府的倒台主要责任不在美国政府方面，而是由于国民党本身的无能；其三，推卸美国政府支持国民党打内战的责任，对外重塑和平爱好者的形象。

研究美国的学者曹德谦在他编译的一本书中写道："1949 年 8 月，我正在密苏里大学打算回国，忽然在报上看到一则广告。它说，美国国务院将于 8 月 5 日发行《对华关系白皮书》，凡愿购买者可汇 5 美元至国务院。我就寄去了 5 美元，但作了下列声明：由于我已经买了总统轮船公司的船票，即将出发至旧金山，请把书留存在旧金山总统轮船公司办公室。美国人的工作可以说真的做到家，当我在旧金山上船时，真的取到了我的订货《对华关系白皮书》。我在海上旅途中浏览了这本很厚很厚的书。"读完之后，他的感觉是"白皮书的目的是对付美国国内的，并无对中共的恶意，倒是蒋介石对此大发脾气"①。

《白皮书》公开暴露国民党政府腐败无能，其失败是咎由自取，确实让国民党和蒋介石下不来台。蒋介石在日记中写道："马歇尔、艾奇逊因欲掩饰

---

① 曹德谦编译：《总统的是是非非——草根总统杜鲁门》，当代中国出版社 2014 年 6 月第 1 版，第 140、141 页。

其对华政策之错误与失败，不惜彻底毁灭中美两国传统友谊，以随其心，而且亦不知其国家之信义与外交上应守之规范，其领导世界之美国总统杜鲁门竟准其发表此失信于世界之《中美关系白皮书》，为美国历史上留下莫大的污点。此不仅为美国悲，而更为世界前途悲矣。”蒋经国也这样写道：“说得难听一点，这无异是宣布我政府的死亡证明书，同时暗示如何办理后事。”[①]

但是，国民党政府还要靠美援度日啊！所以，他们的公开反应还是很温和的。国民党政府最早的表态是顾维钧8月7日向新闻界发表的声明。大意如下：《白皮书》发表是不寻常举动，内容系美国一面之词，“中国政府”正在研究中，以后可能提供补充文献。过去犯错误不仅“中国”一家，愿吸取经验教训，但不能“因噎废食”，仍要求美国继续援助。

8月14日晚，蒋介石在台北草山召集会议，商讨对策，他说：“美国白皮书把我和政府的名声弄得极坏，其恶劣影响超过了共产党对我的丑化宣传。这一个多星期以来，我一直被此事困扰，今晚把你们召集来，就是商量如何回应白皮书。”

8月15日，国民党中央委员会通过了蒋介石主持拟定的声明稿。16日，共330字的《南京国民党政府外交部对美国政府发表中美关系白皮书的声明》发表。声明中说：“中国政府必须郑重声明，吾人对于中美关系白皮书内容所涉及之其他许多重要问题，在意见方面或论据方面，实有不能不持严重异议之处，吾人雅不愿使两国关于过去问题之辩论而影响两国之传统友谊……”[②] 还是仅仅做了外交辞令的表态，没有敢得罪美国这个大金主。

但是，《白皮书》歪曲近百年美国侵华史，宣传美国对中国的所谓“友谊”，恶毒攻击共产主义制度和共产党，攻击即将诞生的新的共和国，还有

---

① 曹德谦编译：《总统的是是非非——草根总统杜鲁门》，当代中国出版社2014年6月第1版，第141—142页。

② 同上书，第143—144页。

就是幻想通过中国的所谓“民主力量”推翻未来的新中国。所以，表面上看是恶心了国民党，但是，极其错误的历史观如果不加以批判，还是会误导很多中国人的。因此，正本清源，认清美帝国主义的侵略本质，树立民族自信心，了解中国共产党领导的中国革命和即将诞生的新中国，成为当时舆论界的一个大热点。

中国共产党方面最早的表态见于《人民日报》8月13日。这一天的《人民日报》第一版版面是精心安排的，很有视觉冲击力和战斗力。先是发布消息“美帝发表关于中国问题白皮书，供认援匪政策可耻失败，阴谋继续破坏中国人民革命”，公布了这一重大外交事件。消息写道：

> 美国国务院于本月五日发表一篇题为“中美关系”的长达一千零五十四页的白皮书，其内容要点已由美国新闻处陆续广播。白皮书以美国国务卿艾奇逊给美国总统杜鲁门的一封信为序文。艾奇逊的信件承认美国政府援助国民党进攻中国人民民主力量的努力已经失败。
>
> 艾奇逊的信和收集在白皮书内的美国对华政策文件，都公然主张干涉中国内政。……经过国民党来建立服务于美国侵略利益的企图虽然已被认为失败，但是美国政府宣称它将仍不放松从中国内部和外部继续破坏中国人民民主事业的努力。艾奇逊在致杜鲁门的信中诋毁中国人民反对帝国主义侵略的人民民主政治是“为苏联利益服务”的“外来制度”，同时断言美国所企图在中国今后组织的封建买办势力反对人民民主制度的叛国活动，将使他所说的“中国的悠久文明和民主个人主义”复活。

接着又转发了苏联《真理报》、波兰《华沙报》、英国《工人报》的3篇评论。

《真理报》评论写道：

听说，甚至一只兔子挨打挨得久了，也可以学会点火柴的。事实证明：有些美国外交家，和兔子不同，挨打很久却没有学会任何东西，美国国务院最近发表的题为“美国与中国的关系”的长篇累牍的“白皮书”，无可反驳地证明了这一点。

…………

中国国民党遭受了可耻的失败，美国国务院的政策也分享了这个耻辱。蒋介石浪费了几十亿美元来做这个显然没有希望的事。

…………

我们不能把艾奇逊吐露的话叫作历史的或政治的错误，因为它们是恶毒地歪曲事实。从这些透露的话当中可以看出：美国的政客们什么也没有学到。一只普通的兔子在挨了一顿饱打之后所得到的教训，会比从这种可耻的失败中所得到的较为有益。艾奇逊说，今后他还要支持中国反动派。这意味着在中国新的失败又在等着美国帝国主义者。好吧，一个人是有选择的自由的！让美国国务院事先准备好关于美国在华政策的惨败的另一个白皮书吧！

最后，就是新华社六评《白皮书》的第一篇《无可奈何的供状——评美国关于中国问题的白皮书》评论说：

……从美国政府的白皮书和美国国务卿艾奇逊的声明中，中国人民应该得到什么教训呢？

应该得到的第一个和最基本的教训，就是美国帝国主义政府对于中国民族利益和中国人民民主力量的根深蒂固的敌视。美国白皮书毫不掩饰美国政府的帝国主义的侵略立场。美国政府公然厚颜地宣称“干涉中国内政”是不可能的，因为它与“支持中国的统一与领土完整”“发生了冲突”。换句话说，美国政府认为必须干涉中国内政，必须把中国看作美国的保护国，然后中国才能有所谓“统一与领土完整”！

…………

中国人民应该从美国白皮书得到的第二个教训，就是中国人民必须继续抵抗和防备敌人美国帝国主义的任何干涉和挑战，必须不堕入敌人美国帝国主义所设的任何陷阱。……美国侵略者号召某些中国人（按照艾奇逊的话，这些人叫做“民主的个人主义者”），组织反共派别，借以推翻共产党领导的人民民主政权。每一个爱国的和自爱的中国人就一定不要这样做，中国人民也一定不允许这样做。……美国侵略者妄想挑拨中国人民与苏联的兄弟友谊，借以分化远东和世界的反帝国主义反侵略的同盟，每一个爱国的和自爱的中国人就一定不要这样做，中国人民也一定不允许这样做。

总之，从根本上说来，美国白皮书确是一部颠倒黑白的杰作，这种颠倒黑白如果加以再颠倒，人们是可以从中获得种种有益的教训的。中国人民由美国白皮书进一步认识了美国政府的帝国主义面貌，进一步认识了应该如何向美国帝国主义进行斗争，最后，还可以由此进一步认识这一斗争的前途。……我们既然战胜了为一千零五十四页的白皮书所见证的过去的困难，我们也必须战胜任何新的白皮书所将要恫吓的困难。美国帝国主义政府的任何白皮书，将只能无可奈何地判决自己的失败，并且无可奈何地证实中国人民和各国革命人民的胜利。

这第一篇新华社评论是胡乔木写的。

接下来，毛泽东亲自动笔，接连写了5篇新华社评论，和上一篇共同构成了著名的六评《白皮书》系列文章。毛泽东的5篇评论，篇篇主题鲜明，文笔老辣，名句频出，后来都成为新闻评论写作的范文。

毛泽东写的第一篇评论是《丢掉幻想，准备斗争》，发表在8月15日的《人民日报》上。评论开篇就说："美国的白皮书在现在这个时候发表，不是偶然的，它反映了中国人民的胜利和帝国主义的失败。它反映了整个帝国主义世界制度的衰落，帝国主义制度内部的矛盾重重，无法克服，使他们自己陷入了极大的苦闷中。"

这篇评论中人们熟悉的名句如下：

> 帝国主义者的逻辑和人民的逻辑是这样不同的。捣乱，失败，再捣乱，再失败，直至灭亡——这就是帝国主义及世界上一切反动派的逻辑，他们决不会违背这个逻辑的。这是一条马克思主义的真理。我们说"帝国主义是很凶恶的"，就是说它的本性是不能改变的，帝国主义分子决不肯放下屠刀，他们也决不能成佛，直至他们的灭亡。斗争，失败，再斗争，再失败，直至胜利——这就是人民的逻辑，他们也是决不会违背这个逻辑的。这是马克思主义的又一条真理，俄国人民的革命曾经是依照了这条真理，中国人民的革命现在也是依照这条真理。
>
> 阶级斗争，一些阶级消灭了，一些阶级胜利了。这就是历史，这就是几千年的文明史。拿这个观点解释历史的就叫做历史的唯物主义，站在这个观点的反面的是历史的唯心主义。

毛泽东最后说："先进的人们，共产党人，各民主党派，觉悟了的工人，青年学生，进步的知识分子，有责任去团结人民中国内部的中间阶层，中间派，各阶层中的落后分子，一切还在动摇犹豫着的人们（这些人们还要长期地动摇着，坚定了又动摇，一遇困难就要动摇的），用善意去帮助他们，批评他们的动摇性，教育他们，争取他们站到人民大众方面来，不让帝国主义把他们拉过去，叫他们丢掉幻想，准备斗争。”

毛泽东发表的第二篇评论是《别了，司徒雷登》，发表在 8 月 19 日的《人民日报》上。司徒雷登是一个在中国出生的美国人，在中国有广泛的社会联系，在中国办过多年的教会学校，在抗日时期坐过日本人的监狱，平素装着爱美国也爱中国，颇能迷惑一部分中国人，因此被马歇尔看中，做了驻华大使，成为马歇尔系统中的风云人物之一。所以，剥开司徒雷登的真面目，就可以揭露“美国出钱出枪，蒋介石出人，替美国打仗杀中国人”“美国的海陆空军已经在中国参加了战争”的侵略真相。这篇评论里的名句如下：

> 我们中国人是有骨气的，许多曾经是自由主义或民主个人主义的人们，在美国帝国主义者及其走狗国民党反动派面前站起来了。闻一多拍案而起，横眉怒对国民党的手枪，宁可倒下去，不愿屈服。朱自清一身重病，宁可饿死，不领美国的救济粮。……我们应当写闻一多颂，写朱自清颂，他们表现了我们民族的英雄气概。
>
> 多少一点困难怕什么。封锁吧，封锁十年八年，中国的一切问题都解决了。中国人死都不怕，还怕困难么？
>
> 美国的白皮书，就是一部破产的记录。……司徒雷登走了，白皮书来了，很好，很好，这两件事都是值得庆祝的。

新华社的“四评白皮书”发表在 8 月 29 日《人民日报》上，在《毛泽东选集》上的题目是《为什么要讨论白皮书？》。前三篇评论“业已引起了全国各民主党派，各人民团体，各报社，各学校，以及各界民主人士的广泛的注意和讨论，并发表了许多正确的和有益的声明，谈话，或评论。各种讨论白皮书的座谈会正在开，整个的讨论还在发展。讨论的范围涉及中美关系，中苏关系，一百年来的中外关系，中国革命和世界革命力量的相互关系，国民党反动派和中国人民的关系，各民主党派各人民团体及各界民主人士在反帝国主义斗争中应取的态度，自由主义者或所谓民主个人主义者在整个对内对外关系中应取的态度，对于帝国主义的新阴谋如何对付，等等。这种现象是很好的，是很有教育作用的”。

毛泽东敏锐地捕捉到这个教育群众的良机，他说：

> 现在全世界都讨论中国革命和美国的白皮书，这件事不是偶然的，它表示了中国革命在整个世界历史上的伟大意义。就中国人来说，我们的革命是基本上胜利了，但是很久以来还没有获得一次机会来详尽地展开讨论这个革命和内外各方面的相互关系。这种讨论是必需的，现在并已找到了机会，这就是讨论美国的白皮书。
>
> 多少年来，在许多问题上，主要地是在帝国主义的本性问题和社会主义的本性问题上，我们共产党人所说的，在若干（曾经有一个时期是很多）中国人看来，总是将信将疑的，“怕未必吧”。这种情况，在一九四九年八月五日以后起了一个变化。艾奇逊上课了，艾奇逊以美国国务卿的资格说话了，他所说的和我们共产党人或其他先进人们所说的，就某些材料和结论来说，如出一辙。这一下，可不能不信了，使成群的人打开了眼界，原来是这么一回事。

毛泽东在这篇评论中再一次论述了人民民主专政的性质和作用：“共产党领导的人民民主专政的政府，对于人民内部来说，不是专政或独裁的，而是民主的。这个政府是人民自己的政府，它对人民必须是恭恭敬敬地听话的；同时又是人民的先生，用自我教育或自我批评的方法教育人民。”

“五评白皮书”发表在 8 月 31 日《人民日报》上，在《毛泽东选集》里的题目是《友谊，还是侵略》，重点揭露美国侵华史。

毛泽东写道："美帝国主义侵略中国的历史，自从一八四〇年帮助英国人打鸦片战争起，直到被中国人民轰出中国止，应当写一本简明扼要的教科书，教育中国的青年人。美国是最早强迫中国给与治外法权的国家之一，这即是白皮书上提到的中美两国有史以来第一次签订的一八四四年的《望厦条约》。就是在这个条约里，美国除了强迫中国接受五口通商等事而外，强迫中国接受美国人传教也是一条。美帝国主义比较其他帝国主义国家在很长时期内，更加注重精神侵略方面的活动，由宗教事业而推广到慈善事业和文化事业。"毛泽东在文章中还列举了很多美国侵略中国的事实予以揭露，教育人民。

"六评白皮书"发表在9月17日《人民日报》上，在《毛泽东选集》上的标题是《唯心历史观的破产》。这篇评论说："中国人之所以应当感谢艾奇逊，又不但因为艾奇逊公开宣称他们要招收中国的所谓'民主个人主义'分子，组织美国的第五纵队，推翻中国共产党领导的人民政府，因此引起了中国人特别是那些带有自由主义色彩的中国人的注意，大家相约不要上美国人的当，到处警戒美帝国主义在暗地里进行的阴谋活动。中国人之所以应当感谢艾奇逊，还因为艾奇逊胡诌了一大篇中国近代史，而艾奇逊的历史观点正是中国知识分子中有一部分人所同具的观点，就是说资产阶级的唯心的历史观。驳斥了艾奇逊，就有可能使得广大的中国人获得打开眼界的益处。"

《白皮书》主要从人口理论讲了近代中国为什么革命频发，讲了美国对中国援助的"意义"。毛泽东则主要运用马克思主义的阶级斗争理论进行了反驳。毛泽东说：

> 西北、华北、东北、华东各个解决了土地问题的老解放区，难道还有如同艾奇逊所说那样的"吃饭问题"存在么？美国在中国的侦探或所谓观察家是不少的，为什么连这件事也没有探出来呢？

世间一切事物中，人是第一个可宝贵的。在共产党领导下，只要有了人，什么人间奇迹也可以造出来。我们是艾奇逊反革命理论的驳斥者，我们相信革命能改变一切，一个人口众多、物产丰盛、生活优裕、文化昌盛的新中国，不要很久就可以到来，一切悲观论调是完全没有根据的。

毛泽东追述了中国人民寻找真理的过程，最后说：

自从中国人学会了马列主义即科学的社会革命论以后，中国人在精神上就由被动转入主动。从这时起，近代世界历史上那种看不起中国人，看不起中国文化的时代应当完结了。伟大的、胜利的中国人民解放战争和人民大革命，已经复兴了并正在继续复兴着伟大的中国人民的文化。这种中国人民的文化，就其精神方面来说，已经超过了整个资本主义世界。

关于《白皮书》的讨论在中国持续了两个多月。解放区的各城市、人民解放军、各民主党派和人民团体、工人、农民、知识分子，全部参加了讨论，很多大学教授发表署名文章甚至几十人联名表态，《人民日报》几乎隔天就会有这方面的报道，同时，天天连载刘大年的《美国侵华史》。8 月 23 日，民盟发表《对美帝白皮书的斥责》，文章深刻驳斥了美帝对新民主主义制度的诬蔑，指出："倘认新民主主义有外来的思想成分，即视此为外来制度，那么落伍的旧民主主义更是帝国主义向中国的输入品。思想是没有疆界的。只要是进步的思想，只要是有利人民的制度，中国人民当然愿意接受。"并一针见血地指出，"艾奇逊函中所谓鼓励'民主个人主义者'来推翻'外来制度'，这就是另找奴才，以华乱华的阴谋。所谓的'民主个人主义者'，这在中国依然是旧民主主义的输入品。"

8月24日，民建以发言人名义在《人民日报》发表题为《加强内部团结和警惕，答告美帝好梦做不成》的声明严正指出："白皮书上所提的发展'民主个人主义者'的好梦是做不成的。"如果把中国的民族资产阶级"当做好对象，那美帝又将多犯一些错误了。中国民族资产阶级不会变成美帝的工具。""根据过去的经验和今后的观察，中国民族资产阶级凭哪一条也不会变成美帝发展'民主个人主义者'的资本或条件。只有新民主主义，才是它唯一的光明幸福的道路。对于整个世界和新中国的方向，中国民族资产阶级是不应该也不会认错的。"

民建的这一声明，从理论与历史的结合上阐明了民建所代表的民族资产阶级参加新民主主义革命的可能性和必要性，受到中共的高度评价。毛泽东于8月24、26日批示胡乔木并两次致函黄炎培，盛赞"民建发言人对白皮书的声明写得极好，这对于民族资产阶级的教育作用是极大的，民建的这一类文件（生动的、积极的、有原则的、有前途的、有希望的），当使民建建立了自己的主动性，而这种主动性是一个政党必不可少的"。这个声明"不但是对白皮书的，而且说清了民族资产阶级所以存在发展的道理，即建立了理论，因此建立了民建的主动性，即有利于今后的合作"。①

整个的大讨论，是以中国人民的觉醒结束的。在新中国成立前夕，这场讨论来得非常及时，为即将诞生的共和国奠定了坚实的思想基础。

8月，北平终于盼来了宋庆龄，毛泽东亲自到火车站迎接。

国民党为了挽救失败的命运，曾经试图请有崇高威望的宋庆龄出山，担任名义上的政府首脑。还是在1927年蒋介石背叛革命后，宋庆龄就公开发表声明，与背叛孙中山先生理想的国民党和蒋介石决裂。面对国民党的这一

① 中共中央文献研究室编：《毛泽东年谱：一八九三——一九四九》下卷，中央文献出版社2013年12月第1版，第556—557页。

阴谋，1949年1月10日，宋庆龄以中国福利基金会的名义发表声明，并将其刊登在第二天出版的上海《字林西报》上。声明说："孙中山夫人今天宣布：关于她将在政府中就职或担任职责的一些传说，是毫无根据的。孙夫人进一步声明，她正在以全部时间和精力致力于中国福利基金会的救济工作。她是这个中国福利机构的创始人和主席。"

毛泽东、周恩来十分担心宋庆龄在上海的安全，听到这些社会传闻后，1月19日，也致电宋庆龄，请她尽早北上，参加新的政治协商会议。电报说："庆龄先生：中国革命胜利的形势已使反动派濒临死亡的末日，沪上环境如何，至所系念。新的政治协商会议将在华北召开，中国人民革命历尽艰辛，中山先生遗志迄今始告实现。至祈先生命驾北来，参加此一人民历史伟大的事业，并对于如何建设新中国予以指导。至于如何由沪北上，已告梦醒与汉年、仲华切商，总期以安全为第一。谨电致意，伫盼回音。"[①]

这封电报稿上还留有周恩来的一段字迹："方、潘并刘晓（绝密）：兹发去毛、周致宋电，望由梦醒译成英文并附信，派孙夫人最信任和最可靠的人如金仲华送去，并当面致意。万一金不能去，可否调现在上海与孙夫人联络的人来港面商。总之，第一必须秘密，而且不能冒失。第二必须孙夫人完全同意，不能稍涉勉强。如有危险，宁可不动。你们及梦醒、仲华意见如何，望告。"[②]

这封电报是给中央香港工委书记方方、潘汉年和刘晓的，刘晓是当时上海党的负责人。电报发出后还没有送到宋庆龄手里，形势就发生了巨大变化：一是傅作义接受改编，北平回到人民手中；二是撑不下去的蒋介石宣布"引退"，回到溪口老家；三是李宗仁当上了中华民国的代总统。而且，李宗仁

① 中共中央文献研究室编：《毛泽东年谱：一八九三——一九四九》下卷，中央文献出版社2013年12月第1版，第441页。

② 何大章：《宋庆龄往事》，人民文学出版社2011年12月第1版，第147页。

上任的第二天，就电请宋庆龄“即日命驾莅京”“出为领导”。宋庆龄当然没有理睬。

这封电报周转了将近一个月才到宋庆龄手中，她 2 月 20 日给中共中央领导人毛泽东、刘少奇、朱德、周恩来复函，表达了喜悦心情。复函写道：

> 亲爱的朋友们：
>
> 请接受我对你们极友善的来信之深厚的感谢。我非常抱歉，由于有炎症及高血压，正在治疗中，不克即时成行。
>
> 但我的精神是永远跟随着你们的事业。我深信，在你们英勇、智慧的领导下，这一章历史——那是早已开始了，不幸于二十三年前被阻——将于最近将来光荣地完成。[①]

宋庆龄所讲到的“二十三年前”，就是 1927 年国民党蒋介石背叛革命，导致轰轰烈烈的大革命失败。她说中国共产党领导的革命与大革命是“同一章历史”，就是向全中国人民确认自己的态度：共产党是孙中山先生革命事业的继承者，即将到来的胜利，将是孙中山先生理想的伟大胜利。宋庆龄的这一表态，是对中国共产党建立新中国的至关重要的支持。

1949 年 6 月 19 日，政协筹备会闭幕那天，毛泽东百忙之中又给宋庆龄写了一封信，态度诚恳、感情真挚。信中写道：“庆龄先生：重庆违教，忽近四年。仰望之诚，与日俱积。兹者全国革命胜利在即，建设大计，亟待商筹。特派邓颖超同志趋前致候，专程欢迎先生北上。敬希命驾莅平，以便就近请教，至祈勿却为盼！专此，敬颂大安！”[②]

---

① 何大章：《宋庆龄往事》，人民文学出版社 2011 年 12 月第 1 版，第 148—149 页。

② 中共中央文献研究室编：《毛泽东年谱：一八九三——一九四九》下卷，中央文献出版社 2013 年 12 月第 1 版，第 520 页。

同时，周恩来也写了一封信给宋庆龄："庆龄先生：沪滨告别，瞬近三年。每当蒋贼肆虐之际，辄以先生安全为念。今幸解放迅速，先生从此永脱险境，诚人民之大喜，私心亦为之大慰。现全国胜利在即，新中国建设有待于先生指教者正多。敢藉颖超专诚迎迓之便，谨（略）陈渴望先生北上之情。敬希早日命驾，实为至幸。"[①]

邓颖超到上海后，和廖梦醒一起前往宋庆龄处，呈上毛泽东和周恩来的亲笔信后，又向宋庆龄当面表达了大家盼望她到北平参加新政协的迫切心情。宋庆龄很高兴，但也很犹豫。她说："北平是我的伤心之地，我怕去那里。待我考虑考虑，想好再通知你吧。"

北平确实是她的伤心之地，第一次去是 1924 年年底，陪孙中山先生北上。当时孙中山先生已经病情严重，加上对北洋军阀政府的卖国行为的愤恨，还有北京恶劣的政治环境，以至于一病不起，并于第二年 3 月 12 日病逝在北京。宋庆龄料理了孙中山的后事，将灵榇送至香山碧云寺安放，然后就离开了北京。那一年，她只有 32 岁。第二次是 1929 年，为孙中山先生移棺。她到碧云寺亲自为孙中山先生换装，并更换棺木，然后又一路护送灵榇到南京中山陵安葬。两次北京之行全都是伤心之旅，甚至是绝望之旅，再去北京，确实要进行很久的心理疗愈。

但是，宋庆龄又是一位革命者，她深知建立新中国是一件大事，也是自己与同志们数十年殊死奋斗的结果，她还是要去的。为了平复心理创伤，也为了治疗身体上的疾病，邓颖超和廖梦醒一直在上海陪着宋庆龄，一直陪了两个多月。终于，宋庆龄决定来北平了。

8 月 28 日下午，毛泽东、朱德、周恩来等 50 余位中共中央和民主党派的最高领导人来到北平前门火车站，而且是提前近一个小时，全部恭候在站台，甚至没有人去坐下休息。站台上还有许多宋庆龄最喜欢的孩子们。

---

① 何大章：《宋庆龄往事》，人民文学出版社 2011 年 12 月第 1 版，第 153 页。

下午 4 时，列车缓缓驶入车站。毛泽东登上车厢，亲自迎接宋庆龄下车。毛泽东紧紧握着宋庆龄的手，诚挚地说："我们恭候你来。建立一个新的国家，我们有许多事情要向你请教！"宋庆龄笑着说："你们做得很好，我愿意为建立新中国的伟大事业尽自己的绵薄之力。"

新中国排名第三的国家副主席来北平了，建国大业就剩临门一脚了。

第九章

九月。中国全境基本解放，新疆也回到人民的怀抱。地方基层政权加紧建设，各级人民代表会议纷纷召开。国名、国旗、国徽、国歌、国都、纪元和具有临时宪法作用的《共同纲领》都最终确定了下来，新的共和国领导人也选举出来，毛泽东当选为新中国的第一任国家主席。九月的最后一天下午，刚刚选举出来的国家领导人们一起来到天安门广场，为人民英雄纪念碑奠基，也象征着为新中国奠基。

九月

1. 九月初，中国大陆基本解放。

2. 9 月 17 日，新政协筹备会在中南海勤政殿举行第二次全体会议。

3. 9 月 21 日，中国人民政治协商会议第一届全体会议召开，正式开启新中国的建国模式。

4. 9 月 25 日，最终确定使用“中华人民共和国”作为新中国的国名。

5. 9 月 27 日，中国人民政治协商会议第一届全体会议确定了新中国的国旗、国歌、国都。

9月1日，天安门城楼已经搭起了脚手架，开始维修和粉刷。

在天安门广场，北平市青年团筹委会组织了数千名团员、青年进行义务劳动，清理广场的垃圾和杂草。广场北面竖立的醒目标语是“建设人民首都”。《人民日报》报道了这一场景：

雄伟的天安门前，已开辟了面积一万六千平方公尺、能容十六万人的广场。四千多男女学生和教员、儿童、七百多华北人民政府的干部、三百多邮政人员，曾以礼拜六的突击义务劳动来完成此项工程。为使广场更加光耀，新悬了大大小小的灯头。学生们起劲地歌唱着：“铲除了砖头石块，铺平了伟大广场，改造得天安门，变呀变了样。”

在这个广场上，市府建设局第二工程队的一百多个工人，驾驶着压路机，正在完成着最后的修建工作。他们原定一天工作八个小时，但是几天以来，他们都自动地做到十个小时。他们说：“学生们都来建设啦，咱们工人更要加劲干。修整好了，听毛主席到天安门上来给咱们讲话。”他们准备把四个花圃和两个交通指挥伞都拆掉，改建成沥青路面，并竖立一个二十二公尺高的旗杆。

…………

伟大的人民的历史即将揭开新的一页，北平二百万人民在翘首期待着中华人民自己的中央政府的诞生。

对于9月份的最后打扫房间，毛泽东在渡江战役还没有结束时，就已经做了安排。

5月23日，关于各野战军向全国进军的部署问题，毛泽东为中共中央军委起草致总前委，刘伯承、张际春、李达、粟裕、张震并告林彪、罗荣桓，彭德怀、贺龙电：（一）粟、张养午电（粟裕、张震1949年5月22【养】

日午时致电中共中央军委，请示关于第三野战军入闽部队可否提早出动）悉。你们应当迅速准备提早入闽，争取于六、七两月内占领福州、泉州、漳州及其他要点，并准备相机夺取厦门。入闽部队只待上海解决，即可出动。（二）二野亦应准备于两个月后以主力或以全军向西进军，经营川、黔、康。二野目前任务是准备协助三野对付可能的美国军事干涉，此项准备是必需的，有此准备即可制止美国的干涉野心，使美国有所畏，而不敢出兵干涉。（三）四野现有两个军渡江，尚有六个军已至陇海、长江之间，约于六月上旬可以渡江，另有四个军正由新乡、安阳地区出发，约六月中旬可以渡江，四野主力（六个军及两广纵队）于七月上旬或中旬可达湘乡、攸县之线，八月可达永州、郴州之线，九月休息，十月即可尾白崇禧退路向两广前进，十一月或十二月可能占领两广。一野（四个兵团三十五万人）年底以前可能占领兰州、宁夏、青海，年底或年初准备分兵两路，一路由彭率领位于西北，并于明春开始经营新疆；一路由贺率领，经营川北，以便与二野协作解决贵州、四川、西康三省。（四）如果上海、福州、青岛等地迅速顺利解决，美国出兵干涉的可能性业已消失，则二野应争取于年底或年底以前，占领贵阳、重庆及长江上游一带，并打通长江水路。（五）胡宗南全军正向四川撤退，并有向昆明撤退消息，蒋介石、何应钦及桂系正在做建都重庆、割据西南的梦，而欲消灭胡军及川、康诸敌，非从南面进军断其退路不可。①

战争的进程就是按照毛泽东的规划进行的。

进入9月份，国民党的主力只剩下白崇禧部和胡宗南部了。9月1日，为了围歼白崇禧部，毛泽东给四野发电，进行了详细的部署："（一）你们歼灭宋希濂的计划是很好的。（二）程子华兵团主力在澧州、常德以西地区歼灭宋希濂以后，请考虑该部取道沅陵向芷江前进，歼灭该地区之黄杰部，然

① 中共中央文献研究室编：《毛泽东年谱：一八九三——一九四九》，中央文献出版社2013年12月第1版，第507—508页。

后沿湘、黔、桂三省交界向柳州前进，迫使白崇禧退入广西，而不使他退入贵州，以利我军在广西境内歼灭他。因贵州太穷，运输不便，广西较贵州为富，又可取得广东接济，又有我们的游击区及游击队以为协助，较利于我军作战。（三）叶剑英、方方、陈赓、邓华等九月上旬可在赣州会合，中旬可会商完毕，下旬即可开始向广东进军。若萧劲光、程子华各部亦能于九月下旬或十月上旬进至芷江、宝庆、衡州之线，则可与我入粤部队互相配合。我们希望能于十一月占领广州及粤汉全路，十二月或明年一月全路通车，则对全国财政经济有很大利益”。[①]

毛泽东这个时候的军事部署，已经不全是解放城市了，而是考虑“对全国财政经济有很大利益”。

9 月 12 日，毛泽东最后形成了一个“大迂回”“大包围”最后围歼白崇禧部并切断重庆之敌退路的大战略构想，要求四野和二野配合完成。当天，毛泽东为中共中央军委起草复邓小平、张际春、李达并告林彪、邓子恢、谭政电：“（一）同意二野在华中地区通过时的作战事宜统由四野首长指挥。（二）如果白崇禧占领贵州省城，无论二野、四野均暂时不要去打他。二野的两个兵团以主力一直进至重庆以西叙府、泸州地区，然后向东打，占领重庆。以一个军留在乌江以北（以遵义为中心）。二野之陈赓兵团，在配合四野五个军完成广西作战以后，即进占云南，完成对贵阳之包围。然后，四野以一部由广西向北，二野以适当力量分由云南、黔北向东向南包围贵阳之敌而歼灭之。总之，我对白崇禧及西南各敌均取大迂回动作，插至敌后，先完成包围然后回打之方针。”[②]

按照毛泽东和中央军委的部署，第四野战军经过了一个多月的休整并参

---

① 中共中央文献研究室编：《毛泽东年谱：一八九三——一九四九》，中央文献出版社 2013 年 12 月第 1 版，第 564 页。

② 同上书，第 572 页。

与和平解放长沙后，于9月开始出动，分三路大军压向白崇禧部。毛泽东还具体要求：“以上三路我军（共八个军），在进入广西以后，第一步不是急于寻找白匪主力作战，而是立稳脚跟，查明情况，联系群众和结合我在广西境内的游击队（桂南、桂北均有）。第二步，再各个歼灭白匪主力。白崇禧是中国境内第一个狡猾阴险的军阀，我们认为非用上述方法，不能消灭他。”[①] 从9月13日起，在林彪、邓子恢的指挥下，第四野战军和第二野战军第四兵团采取大迂回方针，分三路南进，并于10月6日至16日在衡阳、宝庆地区歼灭了白崇禧第七军、第六十八军等部四万七千余人，解放了衡阳、宝庆、芷江、大庸等城，为尔后进军广西和第二野战军入川创造了有利条件。

几十年后，萧劲光大将谈起衡宝战役歼灭白崇禧主力，将其评价为“我军进军中南以来的首次重大战役”。他说：“这一仗，由于客观和主观上的各种因素，虽然没有形成一次大的决战，不少敌人仓皇溃逃了。但是，消灭了白崇禧主力中的主力，大大地震撼了各线敌军，把白崇禧想在湖南和广西同我决战的企图打破了，避免了以后在广西境内再打一次大的战役，为后来进军广西、全歼白崇禧集团和解放华南地区创造了胜利的条件。”[②]

10月14日，四野的东路大军解放了华南最大城市广州，把国民党“流亡政府”赶到了重庆。

在祖国的东南部，是第三野战军的主场。9月份的作战任务就是全面解放福建，同时清理东南沿海的岛屿，让台湾真正变成一个孤岛，并为解放台湾做好准备。

在渡江战役还没有结束时，毛泽东就考虑到提早进军福建的问题，他认为，如果“上海、福州、青岛等地迅速顺利解决，美国出兵干涉的可能性业

---

①《毛泽东军事文选》第5卷，军事科学出版社、中央文献出版社1993年版，第668页。
②《萧劲光回忆录》，解放军出版社1987年版，第448页。

已消失”。5 月 23 日，毛泽东指示第三野战军：“你们应当迅速准备提早入闽，争取六、七两月内占领福州、泉州、漳州及其他要点，并准备相机夺取厦门。入闽部队只待上海解决，即可出动。”

根据毛泽东和中央军委的指示，粟裕于 6 月 7 日主持召开第三野战军军事会议，对进军福建和加强华东沿海地区守备作出全面部署。他把这次会议称为“国防部署会议”。会议决定，第十兵团 3 个军进军福建，第九兵团等 7 个军集结上海、南京地区，第七兵团 3 个军集结浙江地区，第三十二军两个师驻守青岛，第二十四军两个师驻守徐州、1 个师驻守连云港，第二十五军两个师驻守海门、启东，1 个师驻崇明。会后，粟裕就组织指挥各部队，进行解放福建和长山列岛、舟山群岛等沿海岛屿的作战。

进军福建的任务，由叶飞率领的第十兵团 3 个军承担，并且得到在福建坚持斗争的闽浙赣游击纵队、闽粤赣边区纵队等人民武装力量的配合，打得比较顺利。8 月 11 日发起福州战役，只用七天时间就解放福州，全歼 4 万逃敌于闽中山区。9 月 16 日发起漳厦战役，解放泉州、漳州和闽中、闽南广大地区以及平潭岛等沿海岛屿，形成了对厦门、金门两岛三面包围的有利态势。10 月 17 日解放厦门和鼓浪屿，除坐镇厦门的新任福建省主席汤恩伯和 4000 多蒋军侥幸逃窜外，守敌大部被歼。至此，第十兵团取得了歼敌 10 万的重大胜利，福建全省除金门、马祖等几个岛屿外全部解放。

第二野战军的任务是解放大西南。和四野配合作战结束后，9 月即开始分批挥师挺进大西南。

蒋介石不甘失败，困兽犹斗，决计利用残余的几十万部队和西南的易守难攻与人民解放军作最后的较量。他于 1949 年 8 月亲自飞到重庆，披挂上阵。他判断：我军入川的话，一定会从北面或东面两个方向，特别是北面开始行动。在川贵边方面，由于地势险要，交通不便，大兵团行动困难，而且白崇禧集团又集结在湘桂地区。所以，蒋介石认定川北方向是我军入川的捷径，又有陇海路和背后的老解放区，补给问题较易解决。为了迷惑蒋介石，我各兄弟部队从6月开始以来在鄂东、陕南展开了一系列行动，更给了蒋介石“事实”的依据，证明他判断的“正确”。于是，他急忙调兵遣将，命令他的主力集团胡宗南三个兵团，依秦岭主脉构成主要防线，并沿白龙江、米仓山、大巴山线构筑第二道防线；又以宋希濂的两个兵团和孙元良兵团，在川鄂边建始、恩施、巫山、奉节一线布防，扼守川东门户。同时还将罗广文兵团控置于南充、大竹地区，准备向北或向东机动。蒋介石并令白崇禧、胡宗南及川境诸将领，密切合作，背靠云贵，组成所谓“大西南防线”。蒋介石在重庆给大家打气说：“今日之重庆，要成为反共产主义之中心！”

11月1日，第二野战军正式发起川黔战役，大西南之战开始。11月15日，我军攻克贵阳，揭开了解放大西南的序幕。

11月28日，我军对重庆形成包围态势。刘邓根据毛泽东的电示，下达攻占重庆的命令。29日，国民党行政院逃移成都。30日凌晨，蒋介石乘专机逃往成都。蒋经国后来记述说：“战时陪都，半小时后失陷。”11月30日，我军解放重庆。

重庆解放后，二野各路大军开始围攻成都。在我军排山倒海的冲击和刘邓发布的“四项忠告”的政治攻势的感召以及统战工作的有力配合之下，西南地区的国民党军队纷纷起义、投诚。

12月7日，蒋介石在成都召开行政院紧急会议，决定逃往台湾，并在西昌设立总指挥部，继续负隅顽抗。次日，国民党行政院迁往台北。

12月9日，国民党云南省主席卢汉在昆明，西康省政府主席刘文辉和西南军政长官公署副主任邓锡侯、潘文华在雅安，分别宣布起义，脱离国民党，接受共产党和中央人民政府领导。云南、西康两省和平解放。卢汉曾致电刘文辉，要其会同四川各将领“扣留蒋介石”，此电为蒋截获。10日，蒋慌忙乘飞机逃离成都，飞抵台北。

12月23日，蒋介石嫡系、“王牌”司令长官胡宗南只身从广汉逃往西昌，后飞逃海口。

12 月 27 日，我军三路大军协同作战，一举歼灭胡宗南主力 10 万余人，解放成都。

从 11 月 1 日至 12 月 27 日，历时 57 天的西南战役，歼灭国民党军 40 余万人，取得了决定性的胜利。这是大陆上的最后一次大胜仗。

第一野战军的任务是解放大西北。

8 月 26 日凌晨，二野部队攻占兰州西关，抢占铁桥，堵死了敌军的唯一退路。经过巷战，我军于当日中午肃清了城内残敌，越过铁桥占领白塔山，被国民党倚为金城汤池的兰州宣告解放。西北解放战争史上规模最大、战斗最激烈的一次城市攻坚战，西北战场上最后的一次大战役胜利结束。青马主力基本上被消灭。兰州解放，分割了西北国民党军各部的联系。彭德怀决定不给敌人以喘息机会，猛追穷寇，全部干净歼灭之。接着部署野战军左路先取西宁，右路夺取宁夏，中路进军永登，沿河西走廊逐次解放武威、张掖、酒泉等城，然后进军新疆。

9 月初，按照彭德怀的部署，第十九兵团开始奉命从兰州挥师北上，向宁夏进军。行前，彭德怀把兵团司令员杨得志、李志民找去，单独交代任务，说："人民共和国就要成立了。我们这片地方，还有一个新疆，一个宁夏没有全部到手。大家加把力，在共和国成立前拿下这两个地方，来个锦上添花，喜上加喜。"这时，毛泽东致电彭德怀：马鸿逵残杀陕北人民甚多，从来没有做过好事。对宁马军"力争全部缴械，其次则争取大部缴械，一部改编。总之，改编的部队愈少愈好"。[①] 在陕北时期的深仇大恨，终于到了报仇的时候！反动透顶、作恶多端的"宁马军"，残害西路军，经常袭扰边区政

① 中共中央文献研究室编：《毛泽东年谱：一八九三——一九四九》，中央文献出版社 2013 年 12 月第 1 版，第 565 页。

府，所以，毛泽东连起义、改编的机会都不给他们，没有说出来的意思就是“最好全歼！”

9 月 5 日，王震率第一兵团解放青海省会西宁。马步芳等逃往香港。青马集团被彻底解决。

第十九兵团以排山倒海之势，兵分三路向宁夏进军，压向宁夏马家军。17 日，在常乐堡歼敌两个团。19 日，敌第八十一军军长马惇靖率部起义。至 21 日，宁马军布置的下道防线全部被突破。野战军乘胜西渡黄河，直捣银川。宁马军指挥失灵，四散溃逃。马鸿逵之子、宁马军总指挥马敦静无计可施，乘飞机逃往重庆。第一二八军军长卢忠良等率残部投诚。23 日，第十九兵团的杨得志、李志民，同宁夏方面代表卢忠良、马光天和马廷秀，在中宁签订了《和平解决宁夏问题之协议》。当天，第十九兵团进驻银川。残酷统治宁夏 17 年的马鸿逵集团被彻底消灭。宁夏战役共歼灭与和平改编国民党军 4 万余人，圆满地完成了毛泽东关于“应尽可能解决马鸿逵部，越彻底越好”的指示。

早在 1949 年四五月间，毛泽东即考虑以和平方式解决西北问题的可能性。8 月 6 日，他致电彭德怀指出：对西北敌军除用战争方式解决外，尚需兼取政治方式解决，以为战斗方式之辅助。8 月 19 日，彭德怀向毛泽东报告：在我攻占兰州、西宁、凉州（武威）后，以政治、军事双管齐下，争取某一部或大部放下武器和平改编的可能性是增加了。9 月上旬，彭德怀向中央军委报告了进军新疆的计划。拟在占领玉门以后，由王震率二军和六军向新疆进发，争取在 12 月底以前分驻于南疆和北疆。毛泽东于 10 日复电指出：陶峙岳、赵锡光等已准备与我们和平解决。新疆主席鲍尔汉已派人至伊犁（今伊宁）附近接洽和平谈判，我们已令邓力群率电台日内进驻迪化（乌鲁木齐），故新疆已不是战争问题，而是和平解决的问题。[1]

---

① 中共中央文献研究室编：《毛泽东年谱：一八九三——一九四九》，中央文献出版社 2013 年 12 月第 1 版，第 570—571 页。

按照预定部署，许光达、王世泰的第二兵团，于9月4日沿兰新公路向河西走廊挺进。第一兵团部率第一军由西宁地区北进，迂回河西走廊。9月21日，跨越祁连山的第一兵团和第二兵团在张掖会师。河西地区之敌在一野主力的压力下，在兰新公路截断后，纷纷起义和投降。24日，国民党西北军政长官公署、后方联合勤务第八补给区司令部、第九十一军、第一二〇军等残部在酒泉宣布起义。随后第一野战军第三军一个快速部队抢占和保护了玉门油矿。第二军一部乘汽车进驻酒泉、玉门、安西等地，河西地区追击作战胜利结束。

新疆问题和平解决的外部条件已经非常充分。9月10日，毛泽东亲自约见正在北平的前国民党西北军政长官张治中将军，希望他致电新疆军政负责人，要他们认清形势，顺从民意，率部起义。这时，第一野战军第一兵团已兵临玉门关下，紧叩新疆大门；加上省内伊犁、塔城、阿勒泰三区革命的民族军的长期斗争的配合；以及中国共产党的一系列争取工作，使已经势孤力单的7万多国民党驻新疆军队，内部发生了剧烈分化。骑五军军长马呈祥、整编七十八师师长叶成以及钟祖荫、罗恕人等反动分子，于9月下旬离开迪化（乌鲁木齐），经南疆出走国外。以陶峙岳为代表的爱国将领和广大官兵，接受共产党的和平条件，愿意走和平解放的道路。9月25日和26日，陶峙岳和鲍尔汉分别通电宣布率军政人员起义，新疆和平解放。26日，彭德怀复电陶峙岳："将军等率部起义，脱离反动阵营，甚为欣慰。希望坚持进步，彻底改造部队，为共同建设各族人民的新新疆而奋斗。"

9月28日，离开国大典还有两天，毛泽东、朱德在政治协商会议上给陶峙岳、鲍尔汉复电："望和出关的人民解放军合作，为建立新新疆而奋斗！"这应该是建国前毛泽东给国民党高级将领的最后一份复电了，电文鼓励新疆军政所有人员：

陶峙岳将军及所属部队将士们：

鲍尔汉主席及所属政府工作人员们：

> 你们在九月二十五日及二十六日的通电收到了。我们认为你们的立场是正确的。你们声明脱离广州反动残余政府，归向人民民主阵营，接受人民政治协商会议的领导，听候中央人民政府及人民革命军事委员会的命令处置，此种态度符合全国人民的愿望，我们极为欣慰，希望你们团结军政人员，维持民族团结和地方秩序，并和现正准备出关的人民解放军合作，废除旧制度，实行新制度，为建立新新疆而奋斗。①

至此，中国大陆基本获得解放，只等着开国大典的礼炮声了。

为了新中国的地方政权建设，9月份，各地按照中央的要求纷纷召开各界代表会议，一方面进行中国共产党探索的新民主主义的民主实践，另一方面让已经成熟的各界人民代表会议选举地方政府。

关于召开人民代表会议的民主设想是毛泽东提出的。早在1948年4月1日晋绥干部会议上，毛泽东就指出："只有基于真正广大群众的意志建立起来的人民代表会议，才是真正的人民代表会议。这样的人民代表会议，现在已有可能在一切解放区出现。这样的人民代表会议一经建立，就应当成为当地的人民的权力机关，一切应有的权力必须归于代表会议及其选出的政府委员会。"②

面对新中国越走越近的步伐，毛泽东愈发感到这个事情的重要。在1949年8、9月间，毛泽东几次发电报给各中央局，要求各地立即召开人民代表会议。

8月13日，毛泽东出席北平市各界代表会议，并作了简短讲演。他庆祝各界代表会议的成功召开，希望全国各城市都能迅速召集同样的会议，加强

---

①《人民日报》1949年9月29日。

②《毛泽东选集》第四卷，人民出版社1991年6月第1版，第1308页。

政府与人民群众的联系，协助政府进行各项建设工作，克服困难，并为召集普选的人民代表大会准备条件。他说："一俟条件成熟，现在方式的各界人民代表会议即可执行人民代表大会的职权，成为全市的最高权力机关，选举市政府。依北平的情况来说，大约几个月后就可以这样做了。这样做的利益很多，希望代表们加紧准备。"①

太原解放后不到3个月的时间，召开了5次各界代表会议，毛泽东认为"成绩极好"。但是，各地除了石家庄、上海、北平已报告开会外，其他地方没有接到开会的报告，毛泽东批评道："这是很不好的。"8月19日，他发电致各中央局、分局，严肃要求："兹规定：（一）三万以上人口城市均须召开各界代表会。（二）会期，中小城市至少每月一次，每次一天，至多两天。大城市每月或每两月一次，每次一天两天，至多三天。（三）每次解决问题不要多，应集中在一两个问题上。（四）代表应固定为半年改选一次，连选者得连任。在六个月内，不称职者临时改换，未吸收者逐步增多。（五）代表会毕，有向人民传达和解释会议报告和决定的任务。（六）此指示转达所属三万人口以上的一切城市，勿误。（七）你们应重视此事，总结经验，报告中央为要。"②

8月25日、26日，毛泽东连续两天给各中央局、分局发电，要求县一级也要召开代表会议，并对会议形式、效果等提出要求。25日的电报说："各县应开县各界代表会议，由农会、工会、学生会、文化教育界、工商业界及党政军选派代表，可以选择若干开明绅士参加，讨论全县工作。大县代表二百余人，中县代表一百余人，小县代表数十人，每月或每两月开会一次，每次两天至三天开完。此事华东、华中、西北、南方各新区均可做。各老解放区更不待说。"26日，毛泽东继续提出要求："请你们严催所属三万人

① 中共中央文献研究室编：《毛泽东年谱：一八九三——一九四九》，中央文献出版社2013年12月第1版，第550页。

② 同上书，第554页。

口以上的城市，务于九月份一律开一次各界人民代表会议，并一律将开会情形在报纸上公开发表，在广播电台公开广播。不许可有不开的，不许可不公开发表和不做口语广播。借此以使所属三万人口以上城市的党的组织和各界人民代表亲密结合，经过他们去团结各界人民，克服困难，恢复和发展生产，并克服党的领导机关中的许多人只相信少数人的党内干部会议，不相信人民代表会议的官僚主义作风。”“此项全县各界代表会议，不论新区老区一律举行，新区在占领两三星期后即可举行，无须待乡村农会建立然后举行。举行此项会议的一个重要目的，即是经过此种会议去发动农民群众。”[①]

8月30日，毛泽东致电各中央局、分局，要求汇报各地开会情况。

9月4日，中央转发了察哈尔省关于召开各界代表会的报告，要求各地研究他们的经验，特别提出“反对形式主义”问题和代表比例问题。毛泽东指出：“经验证明，凡未注意召开各界代表会，仍然束缚于党内狭小圈子的，就走了弯路。”“必须反对形式主义，每次会议要有充分准备，要有中心内容，要切切实实讨论工作中存在的为人民所关心的问题，要展开批评和自我批评，要当作一件大事去办，否则将损害党的政治威信。”“无论是各界代表会议，或人民代表会，党员均不要太多，以能保证通过决议为原则。大体上，党员及可靠左翼分子，略为超过二分之一即够，以便吸收大批中间分子及少数不反动的右翼分子，争取他们向我们靠拢。”“会议之前由党委（市委、县委等）召集代表中的党员开会一次，决定方针。”[②]

9月7日，毛泽东复电华中局并告各中央局、各分局、各野战军，再次强调召开县一级各界代表会议的重要性。他说：“关于召开县的各界代表会

① 中共中央文献研究室编：《毛泽东年谱：一八九三——一九四九》，中央文献出版社2013年12月第1版，第557—560页。

② 同上书，第566—567页。

问题，自西北局提议后，引起了我们的注意，认为有益无害。而不召开各界代表会，要等到农协在乡村中建立了基础，再召开人民代表会议，……则是很不利的。事实上，县的许多大政方针，例如剿匪，反霸，借粮，征粮，救济灾荒，修理堤坝，推动农民组织起来建立农协，减租减息问题，恢复和发展县范围内的工商业及文化教育问题，推行人民币及县的财政金融问题等，均以召开各界代表会议，经过讨论，取得代表们同意，然后传达推行，比较不开这种会，长期限于党内干部的讨论、传达和推行，要有利得多。县的各界代表会的成分，应包括党政军的代表，农民及工人的代表，革命知识分子及妇女的代表，工商业的代表及若干开明绅士的代表。”“至于区乡，则照你们意见召开区的及乡的农民代表会议，但应吸收革命知识分子参加。”①

为了贯彻中共中央和毛泽东的这些指示精神，给基层单位更加明确的政策指引，新华社 9 月 16 日发表社论“迅速召开各界人民代表会议”。社论写道：“事实证明，各界人民代表会议，是一个城市解放后，在实行军事管制的时期，人民政府联系广大群众的最好的组织形式。这种组织形式，要比临时参议会好得多，它可更广泛而有效地联系群众，并洗涤旧的政权机构的官僚主义的遗毒，使人民政权在群众中面貌一新。”“所以，凡是召开了各界人民代表会议并且真正开得成功的地方，人民政府的施政效率都有很大提高，政府和人民之间的联系也更加密切了。北平便是一个很好的榜样，在各界代表会议以后，有些人说：他过去对于共产党要实现民主，是不大相信的；因为他所了解的民主是抽象的、形式逻辑的。而在参加过各界代表会议以后，才领会了民主制度的意义，领会民主和专政是怎样结合起来的，领会人民民主专政是何以成为必要的。”

---

① 中共中央文献研究室编：《毛泽东年谱：一八九三——一九四九》，中央文献出版社 2013 年 12 月第 1 版，第 567—568 页。

那么，怎样才能把各界代表会议开好呢？社论写道：

根据各地已有经验，至少应该注意如下三点：第一，是开会以前必须有充分的准备。……在会议以前，军管会和人民政府必须准备合乎实际情况的工作报告，以便与会代表了解和讨论政府的工作。同时必须事先与代表们协商，征求群众的意见，准备一个至数个与本市广大人民生活有关而又迫待解决的中心问题，例如解决粮煤供应、精简节约、疏散城市多余人口、调处劳资争议、沟通城乡贸易、取缔投机奸商活动、恢复和发展公私经济事业、恢复和发展文化教育事业等，提交会议讨论，并务期得到确实结果，作出成文决议，以便贯彻实施。

第二，会议时间不要太长，但必须充分发扬民主……政府的工作报告和会中的重要提案，应该允许代表们进行充分的讨论，启发大家真正做到知无不言、言无不尽，使人民群众的呼声和要求能够得到反映，而政府的施政措施也能得到代表们的了解。……在讨论中，就应引导大家研究本市实际情况，了解施政重心，分别轻重缓急，以便对于各种议案作出切实可行的不同处理办法：凡必要的而又可能办到的即应该办，凡必要的但目前还办不到的即应缓办，凡不必要而又不可能办到的则不应办。

第三，要使各界代表会议得到确实的效果，在会后贯彻会议的精神和决议，便是十分重要的事。在会议闭幕以后，应该发动代表们充分利用报纸、广播电台和群众集会场合，向各工厂、学校、团体、机关，向他们所代表的单位和群众，进行传达和报告，并发动人民群众讨论政府的工作报告和会中的重要决议，使会议的决议真正为群众所了解和接受，成为群众的行动。

社论是这样结尾的："召开是正确的，不召开是不许可的。"

进入 9 月份，各地按照中央的要求纷纷召开各界代表会议。

9 月 14 日，《人民日报》报道："武汉各界代表会闭幕，通过处理劳资关系两草案。"报道说：

> 于本月五日开幕的武汉市第一次各界代表会议历时五天，已于九日胜利闭幕。大会首先由军事管制委员会陶铸副主任和武汉市人民政府吴德峰市长作了关于武汉市军管会和人民政府过去三个月的工作报告，说明军管会和人民政府在过去三个月中，曾有重点有步骤地进行了接管和恢复生产，恢复交通，防止水患，处理劳资纠纷，稳定物价，巩固治安，发动工人群众等工作，并获得了相当成绩和经验。
>
> 华中军区司令员林彪、中原临时人民政府主席邓子恢、湖北省人民政府主席李先念、中共武汉市委书记张平化等，曾先后莅会讲话。林彪将军就公营经济与私营经济的关系、工业与商业关系、劳资关系三个问题，做了精辟的讲话。邓子恢主席着重阐释了劳资两方在目前中国新民主主义社会里的相互关系。李先念着重讲了城乡关系。张平化向大会提出武汉人民当前的工作任务，即恢复和发展工商业，肃清土匪特务，厉行精简节约，恢复发展文化教育事业。
>
> 大会曾接受吴德峰市长的建议，集中力量讨论了劳资关系、税收和码头管理三个问题。大会全部一百七十八件提案，有七十件是关于这三个问题的。……大会闭幕时张平化号召全体代表通过各种方式，把大会的精神贯彻到群众中去，使大会的议案成为武汉一百二十万人民努力的方向。

9 月 19 日，《人民日报》报道："东北三万人口以上城市本月召开人民代表会议，传达东北人民代表会决议，讨论有关生产节约等问题。"报道称："东北各地三万人口以上的城市将在本月份普遍举行人民代表会议，以传达东北人民代表会议的精神和决议，讨论有关发展生产、厉行节约、贯彻工商业政策及肃清特务反革命分子等问题。沈阳市人民代表会议筹备会已于日前组成，并拟出收集意见的提纲，以广泛收集各界人民的意见。大会定于十九日举行。吉林市人民政府也在最近召开的各界代表联席会上决定了九月下旬召开吉林市人民代表会议。会上又决定在选举代表中应充分向群众进行民主教育，宣传人民代表会议的性质、任务和作用，并说明此次会议的内容和目的，广泛征求人民对政府的意见。此外，该省延吉、龙井、图们三市人民代表会议也将在同时召开。大连市人民代表会议已决定在本月二十三日至二十五日举行，现正积极筹备中。中共辽东省委在上月中旬即已指示该省各城市积极准备于九月内召开人民代表会议，以总结过去政府工作及讨论今后任务，并以反对浪费、厉行节约、发展有利国计民生的工商业、调整劳资关系为会议讨论的中心。"

最有代表性的是北平市各界代表会议，因为是在未来的首都召开的，因为出席的名人最多，还有就是毛泽东参加了大会并发表了演讲。

1949 年 1 月 6 日，彭真在良乡对准备进城接管北平的干部讲话时说："民主制度要逐步建立，决不能马上实行普选，因为我们吃过这个亏。我们刚一进城，情况不明，敌我都难分清时，不能采取民主选举、无记名投票的办法。民主建设应先从座谈会做起，然后召开临时代表会议，最后再召开人民普选的代表大会。"依据这样一个思路，北平和平解放后，以彭真为书记的北平市委，从召开党内代表会议和党外工人代表会议、农民代表会议开始，陆续召开党外人士的政治座谈会、工商界的经济座谈会、文教座谈会及其他解决专门问题的各种小型座谈会。在摸清了实际问题和群众诉求之后，彭真决定把开好市各界人民代表会议提上日程。

1949 年 8 月 9 日至 14 日，北平市第一届各界人民代表会议在中山公园中山纪念堂举行。经推选出来的会议代表，包括了各民主党派和工人、农民、妇女、青年、学生、小资产阶级、民族资产阶级、少数民族、教育界、文化界、新闻界、艺术界及宗教界民主人士等各方人士一共332名。这些代表穿着迥异，组成了一幅色彩斑斓的画面。

中央对这次会议给予高度重视，朱德总司令和华北人民政府主席董必武出席开幕式并讲话，中国国民党革命委员会中央主席李济深、中国民主同盟中央主席沈钧儒和无党派民主人士郭沫若到会祝贺并致词。8月10日，周恩来到会作了题为《将革命进行到底与建设新中国》的政治报告。8月13日，毛泽东来到了会场并讲话。他希望全国各城市都能迅速召开同样的会议，加强政府与人民的联系，协助政府进行各项建设工作，克服困难，并为召开普选的人民代表大会会议准备条件。他说：一旦条件成熟，“现在方式的各界人民代表会议即可执行人民代表大会的职权，成为全市的最高权力机关，选举市政府”。讲话时，毛泽东从衣兜里掏出一封市民来信，说：这封信提出了三个问题，要会议处理，“一是物价高涨；二是捐税多，失业多；三是共产党员吃苦耐劳，工作勤奋，军纪严明，这是好的地方”。会议当即决定将原定会期三天延长为五天，对市民来信中前两个问题展开了热烈讨论。出席会议的代表深受鼓舞，纷纷献计献策，会场十分热闹。

细节体现真实，也折射了全貌。彭真在会议总结报告中说到，这次会议开得很好，代表们争论很多，却又如家人。

对这次会议的民主气氛，社会学家费孝通9月2日在《人民日报》上撰文，进行了生动的描述：

北平各界代表会议一共开了六天会，对我说是上了六天课，这六天课里学到的抵过了过去六年，甚至三十多年。三十多年来我所追求的、梦想的，在这六天里得到了。这是什么呢？是民主。我很早就听见过“民主”这两个字，五四运动的时候，我还是一个小学生。但是究竟怎样才算是一个民主的社会呢？我不明白。从小学到中学，从中学到大学，一路遇着各期的学生运动，我跟着跑，为什么呢？为民主。民主究竟怎样的呢？不明白。……六年前，我到美国去做文化联络工作，我开始研究这问题。从反动政权底下到罗斯福时代的战时美国，的确感觉到气象不同。在这时我接触了资产阶级的民主，这种民主比我们当时的封建独裁是好得多。我在美国住了一年，回国以后写了一本书叫《初访美国》。我当时以为我明白了民主了，但是再看看又不太对劲了。民主和资本主义之间有不能调和的矛盾。……过了一年多，我又有机会到英国去，那时工党初上台，自称是社会主义的国家，所以我当时希望在工党的英国可以给我看到民主的究竟了。战后的英国给我的印象的确很深，刚从官僚资本统治下的区域出来看到有条不紊的配给制度，印象怎能不深？住了三个月回来又写了一本书《重访英伦》。我那时说，美国的民主成分很浅，英国则差不多了。但是往下看，又不对劲了。殖民地统治一天比一天加强，军备在扩张，外交上当了美国的伙计，不像一个民主国家应当做的样子。

我们知道“民主”这个名词已经三十多年，我追求要了解民主也已经有六年多，但是所得到的还是似是而非的东西。最近这六天，我上了一课民主课，所得到的多过于过去的五年，甚至三十多年。

…………

我踏进会场，就看见很多人，穿制服的，穿工装的，穿短衫的，穿旗袍的，穿西服的，穿长袍的，还有一位戴瓜帽的——这许多一望而知不同的人物，而他们会在一个会场里一起讨论问题，在我说是生平第一次。这是什么意思呢？我望着会场前挂着大大的“代表”两字，不免点起头来。代表性呀！北平住着的就是这许多形形色色的人物。如果全是一个样子的人在这里开会，那还能说是代表会么？这许多人并不是由市民普选来的，形式上不够我以往所了解的民主，但是试问英美哪一个议会能从普选中达到这样高度的代表性呢？我们要的是选举的形式，还是高度代表性的事实呢？选举是一个手段，如果这手段能提高代表性，那是要得的，如果不能，那就要不得。会场墙壁上挂着的口号里有“实事求是”四个字，我也领会了。这是我的第一课。

…………

北平各界代表会议只是中国民主的起点。它教育了我。我愿意许多像我一样背有思想包袱的朋友，都能有机会参加这类会议，更进一步在事实中去认识新中国的本质。

北京大学法学院院长钱端升做客北平新华广播电台，播讲了“从北平市各界代表会议，瞻望人民民主专政”。他以北平市各界代表会议为例，从法理上给群众讲解人民民主专政，讲即将成立的共和国的国体和政体。他说：“我们北平市在半个月以前召开了一个各界代表会议。同胞们大概都已知道了，它是一个极盛大的会议，也是极成功的会议。我今晚要报告大家：这个会议，不但它本身是大大的成功，而且它的成功保证了中国人民可以顺利地建立人民民主专政的国家制度。”

为什么这样肯定地说呢？他接着谈到：

第一，北平市各界代表会议做到了人民的民主。……在北平各界代表会议中，言论自由的确达到了高度的发展，什么人都可以说话，什么话也都可以说。“知无不言”“言无不尽”，的确做到了。人民的力量也的确表现出来了。各界代表个个以北平人民政府为自己的政府。因而，各个代表都认识了建设新北平的任务，是他们和全市人民的任务。……

北平市各界代表会议中所表现的民主，比资本主义国家的所谓民主，是不可以比拟的。我们的新民主主义是自由、是和谐、是团结、是全体代表都把政府看做自己的政府，和政府同心协力去从事建设。他们的所谓民主主义是不自由、是冲突、是分裂、是少数人操纵政府，多数人民受政府压迫。我们的是民主，是真民主，他们是假民主，是反民主。

第二，北平市各界代表会议也做到了人民的专政。各界代表，对于帝国主义的走狗即地主阶级和官僚资产阶级以及代表这些阶级的国民党反动派及其帮凶们，表示了深仇和宿恨，决心要镇压他们，要实行独裁。

…………

同胞们，北平市各界代表会议所表现的民主是新的民主，是真正的民主，是人民对自己不折不扣的民主。我本人对于各国的政治制度有过一些研究，对于西方资本主义国家的民主主义也有过目击与耳闻。我可以老老实实地告诉同胞们，以资本主义国家的国会，和我自己这次所亲身参加的北平市各界代表会议相比，我们的才配得上称作民主，而他们的国会仅仅是财主，有财有钱的人做了主人。不但我本人得着这样的结论，同我一样有机会参加北平市各界会议，也有机会观察资本主义国家的国会的代表们，也得到同样的结论。

9 月份的一切工作都是铺垫，都在等着最大的一台戏开幕——那就是 9 月 21 日召开的中国人民政治协商会议第一届全体会议，正式开启新中国的建国模式。

在大会正式召开前，进入 9 月后，政协筹备会的各种准备工作更加紧锣密鼓。

9 月 7 日，周恩来在北京饭店向已经到北平的政协代表及各方有关人士作了《关于中国人民政协的几个问题》的报告，解释参加政协会议的单位及其代表名额和人选问题、政协会议组织法草案、政府组织法草案。

周恩来在报告中首先对会议名称的最后确定进行了说明：“原来叫做新政治协商会议，在第一次筹备会全体会议中也这样叫过。后来经过新政协组织法起草小组的讨论，觉得新政协和旧政协这两个名称的分别不够明确，便改成中国人民政治协商会议。筹备会常务委员会同意这个修改意见，将来还要经过筹备会全体会议正式通过决定。”

关于代表名额和人选问题，周恩来说：“我们在确定代表名额和人选的时候，不是平均主义的，而是有重点的。”重点就是“以工农联盟为基础，以工人阶级为领导”。人民政治协商会议中46个单位的名额和人选的确定，始终都体现着这一重点。“有了重点，同时又照顾到了各个方面。”但最后觉得原定的45个单位还是不够全面，“所以又设了一个特邀单位。其中有在中国整个民主革命阶段中，始终站在正义事业方面的，如孙夫人和她领导的救济单位。也有从事科学研究和工业建设的人才，如中央研究院陶孟和先生和资源委员会钱昌照先生。也有一向或在某一个时期和我们有某种联系和朋友往来，同情人民事业，一旦解放了便站在人民这方面的，如福建萨镇冰先生、张难先先生。也有从事民主运动在解放区服务很久的朋友，如陈瑾昆先生。也有是参加这次和平运动有功的，如上海人民代表团颜惠庆先生，南京和平代表团张治中、邵力子等先生。程潜先生也是响应和平号召投到人民方面来的。起义的将军有的作为解放军代表参加会议，如吴奇伟将军、曾泽生将军、张轸将军，也有的参加到特邀单位中。海军、空军的代表也在特邀单位中。还有愿意为建设新的人民的艺术而服务的人物，我们也邀请了，如周信芳、梅兰芳、程砚秋几位先生。邀请的代表还有劳动界护厂有功的工人、劳动英雄和在各解放区单位安排不下的，如晋察冀的戎冠秀先生。”

关于国家制度问题，“首先表明国家的制度是新民主主义，是由工人阶级领导的，以工农联盟为基础的，团结各民主阶级和中国境内各民族的人民民主专政的国家。”“关于国家制度方面，还有一个问题就是我们的国家是不是多民族联邦制。……我们主张民族自治，但一定要防止帝国主义利用民族问题来挑拨离间中国的统一。如英帝国主义对西藏和新疆南部的阴谋，美帝国主义对于台湾及海南岛的阴谋。”

关于政权制度方面，“大家已经同意采用基于民主集中制原则的全国人民代表大会的制度”。关于政府组织问题，“在人民代表大会闭幕期间的最高权力机关，是中央人民政府委员会……主席下面的组织，首先是政务院，其他还有人民革命军事委员会，最高人民法院和最高人民检察署。……政务院底下，设有三十个单位……政务院不可能经常领导这三十个单位，所以下面设四个委员会协助办理。这四个委员会是政治法律委员会、财政经济委员会、文化教育委员会、人民监察委员会。”

在讲到《中华人民共和国中央人民政府组织法》草案时，周恩来特别解释了国名问题。他说：“解释一个问题，就是国名问题。在《中央人民政府组织法》的草案上去掉了中华人民民主共和国的‘民主’二字，去掉的原因是感觉到‘民主’与‘共和’有共同的意义，无须重复，作为国家还是用‘共和’二字比较好。辛亥革命以后，中国的国名是‘中华民国’，有共和的意思，但并不完全，可以作双关的解释，而且令人费解。现在我们应该把旧民主主义和新民主主义区别开来。……今天，为了使国家的名称合乎国家的本质，所以我们的国名应该是中华人民共和国。”国名定了，关于纪元是否采用公元纪元，“《中央人民政府组织法》上没有讲到，这将在第一届全体会议上讨论决定”①。

关于国名的最终确定，还是很有故事的。

在中国共产党领导新民主主义革命的过程中，建立过“中华苏维埃共和

① 中共中央文献研究室编：《中华人民共和国开国文选》，中央文献出版社 1999 年 10 月第 1 版，第 228—242 页。

国”，提出过“中华民主共和国”等国名。1949 年 6 月 15 日，毛泽东在新政协筹备会一次会议致辞的最后，喊了 3 个口号，其中一个是“中华人民民主共和国万岁！”6 月 21 日，在当天的《人民日报》上公布新政协筹备委员会各小组名单时，就有这样的字样：“第四小组（拟定中华人民民主共和国政府方案）。”所以说，中共中央最初确定的国名是“中华人民民主共和国”。

但是，在广泛讨论时，出现了 4 种主要意见：

第一种意见，同意中共中央提出的“中华人民民主共和国”这个国名。依据的是毛泽东提出的新民主主义理论，还有就是中国共产党此前一段时间都是用这个国名进行宣传动员，已经有一定的群众认知基础。

第二种意见，认为“中华人民民主共和国”的国名还可以简化，去掉“民主”两个字，变成 7 个字。这个意见是张奚若提出来的，他说：“因为‘共和国’说明了我们的国体，‘人民’两字在今天新民主主义的中国是指工人、农民、小资产阶级和民族资产阶级这四个阶级的人，它已有确定的解释，这已经把人民民主专政的意思表达了出来，不必再把‘民主’两字重复一次了。”张奚若还说，这不是我一个人的意见，有几位老先生也认为 9 个字的国名太长，而且“共和”就有“民主”的含义，所以说应该去掉“民主”二字。

第三种意见，是希望延续“中华民国”为新中国的国名。提出这种意见的人的理由是“中华民国”是孙中山创立的，已经使用了 38 年，在中国民众中有广泛基础，一战、二战中，中华民国都是战胜国，这个国名在国际上有一定影响，不用可惜了。他们还从简化的角度说，9 个字简化到 7 个，还可以简化到 4 个。

第四种意见，有人提出用“中华人民民主国”作为新中国的国名。理由是这个国名，省略了“中华人民民主共和国”中的“共和”，而保留了“人民”和“民主”。其词源依据是，汉语中的“共和国”，系译自英文“republic”，而“republic”与“democracy”原无实质区别，也可译为“民主国”。这个国名也可以简称为“中华民国”或“中华民主国”。这个国名在将来进入社会主义阶段时还可以改为“中华社会主义民主国”。

对于大家的意见，新政协筹备会常务委员会非常重视，决定让第四小组专门召开会议研究此事。经过第四小组的反复讨论，绝大多数人赞成张奚若的意见，同意用“中华人民共和国”作为国名。根据上述讨论意见，政府组织法起草委员会先后召开3次会议，并在征求一些专家意见的基础上，写成了政府组织法的草案初稿，其中就用了“中华人民共和国”国名。

第四小组的意见，得到了中共中央的默认。1949年8月18日，毛泽东为邀请新疆代表参加新政协，在给阿哈买提江的电文中使用的就是“中华人民共和国”的名称。9月2日，新华社发表社论阐述党的性质时指出：“中国共产党是中国工人阶级的政党，是中华人民共和国的领导者。”再后来，就是周恩来向政协代表作的《关于人民政协的几个问题》的报告中说的那段话，最后是9月22日，董必武在中国人民政治协商会议第一次全体会议上作《中华人民共和国中央人民政府组织法的草拟经过及基本内容》的报告，关于国家名称问题，把周恩来的那一段话又重复一遍，并被代表们所接受，国名全称最终确定下来。

但是，考虑到另外一些人的意见，特别是一些辛亥老人的意见和对“中华民国”的感情，在提交政协讨论的《共同纲领》草案中，在“中华人民共和国”之下，又加一个简称“中华民国”，并且用括号括起来。

这个简称又引起了一些争议，而且一直争论到开国大典的前几天。一些代表们提出，用简称“中华民国”不好，要去掉这个简称。他们的理由是，蒋介石的反动统治已经把“中华民国”搞得威信扫地，即将建立的新中国，是与过去国民党统治的“中华民国”有本质区别的，现在不宜再用这个国名简称。

9月25日深夜，黄炎培、司徒美堂、何香凝、马寅初、沈钧儒等在下榻的北京饭店里收到一封由周恩来和林伯渠联名相邀的午宴请柬，上面写道：

“9 月 26 日上午 11 时半在东交民巷六国饭店举行午宴，并商谈重要问题，请出席。”

第二天是大会休会，中午，受邀的人很疑惑地来了，相互一看，几乎都是 70 岁以上的老者。周恩来让人关上餐厅大门，开始讲话：“今天请来赴宴的，大都是辛亥革命时期的长辈，有 3 个人不是，来听长者的发言。我国有句老话，叫作‘请教长者’，今天的会就是如此，来听长者的发言。各位看见国号‘中华人民共和国’之下，有一个简称‘中华民国’的括号。这个简称，有两种不同意见，有的说好，有的说不必要了。常委会特叫我来请教老前辈，看看有什么高见。老前辈对‘中华民国’这 4 个字，也许还有点旧感情。”

周恩来说完，民建代表黄炎培首先发言。他说：“我国老百姓教育很落后，感情上习惯用中华民国。一旦改掉，会引起不必要的反感，留个简称，是非常必要的。政协 3 年一届，3 年之后，我们再来除掉，并无不可。”

接着，辛亥革命老人、72 岁的廖仲恺夫人何香凝发言。她说：“中华民国是孙中山先生革命的一个结果，是用许多烈士鲜血换来的。关于改国号问题，我个人认为，如果能照旧用它，也是好的，大家不赞成，我就不坚持我的意见。”

下一个发言的周致祥是前清进士，他在辛亥革命后归隐 38 年，从来不写中华民国国号，但目前拥护共产党。周致祥明确地说：“我反对仍要称什么中华民国，这是一个对群众毫无好感的名称！我主张就用中华人民共和国，表示两次革命的性质各不相同。”

美洲侨领司徒美堂 83 岁了，是被毛泽东专门发电报请回国的。他耳聪目明，但听不懂北方话，陪同他的司徒丙鹤把大家的发言翻译给他。他听了之后，非常激动，要求发言。他说：“我也是参加过辛亥革命的人，我尊重孙中山先生，但对中华民国 4 个字，则绝无好感！我的理由是，那是中华官国，与民无涉！”

司徒美堂说一段，司徒丙鹤翻译一段，他直言快语，掷地有声：“我们试问，毛泽东先生领导的这次革命，是不是跟辛亥革命不同？如果大家认为不同，那么，我们的国号应该叫中华人民共和国。国号是个庄严的东西，一改就改好，为什么要3年后再改呢？”

老人最后说：“语云：‘名不正则言不顺，言不顺则令不行。’你看看，仍然叫中华民国，何以昭告天下百姓？我们好像偷偷摸摸似的，革命胜利了，连国号也不敢改？我反对简称中华民国，坚决主张光明正大地用中华人民共和国！”

马寅初也立即表示赞同，还说：“加个简称，简直是不伦不类，不像话！”

沈钧儒是个法律学家，他从法律的观点跟大家说：“有些群众还在写中华民国，那是他们的一时之便，我们也不必明令禁止。至于堂堂的立国文件里加上简称中华民国的括弧，这的确是法律上的一大漏洞。遍观世界各国国号，只有字母上的缩写，而没有载之文件的其他简称。”

陈嘉庚发言时说厦门话，由庄明理翻译，陈嘉庚说：“大家对中华民国绝无好感。对新国名，人们初时不习惯，久了就会成自然。”

先后有18人发言，16人主张不用中华民国简称。

国有事，问三老。周恩来最后总结：“我要把大家的意见综合起来，送给主席团常委参考，并由主席团常委做出最后决定。”

最后，参会代表又集中谈论了一次，最终确定的是不用中华民国简称，使用“中华人民共和国”作为新中国的国名。这不是一次改朝换代，而是一个新时代、新国家的开始。这是一个人民的时代，一个民主共和的国家。

9月15日，周恩来在新政协筹备会工作的党员代表大会上讲话，说明新政协代表的成分和比例是根据党的统一战线的路线、方针，采取和各党派各团体充分协商的方式确定的。同时指出：革命胜利后，“需要动员各种力量参加工作，到处都要碰到合作的问题”，因此要加强同党外各界民主人士的合作。搞好合作的关键“在于到他们中间去，领导他们”。我们“不应该有拒绝领导的思想”，但决“不是摆着一副领导的面孔”去领导，领导工作“很复杂，原则要抓得紧，但要善于运用，要有灵活性”。如果“我们领导得好，可以不流血过渡到社会主义”。[①]

周恩来的这次讲话是事出有因的。看到很多民主党派和各人民团体的负责人进入了新政协，甚至还有一些国民党将军因为起义的贡献也进入了新政协，一些解放军的将领们不服气了：这些战场上的败将居然比他们的政治待遇还高，“到底是谁打下的江山？”“到底该谁坐江山？”还有一些民主人士有一些旧的生活习性，也被为他们服务的战士们看不惯。

在此期间，毛泽东耐心地解释了几次，他说：“人民政协会，一定要有各方面人物，不然就是开党代表会议了。政协之中有些代表人物，代表着以民族资产阶级和城市小资产阶级为主的阶级动向和要求，我们不能代表。这些人必须住北京饭店，必须敲锣打鼓欢迎，因为这样对中国人民有利！”毛泽东劝导：“至于民主人士的生活习惯问题，那是旧社会的遗留。他们中的许多人，经过长期工作，是可能进步的。他们人数虽然不多，社会联系却很广泛。我们共产党人，必须学会和各民主党派与无党派民主人士共同生活，共同工作。”[②]

9 月 15 日的党员代表大会是毛泽东提议召开的，刘少奇也发表了讲话。他说：我们快要胜利了。现在，以前不革命，甚至反革命的人都来了，我们不要讨厌他们，要团结他们，用统一战线的形式实现对他们的领导。统一战线是党的总路线、总方针，必须执行。不执行，胜利就不能巩固。这次统战工作，是以我们为主。我们一方面要反对投降主义，同时也要反对“左”倾

---

① 中共中央文献研究室编：《周恩来年谱：一八九八——一九四九》，中央文献出版社、人民出版社 1990 年 3 月第 1 版，第 840 页。

② 郝在今：《协商共和：1948—1949 中国党派政治日志》，中国华侨出版社，2009 年 1 月第 1 版，第 283 页。

关门主义，要正确执行无产阶级的马列主义的群众路线。[①]

中国共产党确实没有走“打天下坐天下”的历朝历代的老路，让所有看到这一幕的民主人士都耳目一新，发自内心地、由衷地钦佩。

9月17日，新政协筹备会在中南海勤政殿举行第二次全体会议，距6月中旬召开的第一次筹备会全体会议已经过去了3个月，基本完成了预期的筹备任务，有126位筹备委员出席了这次会议。

筹备会常务委员会副主任周恩来代表常委会向会议报告了3个月来的筹备工作。报告的主要内容：（1）关于参加中国人民政治协商会议第一届全体会议的各单位名单。（2）关于《中国人民政治协商会议组织法（草案）》《中国人民政治协商会议共同纲领（草案）》和《中华人民共和国中央人民政府组织法（草案）》。（3）关于起草中国人民政治协商会议第一届全体会议宣言和拟制中华人民共和国国旗、国徽、国歌两项工作尚未完成，常务委员会提议把这两项工作移交给中国人民政协第一届全体会议，并由原来负责该两项工作的两个小组向中国人民政协第一届全体会议主席团提出报告。全体会议一致批准了常委会的报告，并原则通过常委会提出的《中国人民政治协商会议组织法（草案）》《中国人民政治协商会议共同纲领（草案）》《中华人民共和国中央人民政府组织法（草案）》；同意将起草大会宣言和拟制中华人民共和国国旗、国歌、国徽两项工作移交给中国人民政协第一届全体会议并向大会主席团提出报告的提议；通过常委会提出的大会主席团及秘书长名单。会议决定，将新的政治协商会议正式定名为中国人民政治协商会议，简称中国人民政协。

---

① 中共中央文献研究室编：《刘少奇年谱：一八九八——一九六九》，中央文献出版社，1996年9月第1版，第224页。

只等大会开幕了，大家突然感觉很放松。18 日晚上，正好是星期天，北平党政军各群众团体设宴欢迎到达北平的中国人民政治协商会议的代表们。宴会选在瀛台大殿举行，这里曾是戊戌变法后光绪皇帝被囚禁的地方。

席间，华北人民政府主席董必武和华北军区司令员兼北平市长聂荣臻致欢迎词。接着，由郭沫若代表到会的全体政协代表致答谢词，并带领全场一致起立，举杯祝毛主席健康，祝政协会议圆满成功。

宴会上，与毛泽东坐"第一桌"的有何香凝、陈嘉庚、司徒美堂、陈叔通、许德珩、郭沫若、李立三等人。席间，毛泽东谈笑风生，不断为老人们夹菜敬酒。他说："我们这一桌什么人都齐了：有无产阶级李立三，有无党派民主人士、文学家郭沫若，有民主教授许德珩，有工商界前清翰林陈叔通，还有妇女界廖夫人及华侨两老人，这是统一战线的胜利。"

19 日，秋高气爽，毛泽东又潇洒地带着一行人游览天坛公园去了。这一天，他邀请了老乡程潜、李明扬、陈明仁同游天坛，刘伯承、陈毅、粟裕作陪。毛泽东一行的车队在天坛回音壁前停下，先行下车的毛泽东亲自把程潜扶下车来，然后对大家说："这几天，大家一面商量开好这次大会，一面访亲会友，你们辛苦了，以后大会开幕，那就更紧张得不得了，所以今天我钻了一个空子，请大家来这个地方，无非是调剂一下生活，喘口气嘛！"听毛泽东这么一说，大家都轻松地笑了。看到毛泽东和大家那么高兴，摄影师徐冰随性冒出一句："主席，我给你们在祈年殿合个影吧？"毛泽东高兴地接受了这个请求。

照完后，毛泽东还特意从人群中召唤陈明仁："子良将军，来来来，我们两个单独照个相。"

"这……"陈明仁感到意外。这可是在东北战场上唯一让林彪吃过苦头的人啊。

"主席请你，你就莫装斯文了。"陈毅调侃道，并把陈明仁推到毛泽东身边。陈明仁恭敬地站在毛泽东右边，俩人照了个双人半身像。

毛泽东对他的这两位湖南老乡还是情有独钟的。9月4日，毛泽东函告周恩来、聂荣臻："程潜九月二日抵汉，四日由汉动身来平，请即令铁道部注意沿途保护照料，不可疏忽。问准到平时刻，请周组织一批人去欢迎，并先备好住处。"周恩来当即提出具体安排计划送毛泽东阅后，即交聂荣臻办理。①

7日晚10时，程潜到达北平，毛泽东、朱德、周恩来、林伯渠、董必武、李济深、郭沫若等100多人到车站迎接。毛泽东迎上前去，握住程潜的手，非常高兴地说："颂公，别来无恙？一路上劳累了。"他又指着前来迎接的人们说："你看，老朋友们、你的学生、部下都在恭候你啊！"程潜激动得眼睛湿润了，连声说："谢谢！谢谢！"

9月8日晚上，毛泽东为程潜设宴洗尘，周恩来、朱德、刘少奇、陈毅、陈叔通等出席作陪。席间，毛泽东等与程潜亲切交谈，追述往事。毛泽东感慨地说："20多年来，我是有家归不得，也见不了思念的乡亲。蒋介石把我逼成流浪汉，走南串北，全靠这一双好脚板，几乎踏遍了半个中国。"沉思了一会儿，毛泽东接着说："我们这个民族真是多灾多难啊！经过八年浴血抗战，打败了日本侵略者，也过不成太平日子。阴险的美帝国主义存心让蒋介石吃掉我们。我们是被迫打了四年内战，打出了一个新中国，真是人心所向啊。"

程潜被亲情感动着，也被革命的共产党人感动着，他说："我作为国民党的一个元老，在大革命以后，对蒋介石是有看法的。抗战胜利了，但我对中国的前途怀有疑虑，甚至有些悲观。辽沈、淮海战役以后，国民党大势已成定局，使我看到了希望。平津战役中傅作义和后来我们所选择的道路，都是历史的必然。……"程潜站起来举杯敬酒："今朝承蒙润之兄盛情厚待，我

① 中共中央文献研究室编：《毛泽东年谱：一八九三——一九四九》，中央文献出版社2013年12月第1版，第567页。

深感受之有愧。不过，尚望在我有生之年，愿随各位为建设祖国、造福人民做些事情。”

毛泽东又动情地说：“颂云兄，你为家乡人民做了一件好事，免了一场战祸，现在我们才好谈谈家乡，谈谈往事，享受这种欢乐。”毛泽东再次举杯：“你们立了功，向你们祝贺，向你们致敬。”

毛泽东对陈明仁也是厚爱有加。9 月 5 日，毛泽东致电在长沙的陈明仁：“吾兄参加新政协已获筹委会通过，倘能命驾极表欢迎。”同时，毛泽东又嘱咐周恩来等，让聂荣臻等一定要去车站迎接。10 日，陈明仁到北平时，北平市市长聂荣臻等到车站迎接。

和陈明仁照完合影后，毛泽东又嘱咐他洗 50 打照片，分赠故旧亲朋。

再有一天多就要开筹备建国的大会了，此刻，毛泽东一定是家事、国事、天下事一起涌上心头，感慨万千，借天坛寄天下情，携乡亲抒家乡情！

9 月 21 日，北平，中南海怀仁堂，全中国人民期盼已久的中国人民政治协商会议在这里召开。新华社当天播发了消息：“中华人民共和国开国盛典——中国人民政协开幕，毛泽东主席宣布会议任务：制定中国人民政协组织法与共同纲领，选举中国人民政协全国委员会暨中华人民共和国中央人民政府委员会，制定国旗、国徽，决定国都所在地和年号。”

新华社消息接着写道：

中国人民所渴望的中华人民共和国开国盛典——中国人民政治协商会议，已于今日下午七时在北平开幕。中国人民政协筹备会主任、中国共产党中央委员会主席毛泽东向大会致开幕词，中国共产党代表刘少奇、特别邀请代表宋庆龄、中国国民党革命委员会代表何香凝、中国民主同盟代表张澜、中国人民解放区代表高岗、中国人民解放军代表陈毅、民主建国会代表黄炎培、中华全国总工会代表李立三、新疆代表赛福鼎、特别邀请代表张治中、特别邀请代表程潜、华侨代表司徒美堂等十二人在今天的会上相继发表讲演。

在会议开幕前，中国人民政协筹备会副主任周恩来报告了会议各类代表的名额和已经到达北平的代表人数。周恩来代表筹备会提出了关于大会主席团八十九人的名单和秘书长人选的提议，得到全场一致的通过。主席团八十九人包括中国共产党代表、中国国民党革命委员会代表、中国民主同盟代表各七人；民主建国会代表三人；无党派民主人士代表四人；中国民主促进会代表、中国致公党代表、九三学社代表、台湾民主自治同盟代表、中国新民主主义青年团代表各一人；各地区代表九人；中国人民解放军代表十一人；中华全国总工会代表三人；解放区农民团体代表二人；中华全国民主妇女联合会代表二人；其他全国性人民团体代表八人；上海人民团体代表二人；产业界民主人士代表三人；国内少数民族代表二人；华侨民主人士代表二人；宗教界民主人士代表一人；特别邀请民主人士十一人。会议的秘书长是林伯渠。

当被通过的主席团登上主席台后，主席毛泽东宣布中国人民政治协商会议开幕。在这个庄严的时刻，军乐队齐奏中国人民解放军进行曲，同时在会场外鸣礼炮五十四响，全场代表一致起立，热烈鼓掌至五分钟之久。

毛泽东主席的开幕词生动地、扼要地叙述了会议召集的历史条件和历史任务。……毛泽东主席的充满说服力量和乐观情绪的演说，几乎每一句都引起了会场雷鸣似的鼓掌。

在毛泽东主席的开幕词在长时间掌声中结束以后，全场起立为在人民解放战争和人民革命中牺牲的人民英雄们静默三分钟志哀。

十二位讲演者的讲演都受到会场的热烈鼓掌欢迎。他们代表着新中国的各方面力量，说明了关于新中国光明前途的共同信念。

…………

今天的开幕式历时四小时。出席会议的代表六百三十五人。被邀旁听的来宾三百人，国内外记者三十一人，包括外国记者四人，即苏联塔斯社记者罗果夫，意大利《团结报》特派员斯巴诺，朝鲜中央社特派员智龙成、李同建。

今天会议的执行主席由毛泽东、朱德、李济深、沈钧儒、郭沫若担任。主席台上的布置简洁而美丽。主席台的正面悬挂着中国革命领袖孙中山和毛泽东的画像，中间和两侧挂着中国人民政协的会徽和中国人民解放军的军旗。会场的休息室内挂满了全国各人民团体、各部队和各地区的贺幛和锦旗。

《人民日报》记者李庄写了大会的新闻特写《中国人从此站立起来了》，生动再现了大会的一些激动人心的场面：

"'占人类总数四分之一的中国人从此站立起来了。'毛主席在中国人民政治协商会议的开幕词中说：'我们团结起来，以人民解放战争和人民大革命打倒了内外压迫者，宣布中华人民共和国成立了。'"

"毛主席进入会场时，全场起立鼓掌达两分钟之久。他的开幕词经常为热烈的掌声所打断。人民解放军的代表——战斗英雄李国英、魏小堂、魏来国、刘梅村被选入主席团，他们登上主席台时，全体代表热烈鼓掌欢迎。陈毅将军讲话时，'代表中国人民解放军全体指战员表示无条件拥护人民政协大会'，他说：'中国人民解放军随时准备着，听候中央人民政府的调用，为消灭残余敌人和保卫新中国的独立自由而奋斗到底。'人们狂热地鼓掌，感谢新中国的坚强保卫者，骄傲于人民政协得到了这个可靠的柱石。"

"宋庆龄、何香凝、张澜、黄炎培、高岗、李立三、赛福鼎、张治中、程潜、司徒美堂等先生讲话时，一致赞扬中共与毛主席的英明领导，坚信全体人民一致团结，共同奋斗，人民新中国一定建设成功。看吧！在主席台上，悬挂着孙中山、毛泽东的巨幅画像，画像中间是人民政治协商会议的会徽。会徽正面为地球，地球中间是一幅红色的中国地图。地图上面有四面红旗，象征四个朋友，地球左右饰以麦穗，地球上面饰以车轮，麦穗与车轮表示着农民和工人，车轮中间缀一红色五角星，象征着工人阶级的领导。整个会场是这个会徽的具体表现。六百多位代表，包含了中国人民民主统一战线中各阶级、各民族的代表人物。党派代表的席位在主席台右前方，中共代表位第一排，毛主席为首席。主席台左前方为部队代表的席位，人民解放军总部位第一排，朱总司令为首席。解放军后面是特邀代表，区域代表和团体代表的席位在党派与部队代表的两旁。大会济济一堂，真是空前的民族大团结。阶级的团结、民族的团结已经从人民政治协商会议的共同纲领上充分地表现出来了，即以年龄而论，也同样说明了这种情况。何香凝和廖承志母子二人，都是政协的代表；萨镇冰已经九十二岁了，中华全国学生联合会的代表晏福民，只有二十一岁，还不及前者的四分之一。大家团结起来一起奋斗，这就保证了在怀仁堂举行人民新中国开基立业的大典，变封建帝王和蒋家小朝廷的宫殿为人民的议事厅。”

“人民把会场布置得朴素而壮丽。会徽后面衬着杏黄色的幕布，在中国，这种颜色是象征庄严与伟大的。会场照明全用水银灯，一个接着一个，两廊下排着红色宫灯。新华门油漆一新，鲜红夺目，两边竖着八面红旗。门下挂着巨大宫灯。这一切，都给人们一种富有生命力的印象。中华民族本来是富有生命力的民族，过去被帝国主义、封建主义、官僚资本主义束缚着不能发展，现在真正解放了，相信不要很多时候，新中国就会建设得很好。在各方面送给大会的贺幛中，充满了这种赞美与自信。北朝鲜全体华侨送给大会的贺幛上，精致地绣着彩色的毛主席像，绣像的背景是中国共产党的党旗，还有一座工厂和几部拖拉机。旗上还绣着‘庆祝新中国诞生，在毛泽东旗帜下前进’的字。这幅图案表示工业的中国，独立、自由、富强的新中国在向我们招手了。”

“全世界的进步人士都在注意着我们，向我们欢呼庆祝。国内外的敌人也许在阴暗的角落里正对我们诅咒着。但是，我们有力量，有信心，‘让那些内外反动派在我们面前发抖吧！’（毛主席在大会开幕词中语）”

毛泽东的开幕词中，很多激动人心的句子被传颂了70年：

诸位代表先生们：我们有一个共同的感觉，这就是我们的工作将写在人类的历史上，它将表明，占人类总数四分之一的中国人从此站立起来了。

我们团结起来，以人民解放战争和人民大革命打倒了内外压迫者，宣布中华人民共和国的成立了。

我们的民族将从此列入爱好和平自由的世界各民族的大家庭，以勇敢而勤劳的姿态工作着，创造自己的文明和幸福，同时也促进世界的和平和自由。我们的民族将再也不是一个被人侮辱的民族了，我们已经站起来了。我们的革命已经获得全世界广大人民的同情和欢呼，我们的朋友遍于全世界。

随着经济建设的高潮的到来，不可避免地将要出现一个文化建设的高潮。中国人被人认为不文明的时代已经过去了，我们将以一个具有高度文化的民族出现于世界。

我们的国防将获得巩固，不允许任何帝国主义者再来侵略我们的国土。在英勇的、经过了考验的人民解放军的基础上，我们的人民武装力量必须保存和发展起来。我们将不但有一个强大的陆军，而且有一个强大的空军和一个强大的海军。

让那些内外反动派在我们面前发抖吧，让他们去说我们这也不行那也不行吧，中国人民的不屈不挠的努力必将稳步地达到自己的目的。

毛泽东在致开幕词的最后，喊了 4 个口号：

> 在人民解放战争和人民革命中牺牲的人民英雄们永垂不朽！
> 庆贺人民解放战争和人民革命的胜利！
> 庆贺中华人民共和国的成立！
> 庆贺中国人民政治协商会议的成功！

大会第一天，一共有 12 位代表发言，《人民日报》的版面都给予了摘登。中共领导人的讲话主题明确，观点鲜明，思想统一。各位民主人士的发言各有千秋，很有代表性，很有时代的印记。

宋庆龄讲道："今天，中国是一个巨大的动力，中国的人民在前进，在革命的动力中前进。这是一个历史的跃进，一个建设的巨力，一个新中国的诞生！我们达到今天的历史地位，是由于中国共产党的领导。这是唯一拥有人民大众力量的政党。孙中山先生的民族、民权、民生三大主义的胜利实现，因此得到了最可靠的保证。"

何香凝讲道："孙中山先生的遗嘱中曾说过他致力革命四十年，对内要唤起民众，为了实现国家的自由平等，节制资本与实行耕者有其田，对外联合世界上以平等待我之民族，共同奋斗，这是孙先生革命的目的。自辛亥革命以来这么多年，中间经过了很多曲折，失败，流血，牺牲，也经过了最无耻的卖国贼蒋介石为首的反动派叛变革命，屠杀青年，使中国革命受到很大损失，但是，蒋介石垮台了，人民政治协商会议开幕了。中国的自由平等，节制资本，耕者有其田，联合世界上以平等待我之民族，所有这些中国革命的目的，在毛主席的领导下得到了实现，我们可以告慰在九泉下的孙先生了！所以今天人民政协伟大意义，是由于毛主席的领导代表了中国近百年来整个革命的传统——从太平天国革命，辛亥革命，对日抗战，到人民解放战争；由革命的三民主义到新民主主义。"

张澜讲道："中国是世界上人口最多的国家。在这样的一个国家里，人民觉悟了，人民进行了解放战争。到今天，人民解放战争获得了伟大的胜利，中国人民的代表，工人阶级，农人阶级，小资产阶级，民族资产阶级和其他爱国民主人士的代表，会聚一堂，用政治协商的方式，建立人民自己的政权，组织人民自己的政府。这不止是中国历史上一件光荣的大事，这是世界人类史上值得永久纪念的一个光荣的日期。

"今天我站在这个讲演台上，看到这个庄严伟大的会议局面，我立即发生了一个感想。中国今天这个新民主主义的局面，是中国共产党和毛泽东主席英明领导的结果，是中国人民解放军的英勇战斗和全国各民主党派，各民主阶级的民主分子奋斗牺牲的结果。我们今天应首先感谢他们。我个人今天愿首先向中国共产党的毛主席，向中国共产党，向中国人民解放军表示敬意。"

黄炎培讲道："我们要在这中国人民政治协商会议中间，在东半个地球大陆上边，建造起一所新的大厦来。这一所新的大厦，已题名了是中华人民共和国，这一所新的大厦，是钢骨水泥的许多柱子撑起来的。这些柱子是什么？第一是中国共产党，还有各民主党派，各人民团体，各地区，人民解放军，各少数民族，国外华侨和其他爱国分子，就是这些单位的一根一根柱子，这钢骨水泥是什么？就是中国工人阶级，农民阶级，小资产阶级，民族资产阶级和其他爱国分子的人民民主统一战线。这所新的大厦的基础是什么？说理论基础吧，就是马克思列宁主义，毛泽东思想。这所新的大厦最高的顶尖上边，飘扬着一面大旗，大旗上写的是什么？是新民主主义。这所新的大厦有多大？有九百五十九万多平方公里。中间住着多少人？有四万万七千五百多万人，连我在内。我们将乘着大厦成立的机会，立刻创设一个工作总机构，就是中华人民共和国中央人民政府。"

他最后形象地说："这所新的大厦，有五个大门，每个门上两个大字，让我读起来：独立，民主，和平，统一，富强。"

5个月前还是国民党首席谈判代表的张治中，今天作为特邀代表参加了会议，他说："我是一个国民党党员，并且是国民党负责干部中在过去二十二年的执政时期对国家对人民负了多少罪过的一分子，来被特别邀请参加这一盛会，真是惭愧与欣幸交萦，内心充满了矛盾情绪；此时说话，真不知怎样说法才是。"他由衷地告诫以前的同僚们："我们要向这班主张借外兵杀国人的反动分子提出严重的警告！并正告现在反动控制下的全体官兵、各高级将领们：你们应该明白，你们现在为何而战？为谁而死？眼前革命与反革命，爱国与祸国，为人民与反人民两方面所显示的铁一般的事实和强烈的对照，你们还没有看清楚吗？你们不应该再被一派陈腔滥调的欺骗的宣传所蒙蔽，现在已经是你们觉悟来归的最后机会了！希望你们不要错过这最后的机会，毅然决然地走向人民队伍方面来！"

辛亥老人程潜刚刚回到人民的怀抱，他感慨地说："本人参加革命四十五年，追随中山先生把满清推翻，不幸随即出现了北洋军阀，造成十余年连续不断军阀混战与镇压中国人民的局势。……我们革命，目的本来不在转换朝代，而是要求社会变质；是要把数千年来的封建专制彻底推翻，把近百年的帝国主义压迫扫除净尽，但是数十年来努力革命，仍旧免不了仅仅变换形式，尤其是革到最后，居然革出一个独裁的法西斯的蒋介石及其四大家族来。蒋介石的专制横暴，比之满清，比之北洋军阀，甚过万倍，皆有事实证明。蒋介石丢开了日本帝国主义者，又勾结了美帝国主义者；除此而外，蒋介石更增添了培育了一个庞大无比的官僚资本集团，更造成法西斯的特务恐怖政治，真是兆人所指，道路侧目。我们参加这种所谓'革命'的人，感到非常惭愧，也非常愤慨。"

"到今日，人民的力量站起来了，反动残余快要消灭了。由于中国共产党所领导的人民力量的抬头，才有今日的人民政治协商会议的召集。这才是一个真正变质的革命，这才是划时代的中国有史以来所未有的一次人民真正大团结。"

美洲侨领司徒美堂是毛泽东亲自发电请回来的，他说："华侨远处异地，国内情势，未能透彻明了，现在我回到解放了的北平一看，觉得中共人员那种刻苦踏实、英勇牺牲的精神，对建国大计那种反复协商，尊重各方面意见的优良政治风度，实在值得我们佩服，这就是中国共产党有资格领导全国人民并进而取得彻底胜利的最大因素和保证。我们华侨相信，我们的新政府是为争取广大人民利益的，我们坚决表示拥护！同时相信，我们既能把三大敌人打倒，我们就有办法把祖国搞好。比如，我们工业落后，要赶紧地生产建设，侨胞在新政府切实保障华侨正当权益的号召下，一定会踊跃投资，返到祖国来，中国有无尽的富藏，尚未开发，协助政府把自己的祖国搞好，这是我们华侨义不容辞的责任。"

配合代表发言的版面，《人民日报》还用很大的版面刊发了记者对工农兵代表的采访，一共发了 4 位代表，两位工人代表，一位农民代表，一位是解放军战士代表。农民代表就是人们熟悉的戎冠秀。同时，还报道了各地庆祝会议召开的消息。

最后，版面用一首诗点缀了一下："新的历史今天从头写——为中国人民政协开幕而欢呼"：

在万里无云的蓝天下，
在气象万千的新北平，
在黄瓦红墙的人民的殿堂里，
中国人民政治协商会议诞生了！

几千年人吃人的封建史的道路到此走完！
一百年帝国主义侵略史的道路到此走完！
看！前面，路标上，光芒万丈的七个字，
国家的抚育者毛泽东所写的：中华人民共和国！

…………

听啊！五十四声庆祝的礼炮轰鸣，

安下开国的基石！上起万年的大梁！

四万万七千五百万人民欢欣鼓舞！

苏联、东欧、全世界的人民同声鼓掌！

残余匪帮、帝国主义者发抖恐慌！

新的历史今天从头写，新的国家出现在东方！

会议一直开到30日，中间有两天半休会，会议每天都有固定的程序。

毛泽东每天都是提前几分钟入场，身穿草绿色军制服，手里拿着文件袋，安安静静地坐在自己的坐席上，没有任何仪式和排场。他聚精会神地倾听代表们的发言，不时地做一点记录。

大会休息时，毛泽东和大家一起走进休息室，抽烟，找人交谈。大会第二天，毛泽东、朱德正在休息室和傅作义握手、交谈，被誉为“子弟兵的母亲”的农民代表戎冠秀径直走了过来，与毛泽东握手，说：“我早就认识你了。”说得那么亲切，毫无拘束和矫饰，惹得大家都笑了起来。毛泽东高兴地和她交谈起来，傅作义在旁边看着领袖与人民的关系，若有所思，非常感慨。

9月22日，“今天是中国人民政治协商会议第一届全体会议的第二日，大会主要议程为听取中国人民政治协商会议筹备会的四个报告。第一个是人民政协筹备会代理秘书长林伯渠代表筹备会所作的关于人民政协筹备工作的报告，这个报告经大会一致批准。其他三个报告是筹备会第二小组组长谭平山报告《中国人民政协组织法（草案）》起草经过和草案的特点；筹备会第四小组组长董必武报告起草《中华人民共和国中央人民政府组织法》的经过和草案的特点；第三小组组长周恩来报告起草《中国人民政治协商会议共同纲领》的经过和草案的特点。三项草案在全体会议开幕前都已经分发全体代表，并已经经过反复周详的讨论。对于三项草案的修正意见，都将由三个草案的整理委员会分别整理。三个委员会包括一百五十六名代表，其名单已由主席团提交今天的大会。

“今天的会议历时三小时半，出席会议的代表共六百三十五人，执行主席是刘少奇、何香凝、陈毅、黄炎培、章伯钧。”

设六个委员会整理各项草案、起草宣言、审查国旗、国徽等方案、审查代表提案，其中，“设立全会宣言起草委员会，由委员五十三人组成，郭沫若为召集人。设立国旗、国徽、国都纪年方案审查委员会，由委员五十五人组成，马叙伦为召集人”。[①]

第二天的会议还通过了《中国人民政治协商会议第一届全会议事规则》，共16条，要求“中国人民政协全体会议之议事程序依本规则行之”。内容规定得很细，如第11条：“议案讨论之发言时间，除各单位首席代表专门发言外，一般发言，每人以三分钟为限，到时按铃为号，应即停止发言。其有需要延长发言时间者，经主席之许可，得延长之。每一代表对每一问题，最多发言两次，如有未尽意见，得以书面提交主席处理之。”

9月23日，“中国人民政协会议第三日，十八位代表发言，坚决拥护三草案。全体代表分组讨论国旗及国徽图样”。

“今天在会上发言的有十八个代表，计中国国民党革命委员会主席李济深、华中解放区暨中国人民解放军第四野战军代表黄克诚、人民解放军第二野战军首席代表刘伯承、特别邀请代表傅作义、教育工作者首席代表成仿吾、特别邀请代表陶孟和、民主建国会代表章乃器、新解放区民主人士首席

① 《人民日报》1949年9月23日。

代表杜国庠、人民解放军第三野战军首席代表粟裕、社会科学工作者首席代表陈伯达、中华全国民主青年联合总会首席代表廖承志、三民主义同志联合会代表陈铭枢、全国工商界首席代表陈叔通、中国国民党民主促进会首席代表蔡廷锴、中华全国文学艺术界联合会首席代表沈雁冰、自然科学工作者首席代表梁希、台湾民主自治同盟首席代表谢雪红、新闻工作者首席代表胡乔木。各代表在发言中，都兴奋地表示拥护《中国人民政治协商会议组织法》《中华人民共和国中央人民政府组织法》和《中国人民政治协商会议共同纲领》三个草案，并决定予以坚决执行。

"今天的大会，到会代表共计六百二十六人，由马寅初、张奚若、乌兰夫、李德全、陈云担任执行主席。

"在本日上午，全体代表曾分十一个组分别讨论了中华人民共和国国旗和国徽的图样。"

这一天，代表们关于国旗、国都、纪元的讨论，《人民日报》记者李庄在《新纪元开始了——记政协代表关于国旗、国都、纪元的讨论》的文章里做了详细描述：

> 中华人民共和国就要成立了。怎样把我们伟大祖国的性质、精神在国旗上恰当地表现出来，是全国人民和政协代表热切关心的问题之一。
>
> 昨天，政协代表曾分组开会，讨论政协筹备会第六小组提出的关于国旗、国都、纪年的意见。……政协筹委会编印了一本《国旗图案参考资料》，上面有三十八种国旗草案。各组认为其中第一图较好和可供参考的有一一二人，认为第二图较好和可供参考的有七七人，认为第三图较好和可供参考的有一八五人。这三幅国旗草图，都是红底，黄星，加一黄条。红色象征革命，星象征中共和解放军，黄条象征黄河，黄河是我们中国经济文化的发祥地。虽然

星、条的大小、位置、长短、宽窄不同，但意思是一样的。把上面三个人数加起来，赞成前述意义的，已达政协代表的过半数。

自从政协筹备会发起征求国旗图案以来，为时不久，应征的图案即达二九九二幅。投稿者包括工人、农民、教授、教师、学生、作家及其他自由职业者。从遥远的美洲寄来了二十三幅。全国人民和海外华侨是多么热烈拥护自己的革命政权，对于代表自己国家的国旗，踊跃地发表了自己的意见。

…………

第六小组晚间汇报各组代表讨论结果时，发现参加讨论的代表们毫无例外地同意建都北平，并把北平易名北京……

人民共和国如何纪年？绝大多数参加讨论的代表都主张采用现代世界大多数国家公用的纪年制度，如今年即称一九四九年。因为新民主主义的创立，在中国历史上是一个划时代的大变革，不宜再沿用中华民国的纪元。

这一天的会议有个小花絮：代表们正在热火朝天地讨论时，忽然，天空中传来了沉闷的隆隆声。“是飞机。”有人低声说了一句。代表们有些坐不住了，飞机的引擎声越来越大，会议室的房梁发出嗡嗡的共鸣。就在这时，周恩来推门进来，告诉大家：“外面正在飞的是我们自己的飞机，是为了保卫政协会议和北平的安全的。这些飞机，还将在中央人民政府成立的时候，接受检阅。”周恩来的一席话，引起代表们的热烈掌声。

这一天的晚上，据《毛泽东年谱》记载：“晚上，中国共产党中央委员毛泽东主席同中国人民解放军朱德总司令举行宴会，宴请程潜、张治中、傅作义、邓宝珊、黄绍竑、李书城、李明灏、刘斐、陈明仁、孙兰峰、李任仁、吴奇伟、高树勋、张轸、曾泽生、何基沣、刘善本、林遵、邓兆祥、左协中、廖运周、李明扬、张稣村、黄琪翔、周北峰、程星龄等二十六名国民党起义将领。应邀作陪的有李济深、陈铭枢、蔡廷锴、蒋光鼐、周恩来、陈毅、刘伯承、粟裕、黄克诚、聂荣臻、罗瑞卿、邢肇棠、周保中、赵寿山、张学思、杨拯民。席间，毛泽东几次举杯庆祝到会的原国民党军将领举行起义和响应人民和平运动的功绩。毛泽东说：由于国民党军中一部分爱国军人举行起义，不但加速了国民党残余军事力量的瓦解，而且使我们有了迅速增强的空军和海军。”

这些原来替蒋介石打内战的将领，在中国共产党的感召下，都来为人民服务了。

9 月 24 日，“二十二位代表继续发言，朱总司令代表全军保证实现共同纲领解放全中国的领土，保卫中国的独立和领土主权的完整，建立统一的、强大的、为人民服务的陆海空军”。这一天，少数民族的代表们很出彩。

22 位发言的代表中，内蒙古自治区代表乌兰夫的发言非常引人关注，因为，这是共和国国体中的一个特殊组成部分，是中国共产党独创的民族区域自治的最早实践。乌兰夫在发言中说：

> 三百多年以来，内蒙古民族人民，既受着满清皇朝、北洋军阀、国民党大汉族主义、日本帝国主义和美国帝国主义的统治奴役，又受着与这些统治者相勾结的内部封建势力的剥削压迫，苦难是无法诉说得尽的……正因为这样，内蒙古民族人民挣断枷锁，渴望解放，渴望自治的意志，也就愈来愈坚决。很多年来，我们曾为着自己民族的解放前仆后继，对帝国主义者、大汉族主义统治者与封建压迫，作了英勇不屈不挠的斗争。
>
> 但是，在那样漫长的艰苦岁月中，是谁曾经给予了内蒙古民族人民以无限同情和援助呢？
>
> 只有中国共产党和毛主席，自始至终是内蒙古民族最好的朋友

和领导者。他们承认了中国各少数民族的平等地位，并给各民族指出了一条光明大道，就是中国各民族必须团结共求解放。他们提出了和历来反动统治者完全相反的民族政策并实行了自己的政策，即使在最困难的时期，也给了内蒙古民族解放运动以领导和援助。内蒙古民族人民，就是遵循着共产党和毛主席的指示，并在他们的领导和帮助下，才能于一九四七年五月获得了多年以来没有达到的民族自治和民族解放。

自从内蒙古自治政府成立以来，到现在已经两年又四个多月了，内蒙古人民这期间，在中国共产党和毛主席的领导下，在人民解放战争和中国革命运动的胜利直接推动下，在各解放区与人民解放军的极大帮助下，经过了自治运动、解放战争、土地改革和发展生产，已使内蒙古的面貌为之大大改变，无论在政治、军事、经济和文化各方面，都取得了很大的成就。……在政治上，自治区内的蒙汉人民，现在是共同地参加管理着各级政权，蒙汉民族的政治地位是完全平等的。在经济上，自治区内的蒙汉人民在土改中，都同样分得了一份土地、耕畜和农具。他如蒙汉民族的语言、文字、历史、文化、风俗、习惯、宗教信仰等，也无不同样得到发展或同样受到尊重。……毫无疑义的，蒙汉各民族间平等团结的新民族关系，是内蒙古民族解放与新内蒙的建设事业所以能顺利进展的重要因素，也将是新中国建设事业所以能顺利进展的重要因素。

…………

现在，这一个不仅适合于蒙古民族，而是完全适合于中国各少数民族的民族政策，业已把它加以总结，成为我们必须共同遵守的纲领了，我们应该热烈地庆祝这一胜利，热烈地庆祝中华人民共和国的成立。在中华人民共和国的领导下，内蒙古人民，决以最大的努力，与全国各革命阶级、民主党派、各民族、国外华侨一道，为彻底实现共同纲领，为建设新民主主义的新中国而奋斗，并使内蒙古在政治、经济、文化各方面都提高与发展起来。

在这一天的会议上，还有一个新疆代表团向政协献旗并以维吾尔族的礼节把衣帽献给毛主席的场面，以及西北回族代表向毛主席和朱总司令献旗。

《人民日报》的版面记下了这个场面："代表发言之间……新疆代表团代表新疆人民向政协献旗和向毛主席献新疆维吾尔族（占新疆人口百分之八十的民族）的帽子和外衣。旗子上用汉文和维吾尔文写着'庆祝对中国人民的光明前途有重大历史意义的第一届中国人民政治协商会议'。献帽子和外衣时新疆代表团团长赛福鼎说：'人民领袖毛泽东主席给中国人民也就是给新疆人民开辟了幸福生活的大道。对这个恩惠，我们新疆人民找不到适当的礼物来报答。按我们维族固有的民族习惯，向最敬爱的人，献民族帽子和民族外衣，敬请毛主席收下我们这两件简单的礼物，以作纪念。'毛主席充满了深深感动的神情，热烈地和新疆代表们一一握手，全身都在用着力量，然后庄严地走到主席台的前沿，把叫作'图马克'的大帽戴上，披上那件深绿色丝制的外衣，接着又换上那顶叫作'多普'的便帽。军乐吹奏着，全场热烈鼓着掌，历久不息。……西北回族代表吴鸿宾等五人向毛主席和朱总司令献旗。给毛主席的旗上用汉文和回文写着'中国人民的舵师'，给朱总司令的旗上写着'中国人民的救星'。毛主席和朱总司令亲自接受了锦旗，一一和回族代表热烈地握手。……人民团结的亲切感情使全场的代表们极为感动和兴奋。"

9月25日，大会继续进行，这一天主要是代表发言。

晚上，毛泽东在中南海召集有关国旗、国徽、国歌、纪年、国都问题座谈会。距开国大典只有5整天了，毛泽东虽然已经胸有成竹，但他还是想最后听听大家的意见。出席座谈会的有周恩来、郭沫若、茅盾、黄炎培、陈嘉庚、马叙伦、田汉、徐悲鸿、李立三、洪深、艾青、马寅初、梁思成、马思聪、吕骥、贺绿汀等。经过这次座谈会，除国徽一项决定继续由原定小组设计外，其他均取得一致意见。

会上，毛泽东首先谈了对国旗的意见。他说："过去，我们脑子老想在国旗上画上中国特点，因此画上一条以代表黄河。其实，许多国家的国旗也不一定有什么该国家的特点。苏联的斧头镰刀也不一定代表苏联特征，哪一国也有同样的斧头镰刀。英、美、德国旗也没有什么该国特点。"说着，他拿起画有五星红旗的国旗方案，用手指着说："这个图案表现我们革命人民大团结。现在要大团结，将来也要大团结。现在也好，将来也好，又是团结又是革命。"毛泽东讲完，与会者鼓掌一致通过。

《义勇军进行曲》产生于中华民族生死存亡的关头，田汉作词，聂耳作曲。它传遍中华大地，成为中国人民反抗外来侵略的一首高昂的战歌。在这次座谈会上，马叙伦提议用《义勇军进行曲》暂代国歌。许多委员表示赞成，一部分委员提出要修改歌词。有的提出："歌词在过去有历史意义，但现在应让位给新的歌词。"有的说："歌曲子是很好，但词中有'中华民族到了最危险的时候'，不妥。最好修改一下。"周恩来表示，就用原来的歌词，他说："这样才能鼓动情感。修改后，唱起来就不会有那种情感。"最后，毛泽东拍板，歌词不改，与会者一致赞同，在中华人民共和国的国歌正式制定前，以《义勇军进行曲》为代国歌。毛泽东、周恩来和与会者一起合唱《义勇军进行曲》，座谈会在这首激荡人心的歌曲中结束了。①

这一次是最后统一思想，因为第二天休会，第三天就要大会通过了。关于国旗、国歌、国徽等，从7月份《人民日报》刊登启事开始征集，只有两个多月的时间，筹备会第六小组的高效工作，还有全国人民的积极参与，才会有今天这样的一个结果。但两个多月的征集过程中，还是有很多故事可以

---

① 中共中央文献研究室编，逄先知、金冲及主编：《毛泽东传（三）》，第965—967页。

讲的。

新政协筹备会第六小组成立后，提出要调动全国人民参与到国旗、国徽和国歌的设计、创作中，应该公开发一个征集启事，昭告天下。该建议经过周恩来审批，7 月 10 日送交新政协筹委会常务委员会批准，7 月 12 日送《人民日报》《北平解放报》《新民报》《大众日报》《光明日报》《进步日报》《天津日报》，从 13 日起至 26 日连续刊登，国内各报和香港及海外华侨报纸也纷纷转载。

一石激起千层浪。征稿启事发出后，应征稿件如雪片一样纷至沓来。短短一个多月时间内，共收到来自海内外，包括当时尚未解放的国民党统治区的应征国旗图案 2992 幅，国歌歌谱 632 件，歌词 694 首，国徽图案 900 幅。这一幅幅图案，一首首歌词歌曲，反映了全国各族人民，港澳同胞和海外华侨期盼祖国独立、统一和富强，为新中国诞生渴望贡献自己的一份力量的极大热情。

在已经收到的国旗设计来稿中，图案形式众多，各有特色，筛选起来很困难。周恩来提议并且和第六小组的成员商量后，决定先有一个大的原则性意见，把符合这些条件的国旗设计方案先列出来，然后再进一步评选。经过研究，还是从纯设计的角度出发，按照设计思路进行分类，要求写出每一类的设计理念。最后，分出了 4 类：

第一类：旗面为红色，图案为五角星和交叉的镰刀斧头，基本样式同中华苏维埃共和国国旗。这样设计的理由是红色象征革命，五角星象征中国共产党的领导，镰刀斧头象征工农联盟的政权。

第二类：旗面为红色，图案为五角星和嘉禾（麦穗和稻穗）齿轮。这样设计，参考了中华苏维埃共和国国徽的样式。

第三类：以蓝、白二色或红、蓝、白三色横条或竖条组成旗面，旗面左上角或中央布置有五角星或镰刀斧头或嘉禾齿轮。这样设计，参考了西方一些国家的国旗图案，并适当加进了一些红色政权的元素。

第四类：旗面三分之二为红色，三分之一为白、蓝、黄三色构成，配以红色或黄色五角星。这样设计，主要是参考了西方一些国家的国旗样式，并且西方国家旗帜的元素更多一些。

对于这 4 类方案，倾向于第一类的意见渐渐相对集中了。第三类和第四类的方案同意的最少。就在这时，上海一位叫曾联松的来稿到了，时间比较晚，应该是 8 月下旬了，但他的以五颗五角星组成的国旗设计图案让大家眼前一亮。

曾联松，原籍浙江瑞安，1917 年 12 月 17 日出生，父亲是一个普通知识分子。受江浙一带文化氛围和家庭的影响，曾联松从小就喜欢书画艺术。进入瑞安中学读初中时，就已经能够独立创作绘画作品了。后来，他在江苏省立南京中学高中部学习，在南京中央大学经济系学习，没有扔下这个爱好，还经常旁听美术理论课。曾联松不仅喜欢写字画画，思想上也追求进步。他在中学和大学期间，多次参加爱国学生运动，思想渐渐趋向进步。1938 年 5 月，21 岁的曾联松在重庆加入中国共产党。后来虽然脱党，但他一直追求进步的思想。上海解放后，他进入上海市合作总社，从事财务工作。此时，他虽然是没有任何职务的普通职员，但思想进步，工作积极努力，拥护共产党，对于即将诞生的新中国，充满着美好的期待。因此，他受到组织的重视，被提拔为调研科科长。

有了这样的思想基础，再加上十分关注政治大事，每天都认真阅读报纸，所以，当他在《人民日报》上看到国旗征稿启事时，心情特别激动，觉得自己一定要参与到这个具有伟大历史意义的事件中去。

时隔几十年后，曾联松在他自己所写的《我设计五星红旗》一文中对他设计五星红旗一事，还记忆犹新："自己设计五星红旗，不是率意而为，而是十分认真的。事先经过反复思考，形成设计思路。这个思路包括整体框架构思、颜色搭配、五星布局、旗面设计四个步骤。1949 年 5 月上海解放时，我正在地下党领导的秘密经济新闻据点‘上海现代经济通讯社’工作，任务是为党中央提供国统区经济情报。由于完成了历史使命，全社都忙着办理结束事宜。7 月 14 日，我偶于报端见到新政协筹备会刊登的公开征求国旗、国徽图案和国歌词谱的启事，细读之下，备受鼓舞。接连几夜，我辗转反侧，难以成眠，思索着如何设计……如何根据设计启事所要求的内容，既能表达多种特征，又能体现庄严简洁为主的基调呢？我一进入具体构思，便感到这不是易事。十多天里，时而浮想联翩，时而伏案绘稿，废弃的图纸有一大堆。”

曾联松开始设计国旗图案时，就确定了一颗大星和四颗小星的方案。灵感来自于他大学时读过的斯诺写的《西行漫记》，这本书又叫《红星照耀中国》，书中有不少五星的配图，特别是斯诺给毛泽东拍摄的一张照片中，毛泽东头上戴的八角帽上，那颗五角星十分引人注目。曾联松的理解是五角星代表着光明，代表着真理，代表着中国共产党，代表着中国的希望。后来，他又读了毛泽东刚刚发表的《论人民民主专政》一文，对毛泽东的建国思想，特别是对新中国四个阶级的构成：以工人阶级为领导的，以工农联盟为基础的，联合民族资产阶级、城市小资产阶级共同建国的思想，有了更深刻的理解，也最终启发和敲定了他的设计理念。

曾联松后来回忆说：“我首先着眼于政权特征，中国共产党是全国各族人民的大救星，人民解放军是革命胜利的保证，广大人民团结在党的周围，要把这个意思在国旗上表达出来。……以一颗内含镰刀斧头的大五角星象征共产党，象征人民军队；以四颗小星代表广大人民，包括工人阶级、农民阶级、城市小资产阶级和民族资产阶级。每颗小星均有一个角尖正对大星的中心，大星引导在前，小星环拱于后，象征共产党领导下的人民大团结。”

整体框架确定了，用什么色彩最好？曾联松看过很多外国的国旗，上面五颜六色的很多，图案也很多，有的光是图案中的颜色就有好几种。他认为，国旗应该展现新中国奋发向上的精神，展现光明，展现炎黄子孙的自豪感，不能仿效国外，要有自己的特色。他最后决定，整个旗面只用红色和黄色。曾联松认为红色在政治上经常用来象征革命以及左派，它也是已经诞生的社会主义国家的国旗主色调；在中国传统文化中，红色也是被朝野普遍喜欢的颜色，中国的宫殿和庙宇的墙壁大都是红色的，在春节等节日和中式婚礼上，也都喜欢用红色来装饰。将红色设定为国旗的基础颜色，既有热烈喜庆的气氛，也有代表解放和光明的意义，更因为中国共产党建党之后所举的旗帜都是红色，象征着党领导的革命和革命的胜利。而黄色，在中国宋代以后及欧洲的古罗马时期皆被视为高贵的颜色，是皇室的专用颜色，普通人不准使用。还有就是，黄色在中国文化中是土的象征，在五行中位于中央，是中和之色，居于诸色之上，最为贵。同时，黄色也是所有颜色中最能发光的色，给人轻快、透明、辉煌、充满希望的色彩印象，也表现了中国人黄色人种的民族特征。曾联松决定旗面用红色，5 个五角星用黄色。

接下来是动手设计了。时值盛夏，上海天气闷热，曾联松在单位又负点责任，他只好每天晚上挑灯夜战，反反复复，不断否定着自己的样稿。这个时候，他感到最难的是五颗星星的大小，特别是位置的摆放。最开始，他曾把五颗星放在国旗的正中间，小星环绕在大星的四周。这样，可以体现共产党的领导和全国人民的大团结，但从画面上看，并不美观，而且显得呆板。

截稿的时间越来越近，曾联松对自己的设计还是不满意。

有一天，他偶然把五颗星移到旗面的左上方，后退几步，仔细观看，顿时觉得豁然开朗——那个最对的画面出现了。五颗星金光闪闪，居高临下，光耀四方，空出的红色旗面，就像祖国的广袤大地，红红火火，欣欣向荣。整个旗面完全达到了征稿启事的要求：庄严而又华丽，简洁又不单调，雍容而具气势，明朗又不显萧疏，体现了思想性和艺术性的高度统一。

曾联松满意了。他把样稿寄出去的时候，已经是最后的截稿时间了。

这个时候，国旗设计来稿已达 3012 个。在曾联松的样稿收到之前，第六小组已经决定选出三十几幅呼声最高的设计图案做成册子，供委员们讨论。排在第一位的被称为“复字第一号”，有三种样式，不变的是红色旗面和左上方的一颗五角星，变化的是加一条横杠，还是两条、三条。大五角星象征中国共产党领导的人民民主政权。三条横杠加一条杠，代表黄河，加两条杠，代表黄河和长江，加三条杠，代表黄河、长江和珠江。

但是，就是这条杠，引起了委员们的激烈议论，最有代表性的是张治中的意见。他在讨论时就说：在一片鲜红的国土上，无论是画一条横杠、两条横杠，还是三条横杠，会给人一种国土被割裂的不愉快感受，最好把横杠去掉，让祖国大地一片红。在 9 月 23 日晚上，毛泽东宴请国民党起义将领时，张治中又不失时机地对毛泽东建议：“我反对这个黄河图案，红色国旗代表着国家和革命，中间这一杠，不就变成分裂国家、分裂革命吗？同时，以一条杠代表黄河也不科学，老百姓会联想到是一根棍子，像《西游记》里的孙猴子的金箍棒。”毛泽东听了若有所思，把他的话记了下来。

第六小组最后制作册子的时候，一共选了 38 个设计图案。“复字第一号”就是五星加横杠的，排在第一号。曾联松的设计图案被编为“复字第 32 号”，排在第 32 位。但是，凡是看过这个设计图案的人，都会被它打动，意见非常统一。所以，毛泽东 25 日晚上请大家座谈时，就直接翻到“复字第 32 号”，并表达了自己的意见，而且与会人员意见高度统一。

最后，五星红旗成了唯一入选的图案。不少代表提出来要做一些局部修改，主要意见是说，大五角星中有镰刀斧头的图形，一来影响大五角星的光彩，减弱了其突出地位，二来图形显得有点乱，三来镰刀斧头的图案与苏联的国旗有点接近。第六小组听取了大家的意见，又经请示中央领导，最后送交大会表决通过的就是现在国旗的样子了。

当这面五星红旗在全国各地冉冉升起的时候，曾联松看到后又惊诧又激动，激动的是新中国有了自己的新国旗，惊诧的是这个图案怎么和自己设计的那么像，只是大星中的镰刀斧头去掉了。他不敢相信那就是自己设计的图案。第二年国庆节前夕，他到北京出差，全国政协派人到招待所向他核实当初设计的情况，来人没有表示什么，谈完就走了。9 月 27 日，他在招待所意外地收到了纪念新中国成立一周年的观礼请柬，编号是“台右 97 号”。曾联松参加完天安门国庆观礼后就回上海了。11 月 1 日，他接到中央人民政府办公厅的来函：“曾联松先生，你所设计的中华人民共和国国旗，业已采用。兹赠送人民政协纪念刊一册，人民币五百万元，分别交邮局和人民银行寄上，作为酬谢你对国家的贡献，并致深切的敬意。”

人民的共和国，第一面国旗就出自一位普通的公民之手！

新中国也要有自己的国歌。

1911 年，清政府颁布中国历史上第一首正式国歌《巩金瓯》。可是，这首清政府的国歌出世不久，辛亥革命爆发，清王朝灭亡了。中华民国时期，《卿云歌》《中华雄踞天地间》曾被当作国歌。这些国歌，都迎合统治者的意志，起着维护集权的作用。

第一次国共合作后，以黄埔军校共产党人为主组成的中国青年军人联合会创办了《中国军人》杂志。在 1925 年 2 月 20 日出版的创刊号上，刊登了一首《国民革命歌》，无词谱作者，歌词就一段：“打倒列强！打倒列强！除军阀！除军阀！国民革命成功！国民革命成功！齐欢唱！齐欢唱！”1926 年国民革命军北伐时，又加上“齐奋斗！”3 个字，在大革命中被广泛传唱。1926 年 7 月 2 日，在广州九曜坊省教育会举行的国民政府教育行政会议上，国民党决定，以这首歌为国歌。1930 年，国民政府宣布以孙中山黄埔军校训词代国歌歌词，曲仍是《国民革命歌》的曲子。1943 年正式确定为中华民国国歌。随着国民党败逃台湾，这首歌也就成了历史。

1949 年春，中国共产党组团参加在布拉格举行的“保卫世界和平大会”。大会规定，在每个代表团入场时，都要奏、唱该国国歌。怎么办？由于远在海外，来不及请示国内，中共代表团成员们就一起商量，最后决定用抗日战争中广为传唱的《义勇军进行曲》来代替国歌。有代表团成员提出，我们是代表新中国来的,《义勇军进行曲》中有“中华民族到了最危险的时候”的表述，觉得不妥。后来，由郭沫若执笔，把这句歌词改成“中华民族到了大翻身的时候”。这样，改了一句词的《义勇军进行曲》，在中华人民共和国还没有成立时，作为临时代国歌，在布拉格“保卫世界和平大会”会场上奏响。

代表团回国后，立即向中共中央汇报了这一情况，引起了中央主要领导同志的高度重视。1949 年 6 月，在新政协筹备会上，大家议论开国大典上演奏什么曲子。有的说德国的阅兵曲铿锵有力，节奏感好，可以用。有的主张既然加入了社会主义阵营，还是用苏联的曲子比较合适。还有一些人认为，新中国的开国大典，还是用中国自己的乐曲好。当这些意见汇集到毛泽东面前时，毛泽东毫不犹豫地说：我们自己的开国庆典，当然要用自己的曲子，奏我们新中国的国歌。

这样，在征集启事上，就有了关于国歌的一项：“三、国歌：（甲）歌词应注意（1）中国特征；（2）政权特征；（3）新民主主义；（4）新中国之远景；（5）限用语体，不宜过长。（乙）歌谱于歌词选定后再行征求，但应征国歌歌词者亦可同时附以乐谱（须用五线谱）。”到 8 月 20 日为止，共收到国歌歌词 632 件，国歌曲谱 694 件。投稿者来自工、农、商、学、兵各阶层，有部分学者、艺术家、党内高级干部也纷纷投来稿件。来稿区域包括老解放区、新解放区、尚待解放的地区，海外华侨也纷纷投来国歌词曲稿。来稿数量，以北平、天津、上海、沈阳、哈尔滨、长春居多。郭沫若也写了一首应征国歌歌词，题为《新华颂》。

第六小组专门在北京饭店的 413 房间设置了选阅室，分类陈列各地寄来的应征国歌稿件。小组成员和专家差不多天天来审阅和筛选。但是，由于国歌毕竟是一次文学创作和音乐创作，在当时的中国能够胜任的人少之又少。第六小组经过商量，决定在文学界和音乐界再小范围征集一次，结果还是不尽如人意。

周恩来一直有意用《义勇军进行曲》作为国歌。1949 年 7 月初，他在审批“征集启事”时就表示：我个人的意见最好就用《义勇军进行曲》为国歌，不过，这只是我个人意见，你们大家可以讨论，再征求一下群众的意见。

《义勇军进行曲》原是上海电通公司拍摄的故事片《风云儿女》的主题歌。影片描写的是 20 世纪 30 年代初期，以诗人辛白华为代表的中国知识分子，为拯救祖国，投笔从戎，奔赴东北抗日前线，参加义勇军英勇杀敌的故事。由田汉作词，聂耳作曲。《风云儿女》放映后，《义勇军进行曲》迅速传遍中华大地，许多仁人志士高唱着这个歌曲，投身到抗日杀敌的战场，甚至献出宝贵的生命。这首歌，在抗战中成为许多中国人的精神图腾。

画家徐悲鸿的想法和周恩来不谋而合。他直接向毛泽东提出建议：可否以《义勇军进行曲》代为国歌？

在 9 月 25 日毛泽东召集的座谈会上，对国歌的讨论也非常热烈。马叙伦首先介绍了征集词曲的情况以及各方面的意见，特别提到许多人建议用《义勇军进行曲》作为国歌或者代国歌的情况，他说：“新政府就要成立，国歌目前一下还制不出来，是否可用《义勇军进行曲》暂代国歌？”

周恩来表示赞成：“这支歌曲雄壮豪迈，有革命气概，而且节奏鲜明，适于演奏。”

建筑学家梁思成接着说：“我记得我在美国时，有一次上街，听见有人用口哨吹《义勇军进行曲》，回头一看，原来是一个美国青年。这说明这支歌受到很多人的喜爱，我看就这支歌吧。”

也有人认为，新中国即将成立了，中华民族已经作为一个伟大的民族屹立在世界东方，而这首歌当中还有“到了最危险的时候”这样的句子，是不是过时了？

周恩来说：“这首歌在历史上曾起过巨大的作用，尽管现在新中国成立了，但今后还可能有战争，还要居安思危。”在座的名人们一个接着一个表态，同意《义勇军进行曲》作为代国歌。

最后，毛泽东总结说：“大家都认为《义勇军进行曲》做代国歌最好，我看就这样定下来吧。歌词不要改。‘中华民族到了最危险的时候’，这句歌词过时了吗？我看没有。我国人民经过艰苦斗争终于胜利了，但是还是受着帝国主义的包围，不能忘记帝国主义对我们的压迫。我们要争取中国完全独立解放，还要进行艰苦卓绝的斗争，所以，还是原词好。”

经过一天的休会，9 月 27 日，中国人民政治协商会议第一届全体会议继续举行，会议从今天起，开始了“重大决议”的阶段。

今天的会议分两个阶段，前半段是大会发言，共有 25 位代表发言，其中有 7 位少数民族代表。会议的后半段是表决，“通过下列重要议案：（一）全体一致《通过中国人民政治协商会议组织法》；（二）全体一致通过《中华人民共和国中央人民政府组织法》；（三）全体一致通过中华人民共和国的国都定于北平，自即日起改名北平为北京；（四）全体一致通过中华人民共和国的纪年采用公元，今年为一九四九年；（五）通过在中华人民共和国的国歌未正式制定前，以《义勇军进行曲》为国歌；（六）通过中华人民共和国的国旗为五星红旗，象征中国革命人民大团结。上述各议案的草案在会前都经过了参加人民政协的各单位周密协商，大会进行期间又组织了专门委员会广泛收集意见，审慎研究修改，所以今日大会的讨论，大部分的发言都是属于个别文字上的修改。每一个议案的通过，都引起全场长时间的热烈鼓掌。[①]”

下午，当代表们走进会场时，怀仁堂主席台的两侧，已挂起了新的国旗——五星红旗，“红底黄星，庄严美丽。它是我们中国人民革命大团结的象征，在世界上，它会代表着伟大与光荣。每一个‘身在异邦、心在祖国’（昨

①《中国人民政治协商会议组织法》和《中华人民共和国中央人民政府组织法》全文将与《中国人民政治协商会议共同纲领》一同发表。

日华侨代表向毛主席献词中语）的侨胞，从此可以扬眉吐气了。”①

全体代表一致通过上述提案后，大会执行主席周恩来宣布：“从现在起，北平改为北京，为中华人民共和国首都，纪元以公历，今年为 1949 年。”周恩来话音刚落，全场掌声雷动，经久不息。

周恩来又说：“在正式国歌未制定前，由《义勇军进行曲》为国歌，保留原歌词。国徽留待中央人民政府成立后再作决定。”

下午 4 时 40 分，工人腰鼓队进场庆贺，向毛泽东主席、朱德总司令献旗。

清华大学女学生汤明朗诵祝词，当读到“在世界的东方，新中国诞生了”这一句时，全场掌声雷鸣，长达 3 分钟之久。

这天距新中国成立还有 4 天。

9 月 28 日，中国人民政治协商会议第一届全体会议休会，各单位及共同纲领草案整理委员会于今日下午分别举行会议。

这一天，中国人民政治协商会议第一届全体会议主席团在《人民日报》上公布了国旗制法说明。

国旗制法说明：国旗的形状、颜色两面相同，旗上五星两面相对。为便利计，本件仅以旗杆在左之一面为说明之标准。对于旗杆在右之一面，凡本件所称左均应改右，所称右均应改左。

（一）旗面为红色，长方形，其长与高为三与二之比，旗面左上方缀黄色五角星五颗。一星较大，其外接圆直径为旗高十分之三，居左；四星较小，其外接圆直径为旗高十分之一，环拱于大星之右。旗杆套为白色。

---

①《人民日报》1949 年 9 月 28 日。

（二）五星之位置与画法如下：

甲、为便于确定五星之位置，先将旗面对分为四个相等的长方形，将左上方之长方形上下划为十等分，左右划为十五等分。

乙、大五角星的中心点，在该长方形上五下五、左五右十之处。其画法为以此点为圆心，以三等分为半径作一圆。在此圆周上，定出五个等距离的点，其一点须位于圆之正上方。然后将此五点中各相隔的两点相连，使各成一直线。此五直线所构成之外轮廓线，即为所需之大五角星。五角星之一个角尖正向上方。

丙、四颗小五角星的中心点，第一点在该长方形上二下八、左十右五之处，第二点在上四下六、左十二右三之处，第三点在上七下三、左十二右三之处，第四在上九下一、左十右五之处。其画法为以以上四点为圆心，各以一等分为半径，分别作四个圆。在每个圆上各定出五个等距离的点，其中均须各有一点位于大五角星中心点与以上四个圆心的各联结线上。然后用构成大五角星的同样方法，构成小五角星。此四个小五角星均各有一个角尖正对大五角星的中心点。

（三）国旗之通用尺度定为如下五种，各界酌情选用：

一、长二八八公分，高一九一公分。

二、长二四〇公分，高一六〇公分。

三、长一九二公分，高一二八公分。

四、长一四四公分，高九六公分。

五、长九六公分，高六四公分。

这一天，《人民日报》上发布了庆祝中国人民政治协商会议成功和中华人民共和国中央人民政府成立口号，共 30 个。第一个是“庆祝人民政治协商会议成功！”第 30 个是“中华人民共和国万岁！”

《人民日报》还报道了各地筹备庆祝中华人民共和国成立的情况：

“天津将举行卅万人庆祝大会……号召市民及各机关团体学校届时张灯结彩，悬旗鸣炮，理发刮脸，清洁整齐，做到全市欢腾鼓舞、焕然一新。”

“为使‘保卫世界和平斗争日’大会与庆祝中国人民政协与中华人民共和国的成立结合进行，决定将原上海‘国际和平斗争日大会筹备会’改名为‘上海人民保卫世界和平庆祝中国人民政协与中央人民政府成立大会筹备委员会’。对筹备中有关各项问题皆作了详尽讨论。为表示上海人民对中华人民共和国的热爱和保卫世界和平的决心，大会决定于盛大热烈的庆祝中举行示威与火炬游行。”

“北京工人积极筹备参加庆祝中华人民共和国中央人民政府成立大会与示威游行。华北公路局、电车公司、公共汽车修理厂、华北电业公司、自来水公司、建设局总工会、燕京造纸厂、京华印刷厂、邮政局、电信局、人民印制厂等企业工厂中，已由党、政、工、团等方面组成‘中华人民共和国中央人民政府成立庆祝筹备会’，进行编队，操练演习，购置旗帜、灯笼、火把，准备以工人阶级英勇雄壮的行列，参加全市的庆祝大会及提灯游行。估计当日将有五万工人参加大会与游行。庆祝第二日，各工厂均准备以各式化装的秧歌队、歌咏队、讲演队等配合出动，作深入的宣传及庆祝活动。……各工厂黑板报、大字报、壁报等油印铅印刊物，均纷纷赶出特刊。”

这一天，北京市人民政府遵照中国人民政治协商会议的决定，通知各单位把印信、钦记、戳记、机关名称、牌匾、印章及一切文书用纸上的“北平”字样改为“北京”。

9 月 29 日，中华人民政治协商会议继续举行全体会议，会议历时两个半小时，一致通过被称作“人民宪章”的《中国人民政治协商会议共同纲领》，并通过中央人民政府副主席及委员名额（中央人民政府副主席 6 人，委员 56

人）、关于选举人民政协全国委员和中央人民政府委员会的规定（一、中国人民政治协商会议第一届全国委员会的委员名额由本届全体会议主席团经协商规定之。第一届全国委员会不设候补委员。第一届全国委员会的候选名单经过参加本届全体会议各单位的协商，由主席团提交全体会议以整个名单付表决的方法选举之。二、中央人民政府主席、副主席和委员的候选名单，经参加本届全体会议各单位的协商，由主席团提交全体会议以无记名联记的方法选举之。三、任何代表对候选名单有表示赞成或反对的权利）、主席团关于代表提案的报告。

大会还一致通过决议，由即将成立的中央人民政府致电联合国大会，声明中华人民共和国已经成立，中国人民政治协商会议所选举之中央人民政府为唯一能代表中国人民的政府，并否认广州国民党政府派代表出席联合国会议所有代表的代表资格。为此，新华社还发表社论："这是中国人民以国家主人翁资格对全世界的庄严宣告，完全符合于业已根本变化了的中国政治情势的实际情况，反映了全中国人民的共同意志和愿望。……因此，我们完全拥护中国人民政治协商会议的决议，要求联合国大会立即停止蒋廷黻和其他国民党匪帮代表在大会上的一切罪恶活动，并立即取消国民党反动政府任何代表的代表资格。"

《共同纲领》被称为"人民宪章"，具有临时宪法的作用。对这个文件的最终形成，毛泽东、周恩来和党内外许多人都付出了非常多的心血。

据毛泽东的秘书胡乔木回忆："从9月3日至13日，毛主席至少对四次草稿进行了精心修改，改动总计有二百余处。不仅如此，他还亲自校对和督促印刷。9月3日，他写便条：'乔木：纲领共印三十份，全部交我，希望今晚十点左右交来。题应是《共同纲领》。'当把框架基本定型并第一次正式称作《中国人民政治协商会议共同纲领》的草案稿送到他那里以后，他立即动笔逐字、逐句、逐段修改，并在竖写的题目左侧亲笔加上'（一九四九年九月五日，初稿）’的字样。9月5日晚，毛主席修改后的稿本送去付印，不久，又接到主席的便条指示：‘乔木：今晚付印的纲领，请先送清样给我校对一次，然后付印。’第二天，他把校对过的清样交下，指示：‘照此修改，印成小册子一千本。’他在改过9月11日稿后又批示：‘乔木：即刻印一百份，于下午六时左右送交勤政殿齐燕铭同志，但不要拆版，俟起草小组修改后，再印一千份。’

“总之，纲领最后阶段的修改和印制工作，都是在毛主席直接参与和细心指导下进行的。毛主席夜以继日地工作，他身边的工作人员，也随时配合。大家睡眠时间很少。9月3日的那张便条上，毛主席特意嘱咐：‘你应注意睡眠。’这虽然是很难做到的事，但仍表明了领袖对身边工作人员的关怀。”[①]

周恩来自始至终主持着《共同纲领》的起草工作，他对《共同纲领》付出的心血也是有目共睹的。《共同纲领》正式定名为《中国人民政治协商会议共同纲领》后，在9月5日至20日期间，周恩来对其间的四次草案稿都做过精心的修改。这四次修改分别是对9月5日、11日、13日、17日清样稿的修改，改动总计达100多处。此外，周恩来作为《共同纲领》起草小组的组长和新政协筹备会常务委员会副主任，多次召集会议讨论《共同纲领》，反复听取各方面意见。当年参加新政协的代表葛志成回忆说：“周恩来是我在筹备会上见到的最辛苦的一位领导人。他不仅担任大会临时主席，还是《共同纲领》起草小组的组长。他领导小组成员反复征求代表们的意见，对《共同纲领》再三进行修改。”[②]

据周恩来自己说，一直到9月7日，《共同纲领》出来的“还只是一个初步草案，第三小组本身也没有作最后的决定，更未提交（筹备会）常委会去讨论”。为了慎重起见，在提交筹备会常委会讨论之前，先把《共同纲领》

① 胡乔木：《胡乔木回忆毛泽东》，人民出版社2014年12月第2版，第562页。

② 葛志成：《回忆新政协诞生前后》，《纵横》2001年第2期。

草案发到各位代表的手中，“发动大家来讨论”。[①] 这种全体与会代表的讨论还不止一轮，而是经过了9月9日、14日两轮大范围的讨论，之后才提交9月16日的新政协筹备会常委会讨论通过。

广泛的民主协商，人民的智慧和领袖们的智慧交融，最终产生了这部“人民宪章”——《共同纲领》。这部代表了中国各阶层人民利益、实现了中国人百年共和梦想的《共同纲领》，终于在1949年9月29日的政协全体会议上获得一致通过。胡乔木后来感慨地说：“召开政协和拟定纲领的过程，突出体现了共产党领导下的党派协商精神。毛泽东、周恩来等共产党领导人大智大勇，虚怀大度，既能提出完整正确的立国方案，又能虚心听取其他党派和无党派民主人士的意见，平等协商国家大事。其他党派和无党派人士亦能本着共同负责的精神，竭智尽虑，为国献策，大胆发表意见，敢于进行争论。这种精神，为我国政治生活留下了一种宝贵的传统。”[②]

9月30日上午，政治协商会议全体会议休会。周恩来赶到中共中央外事组的办公室，对中华人民共和国的外事工作做了第一个安排。他对王炳南说：“从现在起，中央外事组工作已经完成了，我们要开始办正式的外交……”，“明天，要举行开国大典，毛泽东主席将要发表一个公告。你们要立即将毛主席的公告和我的随附公函送发留住在北京、南京等地的使馆和领事馆。这将是我们新中国的第一个外交文件，是通过使领馆向外国政府发出的第一个照会”。

下午3时，中国人民政治协商会议第一届全体会议继续在中南海怀仁堂举行，会议进行了对国家领导人最后的选举确定，采用的是无记名联记的方法选举。主席团指定60人负责监票。此次会议有选举权的代表578人，因

①《周恩来关于中国人民政协的几个问题的报告》，1949年9月7日。

② 胡乔木：《胡乔木回忆毛泽东》，人民出版社2014年12月第2版，第568页。

海外华侨代表有两名名额没有补足，所以实际参加投票的为 576 人。

选举开始时，执行主席清点人数后发放选票。主席台旁放着 9 个投票箱，投票之前，执行主席查看了票箱。代表们分批地将选票投入箱内，投票结束后，执行主席当场开启票箱，并核对票数。然后，监票人分 20 组同时开票。开票结果表明投票者无一人弃权，也无一张废票。《人民日报》李庄的通讯记下了当时的场面：

执行主席李立三说："有选举权的代表都投票了，我们的投票是有效的。"人们热烈鼓掌，庆贺投票手续的完美无缺。

七时三十分，执行主席刘少奇宣布选举结果。他一字一句地说："中央人民政府主席，毛泽东，五百七十五票。"全场代表一致起立，热烈鼓掌。乐队奏起"东方红，太阳升，中国出了个毛泽东"的乐曲。代表们合着乐声的节拍鼓掌，其中并夹着此起彼伏的"毛泽东万岁"的口号声。乐声刚刚停止，有节奏的掌声又升扬起来。全场情绪沸腾，欢欣鼓舞。这是众望所归，每一个人都为自己投了伟大领袖一票而感到光荣、骄傲。刘少奇宣布："中央人民政府副主席，朱德……"，会场又沸腾起来，《解放军进行曲》与掌声相合，十分雄伟有力。刘少奇又宣布："中央人民政府副主席，刘少奇……"，"中央人民政府副主席，宋庆龄"……一直到宣布了五十六位政府委员的名单，会场上始终回响着阵雨一样的掌声。真的，中央政府主席、副主席和委员完满地选举出来了，政协全国委员会完满地选举出来了，政协第一届全体会议宣言完满地通过了……新中国已经做了她在开基立业时所应做的一切，代表们和全国人民当然要欢欣热烈地庆贺了。

新华社报道记载："中国人民政治协商会议第一届全体会议在它的最后

一天选出了毛泽东为中华人民共和国中央人民政府委员会主席，朱德、刘少奇、宋庆龄、李济深、张澜、高岗六人为副主席。中央人民政府委员五十六人的选举结果如下：陈毅、贺龙、李立三、林伯渠、叶剑英、何香凝、林彪、彭德怀、刘伯承、吴玉章、徐向前、彭真、薄一波、聂荣臻、周恩来、董必武、赛福鼎、饶漱石、陈嘉庚、罗荣桓、邓子恢、乌兰夫、徐特立、蔡畅、刘格平、马寅初、陈云、康生、林枫、马叙伦、郭沫若、张云逸、邓小平、高崇民、沈钧儒、沈雁冰、陈叔通、司徒美堂、李锡九、黄炎培、蔡廷锴、习仲勋、彭泽民、张治中、傅作义、李烛尘、李章达、章伯钧、程潜、张奚若、陈铭枢、谭平山、张难先、柳亚子、张东荪、龙云。”

选举结束后，下午6时，在天安门广场的南端，举行了人民英雄纪念碑奠基典礼式，出席政协一届会议的全体代表和首都各界群众3000人出席了奠基仪式。新华社报道：

中国人民政治协商会议第一届全体会议为纪念在人民解放战争和人民革命中牺牲的人民英雄，一致决定在首都北京天安门外建立一个为国牺牲的人民英雄纪念碑，并在通过决议后遂即在天安门广场举行了纪念碑的奠基典礼。纪念碑的碑文如下：

三年以来，在人民解放战争和人民革命中牺牲的人民英雄们永垂不朽！

三十年以来，在人民解放战争和人民革命中牺牲的人民英雄们永垂不朽！

由此上溯到一千八百四十年，从那时起，为了反对内外敌人，争取民族独立和人民自由幸福，在历次斗争中牺牲的人民英雄们永垂不朽！

纪念碑奠基典礼是在全体会议最后一天的下午6时举行的。当各代表就位后，周恩来代表主席团在严肃的空气中致词说：“我们中国人民政治协商会议第一届全体会议为号召人民纪念死者，鼓舞生者，特决定在中华人民共和国首都北京建立一个为国牺牲的人民英雄纪念碑。现在，一九四九年九月三十日，我们全体代表在天安门外举行这个纪念碑的奠基典礼。”在周恩来致词之后，全体代表均脱帽静默致哀。默哀毕，毛泽东主席宣读纪念碑的碑文。

典礼的最后的节目是奠基。在举行奠基仪式时，毛泽东主席和各单位首席代表一一执锨铲土并表示他们对于先烈的崇敬。

奠基仪式结束后，代表们又回到怀仁堂，大会最后一个环节——闭幕仪式。毛主席和六位副主席在持久的掌声中走上主席台。毛泽东宣布：“我们的会议已完满成功，现在举行闭幕式。”朱德走到麦克风前，宣读了闭幕词。他满怀信心地指出：“我们既然能团结一致，开创了中华人民共和国，我们一定能够团结一致地把我们的国家建设好，把我们的国家引导到繁荣昌盛的境地。”最后，全体委员起立，军乐队奏起国歌《义勇军进行曲》。在奏乐时，主席台上悬起了五星红旗。

中国人民政治协商会议第一届全体会议主席团会议上决定：“全国各机关、学校、工厂、部队，除因执行不能休假的任务必须照常工作者外，一律于十月一日、二日、三日，放假三天，以庆祝中华人民共和国中央人民政府的成立。”

国旗迎着太阳飘扬，映红了首都的街头。“盛典的前一日，北京的街头迎着太阳一片红，许多门前插起了一幅、两幅以至五幅的红旗，随风在空际飘扬。”

全中国人民，全世界的无产者，都在等着第二天的太阳升起……

第十章

十月。第一天就是共和国成立的日子。这一天，全世界的目光都集中在天安门广场，都在等待毛泽东那个震惊世界的声音：“中华人民共和国中央人民政府已于本日成立了！”几十万人的集会、游行，近两万名人民解放军陆海空三军的大阅兵。其实，无论用什么形式，都无法表达中华民族独立的自豪和共和国梦想实现的骄傲！在现场的陈毅说了一句可以代表众人心情的大白话：看了这，“总算不虚此生了！”宋庆龄说，这一天，是她“一生中最快乐的一天”。

十月

10 月 1 日凌晨，中南海丰泽园菊香书屋灯火通明，毛泽东还没有睡觉，他在修改开国大典时向全中国、全世界发布的《中华人民共和国中央人民政府公告》。

10 月 1 日下午 2 点，毛泽东来到中南海勤政殿，参加中华人民共和国中央人民政府第一次会议。

10 月 1 日下午 3 点，开国大典正式开始。

10 月 1 日，凌晨，中南海丰泽园菊香书屋灯火通明，毛泽东还没有睡觉，他在修改开国大典时向全中国、全世界发布的《中华人民共和国中央人民政府公告》。

1949 年的第一天凌晨，毛泽东没有睡觉，想的是怎么样和平解放北平，给共和国一个完整的首都。10 月的第一天，他仍然没有睡觉，想的是怎么样昭告全中国和全世界：中华人民共和国中央人民政府成立了！

共和国孕育的 10 个月，真的就是这么奇妙！

太阳冲破地平线，一抹金黄洒向北京城，中南海的鸟儿开始唱歌了。这时，毛泽东披着一件旧棉袄，手里拿着改好的《公告》草稿，神色从容地来到西花厅。周恩来和几个笔杆子们接过《公告》草稿，围坐在一起，开始讨论《公告》内容和进行外交辞令的润色。

开国大典的黎明，就这样拉开了神秘的面纱。

从中南海的方向望去，太阳已经高挂在东长安街的上空，天安门城楼的内檐上，通贯着巨幅会标“中华人民共和国中央人民政府成立典礼”。

天安门阅尽天下多少事，马上就会迎来历史上最庄严的时刻。为了这一天，天安门已经完全焕然一新。

天安门坐北朝南，位于北京古城的中轴线。从结构上看，它与中国古代其他城楼一样，由台、楼两部分组成。但它的规模和气势之大，堪称天朝第一。作为明清两朝的皇城正门，500 多年来，都是举行颁诏大典的地方，是古代中国最高权力的象征。

但是，由于晚清以后的持续动乱和年久失修，北平刚解放时的天安门和广场已经是破烂不堪，杂草丛生，尘土飞扬。所以，中央刚开始讨论开国大典在哪儿举行时，是有两个选址的，一个是西苑机场，一个是天安门。后来，周恩来经过认真考虑，并请示毛泽东同意，认为天安门是中国的重要标志之一，还是在天安门广场举行开国大典为好。而且，新中国成立以后，还要经常举行国庆典礼，所以，天安门和广场可以成为新中国固定的举行重要活动的场所。周恩来指示立即着手对天安门一带进行安全检查，并组织清理和维修。

结果，还真查出了一个非常大的安全隐患。当时担任华北人民政府财政部长的戎子和，负责接管北平的各项具体工作。据他回忆，在3月的一天，他接到后勤接管部的报告说，在天安门城楼下，有5个门洞，除中间一个敞开外，其他4个都是封闭着的，打开一看，里面竟然都是弹药。戎子和马上打电话向时任北平市军管会主任的叶剑英紧急报告了这一情况。叶剑英高度重视此事，当即命令："接管部要立即组织力量，迅速将这些炸药从天安门城楼下清理出去，转移到别的地方。还要检查一下其他地方有没有这种情况。"

戎子和立即组织人员执行这个任务。驻北平的四野部队派出人员承担具体的清理任务。当他们打开门洞的大门时，都惊呆了。门洞里存放着大量炸药，如果不慎爆炸，整个故宫就会全部毁掉。解放军官兵清理时十分小心，生怕发生意外。当这些炸药已经全部移放到安全区域后，清理结果报告给了叶剑英。叶剑英想得很全面，他要求了解存放这些炸药的目的。戎子和通过联合办事处找来了一位了解情况的傅作义部军官，问他：为什么"要把这么多军火炸药放到天安门的城门洞内？"那个军官爽快地回答："我们知道你们真要攻城，也不会炮击天安门和故宫，放在那里最安全。"戎子和听完不敢大意，立即要求部队把整个故宫全部仔细检查一遍，每个房间和每个角落都不能放过。参加检查的解放军官兵知道问题重大，检查得非常仔细，还调用了国民党留下的当时很先进的仪器设备来检查，确认天安门、故宫和整个广场附近所有的建筑都安全后，叶剑英和检查部队的领导们才彻底松了一口气。

安全隐患排除后，主要工作就是清扫、修缮和装饰了。

由于荒废多年，城楼上的灰尘可以把鞋子陷进去，城墙上的红色墙皮几乎全部脱落，斑驳不堪。经年留下的步枪、机关枪子弹的弹洞，还有厚厚一层的鸟粪，以及乱窜的不惧怕人的老鼠，就连城楼顶上的琉璃瓦上也长着一尺多高的蒿草。从城楼上再往广场看去，广场地面坑坑洼洼，长满了杂草，垃圾成堆，苍蝇成群，臭味熏天。故宫城墙外，天安门前的马路两旁，也全是垃圾，昔日涓涓清流的金水河河道淤塞，成为一个个臭水坑。

不光是迅速整修和清理的问题，还有一个整修后怎么保障安全的问题。所以，周恩来决定，还是用解放军来承担清理和整修的主要任务，地方群众可以配合参加。叶剑英按照周恩来的指示精神，以北平市军管会主任的名义下令驻北平的部队抽调精干人员抢修天安门城楼、广场和故宫部分住房。部队动用了两个师的兵力，几百辆汽车，每天轮换着打扫天安门城楼和广场的卫生。地方上，北平市的机关干部、青年团员、工人们用义务劳动的方式参加清理工作，青年团员一共来了数千人，整个参加义务劳动的人员有 1 万多人。他们都是自备工具来参加义务劳动的，每天连续不停地干，突击填平了广场上的坑洼，开辟了 1.7 万平方米的广场；挖走了金水河里的垃圾，重新疏通了金水河河道；每天上百辆汽车的垃圾运到郊外。同时，请出专业工匠修整天安门城楼，解放军战士则把城楼上琉璃瓦顶的蒿草都拔掉了。一直干了两个多月，到开国大典的前几天，才算把天安门城楼修整好，把天安门广场铺平，把广场周围的垃圾全部清理干净。

怎样做好天安门城楼和广场的装饰工作，以及开国大典的一些活动细节，对没有任何经验的中共领导人也是一个考验。

负责开国大典具体工作的彭真，北平市委的工作就已经千头万绪，他决定找一个懂行的人做自己的助手，负责天安门城楼上的具体布置安排工作。最后，他选中了华北军区宣传部长张致祥。这个人选得到了周恩来的同意，确定下来的第二天，张致祥就来开国大典筹委会报到了。

在人民解放军中，张致祥算是一个高学历且见过世面的干部。他在抗日战争初期毕业于孙中山创办的中国大学，后考上了清华大学的研究生，毕业后曾在平津地区从事中共地下党的工作，以后转到晋察冀军区。这是一个革命热情高、政治觉悟高、办事能力强的人，更重要的是，他一直负责文化工作，对阅兵、升旗等事宜，有过一些尝试和书本知识。他接受任务后，立即搬到天安门后侧的西朝房去住，和现场担任警卫和清理工作的战士们一起吃住，日夜操劳在天安门和广场上。

天安门的美术装饰工作，是张致祥找华北军区文工团舞美队队长苏凡领着干的。

已经洁净的天安门，怎么样布置才会更加喜庆，同时又符合古典建筑的和谐之美？苏凡给张致祥带来了两个日本人，一个叫小野亘泽，一个叫森茂，他们都是来自东瀛的美术专家。在烽火连天的解放战争中，他们所在的抗敌剧社跟随大部队转战南北，在不停地设计舞台背景中，学习吸收中国民间的传统文化，已经对中国优秀传统文化了熟于心。苏凡带着他们俩从城墙根跑到城楼上，又从城台侧跑到券门下，有时张致祥也来和他们一起量尺寸、出主意。几经反复，最后在二十几种设计中选中了大宫灯的设计。

苏凡坐上一辆吉普车，满北京去找会扎灯的艺人，终于请来一位过去专在宫里扎灯的花甲老翁，又找来了他的两个徒弟，在城楼上中间的大厅干了起来。小野亘泽和森茂负责装饰宫灯的云头和金穗。临近大典的前一天，8盏豪华气派的大宫灯终于做成了。

天安门两侧的红墙上，是两幅巨大的横幅标语："中华人民共和国万岁！""中央人民政府万岁！"这是由第一任新闻总署署长胡乔木拟定的。那端庄匀称的宋体字是出自森茂的手笔。关于宋体字，在确定给"中华人民共和国中央人民政府"制印时，毛泽东确定的也是宋体字，制印老艺人张樾丞评价说："好极了！好极了！毛泽东这个人真了不起，历朝历代的国印都是篆书字体，他却定为宋体。宋体字好哇，老百姓都能看得懂，容易认。"这两个标语，到新中国成立一周年的时候，东侧的"中央人民政府万岁"改为

“世界人民大团结万岁”。胡乔木说：“两条标语，一条‘中国’，一条‘世界’，无论什么时候都是适用的，要成为固定的、永久性的标语。”

9 月 30 日夜晚，周恩来最后一次检查时，城楼上厚厚的尘土没有了，窗明几净；城墙上脱落的墙皮全部补上了，又重新涂上绛红的颜色；广场上破损的青石路石也修补完整，变得干净平坦了；天安门城楼上的朱漆红柱也重新油漆了一遍，红艳得喜人；金水河清流潺潺，河上的五座汉白玉拱桥、东西两侧威武的石狮和精美挺拔的蟠龙华表，与天安门城楼交相辉映，十分美丽。特别是天安门两侧 8 个气派的宫灯、8 面大红旗和已经竖起来准备升国旗的 22 米高的银色旗杆，更是托起了大典的气氛。周恩来非常满意，连连称赞，尤其对那 8 个硕大的宫灯连说了几个“好！好！”

天安门前的旗杆竖起来了，但对新国旗的制作和怎样升起第一面五星红旗，还有就是怎样配合开国大典第一次演奏国歌，又开始考验张致祥他们。

1949 年 9 月 27 日，中国人民政治协商会议第一届会议通过了《关于中华人民共和国国都、纪年、国歌、国旗的决议》，其中第四点规定：“全体一致通过：中华人民共和国的国旗为红底五星旗，象征中国革命人民大团结。”第二天，又公布了《国旗制作说明》，规范了国旗制式。按照预先的安排，毛泽东将在天安门广场亲手升起新中国第一面五星红旗。而这第一面国旗，一定要制作精良，足以展示风采和国威。可是，时间只有 3 天。

关于第一面五星红旗的制作，后来有三种说法。2010 年 4 月 20 日，《北京晚报》一篇题目为《新中国的三幅“第一面五星红旗”》的文章，依据中国人民解放军总政办公厅编撰、华艺出版社出版发行的图书《五星红旗》，挖掘了大量与国旗有关的埋藏在历史深处的珍贵史料，很客观地记述了这个过程并表明了自己的判断。文章全文如下：

国家博物馆收藏着一面五星红旗。它是 1949 年 10 月 1 日，毛泽东主席亲手按动电钮升起的新中国第一面五星红旗。

60 年来，对于这面新中国第一面国旗的诞生一直说法不一。有关第一面五星红旗的制作者是谁，近些年来说法多了起来。

一种说法是，当年在中国人民政治协商会议第一届全体会议上当服务员的女缝纫工赵文瑞。其源于 1992 年《北京日报》刊登的一篇名为《情笃意深绣国旗——记第一面五星红旗的缝制者赵文瑞》的文章。

一种说法是，当时国旗、国歌、国徽评选委员会的秘书彭光涵，其来自于彭光涵回忆和子女的文章。

一种说法是，北平市国营永茂公司的宋树信，有宋树信自己的叙述和国家博物馆的评说为证。

天安门广场升起的第一面五星红旗制作者究竟是谁？让我们跟着当年的亲历者走进历史的深处…… 新中国成立前的一个月，中国人民政治协商会议第一届全体会议即将在中南海召开，赵文瑞与几名女工接受了布置怀仁堂会场的任务。就在开国大典的前夕，赵文瑞又接到了更为光荣的任务，让她按照刚刚通过的中华人民共和国国旗样式缝制一面五星红旗。

赵文瑞清楚地记得这面长 5 米、宽 3.33 米的国旗，是在 9 月 30 日 12 时前缝制完成的，完成后她立即把国旗送到正在开会的怀仁堂。毛泽东主席，朱德、刘少奇、宋庆龄、李济深、张澜副主席和 56 名委员面对五星红旗宣誓就职，同时周恩来被任命为政务院总理兼外交部长。

再说彭光涵，他一生中最自豪的就是参加了中国人民政治协商会议第一届全体会议的相关工作，任中国人民政治协商会议筹备会第六小组的秘书，专门负责制定新中国的国旗、国徽、国歌、国都、纪年。现在中央档案馆的有关原始文件，大部分是出自彭光涵的手迹。他记录了国旗、国歌诞生的全过程。向全世界发布中华人民共和国国旗图案的电文，是胡乔木、梁思成和彭光涵一起草拟的。中华人民共和国的第一面国旗，就是彭光涵受周恩来的派遣，骑着自行车经长安街去前门大栅栏的一间旗帜社缝制的。

1949 年 9 月 27 日，中国人民政治协商会议第一届全体会议当天的最后议程是讨论审查委员会提出的《国旗、国歌、国都、纪年决议草案》。表决前由沈雁冰代表审查委员会作审查报告。当大会讨论和表决国旗方案时，主席台展现出一面红地五星旗，展旗的人中，就有彭光涵，展现的国旗就是在前门大栅栏做的。大会还对国旗的名称作了修改，将“红地五星旗”改称“五星红旗”。

再说宋树信，这位中国共产党党员，当年他明的身份是在北平做生意，暗地里是给北岳区地下党前门支部做宣传工作。

1949 年 1 月北平解放后，宋树信被安排进北平市国营永茂公司业务科工作。这家公司当时是中共北平市委、市政府所属的领导全市生产的一个部门，负责接管敌伪工商产业。1955 年，永茂公司改为北京市纺织局。

1949 年 9 月 27 日，中国人民政治协商会议第一届全体会议确定了新中国的国旗、国歌、国都。次日，永茂公司便接到一项重要的政治任务：制作 1 万面大中小三种款式的国旗。同时，一件光荣而神圣的任务又落到了他们的肩上。

宋树信说，那是 9 月 29 日上午，他刚一上班，经理甄树德就找到他说，市委指示，10 月 1 日毛主席要在开国典礼上亲手升起一面特大规格的国旗，长 500 厘米，高 333 厘米。制作任务交给了我们公司，公司领导研究决定，让宋树信负责完成。甄树德经理还说，这是一项重大的政治任务，必须在 10 月 1 日前，把特大规格的国旗送到开国典礼筹备处。宋树信清楚记得，当时组织上要求，这面特大规格国旗的旗面必须用红绸，五角星要用黄缎。要做两面，以供挑选。

宋树信来到瑞蚨祥，找到了唯一一卷3米多长、不到2尺宽的黄缎子。又来到一家叫新华缝纫社的店铺。

特大规格国旗是连夜用缝纫机赶制的。做到一半时，发现黄缎子的宽度不够，做不了最大的五角星。大家左比右量，总有一个角需要拼接。宋树信不敢下决心，马上向公司汇报，经过一层层的请示，最后同意拼接方案：在大五星的一个角上接一个尖。接好尖后，如果不仔细看，根本看不出那个尖是拼接缝的。缝制好两面特大规格国旗时，已是10月1日凌晨。

宋树信说，升上去的国旗是宋树信监制的那面拼接了五角星星尖的国旗。而另一面国旗当时由聂荣臻元帅指示护旗的战士用绳子系起，隐蔽在旗杆一边。万一电动升旗装置出现故障，随时准备改用人工升旗，保证做到万无一失。

半个多世纪过去了，开国大典升起的那面五星红旗，现已保存在国家博物馆。尽管对于第一面国旗的缝制者有不同的说法，尽管当时为开国大典准备的国旗不止一面，缝制者显然也不止一个人，但是有许多人却为此作出了默默无闻的贡献。

今天，我们把赵文瑞、彭光涵、宋树信都看做是新中国第一面国旗的缝制者或第一批国旗制作者中的一员，这个史实是不会错的。

但是，毛泽东主席在开国大典升起的五星红旗只有一面，这一面珍贵的五星红旗究竟出自谁之手？让我们来到国家博物馆，再仔细看一看早已成为国家一级文物的这面珍贵的特大规格的五星红旗。

国家博物馆的专家说，赵文瑞、彭光涵制作的国旗和他们收藏的这面毛泽东主席亲手升起的五星红旗，有着不同之处。其中最关键的，是馆藏的五星红旗与宋树信提供的有关第一面国旗的特征完全符合。

首先，大五角星的一个尖确实有拼接的痕迹。宋树信说，当年缝纫社的工人为了让国旗能系得更牢靠点，便在白布袋两端加缝了两条白带子。但开国大典筹备处看了后，认为不在要求之列，就拆了白带子。这一点，从馆藏的国旗白布袋处的针眼可看出。

其次，宋树信反映，开国典礼当天下午，天空曾飘过一阵星星点点的小雨。而当时红绸布易掉色，所以，第一面五星红旗上，应出现雨点大的色斑，这一点也符合。

国家博物馆的专家说，点点滴滴的迹象表明，馆藏的由毛泽东主席亲手升起的新中国第一面五星红旗，不是赵文瑞、彭光涵的那两面。赵文瑞、彭光涵制作的那两面国旗，可能一面用在中国人民政治协商会议第一届全体会议表决国旗、国歌决议案时，一面用在中华人民共和国中央人民政府委员会第一次会议上，并没有用在开国大典上。然而，可惜的是，这两面珍贵的国旗都没有能保存下来。

五星红旗有了，怎样让毛泽东主席顺利地升上去，也是一个艰巨的任务。

新政协筹备会第一次会议闭幕以后，7月，中共中央成立了开国大典筹委会，周恩来担任主任，北京市委书记彭真出任筹委会副主任。8月，筹委会做出了一份《庆祝中华人民共和国中央人民政府成立典礼方案》，主要内容有三项：一、举行中华人民共和国中央人民政府成立典礼；二、举行中国人民解放军阅兵；三、举行人民群众游行活动。第一项当中分量很重的一个程序就是由毛泽东主席升起共和国第一面国旗——五星红旗。

按照预先的设计，升国旗要由毛泽东亲手操作。张致祥要考虑毛泽东的站立位置，旗杆的位置，怎么样实现升旗，特别是要和升旗口令做到同步升旗。这是开国大典啊，可不是以前在部队里的普通升旗！

张致祥感受到的第一个难题就是毛泽东主席是站在天安门城楼上宣告中

华人民共和国中央人民政府成立的，他要和其他参加开国大典的领导人站在一起，一直到庆典活动结束。而旗杆要竖立在天安门广场，好让几十万群众可以现场看到这个激动人心的场面。这就面临一个问题：毛泽东主席怎么操作升旗？从宣布升旗，到毛泽东走下天安门城楼抵达旗杆的位置，大约要十几分钟，如果选择让毛泽东走过去，现场会出现许多人立在那里等十几分钟的较为尴尬的情况。这显然是不可能的选项。有人建议，是否在毛泽东主席宣布后，在旗杆下安排两名特殊训练的旗手，由他们代替毛泽东主席升旗？许多人反对这个建议，他们说，政协会议已经决定要由毛泽东主席亲手升起第一面国旗，而且，这个环节是新中国成立的一个标志性环节，意义重大，绝对不可以由别人代替升旗。懂得科技的干部少啊，竟然还有人好心地提议，是否可以在天安门城楼上拉出一根长长的绳子，连着旗杆，由毛泽东主席在城楼上拉着绳子升旗？这些提议自然都被否定了。

正在大家苦思冥想、无计可施时，一个叫李岩的年轻人提出一个建议，他说："我们可以设计一个自动升降装置，把控制开关放在天安门城楼上。到时候，毛主席一按电钮，电动机启动，就能带动红旗上升了。"李岩是军委电信总局派出的接管国民党联勤总部电信机械修理厂的军代表，并任该厂厂长，他想出这个主意是顺理成章的。大家都认为这个主意好，但是，在百废待兴时，我们有这个科技力量吗？这时，李岩自告奋勇地说："我来负责搞出这个自动升旗装备！"

这可是必须万无一失的大事，张致祥马上向彭真和周恩来做了汇报。周恩来不是很放心，亲自到天安门广场去查看天安门城楼到广场上旗杆的位置，看后他也认为，其他方案都不可行，只有自动升旗是最佳方案。但北平刚刚解放，对这个城市的科技人员以及技术水平不是很了解，周恩来担心：能够在比较短的时间里搞出这个自动升旗的装置吗？所以，周恩来指示张致祥，可以请李岩同志抓紧研制，但要做两个方案，万一自动的失灵，就用人工拉上去。

李岩也不是搞技术的。但他心里有底，因为这个厂子的总工程师是我们党的干部，很有水平。一回到工厂，他就把总工程师苏冶叫来了。苏冶，曾在北平读小学和中学，他的学历仅限于此，但是，他特别喜欢制作各种电动装置，人很聪明又喜钻研。读完中学后，受我党抗日主张的影响，在地下党的帮助下奔赴延安，参加了八路军。在延安，苏冶以刻苦自学著称。他每天忙完工作后，回到自己住的窑洞，就自修英语和无线电技术，因此，他的英语和无线电技术进步很快，都已达到了专业的水平。延安当时电动装备不多，少有的几个电动装置，都是由苏冶来修理、安装、调试，中央首长称他为“八路军培养的专家”。解放战争初期，美军向延安派驻了一个观察组，他们运来一个大功率电台，用以和美国驻华大使馆联系。但他们没有随行的技术人员，一旦出现故障时，都是苏冶前去帮助修理解决。

苏冶他们接收的这个工厂，有许多先进的电信设备，李岩和苏冶用这些先进的器材和设备，已经为中央和中央军委改善了很多通讯保障条件，所以，完成这个任务是有基础的。回到工厂后，李岩和苏冶一起商量设计和施工方案，厂子里对苏冶全力支持，要什么设备就给什么设备，要什么助手就给什么助手。由于时间很紧，苏冶和他的攻关小组每天吃住在厂子里，日夜不停地赶工。他们先设计了一个图纸，接着到仓库里找材料，他们翻出了能用的日军和国民党军使用的美械装备，有电机、开关、导线等，经过几次试验和几次改进，终于搞出了一个成型的东西。

时间已经很紧迫了，领导着急打电话催，张致祥干脆直接跑到工厂来看最后一次试验。在张致祥、李岩等见证下，试验很成功，只见苏冶亲自操纵电控开关，滑轮带动拉绳，国旗徐徐上升。李岩和张致祥都非常满意，并报告给了彭真。彭真指示，可以在天安门广场安装，现场再继续试验，确保万无一失。在天安门安装时，他们把电线沿着“千步廊”御道的石缝铺设，过金水桥，一直伸向天安门城楼的主席台。这样布线，既可以避免在开国大典前被无意中破坏，同时也非常保密。

升旗装置安装完毕后，彭真指示一定要多试验几次。结果，第一次试验就出现了故障。升旗预演由张致祥直接指挥，李岩和苏冶在广场的旗杆下指挥。听到李岩、苏冶“准备完毕”的信号后，张致祥在天安门城楼上按下升旗按钮，五星红旗开始缓缓上升。在人们紧张的目光注视下，旗杆似乎也紧张了，国旗升到一半的位置时，突然卡住不动了。原来是电路出了毛病。他们排除故障后，向彭真做了汇报。彭真向周恩来汇报后，周恩来再次叮嘱，一定要准备两套方案，一个是电动升旗，一个是人工升旗。开国大典时，万一电钮失灵，就用准备好的工作人员用人力把国旗升上去。张致祥按照这个指示，进行了多次电动升旗的演练，也进行了多次人工升旗的演练。可以保证万无一失了。

天安门上的电动按钮，安装在毛泽东主席预定站立的地方后边的一根红柱子上。为了保密，防止升旗按钮被人破坏，这个按钮的位置只有张致祥、李岩、苏冶几个人知道。开国大典的前两天，负责阅兵的聂荣臻来到天安门检查工作，他看见升旗按钮前没有士兵警卫，就把负责天安门执勤的警卫营副营长石玉玺叫来，指示道：“这个电动升国旗的按钮，事关重大，一定要派人站岗，保证这个按钮的安全。”石玉玺马上布置士兵在按钮前站岗，一直到开国大典结束。

配合升国旗，还要有军乐队奏国歌。张致祥同样也非常出色地完成了任务。

军乐队的基础是华北军区军乐队，也是张致祥的部下。这个乐队从最初的建立到能够在开国大典上演奏，也有一段不同寻常的经历。

1947 年 10 月，晋察冀军区野战兵团在清风店打了个大胜仗，歼灭了国民党第三军主力并俘虏了该军军长罗历戎。罗历戎是黄埔军校毕业生，聂荣臻曾在黄埔军校当过政治教员。因此罗历戎被俘后见到聂荣臻，风趣地说：“人也被打散了，枪也被缴获了，就剩下一个军乐队了，40 多个人，演奏得还不错，算是送给老师的见面礼吧。”这一意外收获，促成了中国人民解放军第一支军乐队的诞生。

几天后，聂荣臻叮嘱时任华北军区宣传部副部长的张致祥：“尽快将国民党第三军军乐队收容过来。”接受任务后，张致祥亲自来到抗敌剧社对乐队队长罗浪说：“赶紧带人把国民党第三军军乐队收容过来，以此为基础，成立我们自己的军乐队。”当时，国民党第三军军乐队的 40 多名成员，都分散在我军各个纵队中。为了找到这些人，罗浪骑着缴获来的自行车，历时半个月时间，在保定、高碑店一带奔波于各个纵队间，终于将原军乐队的成员召集到一起，并收集了 40 多件乐器。之后，经过组织部门政审、鉴定和调查，确定留下 40 人，与抗敌剧社音乐队原有的 10 多人，改编为华北军区军乐队。紧接着，罗浪又马不停蹄地到石家庄军校青年训练营挑选了 40 多人，他们当时所使用的乐器多数是日本人投降后留下的。华北军区军乐队组成了，这也是我军的第一支军乐队，罗浪任队长。

1949 年 7 月，张致祥接到“组建联合军乐团”的命令。他指示罗浪在华北军区军乐队的基础上扩编成一个更大规模的联合乐队，要执行一个“大任务”。罗浪接到任务后，在原华北军区军乐队的基础上，联合了第 20 兵团各部队的军乐队成员，收编了原北平警察局军乐队，组成了 200 多人的联合军乐队。罗浪后来回忆说：“新成立的这支军乐队可谓来自‘五湖四海’，有解放军的宣传骨干，有起义投诚的旧军人，有收编过来的北平旧警察等，使用的乐器更是五花八门，基本上都是战利品。”

1949 年 8 月初，罗浪知道了组建这支联合军乐队将要参加的不是一般意义上的演奏，而是新中国的开国大典。到了 9 月初，罗浪正式接到通知：自己将要举起的是开国大典上那只重如千钧的指挥棒，并且将要成为指挥演奏中华人民共和国国歌的第一人。9 月 27 日，在中国人民政治协商会议第一次全体会议上，《义勇军进行曲》被确定为代国歌。可是，负责通知此事的工作人员却忘了通知罗浪。两天后，罗浪接到了迟来的电话，立即着手配器，在很短的时间内拿下了对代国歌的总谱配器的任务。经过反复计算，罗浪决定，配合国旗上升时间，《义勇军进行曲》要连奏3遍。

演奏国歌的问题解决了，可熟谙军乐的罗浪没有想到，为阅兵方队“配乐”远非想象的那么简单。刚下战场就上操场的受阅部队，绝大部分战士听不懂音乐的轻重节奏，罗浪最后想出了一个办法，就是用鼓音的节奏引导士兵的步伐。为了突出鼓音的“统领”作用，罗浪把大鼓、小鼓都放在方队第一排。这样，不仅排面整齐多了，而且鼓音也突出，便于徒步方队的官兵踏着鼓点前进。这种队形，后来被一直保留下来，并为历届国庆阅兵的军乐队所采用。

国歌确定后，开国大典的阅兵式上采用什么乐曲呢？当时有部分人主张按老规矩办：一是采用旧军队的阅兵曲即德国的乐曲，二是有部分人主张“一边倒”，全部采用苏联乐曲，因为我们是社会主义国家，只能用“老大哥”的乐曲。年轻气盛的罗浪则提出了第三种方案，就是要用经改编的我军的某些革命歌曲。

三种意见争论激烈，哪个也不能轻易否定，这让阅兵指挥部主任杨成武左右为难，略倾向于第三种意见的他让罗浪连夜起草了一份文字方案，一并上报到中央军委。那哼唱了多年的熟悉的旋律征服了中央首长的心，聂荣臻批示“同意用我们军队自己的曲子，请五大书记审阅”，毛泽东随即潇洒地挥笔写下了“以我为主，以我国为主”几个大字，周恩来批阅“同意主席的意见”。

罗浪当时所报的曲目是《东方红》《三大纪律，八项注意》《解放军进行曲》《没有共产党就没有新中国》《团结就是力量》等乐曲，新中国成立后的历史一再证实，这些歌曲至今还在人民群众中广为传唱。于是，一套以解放区流行歌曲为主，其中穿插了《骑兵进行曲》《炮兵进行曲》《战车进行曲》，以及后来被中央军委正式命名为中国人民解放军军歌为主旋律的开国大典军乐组曲诞生了。

至此，天安门和广场的布置准备工作就算完全就绪了……

10月1日,《人民日报》发布消息：“朱总司令今日阅兵：驻首都步兵、骑兵、装甲摩托兵团和空军、海军代表部队均参加检阅。”

消息称：“今日（十月一日）为中华人民共和国中央人民政府成立日，将在首都天安门广场举行盛大阅兵典礼，中国人民解放军华北军区司令员兼京津卫戍司令员聂荣臻将军，特于九月三十日发布命令如下：一、十月一日为中华人民共和国中央人民政府成立日，特定于十月一日十五时在天安门广场及其附近地区举行北京卫戍部队及中国人民解放军代表部队之阅兵典礼。二、凡驻扎北京之步兵、骑兵、炮兵、坦克装甲兵团、摩托兵团和空军、海军代表部队均参加阅兵典礼。三、由中国人民解放军朱总司令检阅。四、本人受命为阅兵典礼总指挥。五、阅兵典礼一律着夏季服装。六、各部队指挥员应派出标兵。七、为调节阅兵场各种动作及维持秩序，特组成阅兵指挥所，由第二十兵团司令员杨成武任指挥所主任，华北军区参谋长唐延杰任指挥所副主任。各受检部队在阅兵场及分列式中均应听从指挥所之指挥。”

《人民日报》记者柏生在另一则消息中写道：

在中华人民共和国成立的今天，在举国隆重欢庆新中国诞生的今天，我们中国人民的空军将以最英勇的姿态出现在人民首都的二百万市民的头上。他不但担任着警卫人民首都的重大任务，同时将受到人民领袖毛主席、朱总司令庄严的检阅。他们坚决地保证，一定以最大的努力完成保卫人民首都与参加盛大检阅的任务。

这次人民空军为警戒和保卫人民的首都——北京，并布置参加检阅，所有的空军人员不论是飞行方面的，或是机械修理方面的，大家都在极紧张热烈的情绪下展开工作。从人民政协开幕到今天，他们一直都兴奋地工作着，无论是电讯、气象、指挥、机务场务各方面的人员都不停地检查着，每人都保证共同完成伟大的任务。

参加今天检阅的飞行队领队同志，愉快而坚决地表示他们能参加保卫这次历史上空前的中华人民共和国诞生典礼的任务，感到有无尚的光荣。他坚决地说："我们勇敢地担任了这个任务，如果反动派敢于来，我们就一定要给以坚决的打击！今天在毛主席英明的领导下，我们一定会建设起一支强大的中国人民空军！"

这是阅兵告示，也是对国民党军的警告——不要对中华人民共和国的开国大典有任何非分之想！

关于在开国大典上阅兵，最初是没有这个动议的。"八一"建军节时，驻扎北平的特种兵部队搞了一次阅兵，非常成功，由此才开始动议和筹划。

开始没有想到阅兵，主要是参加政协会议的共产党和其他党派和无党派民主人士都没有这方面的阅历和经验，加上人民解放军的战斗任务繁重，华北驻军又要担任警卫任务，又要清剿国民党残余力量和组织恢复生产，因此，大家都没有想到也是正常的。"八一"建军节，华北军区驻北平的卫戍部队举行了小规模的阅兵，特别是在西苑机场的特种部队阅兵时，还请了李济深、郭沫若等人，效果出乎意料的好，聂荣臻很高兴，李济深和郭沫若等人也对阅兵给予了非常高的评价。这给了聂荣臻很大的启发，觉得驻北平的部队在开国大典上要有所表现。于是，他找华北军区政治委员薄一波商量，薄一波一听就觉得好，他建议："我们联名向中央打个报告，请中央决定。"

8月15日，以华北军区司令员聂荣臻、政治委员薄一波联名的大典阅兵报告，送到了中央军委。这份报告建议在新政协会议闭幕后、联合政府成立时，华北军区拟在不影响防御的情况下，抽调部队来北平组织开国大典阅兵，以表示庆祝。聂荣臻和薄一波还提出具体意见如下：（1）以时任华北军区副司令员兼第二十兵团司令员杨成武为组织检阅的指挥员。（2）参加检阅的部队，拟为一个步兵师、两个炮兵团、一个高射炮营、坦克 80 至 90 辆，装甲车 50 至 60 辆。（3）检阅地点有两个方案，一为天安门前，一为西苑机场。（4）考虑到阅兵时的防空警戒，除高炮部队外，拟在南苑机场组织 15 架飞机届时升空警戒，并通过检阅台接受检阅。

这个报告的阅兵规模很小，只是初步设想。

报告送到周恩来手里时，在周恩来的脑子里阅兵的规模变大了，他想的已经不仅仅是展示军威，而是以壮国威了。周恩来要求解放军总部在这个报告的基础上，按照他的设想再搞出一个新的报告。中央军委和解放军总部接到这个任务后，以最快的速度对开国大典阅兵进行构思，很快就形成了一个新的阅兵报告。这个报告有论证，有具体的方案。与聂荣臻和薄一波的报告不同之处有三点：一是开国大典阅兵要由解放军总部直接领导；二是阅兵规格高；三是阅兵规模大。

在请示毛泽东同意后，周恩来于 9 月 2 日以开国大典筹备委员会主任的名义，在这份请示阅兵的报告上写下批示："日期在（政协）闭幕后政府成立之日。地点以天安门前为好。时间到时间再定。检阅指挥员由聂（荣臻）担任。阅兵司令员请朱（德）总司令担任。"①

选择聂荣臻担任阅兵总指挥，中央军委也是有周密考虑的。一是因为开国大典的阅兵式总指挥同时也是开国大典的组织负责人，需要能协调解放军和北京市政府一起工作。而当时的聂荣臻还担任北京市市长，职务上便于领导解放军和北京市政府一起进行开国大典的准备工作。二是在长期的武装革命斗争时期，聂荣臻就以重视军纪军容而著称，一贯强调军人的仪表风貌要整洁大方，所指挥的部队一直都是解放军中在军纪军容方面的模范部队。他的治军思想也适合担任开国大典阅兵式的总指挥。最后，聂荣臻早年赴法国

---

① 完颜亮编著：《开国大事件》，当代中国出版社，2013 年 6 月第 1 版，第 87 页。

勤工俭学，后来又在苏联留学，他非常了解现代军队的队列操练等重大阅兵式中重要的军事知识。之前在西苑机场举行的阅兵式便是由他组织指挥的，所以当时聂荣臻是最合适的人选。

进入到了实际组织和操练阶段，聂荣臻感觉压力更大了，事无巨细，他都要亲自过问。为了心中有数，他和杨成武、唐延杰3人一边调动阅兵部队，挑选战士，组织训练，一边搞起了学术研究。他们查阅了能看到的所有中外历史上和当代世界军队的许多阅兵资料，对于苏联阅兵、欧美阅兵的队形队列、阅兵方阵、武器装备展示等，了解了许多，心中有了点谱。当得知刘伯承在留学苏联时看过莫斯科红场阅兵，就让杨成武专程去请教他。

刘伯承对阅兵非常兴奋和支持，毫无保留地介绍了他在苏联时看到的红场阅兵的所有细节。对苏联红军采用的是什么方阵，队形、队列如何，武器如何展示等，都介绍得很清楚。在交谈时，感到杨成武他们在这么短的时间准备好阅兵，任务重，心理压力很大。为了帮助他们卸掉压力，刘伯承说了一句很风趣的话："阅兵无非就是一种特定内容的礼仪，是一种形式。这种形式搞好了，目的也就达到了。归根到底一句话——马粪蛋外面光。"杨成武听了这句话，心里确实放松了许多。他又去请教陈毅，请他提一提意见和建议。陈毅也给他解压说："组织阅兵不难，没有什么了不起。多少仗都打胜了，还愁搞不好一次阅兵？不就是队列吗？通过队列，把我们的军威显示出来，让中国老百姓看看，这就是我们新中国的军队。"

为了更好地完善阅兵方案，聂荣臻等人的目光甚至延伸到以前的军阀阅兵。他们得知过去张作霖、张学良领导下的东北军，许多军官毕业于日本的士官学校，仿效日本军队经常搞阅兵，于是就派杨成武出面拜访了原东北军的几位将军，了解他们以往阅兵的做法。还有就是，原东北民主联军（后来改称第四野战军）中有一些苏联军事顾问，他们作战经验丰富，特别是许多人参加过红场阅兵。北平解放后，一些军事顾问来到了北平，协助人民解放军工作。杨成武就去当面请教他们，听取他们对开国大典阅兵的建议，甚至让他们中的一些人来到阅兵指挥所帮助搞具体的阅兵方案。

经过充分的调研和论证，终于制定出了《阅兵典礼方案》，内容包括受阅部队的选调、编组、阅兵程序、阅兵礼乐、受阅前的训练等。主要内容如下：（1）拟定阅兵式分为“检阅式”（即阅兵司令员从受阅部队队列前通过进行检阅）和“分列式”（即受阅部队列队从阅兵台前通过，接受党和国家领导人的检阅）两大部分。方案规定，阅兵式按检阅式、分列式两类组织程序进行。检阅式在部队静止状态下举行，全体受阅部队以天安门城楼为中心，按序列在东、西长安街列队，接受阅兵司令员的检阅；分列式以天安门城楼为阅兵台，在部队行进状态下实施，各受阅部队依次由东向西通过天安门城楼前，接受党和国家领导人的检阅。（2）受阅部队初步计划共有1.64万余人，按海、陆、空三军的序列编组。海军的1个方队由东北海军学校和华东海军舰队各选调1个排编成；陆军各方队由步兵第199师、独立第207师第619团和临时编组的炮兵第4师、战车第3师、骑兵第3师编成；空军的1个混合飞行梯队由华北军区航空处所辖的P–51型歼击机中队、蚊式轰炸机小队和PT–19型、L–5型教练机小队编成。后来的实际受阅总人数和受阅部队略有变化。（3）受阅部队的武器装备，以军兵种为单位，按种类集中，统一编组。在排列上，由轻到重，由小到大，由低到高，由地面、海上到空中，使陆、海、空三军浑然一体，形成强大的阵容。

毛泽东、朱德、刘少奇、周恩来、任弼时等在中南海怀仁堂听取聂荣臻、杨成武、唐延杰的阅兵筹备工作汇报。聂荣臻报告了制定《阅兵典礼方案》的基本设想、简要经过和需要说明的几个问题。杨成武报告了《阅兵典礼方案》的主要内容。经过讨论和部分修改完善，最后一致通过了这个方案。毛泽东强调说：“我们历来主张慎重初战，这次阅兵也是初战，开国第一次嘛。告诉同志们，一定要搞好，不许搞坏。”中央批准了这个方案。开国大典中的阅兵式基本是依照这个方案进行的。

接下来就是紧张的训练了。时间已经不足一个月，参阅部队争分夺秒、刻苦训练，就想在毛泽东主席和全国人民面前展示崭新的新中国武装力量的形象。

选拔战士和组织训练是与编制、报送《阅兵典礼方案》同步进行的。从中央军委批准阅兵，只用一天的时间，就编组完阅兵部队，当天配发新军装，当天就开始了阅兵训练。可是，第一天就发现了问题，很多战场上受过伤的战士，无法标准地完成动作要求，只能劝退他们。这些战士一开始非常想不开，谁不想在开国大典上一展英姿啊！但是，为了队伍的整齐划一，为了人民解放军的阅兵形象，他们流着泪放弃了。经过重新编排，组成了步兵方队，正式训练开始。比原定计划晚了两天。

阅兵人数最多的是步兵方队，这个方队最重要的训练是走正步。好在华北军区的部队在平津战役结束后，已经半年多没有大仗打了，日常的训练比其他野战军要充足得多，还算基础好的。但对阅兵要求的标准正步，许多战士还是没有想到会训练得这么辛苦。

时值初秋，北京的“秋老虎”没想到会那么热。参加阅兵训练的战士们顶着如火的太阳，单调地在操场上走着正步。一般是教练教授完基本动作后，个人体会动作，然后组成方队练习。每天的上午，主要是个人练习，下午是方队练习。因为时间紧迫，战士们打破了作息时间，白天训练结束后，晚上他们还会自动到操场上进行夜练。指挥员们算过，这些战士们每天的训练时间超过 15 个小时。

走正步训练非常费鞋，这是指挥部最初没有想到的。训练不几天，战士们的鞋就踢破了。他们紧急调运军鞋，并且规定：阅兵训练是特殊情况，不能受部队平时供给制度的限制，要及时供给军鞋。这样，哪个战士鞋子踢坏了，只要报告，马上给更换新鞋。不到一个月的训练时间，平均每个战士踢破了三双军鞋。至于脚被磨破、身上被太阳晒脱皮，在战士们看来，都是不值得一提的事。有的战士说：“在炮火硝烟中，许多战友牺牲了。他们的牺牲，换来了即将诞生的新中国，我们为开国大典阅兵，吃这点苦算什么。”正是那些牺牲的战友的期望激励着他们，他们什么困难也不怕，只有一个心思：达到阅兵训练标准，走在开国大典阅兵场上，显示新中国的国威，展示解放军的军威。

战车部队和骑兵的训练也十分辛苦。当时的战车基本都集中到了阅兵部队，但是，战车好坏不一，有的战车总出毛病。而摩托化部队参加阅兵，需要将战车开得整齐划一，要像战士走正步一样齐。时间不到一个月，难度比战士走正步还要大，因为不但要战士开车技术熟练，还要保证受阅战车车况良好。为了训练战士的开车技术，教员们手把手地教，战士们刻苦地学，他们的训练时间超过了步兵战士的 15 个小时。为了保证战车技术状况良好，一开始是一天检修一遍，临近开国大典时，每天检修两遍，即只要开动战车，一停下来，就要检修。这些战车哪国造的都有，型号不一，颜色不一，为了使战车方队显得整齐一些，指挥部决定对战车进行油漆，这样，所有战车都焕然一新了。

骑兵受阅，让战马和骑兵一体，像步兵那样整齐划一，也是难度很大的。他们遇到的第一个问题，是战马的颜色不一，高低不同，不适合开国大典的阅兵。于是马上从全军选调战马，没用多久，就把 2300 多匹战马调齐了。又经过一轮筛选，最后剩下 1978 匹完全合格的战马。指挥部按照战马的颜色，进行了红、白、黑、黄几种颜色的编组，组成了骑兵编队。接下来是人马配合训练。为了使人、马配合得好，骑得稳，跑得齐，战士们从早到晚与战马滚在一起，分不清楚身上是马的汗水还是自己的汗水。很快，他们就做到了整齐划一、滚滚向前。战马毕竟不是人，为了预防国民党军的空袭破坏，不使阅兵半途而废，指挥部向受阅部队下达了死命令：如遇空袭，要原地不动，即使天上下刀子，也要保持原队形。受阅的 1978 匹战马也要接受空袭训练，遇到空袭，战马和战士要同时卧倒，不能乱跑，以免伤害游行的群众。

最后确定的阅兵方案：受阅部队组成 28 个方（梯）队，其中步兵 12 个方队、炮兵师 5 个方队、战车师 3 个方队、骑兵师 4 个方队、海军 1 个方队、空军 3 个飞行梯队，共 19248 人。受阅武器装备，有各种火炮 119 门，坦克和装甲车 152 辆，汽车 222 辆，军马 2344 匹，螺旋桨飞机 17 架。阅兵式历时 150 分钟。9 月 7 日、23 日，阅兵指挥部组织了两次合练，9 月 25 日、27 日，又组织了两次预演，均达到预期目标。万事俱备，就等总司令的一声“阅兵开始”的命令了。

10 月 1 日的《人民日报》，公布了开国大典的程序和入场须知。

大会典礼程序如下：

一、中央人民政府秘书长宣布开会。

二、中央人民政府主席就位，副主席就位，委员就位。

三、奏《义勇军进行曲》。

四、中央人民政府主席宣布中华人民共和国中央人民政府成立，并升国旗（同时鸣礼炮，礼炮毕，奏《义勇军进行曲》）。

五、中央人民政府主席宣读《中央人民政府公告》。

六、阅兵。（1. 中国人民解放军总司令检阅，2. 中国人民解放军总司令下达阅兵命令，3. 进行分列式。）

七、游行。

庆祝大会筹委会还公布了庆祝大会指挥部名单。

大会总指挥：聂荣臻。

副总指挥：杨成武、唐延杰、唐永健、刘仁、萧明、萧松。

工人分指挥：张鸿舜、陆禹、路德润、梁化、干杰、连开印、朱光润、王哲、杨造新。

农民分指挥：宋林、斐少平、刘峰。

学生分指挥：王思海、王浒、田晖、潘梁、陈永盛、何万华、张硕文、王文锦、李有斌。

机关团体分指挥：杨沛然、贾震、李化民、冯新、熊仲英、张克、李耀德、王培之。

最后，公布的是“中华人民共和国、中央人民政府成立庆祝大会入场须知”。

一、大会设总指挥部及工人、学生、机关、农民、行政区等分指挥部，直接指挥队伍。

二、入场队伍应服从指挥，保持整齐严肃。

三、不带锣鼓，不化装，不组织秧歌队，队伍迅速向会场进行。

四、各单位选领队一人，副领队若干名，自制一红色臂章，上写领队、副领队字样，套于左臂上，领队列于队前，率领队伍入场。（另设纠察及联络员若干人，负责维持自己队伍的秩序。）

五、领队事先准备一表格，单位名称、总人数、领队姓名预先填好，入场时交入口分指挥部。

六、指挥部设有纠察、联络及特别联络员若干人，以维持会场秩序。队伍入场后，即应听其指挥，特别联络员系总指挥部直接掌握之联络员，由其传达之意见（口头、文字），各分指挥部应遵照执行。

七、由纠察或联络员领队入场，到指定地区后，应即整理队伍，严守秩序，不得任意离队。

八、自行车不得入场（指定之特别联络队例外）。

九、凡大小汽车一概不得入场（指挥军、救护车、阅兵部队车例外）。

十、除规定带武器者外，一律不得携带武器。

十一、各单位自备干粮、饮水（会场设有自来水，身体健康者可饮用）。

十二、如有临时事件发生，应保持镇定，纠察员负责维持秩序，听候指挥部处理之。

十三、提灯游行时，队伍由南向北出动，经东西三座门分向东西两方前进，东到王府井南口，西到府右街南口时，即可分别列队返回各单位。

十四、大会设有救护站四处，如发现病号时可请纠察或联络员通知救护站医疗。

十五、会场周围设有厕所七处，注意卫生，不得在会场随地大小便。

在天安门广场，天还没有亮，群众队伍就开始集结了。

对大会开幕前群众入场情况，《大公报》记者杨刚的报道写得很细：

队伍从早上六七点钟就到了广场，按照预定的地点排列。农民队伍是四五点钟就从乡下动身来到天安门，参加这个他们第一次能够参加的大会。远远望去，整个广场红旗翻卷像红海奔腾。在红旗下面，一片片的是穿了各种颜色衣服的队伍。有的是深蓝色，有的是浅蓝色，有的是浅黄，有的是灰色，清清楚楚好像是精工规划的花圃一样，丝毫不相混杂。广场前面，白玉桥两边搭起了两座台。一座是指挥台，一座是苏联代表团的观礼台。再前面就是天安门，城楼上是毛主席和中央人民政府的各位首长。

广场是南北从中华门到天安门，东西从太庙到中山公园的一个大十字。全场容量有的说是 20 万，有的说是 30 万人。新造的旗杆在广场内正对着天安门。人民英雄纪念碑的奠基地点在旗杆以南。在开会以前向筹委会登记要参加庆祝大会的人数太多，筹委会怕广场不能容纳，再三限制下来的结果，光是从旗杆到中华门，即十字形垂直线的下半截，那一部分所登记的人数已经是 20 万人。十字形的横臂那一部分，除了一条马路之外，御河内外以及马路外边全是队伍。军队还不算在内。因为军队是 4 个师，根本就不在广场里面。广场外面两边街道上还有没能入场内的群众队伍。即便是经过了限制，广场果然还是容不下这么多人。群众要求带锣鼓音乐队也不能办到。因为如果几十万人都在场上打起锣鼓、扭起秧歌来，大会也就无法开了。事实上到后来，群众自己的呼喊已经大大地补足了锣鼓的声音。[①]

参加开国大典的长辛店2000多名工人是9月30日夜12时开始集合的。2000面红红绿绿的小彩旗汇聚在一起，工人们在夜色中精神抖擞地集合了。老工人穿起只有过年过节才穿的衣服，小伙子们别出心裁，学着当年红军战士的模样，人人头戴一顶自己花钱缝制的蓝色八角帽，显得精神焕发。这是一个不平静的夜晚。长辛店的工人宿舍区，几乎家家户户都亮着灯。人们沉浸在一种前所未有的兴奋之中。

10月1日凌晨之时，参加开国大典的工人分乘两列货车向北京城进发。

忙了一个通宵的毛泽东终于可以睡一会儿了，这时天已经大亮了。但是，按照毛泽东的作息时间，这次还算是“早睡”，还是在周恩来的多次催促之下睡了的。因为，下午两点还要召开中华人民共和国中央人民政府第一次会议，3点就是开国大典。他睡觉之前，再三叮嘱卫士一定要在下午1点钟准时叫醒他。

卫士们开始给毛泽东准备大典穿的“礼服”和其他一些细节。这套“礼服”实际上是一套中山装制服，料子是生活秘书叶子龙送来的黄色美国将校呢。当时，为了迎接开国大典，在中央领导身边的工作人员都换上了清一色的新工作服，作为中央领导，也要每人做一套得体的新衣服。卫士们为了做好毛泽东的“礼服”，专门到王府井请来了北平城著名的裁缝王子清。王子清曾留学法国，专攻服装设计，算是同行业里受教育程度非常高的专家了。他在毛泽东的办公室为他量了尺寸，不几天又来为毛泽东试样，做了一套很合身的中山装。同时，按要求，他还为毛泽东做了一双软橡胶底的棕色牛皮鞋。毛

---

①《大公报》，1949年10月6日。

泽东睡醒以后穿上这套新“礼服”，看上去真是焕然一新了。

下午两点，毛泽东一身新衣服神采奕奕地来到中南海勤政殿，参加中华人民共和国中央人民政府第一次会议。毛泽东主持会议，副主席朱德、刘少奇、宋庆龄、李济深、张澜、高岗，委员陈毅、贺龙、李立三、林伯渠、何香凝、刘伯承、吴玉章、彭真、薄一波、周恩来、董必武、赛福鼎、陈嘉庚、罗荣桓、乌兰夫、徐特立、蔡畅、刘格平、马寅初、陈云、马叙伦、郭沫若、张云逸、邓小平、高崇民、沈钧儒、沈雁冰、陈叔通、司徒美堂、李锡九、黄炎培、蔡廷锴、彭泽民、张治中、傅作义、李烛尘、章伯钧、程潜、张奚若、陈铭枢、谭平山、张难先、柳亚子、张东荪出席会议。

毛泽东宣布中央人民政府主席、副主席和中央人民政府委员会委员就职，中央人民政府即于本日成立。

中央人民政府委员会随即选举林伯渠为秘书长，任命周恩来为中央人民政府政务院总理兼外交部部长，毛泽东为中央人民政府人民革命军事委员会主席，朱德为人民解放军总司令，沈钧儒为中央人民政府最高人民法院院长，罗荣桓为中央人民政府最高检察署检察长，并责成上列诸负责人员从速组成各项政府机关，推行各项政府工作。会议决定接受《中国人民政治协商会议共同纲领》为中央人民政府的施政方针。会议又决定向各外国政府宣布中华人民共和国中央人民政府为中国唯一合法政府，愿与遵守平等、互利及互相尊重领土主权原则的任何外国政府建立外交关系。

按照《中央人民政府组织法》第十八条，还有政务院下设内阁机构：“政务院设政治法律委员会、财政经济委员会、文化教育委员会、人民监察委员会和下列各部、会、院、署、行，主持各该部门的国家行政事宜：内务部；外交部；情报总署；公安部；财政部；人民银行；贸易部；海关总署；重工业部；燃料工业部；纺织工业部；食品工业部；轻工业部（不属上述四部门之工业）；铁道部；邮电部；交通部；农业部；林垦部；水利部；劳动部；文化部；教育部；科学院；新闻总署；出版总署；卫生部；司法部；法制委员会；民族事务委员会；华侨事务委员会。政治法律委员会指导内务部、公安部、司法部、法制委员会和民族事务委员会的工作。财政经济委员会指导财政部、贸易部、重工业部、燃料工业部、纺织工业部、食品工业部、轻工业部、铁道部、邮电部、交通部、农业部、林垦部、水利部、劳动部、人民银行和海关总署的工作。文化教育委员会指导文化部、教育部、卫生部、科学院、新闻总署和出版总署的工作。为进行工作，各负指导责任的委员会得对其所属各部、会、院、署、行和下级机关，颁发决议和命令，并审查其执行。人民监察委员会负责监察政府机关和公务人员是否履行其职责。”[①] 这些内阁部委的领导任命归政务院，由周恩来提名。至此，中央人民政府就算正式组成了。

离开勤政殿前，毛泽东饶有兴趣地对周围的人说：“几年来，我们分秒必争，连续奋斗，打了几年的疲劳战，打出了一个中华人民共和国。今天又是建国的头一天，很可能又是一个疲劳战。我没有休息几个小时，到天安门上还要连续站几个小时，看来，咱们的命运就是打疲劳战。”毛泽东的话一下把大家逗乐了。

周恩来笑着接过话茬说：“主席讲的这种疲劳战是高效率的疲劳战。三年解放战争，在中国大陆上彻底摧毁了蒋家王朝，建立了盼望已久的新中国，这样的高效率，在世界发展史上也是不多见的啊！”

在谈笑间，他们向天安门走去……

2 点 50 分，中央领导和各界人士代表分别由勤政殿门口登车出发，经中南海东门，数分钟后抵达天安门城楼后门。根据安排，以毛泽东为首的五大书记和宋庆龄走在前面，其他领导人按顺序跟上。

---

①《人民日报》，1949 年 9 月 30 日。

当天，登上天安门的新中国领导人都佩戴上了红色锦缎飘带，飘带下部呈燕尾状，在秋风的吹拂下轻轻飘舞。毛泽东左胸前佩戴的飘带上，非常醒目地竖写着“主席”两个烫金字。其他国家领导人也在左胸前戴着红色锦带，印着不同的职务。他们每个人的脸上，都写满了胜利的喜悦和微笑。

当毛泽东于下午3时登上天安门时，广播员对着麦克风激动地大声说：“毛主席来了！毛主席健步登上了天安门城楼！”

顿时，广场上30万人欢腾起来，数十万双眼睛一齐望向天安门。身着节日盛装的群众热烈鼓掌、欢呼，高声喊着口号，不停地挥动着手中的鲜花和彩旗，整个天安门广场沉浸在五彩缤纷、万众欢腾的海洋中。

军乐队总指挥罗浪目不转睛地望着天安门西城台，他手中的指挥棒和全体队员的动作像定格一样纹丝不动，都在等着华北军区宣传部长张致祥的手势。此时的张致祥站立在城台西南角上，他冲着广场中心的罗浪，将手中的红绸子用力地甩动了两下。

罗浪会意地点了一下头，用力地把指挥棒有节奏地挥动起来，顿时，黑管、短笛、长笛、小号、长号和大小军鼓一齐奏响，那首从黄土地上升起的熟悉又亲切的《东方红》乐曲，流淌在广场的空气中，激荡着人们的耳膜，歌唱声和欢呼声又形成了一个高潮。

毛泽东站定后，林伯渠秘书长宣布大典开始。毛泽东走到麦克风前，向广场群众和观礼台上的中外来宾们巡视了一周，并挥手致意。接着，他深吸了一口气，用人们熟悉的湖南口音洪亮又有节奏地宣告：

“中华人民共和国中央人民政府已于本日成立了！”

中华民族的百年“共和国”梦想终于成真了！

这是民族独立的声音，这是国家自强的声音，这是划时代的声音。这声音似惊雷，震动了寰宇。它穿越高山，越过海洋，向全世界宣告了新中国的诞生，一个新时代的开始。中华民族过去任人宰割、凌辱的时代一去不复返了，新的共和国将以崭新的姿态屹立于世界民族之林！

林伯渠秘书长继续主持。按照大会程序规定，“欢迎中央人民政府主席、副主席就位时，升国旗、鸣礼炮时及主席宣读公告后，均奏国歌”。林伯渠大声宣布：“请毛主席升国旗！”

此时毛泽东神情庄重，两眼闪现出神圣的光芒。他用力按下通往电动旗杆的按钮，广场上第一面五星红旗沿着 22 米高的旗杆冉冉升起。军乐队奏响国歌《义勇军进行曲》，在军乐声中，54 门礼炮齐鸣 28 响。

“鸣放礼炮”一开始就列为庆祝大典的程序之一。阅兵指挥部决定由华北军区特种兵部队组建一支礼炮队。礼炮选定的是缴获日军的山炮，共 108 门，分为两组，每组 54 门。炮弹全部卸掉了弹头。这种炮和野炮、榴弹炮相比，炮身短，口径小，重量轻，使用方便，是从华北六个纵队的山炮营和军区直属炮兵部队选调来的。礼炮队训练就在先农坛公园进行。每门礼炮有 3 个炮手，主要训练装填、发射、退弹壳三个动作，必须在 3 秒钟内完成。54 门礼炮齐射一次限定在 4 秒半完成，这是因为毛主席按电钮升国旗、军乐队奏国歌，时间是 2 分零 5 秒。在这个时间内要鸣放 28 响礼炮，同步进行。当五星红旗徐徐升起，乐队高奏国歌时，开国大典的礼炮声响了。这隆隆的 28 响，每一响都像一门炮那样整齐，但又凝聚着 54 门礼炮齐射的力量和磅礴云天的声音。54 门礼炮一齐鸣放，代表当时参加新政协的 54 个单位（一说 54 个民族）和方面的人士；礼炮鸣放 28 响，表示中国共产党领导全国人民为夺取新民主主义革命胜利而英勇奋斗的 28 年。

“中华人民共和国的国旗，现在正由毛主席亲手把它升起。参加大会的 30 万人都整齐肃立致敬，注视着人民祖国的庄严而美丽的五星红旗徐徐上升。各队带队指挥员都肃立立正。”新华广播电台播音员丁一岚，以她那清脆明亮的语调对听众解说。

这是中国共产党领导下的北京新华广播电台第一次全国实况转播，用了 6 个半小时全程转播天安门广场中央人民政府成立庆祝大会实况，用英语和日语也同时联播。当第一面五星红旗冉冉升起的时候，天安门上空回荡起新中国第一代播音员丁一岚激动的声音："……国旗已经上升到旗杆的顶尖，开始在人民首都的晴空迎风招展；她象征着中国的历史已经走入一个新的时代，我们的国旗——五星红旗将永远飘扬在人民祖国的大地上……"

升旗结束后，毛泽东开始宣读《中央人民政府政府公告》。这是中华人民共和国中央人民政府的第一份公告，现在读起来，还可以感受到那自豪的一刻。

中华人民共和国中央人民政府公告

自蒋介石国民党反动政府背叛祖国，勾结帝国主义，发动反革命战争以来，全国人民处于水深火热的情况之中。幸赖我人民解放军在全国人民援助之下，为保卫祖国的领土主权，为保卫人民的生命财产，为解除人民的痛苦和争取人民的权利，奋不顾身，英勇作战，得以消灭反动军队，推翻国民政府的反动统治。现在人民解放战争业已取得基本的胜利，全国大多数人民业已获得解放。在此基础之上，由全国各民主党派、各人民团体、人民解放军、各地区、各民族、国外华侨及其他爱国民主分子的代表们所组成的中国人民政治协商会议第一届全体会议业已集会，代表全国人民的意志，制定了《中华人民共和国中央人民政府组织法》，选举了毛泽东为中央人民政府主席，朱德、刘少奇、宋庆龄、李济深、张澜、高岗为副主席，陈毅、贺龙、李立三、林伯渠、叶剑英、何香凝、林彪、彭德怀、刘伯承、吴玉章、徐向前、彭真、薄一波、聂荣臻、周恩来、董必武、赛福鼎、饶漱石、陈嘉庚、罗荣桓、邓子恢、乌兰夫、徐特立、蔡畅、刘格平、马寅初、陈云、康生、林枫、马叙伦、郭沫若、张云逸、邓小平、高崇民、沈钧儒、沈雁冰、陈叔通、司徒美堂、李锡九、黄炎培、蔡廷锴、习仲勋、彭泽民、张治中、傅作义、李烛尘、李章达、章伯钧、程潜、张奚若、陈铭枢、谭平山、张难先、柳亚子、张东荪、龙云为委员，组成中央人民政府委员会，宣告中华人民共和国的成立，并决定北京为中华人民共和国的首都。中华人民共和国中央人民政府委员会于本日在首都就职，一致决议：宣告中华人民共和国中央人民政府的成立，接受《中国人民政治协商会议共同纲领》为本政府的施政方针，互选林伯渠为中央人民政府委员会秘书长，任命周恩来为中央人民政府政务院总理兼外交部部长，毛泽东为中央人民政府人民革命军事委员会主席，朱德为人民解放军总司令，沈钧儒为中央人民政府最高人民法院院长，罗荣桓为中央人民政府最高人民检察署检察长，并责成他们从速组成各项政府机关，推行各项政府工作。同时决议：向各国政府宣布，本政府为代表中华人民共和国全国人民的唯一合法政府。凡愿遵守平等、互利及互相尊重领土主权等项原则的任何外国政府，本政府均愿与之建立外交关系。特此公告。

中华人民共和国中央人民政府主席　毛泽东

一九四九年十月一日

毛泽东宣读完《中华人民共和国中央人民政府公告》，按照周恩来事先的安排，这份《公告》和周恩来的一份公函一起被送往各外国使领馆。

对新中国的第一次正式外交活动，《人民日报》是这样报道的："中央人民政府外交部长周恩来，本日已将毛泽东主席的公告具函送达各外国政府。周部长系以公函送达各国在北京旧领事馆领事，请其转交各国政府。在北京无领事馆，而在南京有大使馆或公使馆者，则送达南京各国旧大使馆或公使馆。周部长的公函如下：‘径启者，中华人民共和国中央人民政府毛泽东主席已在本日发表了公告。我现在将这个公告随函送达阁下，希为转交贵国政府。我认为中华人民共和国与世界各国建立正常的外交关系是需要的。中华人民共和国中央人民政府外交部部长周恩来。一九四九年十月一日，于北京。’”

接下来，就是最激动人心的阅兵式了。

刚刚被任命为中国人民解放军总司令的朱德，身穿崭新的军装，在聂荣臻的陪同下，乘阅兵车驶出天安门城门。阅兵车先检阅了最前部的海军方队，陆军的步兵师、炮兵师、战车师。接着，向东长安街开去，检阅了最东边的骑兵师。朱德身板挺拔，两眼炯炯有神，高呼：中华人民共和国万岁！中央人民政府万岁！各受阅部队以相同口号整齐回应。天安门广场一时间声震寰宇，当时还不算很大的北京城内，几乎都能听到这震天动地的口号声。

朱德检阅部队后，重新登上天安门城楼，宣读《中国人民解放军总部命令》。这是新中国成立后的第一个《中国人民解放军命令》，全文如下：

全体战斗员、指挥员、政治工作人员和后勤工作人员同志们！

中华人民共和国的武装部队，今天和全体人民在一起，共同来庆祝中华人民共和国中央人民政府的成立。

我们中华人民共和国的武装部队，在反对美国帝国主义所援助的蒋介石反动政府的革命战争中，已经取得了伟大的胜利。敌人的大部分已经被歼灭，全国的大部分国土已经解放。这是我们全体战斗员、指挥员、政治工作人员和后勤工作人员一致努力英勇奋斗的结果。我向你们表示热烈的庆祝和感谢。

但是现在我们的战斗任务还没有最后完成。残余的敌人还在继续勾引外国侵略者，进行反抗中华人民共和国的反革命活动。我们必须继续努力，实现人民解放战争的最后目的。

我命令中国人民解放军全体指战员、工作员，坚决执行中央人民政府和伟大的人民领袖毛主席的一切命令，迅速肃清国民党反动军队的残余，解放一切尚未解放的国土，同时肃清土匪和其他一切反革命匪徒，镇压他们的一切反抗和捣乱行为。

在人民解放战争中牺牲的人民英雄们永垂不朽！

中国人民大团结万岁！

中华人民共和国万岁！

中央人民政府万岁！

毛主席万岁！

中国人民解放军总司令　朱德

朱德宣读完命令，《中国人民解放军进行曲》军乐响起。这是阅兵部队分列式行进正式开始的信号。

阅兵指挥员一声口令，10 多个步兵方队从街道两侧跑步进入街道中央，迅速列成方队，前后只用了十几秒钟的时间。转眼间，聂荣臻已经乘阅兵先导车开到受阅部队前边。随着一声令下，在雄伟的军乐声中，由陆、海、空各军兵种组成的方队，迈着矫健整齐的步伐由东向西走来。队伍进入东三门后（即天安门左右侧的三座门牌坊，现已拆除），立刻换成正步前进。当行进到主席台东侧时，受阅部队整齐划一地转头向主席台行注目礼，并将枪支上举，行持枪礼，毛泽东及其他国家领导人举手回礼。

分列式行进的序列：海军方队走在最前面，是由海军学校和华东海军各一个排编成；陆军代表方队：步兵师、炮兵师、战车师、骑兵师各一个，其中战车师包括摩托化步兵团、装甲车团、坦克团各一个；空军，飞机 17 架。

走在步兵方队最前面担任领队的是两位“老”红军——32 岁的步兵 199 师师长李水清和他的搭档——年仅 30 岁的师政委李布德。30 岁出头当师长，这在今天简直是不可想象的，但战争造就人才，他俩十三四岁就参加红军，身经百战，功勋卓著，1955 年都被授予少将军衔，成为开国将军。到天安门城楼前走起正步时，他们俩人的英姿赢得了主席台上的国家领导人和广场上群众的一致喝彩。

据说李水清是影片《打击侵略者》中志愿军李军长的原型。他回忆说："开国大典头天晚上，我与两千多名受阅官兵几乎一夜无眠，崭新的军装整了又整，手中的武器擦了又擦，许多人还用鸡油擦拭枪械钢盔，使锃亮的装备更显威武。"

马达声震耳欲聋的战车方队开过了，战斗英雄董来扶驾驶我军第一辆坦克"功臣号"，作为坦克方队的指挥车，率领由 100 多辆中、重型坦克组成的战车方阵，威风八面地驶过天安门广场，接受党和国家领导人的检阅。

在平津战役中荣立大功的董来扶的阅兵位置是整个坦克方队的头车。他当时的职务是第四野战军特种兵战车师一团一连一排副排长。当时每辆坦克内有 5 人，包括车长、正副驾驶、炮手和机枪手。董来扶是"功臣号"坦克的车长兼正驾驶。那时，坦克兵们穿着统一的人字呢制服，头戴冬夏两用的坦克帽，身体探出炮塔，向主席台方向行军礼。毛主席也许被"功臣号"三个大字所吸引，频频地向领队坦克挥手致意。

董来扶所驾驶的这辆"功臣号"坦克，现陈列在军事博物馆中。

突然，东面的天上响起一阵阵轰鸣声，只见 9 架 P–51 战斗机排成"品"字形飞临天安门上空，随后是两架蚊式战斗机、3 架运输机、3 架教练机呼啸而来。几分钟后天空又出现了 9 架 P–51 战斗机。天上地下形成立体的武装阵容。

站在城楼上的毛泽东看到了天上的机群，他仰脸东望，略眯双眼，一只手不停地用力朝天上挥动着，自豪写满了脸上。广场上的群众把头上的帽子，手中的报纸、毛巾等都抛上天去，欢呼声几乎盖过了飞机的轰鸣声。

沉浸在兴奋中的人们没有注意：在机场起飞受阅的 17 架飞机怎么突然

变成了26架？原来，计划安排17架飞机飞3个梯队，但是，有人提出3个梯队太少了，很快就飞过去了，显得单薄。于是，周恩来建议，让第一梯队再飞一次。这样，就出现了9架P-51飞过天安门之后没有降落，绕了一圈，又过场一次，地上的人就看见了4个梯队共26架飞机。

执行防空警戒任务的4架战斗机飞过复兴门后升上高空了，欢腾的群众不知道，那4架飞机是挂弹飞行呢。后来，当年担任受阅飞行领导的邢海帆说："飞机带弹受阅这在世界空军史上是没有先例的。但是那时敌情十分复杂，如果遇到敌机来了再落地装炮弹，那就晚了。常言道：'有备无患'。敌人不是不想来捣乱，而是因为我们有充分准备，他们才不敢来！"

阅兵的当天，朱德说了一句话："从现在起，我才真正是陆海空军总司令了！"

第二天的《人民日报》对阅兵进行了报道，重点报道了装甲兵方队和执行飞行任务的飞行员。

> 人民的武装部队两个半小时的检阅，给予人民的是更加坚固的胜利信心。……步兵部队、炮兵部队、战车部队与骑兵部队以等距离、等速度整连整团整师地稳步行进，是检阅中历时最长的一段，一直顶到太阳西下。但是，人们不厌其多，不厌其久；人们互相询问着："这是什么炮呀？""这是什么人呀？"每个人都把别人当成全知者，想更多地得到对自己部队的知识。指挥台上久经战阵的军官们向身旁的非部队人员不断地解答着："头两辆并排的小吉普车是指挥员和政委，后两辆是参谋长和政治主任，后面一辆是旗兵，这队野炮是日式九零野炮，能打三十华里，这是美国的大榴弹炮，这是中型坦克，这是装甲车营……"所有摩托车与战车、炮车……都是油漆了的，装了红星与"八一"字样，轮子一圈白，颜色壮美而一致。这是人民的战士们特意装饰了的。

往西长安街看，不知部队已走出多少里；往东长安街看，不知还有多少里长的部队准备走进会场来。人们越看越振奋，觉得自己祖国的武装力量已是如此的强大。骑兵部队的许多连队最后以极整齐的五马并跑经过主席台前时，激起多次的热烈鼓掌。不仅跑得齐，而且马的颜色也是以各个连队为单位，要白全白，要红全红。

最后一队骑兵跑过去的时候，天安门紫壁上的太阳灯、各色灯光在黄昏里开始发亮，人丛里的灯笼火把都点着了火，全场一片火光红浪；爆花筒向高空成群成群地放出红色、绿色、雪白色火球，拉着无数美艳的火丝，回头下降，劈劈啪啪响成一片。……

《人民日报》对装甲兵、炮兵方队的报道很长，题目是《祖国的坚强守卫者》：

……这里有机动炮部队，有高射炮部队，也有战车部队……参加检阅的大炮中，包括美国造的十五公分口径和十公分五口径的榴弹炮，三七高射炮；也有日本造的九零野炮，三八野炮，七五高射炮（其他十五生的重迫击炮、八二迫击炮、六零炮、九四山炮、一四山炮、火箭炮、战防炮等，均不在内）。这些炮均由汽车牵引，是完全近代化的。战车队，则包括美造坦克、日造坦克、美国装甲汽车等。

这些武器的来源，这儿的指挥员、战斗员和政工人员都用诙谐的语调说："这是美国帝国主义和日本帝国主义给咱装备的。"或者说："这是咱们的运输队长蒋介石运送给咱们的。"一点不错；你看，炮是美国和日本帝国主义的，随炮所带的弹药全部是美国的，牵引用的大小吉普与其他汽车也都是出自美国最大的司多白克摩托厂。

这个近代化的特种兵部队的从无到有、从小到大的过程，也和人民解放军的其他部队一样，是经过无数次的浴血奋战，不断地从敌人手里夺来武器装备自己的过程。这次参加检阅的华北×炮兵团，即是有代表性的例子。他们是一九四五年人民解放军解放张家口时缴获了几门炮才成立起来的小小炮队，在人员马匹无训练、大炮技术还不能掌握之时即投入战斗。但是，他们经过绥东、怀来战役，正太、青沧、历次的保（定）南保北战役，清风店、石家庄、满（城）南、太原、察南、冀东等多次战役，他们的大炮增加了好多倍，而且大部已美械化了。战术上也有了许多新创造。射击的准确性一般都达到了第一发就命中。

某团的炮五连（现称一连），成立的经过也和上述情形差不多。最初（一九四五年）只有三门野炮。但是，他们以战场为练兵场，迅速地掌握了新的技术，并发展了更高的技术。太原战役决战以前，他们在太原前线以劣势地位坚持过六个月另二十天的苦战，他们有效地控制太原敌之六个机场，前后击毁敌机九架。敌人为逃开这个连的轰击，曾连续转移过六个机场，但每次均未逃掉。我们的炮手，在一万五千多公尺（合三十华里）之外，不移炮位地连续击中了它们，创造了炮战的奇迹。敌人的前沿阵地离这三门炮很近，每天都用几百发炮弹来打；最紧张的三四天里，每天落在他们前后左右的炮弹达到一千四百多发，而由于工事和伪装的巧妙运用，他们始终屹立于同一阵地，未被击中。敌人派兵来夜摸，派飞机来轰炸，都归失败，而英勇的战士们却百炼成钢，越发沉着坚定了。他们利用战争的空隙帮助驻地群众收秋、担水，也学习文化；连队在半年中出阵地小报出到七十三期，帮战士加紧学习，半年内竟达到了文盲消灭、人人识字。而今，这三门身经百战、带着九十处伤疤的野炮，终于和太原、辽西、平津、沈阳等各次战役中夺自敌手的新炮并排地构成比当时强大许多倍的雄伟行列，来共同庆祝中华人民共和国中央人民政府的成立盛典了。

三门炮，在敌人手里的时候能顶什么用呢？百门炮，又顶什么用呢？从大到小、从小到无就是敌人的规律。但是，一经转到人民之手，就会发挥无穷的威力。从无可以到有，从小可以到大，从大当然可以到更大。现在我们不仅能从敌人手里夺得，而且有了许多自造武器的工厂。那么，毛主席和人民政协所号召、所预期的强固的国防，只要继续努力，还有达不到的吗？

《人民日报》记者柏生荣幸地跟随空军的飞机飞上了蓝天，在空中采访开国大典。她写道：

在辽阔的机场上，一排排银色的、绿色的、灰色的飞机，整整齐齐地排列在跑道的两旁。所有飞机都油饰一新：机头是红色的，机身和翅膀上一律饰以镶金黄色边的红星，机尾是红白相间的条纹。这些飞机都是美国货，在人民解放战争中，有的被空军健儿驾驶起义，有的经人民解放军地面部队所俘虏，现在已全部变为人民自己的武器。当我们到达机场的时候，人民空军的飞行员正精神奕奕，整装待发，准备参加庆祝中华人民共和国诞生的隆重阅兵典礼。

指挥部下达了“准备出动”的命令，机场上立刻响起雷霆万钧的马达声音，第一队飞机轻快地划过跑道。这时，天空阴云新散，太阳从云朵中射出金光，飞机划破云层腾空而起。十分钟以后，我们乘坐的一架也升到空中。这架飞机飞行员是一个姓王的年轻英俊的小伙子，他驾着自己在今春起义时飞来的全新的飞机，要在人民的首都上空接受人民领袖毛主席、朱总司令庄严的检阅，他兴奋地向大家保证：今天一定坚决完成这一光荣的飞行任务。

飞机都到了指定的集合点。机群等待命令进入北京上空。小队的机群安详地转着圈儿。驱逐机在我们的旁边和上空飞腾而过。四点二十分指挥部发出前进的命令，两架绿色飞机从我们的左上角掠过，我们紧紧跟着，沿铁路西进。机上每一个人的神经都紧张起来，摄影的同志对准镜头，等待着伟大的场面。

四点三十分，北京出现在我们眼前。琉璃瓦的宫殿，红色的墙门，整齐的街道，这庄严的人民首都，今天被红色的旗帜所掩盖，愈加显得庄严美丽了。摄影机响了，天安门出现在机翼下面，数不清的红旗和黑压压的人群连成一片，地面的装甲部队正缓缓行进在司令台前。发动机的震响充满了人民首都的上空，从空中鸟瞰，只见人群晃动。“毛主席和朱总司令一定见到我们了！”大家心里都这样想，希望机群能再往北京上空转一回。但是这不在检阅程序规定之内，我们只得奔飞机场而去了。当我们又降落到原来的跑道上时，大队长赶紧跑来告诉飞行员同志们，“我们的队伍整齐威武，赢得了北京人民的热烈欢呼”！

骑兵方队最后掩映在落日的余晖中，夜幕降临了，阅兵结束了……

接下来，指挥宣布：“群众游行开始。”

“万千红灯，万千火炬，三十万人的有组织的队伍，在蔽天的红旗招展下面展开了。数万群众，涌向天安门前的大桥，以震天的吼声狂呼‘毛主席万岁，万岁，万万岁！’在天安门的门楼上，毛主席起立频频向欢呼的人群扬手致意。蓦然间，万朵彩色的礼花撒满了天安门广场的高空。这是由一百支枪组织成的礼花放射。礼花从四面八方腾向天安门广场高空，从六时半，直延至七时。首都浸沉在狂欢里了。”①

那漫天的“礼花”，其实是信号弹组成的。

---

①《人民日报》1949年10月2日。

苏联专家建议，这样盛大的节日应该施放“礼花”。开国大典筹备委员会接受了这个建议，最后把施放礼花的任务交给了时任华北军区司令部作战科科长张桂文。

由苏方提供援助的“礼花”，并非真正意义上的礼花，而是红、黄、绿、白、紫颜色的苏军信号弹。当时，张桂文“还不知道礼花是怎么一回事”。总指挥部为了让大家有一个学习和借鉴的样板，把受阅部队指挥员组织起来，轮流到由人民解放军总政治部接收并管理的东单大华电影院观看苏联十月革命节阅兵全过程的纪录片，其中就有施放礼花的场面。观摩后，大家的脑子里都有了礼花的印象——这次施放的礼花其实是集束信号弹。

张桂文立即找来两个帮手：作战参谋耿树平和训练参谋刘竞生。他们很快就把执行任务的实施方案研究制定出来，并得到总指挥部的批准。接着，根据施放礼花必须要以天安门为中心这一原则，他们选定了6处施放礼花的发射点，分别是北海白塔、景山、中山公园、太庙（今劳动人民文化宫）、东交民巷西口的邮政管理局大楼（已拆除）、西交民巷东口西皮市的河北银行的一处办公大楼。最后，他们3人又赶往当时担负首都卫戍任务的平津卫戍司令部独立步兵第二〇八师，从两个基础较好的连队选调战士，组建成开国大典的礼花施放部队。

与此同时，从苏联进口礼花并运到当时北平（今北京）的工作也紧张有序地展开。进口的信号弹先由苏军军舰送到旅顺军港，再由铁道部安排专用列车运到北平。铁道部责成铁道部公安部门、东北铁路总局完成此项任务。东北铁路总局组织大连铁路部门专门研究运输方案，挑选优秀员工、优质机车、车辆承担运送任务。铁道部公安部门领导、旅顺站站长及一名苏军少将参谋长监装并随车护送，选调公安干警押运，还在沿途布置了警戒。专列从旅顺站秘密出发，按照“沿途除上水外，一律不准停车”的命令一路前行。最终，运送人员克服重重困难，历时7天，将信号弹安全运抵北平。

经研究发现，这批信号枪的形状结构和解放军从国民党军中缴获的美式信号枪大体一致。但当时解放军只是配给通讯员单兵使用，没有集团使用的先例。临近阅兵的前一周，张桂文和同志们根据任务特点，参照以往操枪动作要求，共分 10 组并统一了队形。按照已选定的 6 个礼花发射点，每点配置一个排，分别由连长、副连长和一个排长指挥。队形为双圆阵势，内圆 12 人，外圆 24 人，每人间隔 0.8 至 1 米，前后距离 3 米，一律背向圆心面向外，同时发射。施放时不用考虑色彩，各人施放各人的。另外，从第一发信号弹发射到第二发信号弹就位，相距大约半分钟；礼花每施放 20 分钟后，休息 10 分钟再放第二轮。

队形方案制订后，部队立即和距离华北军区驻地庆王府不远的辅仁大学联系，借用其操场每天加紧训练。经过多次练习，战士们统一下令，统一装弹，统一发射，在练习中摸索最佳装填动作，在短时间内迅速达到把误差控制在 1 秒钟之内的水平。9 月 28、29 两日，礼花部队分别在北海、景山两个发射点试放。

当夜共发射 3 万余枚信号弹。

游行还在进行。

“两路漫长的行列，在《人民解放军进行曲》的乐声中，分向东西前进。东路游行队伍以被服厂工人为先导，农民跟近，机关人员、学生、部队……继后。这支象征着全国人民大团结的队伍，从早上八点钟，从各个角落汇集到天安门广场，而今已经过去了十多个钟头，没有吃午饭，没有休息，但是，为立国大典的欢欣所鼓舞着，精神始终饱满而充溢。听吧，当队伍踏出三座门的时候，壮伟的歌声响起来了：走！跟着毛泽东走！

“从西长安街到东长安街，从王府井到王府大街，从西单到西四……游行的队伍被夹道欢呼的人群所堵塞，两个单位并列前进已经不可能了。游行的队伍走到哪里，就和夹道群众的掌声连成一片，口号声连成一片。”①

---

①《人民日报》1949 年 10 月 2 日。

大批农民游行队伍通过天安门时，毛泽东——这个农民的儿子看出来了。是一种血脉的相通，亦或是一种利益的共融。农村、农民，是中国革命不可或缺的力量和条件。新生的共和国不就是从农村走来的吗？如果没有农村包围城市，如果没有农村革命根据地，如果没有农民的小米和担架……中国革命的胜利是可以想象的吗？

毛泽东面对农民游行队伍，家国感情和28年的峥嵘岁月一起涌上心头，他又一次激动起来。在天安门的城楼上，他从中间走到东头，又从东头走到西头，频频向游行的群众招手，挥帽致意。

在不少农民的观念中，毛泽东就是“真龙天子”，得见“龙颜”就是天大的福分。因此，队伍经过天安门时，大家都想多看两眼，有的人干脆在天安门前站着不走，任后边怎么喊，领队怎么叫，就是止步不前，出现了拥挤现象。拥挤中，有的人鞋子被踩掉了，想弯腰捡又俯不下身子，工作人员又催着让走，一看前面的队伍已经走了很远，只好光着脚板跑去追赶队伍。没人能统计有多少农民光着脚走过天安门。

有位诗人看到赤脚农民曾大发感慨，写下《赤诚》的诗作：

只有用脚掌触地才叫赤诚，
只有用心灵呼喊才叫赤诚，
只有用情到忘我才叫赤诚。
赤诚，是裸露的心，与鲜红的太阳相迎。

农民的队伍已经离开天安门很远，长安街上的西三座门都过了，大家还不时地回过头来张望，希望能再看毛主席一眼，希望能再看一看天安门前难忘的场面。

毛泽东在天安门城楼上，从午后到晚上，已经站了好几个小时了，尽管已经很累，但他一步也没有离开主席台。有些领导人劝他到休息室歇息一下，经过多次动员，毛泽东才进了休息室。落座后刚点燃一支香烟，喝了两口茶，就跟程潜交谈起来。毛泽东拿起点心，才吃了两口，周恩来就进来对他说："你预料得很对，你必须在天安门连续站几个小时。你刚刚离开了主席台，游行的群众看不见你，他们都停下来不前进了。"

毛泽东高兴地说："好吧，疲劳也得去啊。"

他将香烟熄灭，喝了一口浓茶，把口中的点心急速冲咽下去，然后朝程潜抱歉地笑了笑，迈出休息室，向主席台上他的位置走去，那是群众的目光聚集的地方。此时，群众正拥挤在金水桥南侧，有节奏地齐声呼喊："毛主席！毛主席！毛主席！"当群众看到毛泽东再次出现在主席台时，顿时爆发出热烈的掌声和欢呼声，许多人激动地流下了热泪。人们了却了最大的心愿后，才又开始缓缓地向前移动。

这时，服务员尹辛笙从屋子里拿出一个凳子，对毛泽东说："主席，你太累了，请你坐下休息一会吧。"

毛泽东微笑着朝他轻轻地摆了摆手。此时他不愿意因自己坐下而让群众等着，更不愿意让自己在开国大典这样庄重的场合中有任何特殊，因为主席台上还有比他年纪更大的同志和朋友都站立着。

游行的群众通过天安门城楼后继续向前移动，把天安门广场的氛围也带向城区。

在夹道欢呼的人群中间，杂立着为数众多的老年人，有的则搬了一把椅子坐下来。这成为十月一日首都之夜的很大特色。他们有的是很少出门的，可是，用东单大街保康大药房门前的刘老先生的话来说，他们今天却要来看看这"万年不遇的大喜事"了。

王府井北口，突然卷起一阵急骤的掌声，乐队来了，一百八十件乐器齐奏着《团结就是力量》。追随在乐队之后，一位青年人对他的同伴说："要是国民党的乐队，你不用想看一看。"他的同伴幽默地回答道："国民党也有过乐队，不过，跟卖茶叶的差不了多少。"

乐队的两旁，跟随的人越来越多，形成了一支特别的游行队伍，这是一支没有组织的队伍，可是它被乐队组织起来了。他们与乐队并列行进，他们鼓掌，他们欢呼。马路两旁一群一群的小孩，连那些还刚刚进小学的在内，随着乐声，拍着小手，高唱着"东方红，太阳升，中国出了个毛泽东"和"团结就是力量"。的确，就是这团结的力量，在毛泽东的旗帜之下，为他们的前途创造了无限光明幸福的远景。这情景，给一位酱园掌柜以很深的感动，他意味深长地说："这真是与民同乐。"

当游行队伍离开会场两个半小时的时候，整个首都已经为不息的欢呼声所震撼。可是，在天安门广场上，还有长长的行列，正有秩序地踏出会场呢。[①]

与此同时，在距离北京天安门广场百里、千里之外的全国各大中小城市，也都在举行各种各样的庆祝活动，摘取《人民日报》的几则短消息，也看看其他城市的此时此刻。

在中国的最大城市上海：

人民政协会议胜利闭幕，中央人民政府成立，毛泽东当选主席的消息传到上海时，全市欢声雷动。今晨《解放日报》《新闻日报》《大公报》均以大字红色标题刊登此项消息及中央人民政府正副主席的铜版相片。全市到处张灯结彩，锣鼓喧天，黄浦江外滩、苏州河畔一带，宣传卡车及化装游行的行列川流不息。远东最高建筑物国

①《人民日报》1949年10月2日。

际饭店二十四层大楼及许多高楼大厦顶上都飘扬着五星红色国旗。霞飞路、爱多亚路、南京路、河南路上也家家户户自动挂起新国旗，万民欢腾，气象一新。

上海军事管制委员会于三十日晚通告沪市各机关、团体、部队、学校、工厂、商店一律自一日起放假三天。自二日起，十天内全市悬挂国旗。全市所有工厂、轮船于二日上午八时正拉汽笛五分钟。同时，各机关、团体、部队、学校、工厂、商店，分别举行升旗典礼。全市各广播电台并播送升旗曲。上海市庆祝大会筹备会已开会决定，自十月一日至十日止，为上海市人民庆祝狂欢周。

在国民党政府的“首都”南京：

曾经作为国民党反动统治中心的南京市，昨晚万民欢腾，一致拥戴中国人民的舵手——中华人民共和国中央人民政府主席毛泽东、副主席朱德、刘少奇、宋庆龄、李济深、张澜、高岗的当选。

位于市中心区新街口的邮汇大楼，在转播了毛主席的庄严宣告后，立即发出庆贺伟大祖国开国奠基的信号。刹那间，鞭炮先从大楼屋顶临空爆裂，全市各个大厦也鞭炮齐鸣。数百面红旗，同时飘扬在南京上空。喜讯传到下关，二十余台汽笛齐鸣，江心轮船随着附和，响彻云霄，达二十分钟之久。今日南京虽竟日秋雨，而人们却冒雨从工厂、学校、机关、商店、家庭奔向街头，同申庆祝。南京市总工会筹委会、中央图书馆、南京大学、《新民报》等数十单位的宣传队、宣传车，同时出现于市内各处，挥舞着彩色飘带，尽情地扭着，唱着。雨越下越大，有的雨伞被扭烂了，衣服湿透了，但挡不住人们火热的心，队伍愈来愈大，歌声愈唱愈嘹亮。消息传到市郊区，农民们的座谈会、群众会，接二连三地在各个村庄举行。正在上演京剧《龙凤呈祥》的市区中央大舞台的演员们，在听到毛主席的宣告后，迅即摘去髯子，热烈地和观众们同呼："毛泽东万岁！万岁！万万岁！"入夜，南京市内各主要街道的牌楼上，灯光齐放，辉映着各种巨幅的彩色标语、画像，人们沉浸于狂欢中。

在中部最大城市武汉：

武汉百万市民昨日竟冒蒙蒙细雨狂欢庆祝开国盛典。五星国旗到处招展，成千成万的市民涌向街头，汇成巨流。"起来！不愿做奴隶的人们！"的国歌声，"在毛泽东旗帜下前进"的口号声、锣鼓声、军乐声、欢笑声响遍全市。工人们说：中华人民共和国中央人民政府成立了，这是中国共产党、工人阶级和全国人民几十年来领导革命的成果。青年学生们则为他们是幸福的一代而感到骄傲。他们狂热地欢呼："中华人民共和国万岁！""拥护中央人民政府！""毛主席万岁！"入夜，武汉全市灯火辉煌。巍峨的江汉关大楼上，鲜艳的国旗陪衬着无数五彩灯光辉煌夺目，"贺民主新中国诞生"的斗大金字闪烁发光。水电公司的大水塔装扮得像一座灯山一样。下午六时起，在汉口万千工人、学生、队部、机关的队伍和无数的秧歌队、歌咏队、龙灯、旱船等在江汉关大楼前的广场上会合了，会合成二十里长行列，举行了盛大的游行。游行队伍以十面大红国旗为前导，沿江汉路、胜利街、黎黄陂路折向中山大道，浩浩荡荡，人如涌潮。歌声口号，响彻云霄。游行直到晚上十点多钟才散。除汉口外，在武昌、汉阳和珞珈山也有盛大的庆祝集会。

在东北解放区的最大城市沈阳：

> 沈阳全市在日以继夜的沸腾狂欢中，庆贺中央人民政府成立大典。市内通衢要道锣鼓喧腾，国旗林立。所有机关、学校、工厂的宣传队、宣传卡车、秧歌队已全部出动。昨日下午，全市各主要街道共安置了一百四十余个播音器，同时转播人民的首都——北京城举行的中央人民政府成立大典毛主席宣读文告和海陆空军大检阅的空前盛况的声音。沈阳全市人民为这一历史的伟大节日而空前振奋。入夜，一万五千人的提灯游行行列在大街小巷穿流。这座人民工业的城市变成了不夜之城。

夜幕下，新中国的希望——青年学生游行方队最后过来了。这支方队由首都的4万多名学生汇成，他们高举着鲜花、红旗、灯笼，浩浩荡荡、朝气蓬勃地涌向天安门城楼。最前边是一支由近百人组成的大学生军乐队，吹奏着《新民主主义进行曲》，接着是红光闪烁的“清”“华”“大”“学”字样的大灯笼，整个队伍洋溢着青春的活力，迸发出革命的豪情。学生们“三十个人横成一排，大纵队行进走过主席台前向毛主席致敬，让毛主席来检阅一下北京学生的队伍。只见贝满女中一丈二尺高的红纱扎的大红星，电灯泡在上面闪闪发亮。慕贞女中一色白衣、白裤、白鞋，纯白色的队伍中的红灯笼分外鲜艳。清华大学的化工系扎了一所化工厂和一座大锅炉，上面写着‘发展重工业’来表示他们的志愿；航空系扎了一座大飞机，上面写着‘巩固国防’；机械系做的坦克模型和真的一样，里面还坐着一个学生扮成的坦克手……这是一支为着今天和明天的幸福而歌唱毛主席的队伍”。[1] 当这支队行进到天安门城楼前时，渐渐地慢了下来，年轻的声音清脆地高呼着“中国共产党万

---

①《人民日报》1949年10月2日。

岁！”“中华人民共和国万岁！”“毛主席万岁！”

毛泽东手扶栏杆，一只手不停地挥动着。他看见了大灯笼上的几个大字，对身边的朱德总司令说：“大学生们过来了！”

这是一支有着光荣革命传统的青年学生队伍。1919 年，广大师生参加了划时代的五四爱国运动；1926 年，举行了三一八反帝爱国大示威；1935 年，掀起了轰轰烈烈的一二·九抗日救亡运动。北平和平解放前后，大批青年学生奔赴解放区，为接管城市工作，建立新的政权，壮大革命队伍输送了大量骨干；也有的青年学生亲身参与到北平和平解放的实际工作中。

“把水银灯打亮！”毛泽东在扩音器里吩咐工作人员，他要好好看一看新中国年青的一代。

刹那间，城楼上下雪亮的水银灯一起打开，把天安门照得如同白昼一般。

青年学生们听到了领袖的声音，顿时高兴得跳跃起来。华北大学和华北革命大学的 1.4 万多名学生潮水般地涌向五座白玉石桥，几十面大红旗挥舞招展，几百支火把熊熊闪耀，上万只红灯、花灯汇成一片灯海，“毛主席万岁！万万岁！”欢呼声像海潮迭起，汹涌澎湃。

面对这青年人狂欢的场面，毛泽东的脸上焕发着庄严慈祥的光辉。在他的眼里，青年是早晨的太阳，是时代的希望，未来属于他们，新中国的灿烂美景属于他们。毛泽东把身子探出栏杆外，一只手始终伸向空中，向青年学生们不停地致意。学生们的“万岁”声使毛泽东十分激动，他终于遏制不住自己的激情——

“青年同志们万岁！”

这激昂洪亮的声音通过广播喇叭传了出来，同学们听得清清楚楚，广场上再一次沸腾起来。“他们欣喜若狂，把帽子掷向天空，把红灯高高举起，直向桥上飞奔，欢乐地歌唱：‘在毛泽东的旗帜下我们胜利地前进！’只听见桥上的‘毛主席’和主席台上的‘万岁’已响成一片，学生们和毛主席距离得这样近以致呼声相应和，他们的心更和毛主席的心连在一起！”[①]

游行的队伍走远了，欢呼声也随之从长安街流向北京的大街小巷，狂欢夜开始了。毛泽东感慨万千地对身边的卫士连说了两句："胜利来之不易！"

陈毅正好站在毛泽东身边。面对此情此景，也不禁感慨万千：今天看到这个场面，"总算不虚此生了！"

五大书记之一的任弼时因病没有出席开国大典。他坐在收音机旁收听实况广播时，激动地对妻子陈琮英说出了和毛泽东同样的话："胜利来之不易，要珍惜它啊！"

宋庆龄说，这一天，是她"一生中最快乐的一天"。

这一天，还恰好是当年在延安窑洞里与毛泽东探讨国家兴亡"周期律"的黄炎培71岁的生日。他站在天安门城楼上，写下了"英雄永垂不朽，立碑中华之门""归队五星旗下，高声义勇军歌"的《天安门歌》。屈指算来，为了救中国他已经奔波了半个多世纪。就在前几天，他得知自己早已加入中国共产党的儿子惨遭国民党杀害。悲喜交加，他最期望的，就是中国共产党能够打破"周期律"，带领中国人民永远走在民主富强的康庄大道上。

这一天，中国人民终于实现了百年的共和梦想！这一天，一个崭新的共和国——中华人民共和国，出现在世界的东方！

---

①《人民日报》1949年10月2日。